suhrkamp taschenbuch
wissenschaft 1734

Eine Phänomenologie der Aufmerksamkeit gibt sich weder mit subjektiven Akten noch mit anonymen Mechanismen zufrieden. Sie bewegt sich zwischen Auffallen und Aufmerken in einem Schwerefeld, das die »Gewichte der Dinge« verändert. Wir sind daran beteiligt, aber nicht als autonome Subjekte. Dazu gehören räumliche Szenerien und zeitliche Verzögerungen. Etwas kommt auf uns zu, bevor wir darauf zugehen. Hinzu kommt ein Arsenal aus Techniken, Medien, sozialen Praktiken, das eine Ökonomie und Politik der Aufmerksamkeit hervorbringt. Die Verankerung dieser Zwischeninstanzen im Leib, der als Leibkörper auch neurologische Prozesse und das Wirken des Unbewußten einschließt, widersetzt sich der Hypostasierung von Körperkonstrukten, Netzwerken und Machtpraktiken. Aufmerksamkeitskonflikte verweisen auf ein Ethos, das uns mit Unerwartbarem konfrontiert und in einer Beachtung gipfelt, die wir anderen schulden, ob wir es wollen oder nicht.

Bernhard Waldenfels ist Professor emeritus für Philosophie an der Ruhr-Universität Bochum. Im Suhrkamp Verlag sind u. a. erschienen: *Antwortregister* (1994), *Sinnesschwellen* (1999, stw 1397), *Das leibliche Selbst* (2000, stw 1472), *Bruchlinien der Erfahrung* (2002, stw 1590).

Bernhard Waldenfels
Phänomenologie der
Aufmerksamkeit

Suhrkamp

Bibliografische Information Der Deutschen Bibliothek
Die Deutsche Bibliothek verzeichnet diese Publikation in der
Deutschen Nationalbibliografie
http://dnb.ddb.de

suhrkamp taschenbuch wissenschaft 1734
Erste Auflage 2004
© Suhrkamp Verlag Frankfurt am Main 2004
Satz: Hümmer GmbH, Waldbüttelbrunn
Druck: Nomos Verlagsgesellschaft, Baden-Baden
Printed in Germany
Umschlag nach Entwürfen von
Willy Fleckhaus und Rolf Staudt
ISBN 3-518-29334-6

2  3  4  5  6 – 09  08  07  06  05

# Inhalt

# Vorwort: Die Gewichte der Dinge

Die Aufmerksamkeit gehört zu den nomadischen Begriffen, die nirgends recht seßhaft werden. Sie hat mehr von einem Syndrom als von einer Synthese. In ihr läuft vielerlei zusammen, was nicht vorweg zusammengefügt ist und vielleicht niemals völlig zusammengefügt sein wird. Ist Aufmerksamkeit ein Geschehen, ein Ereignis, ein Akt, eine Disposition, ein Können, eine Pflicht, ein Geschenk? Offensichtlich hat sie von allem etwas. Doch würde ihr selbst nichts Auffälliges anhaften, so wäre sie, was sie häufig ebensosehr ist: ein Gelegenheitsthema, das alsbald Wichtigerem weicht.

Gelegenheiten, dieses Thema zu behandeln, haben sich schon öfters ergeben; denn die Aufmerksamkeit hat ihren Ort in dem Spannungsbogen, der von dem, was uns widerfährt und anspricht, hinüberführt zu dem, was wir zur Antwort geben. Sie hat ihren Ort in den Antwortregistern und in den Bruchstellen der Erfahrung, denen seit langem mein Interesse gilt.[1] Aus der Perspektive der Aufmerksamkeit betrachtet reicht der Spannungsbogen von dem, was uns auffällt und anregt, bis zur Beachtung, die wir einander schenken oder vorenthalten. Doch es geht nicht darum, Lücken zu füllen, es ergeben sich eine Reihe neuer Akzente. Dazu gehört der szenische Charakter der Erfahrung, deren offene Ränder sich nicht regel- oder systemgerecht abdichten lassen. Dazu gehört eine eigenartige Mobilität, die sich darin äußert, daß etwas auftaucht und versinkt, daß etwas oder jemand auf uns zukommt, bevor wir darauf zugehen, daß Ankunft und Herkunft sich verschränken. Wie schon das Antworten, so kommt auch das spezielle Aufmerken immer schon zu spät. Doch gleichzeitig belehrt das Phänomen der Aufmerksamkeit uns darüber, daß alles, was zwischen uns und den Dingen, zwischen mir und den Anderen vorfällt, durch mannigfache Zwischeninstanzen hindurchgeht. Das Arsenal aus Techniken, Medien, sozialen Praktiken, das die Aufmerksamkeit durchformt und eine Ökonomie und Politik der Aufmerksamkeit entstehen läßt, ist das Werk von Erfindungen, die weit in unsere individuelle und kollektive Vorgeschichte zurückreichen und in denen Kultur und Natur miteinander verschmelzen.

---

1 Mit den Kürzeln AR und BE beziehe ich mich wiederholt auf *Antwortregister* (1994) und *Bruchlinien der Erfahrung* (2002), um den Leserinnen und Lesern unnötige Wiederholungen zu ersparen.

Das Emblem dieser offenen Vermittlungsprozesse ist unser Leib, der als Leibkörper sein eigenes Außen hat. Auch das Gehirn, dem die neueren Methoden der Neurologie zu einem ungeahnten Ansehen verholfen haben, ist als Zwischeninstanz zu denken. Die Verankerung all dieser Instanzen in der leiblichen Erfahrung setzt der Hypostasierung von Körperkonstrukten, von medialen Netzwerken, kulturellen Symbolwelten und Machtpraktiken einen Widerstand entgegen, der aus der Sache selbst kommt, bevor die Moral von der Geschichte dieser ihre normativen Zügel anlegt. Aufmerksamkeitskonflikte, die uns nirgends erspart bleiben, verweisen auf ein Ethos, das uns mit Unerwartbarem und Unerinnerbarem in Berührung bringt und in einer Beachtung gipfelt, die wir Anderen schulden, ob wir es wollen oder nicht.

Das Phänomen der Aufmerksamkeit erfordert eine eigenen Sprache, in der Ereignisse, Bewegungen, Richtungsunterschiede, Tempi, Kräfte und Gewichte eine weitaus größere Rolle spielen als Akte, Ziele und Regeln. Zu erinnern ist daran, daß der elementare Prozeß des Wägens gegenüber dem Zählen und Messen keineswegs an Bedeutung zurücksteht. Ganze Wort- und Bedeutungsfelder tun sich auf. Es gibt das *Abwägen* und *Erwägen*, die *deliberatio*, wo das stärkere Gewicht den Ausschlag gibt, und es gibt *Imponderabilien, Unwägbares*, das gegenüber dem Unberechenbaren und Unermeßlichen eine eigenen Zugkraft entfaltet. Auch das Denken erinnert in der sprachlichen Form des *pensare* und *penser* an das Aufhängen des Waagebalkens (*pendere*) und an das Gewicht (*pondus*), das ihn in Bewegung hält. Hinzu kommt die Verteilung der Kräfte je nach Leichtigkeit, die beschwingt, und nach Schwere oder Schwierigkeit, die belastet, ferner das *Gleichgewicht* der Kräfte, das labile oder stabile Formen annehmen kann, und schließlich die *Schwerkraft*, die in der *Gravitation* terrestrische und kosmische Dimensionen annimmt. All dies verweist auf Verschiebungen in einem Kräftefeld, die der Zählbarkeit und Meßbarkeit nicht entrückt sind, sich aber nicht auf Zahleneinheiten und Meßgrößen reduzieren lassen. Eine Aufmerksamkeit *more geometrico* wäre ein Konstrukt, keine Erfahrung. Ähnliches mag Nietzsche im Sinn haben, wenn er in der *Fröhlichen Wissenschaft* (Aph. 269) fordert, die Gewichte der Dinge neu zu bestimmen, also von dem Für und Wider binärer Entscheidungsprozesse abzurücken und auf Nuancen zu achten, wie Farb- und Tonkünstler es seit eh und je zu tun pflegen. Künste sind immer auch Aufmerksamkeitskünste.

Es mag sein, daß die Aufmerksamkeit nicht nur in der Tradition, sondern vielfach bis heute deshalb so beiläufig und nachlässig behandelt wird, weil sie sich den spektakulären Gegensätzen von Wahr und Falsch, von Gut und Böse, von Recht und Unrecht, von Nützlich und Unnütz, von Freiheit und Abhängigkeit so beharrlich entzieht – was keineswegs ausschließt, daß sie eben dort untergründig und hinterrücks am Werk ist.

Eine Phänomenologie der Aufmerksamkeit, wie sie in Ansätzen schon bei Husserl und bei verwandten Denkern wie Bergson und James vorliegt, wird mit soziokulturellen Detailstudien nicht wetteifern wollen, sie wird aber sehr wohl darauf beharren, daß phänomenologische oder auch sprachanalytisch angelegte Sachanalysen durch historische Forschungen in keiner Weise zu ersetzen sind. Ähnliches gilt für psychologische oder neurologische Zugangsweisen. Gleich wie der Schmerz nicht jenseits der Schmerzbehandlung aufzufinden ist, so ist auch die Aufmerksamkeit nicht jenseits von Aufmerksamkeitstechniken und Aufmerksamkeitspraktiken angesiedelt, jedoch erschöpft sie sich nicht darin, sie behält stets etwas von einer *attention sauvage*. Ohne einen phänomenalen Überschuß würde die Geschichte in Kulturgeschichten, Technikgeschichten, Sozialgeschichten zerfallen, die nur noch nominell durch den Gebrauch gleichlautender Begriffsworte zusammengehalten würden. In der vorliegenden Untersuchung wird der Versuch gemacht, das Phänomen der Aufmerksamkeit, unter Beachtung neuerer Forschungsweisen, neu zu durchleuchten und zu durchdenken.

Die eigentümliche Dynamik des Aufmerksamkeitsgeschehens und die Vielfalt sich überschneidender Aufmerksamkeitsfelder widersetzt sich einer Darstellung, die vom Elementaren zum Komplexen oder vom Ursprünglichen zum Abgeleiteten fortschreitet. Statt dessen empfiehlt es sich, in wiederholten Anläufen und von verschiedenen Seiten aus in die Stollengänge dieses Phänomenbereichs vorzudringen. Gewisse Wiederholungen wurden in Kauf genommen, um eine sachgemäße Beschreibungsdichte zu erreichen. So manches bleibt skizzenhaft und wartet auf weitere Ausführung. Der Buchtext ist so angelegt, daß grundlegende phänomenologische Analysen mit der Erkundung speziellerer Phänomenbereiche abwechseln.[2] Auf das Ein-

---

2 Die Spezialanalysen sind teilweise schon in einer ersten Fassung erschienen, Kapitel II unter dem Titel »Die Macht der Ereignisse«, in: M. Rölli (Hg.), *Ereignis auf Französisch*, München 2004; Kapitel III unter dem Titel »Unerzählbares«, in:

leitungskapitel, das eine historische Grundorientierung und einen allgemeinen Problemaufriß bietet, folgen zwei Kapitel zur Wirkmächtigkeit von Ereignissen (II) und zu den Grenzen ihrer Erzählbarkeit (III). Sie sollen der Aufmerksamkeit eine Szene bereiten, auf der sie stattfindet und nicht nur funktioniert, und sie greifen dabei auch auf literarische Textproben zurück. Kapitel IV und V, die das Kernstück der Untersuchung bilden, verhalten sich kontrapunktisch zueinander, indem sie die Eigenbewegung des Aufmerksamkeitsgeschehens den Eingriffen einer vielfältigen Mediatisierung aussetzen. Es geht unter anderem darum, innerhalb der Erfahrung Ansatzstellen zu markieren, an denen Techniken, Medien und leibkörperliche Bedingungen, einschließlich neuronaler Prozesse und unbewußter Triebkräfte, ihr Werk tun. Anschließend werden drei Kapitel eingeblendet, die anhand von Körper und Technik (VI), von Stimme (VII) und Bild (VIII) das Wirken dieser Zwischeninstanzen exemplarisch vor Augen führen. In den beiden restlichen Kapiteln kommt die soziale (IX) und ethische Seite (X) der Aufmerksamkeit zur Sprache. Mit dem Schlußkapitel kehren wir zu den Anfängen zurück; denn das Geschehen der Aufmerksamkeit rührt an das Unmögliche einer Erfahrung, die unseren eigenen Möglichkeiten immer schon vorauseilt. So erklärt sich, daß der Spalt zwischen Auffallen und Aufmerken, allen Vermittlungsinstanzen zum Trotz, sich niemals schließen wird, solange Erfahrung Erfahrung bleibt.

München, Februar 2004

J. Trinks (Hg.), *Möglichkeiten und Grenzen der Narration*, Wien 2002; Kapitel VII unter dem Titel »Stimme am Leitfaden des Leibes«, in: C. Epping-Jäger, E. Linz (Hg.), *Medien/Stimmen*, Köln 2003.

# I. Auf der Suche nach der Aufmerksamkeit

## 1. Spuren in der Alltagserfahrung

Wäre die Erfahrung gleichzusetzen mit einer Ansammlung sinnlicher Daten, so wäre sie chaotisch im geläufigen Sinne dieses Wortes. Es gäbe kein Vor und Zurück, kein Vorn und Hinten, denn der eine Weltzustand wäre so gut wie der andere. Ferner würden unsere Augen und Ohren unter dem Ansturm des Sicht- und Hörbaren blind und taub werden. Wer alles hört und sieht, sieht und hört nichts, und mißt man jemanden an den Erfahrungen, die er macht, so ist jemand, dem nichts widerfährt, niemand. Um von Erfahrungen sprechen zu können, genügt es offenbar nicht, daß Wolken am Himmel vorbeiziehen, daß Verkehrslärm aufbrandet, daß die Sonne ihre Wärmestrahlen aussendet, daß ein Gerät sich erhitzt oder der Boden schwankt. Was hier fehlt, das bin ich selbst oder sonst jemand, der dies alles bemerkt und zur Kenntnis nimmt. »Was ich nicht weiß, macht mich nicht heiß«, sagt das Sprichwort, das auf diese Weise einen buchstäblichen Sinn gewinnt, ohne sonderlich viel über das fragliche Wissen zu verraten.

Doch welchen Status hat die Aufmerksamkeit? Tritt die Aufmerksamkeit lediglich zur sinnlichen Erfahrung hinzu, als würde man einen Scheinwerfer anschalten? Und fügt sie sich in die Erfahrung ein als eine unerläßliche Komponente, welche Qualität hat sie dann? Wenige Beispiele mögen genügen, um zu zeigen, daß das, was wir der Aufmerksamkeit zurechnen, vielerlei Gestalten annimmt.

Beginnen wir mit der spektakulären Form eines *schockartigen Erlebnisses*, das als Blitz, Knall oder Schrei auftritt. Auf den ersten Anhieb scheint die Aufmerksamkeit dadurch gar nicht direkt betroffen, da sich dies alles ohne unser Zutun abspielt. Der Schock wartet nicht auf uns und wir nicht auf ihn. Dennoch kann der Schock, der nicht nur durch seine Plötzlichkeit, sondern auch durch seine Stärke hervorsticht, als explosiver Grenzfall eines Geräuschs betrachtet werden, das sich in durchschnittlichen Fällen nur allmählich bemerkbar macht und erst am Ende unsere Aufmerksamkeit findet. Damit fiele er nicht gänzlich aus dem Rahmen des Üblichen.

Wir befinden uns bereits mitten im Feld der Aufmerksamkeit, wenn wir Beispiele einer *sorgfältigen und gezielten Prüfung* ins Auge fassen, also ein Hinsehen, Hinhören oder Abschmecken, bei dem wir ›ganz Auge, Ohr oder Zunge‹ und ganz ›bei der Sache‹ sind. Grenzbeamte schauen bei der Paßkontrolle auf das Paßphoto, dann auf mein Gesicht, um schließlich beides zu vergleichen. Umgekehrt wäre auch eine Nachprüfung denkbar, die feststellt, ob mein Gesicht dem künstlichen Image gleicht und sich an die Vorlage hält. Oder nehmen wir das unverfängliche Beispiel eines Schmetterlingssammlers, der das Insekt unter die Lupe nimmt, oder eines Paläographen, der einen alten Text entziffert. In solchen Fällen geht die Aufmerksamkeit so sehr in die Tätigkeit der Sinne ein, daß kaum noch von ihr die Rede ist. Wir bezeichnen ein solches Verhalten als Beobachten, Untersuchen, Kontrollieren oder als Überwachen. Dies geht so weit, daß wir geradezu von Aufmerksamkeitsberufen oder Aufmerksamkeitsapparaten sprechen können.

Es gibt aber auch Fälle, wo etwas auf *kaum merkliche Weise* unsere Aufmerksamkeit erregt, ohne daß es sich durch eine sonderliche Reizstärke auszeichnet. Dies trifft zu auf verdächtige Motorgeräusche, die anzeigen, daß im Getriebe etwas nicht stimmt, auf einen verräterischen Gesichtsausdruck, der ungewohnte Regungen andeutet, oder auf die Mutter, die durch das leiseste Geräusch des Kindes aus dem Schlaf gerissen wird. Die Aufmerksamkeit äußert sich hier als eine hintergründige Form der Wahrnehmungsbereitschaft, einer Wachsamkeit, die in der Hypervigilanz extreme Formen annimmt. Einen eigenen Einzugsbereich bildet die *unterschwellige* Aufmerksamkeit, die uns höchstens in ihren Nachwirkungen bewußt wird.

Schließlich gibt es das *Merkwürdige*, das *Bemerkenswerte*, das auf den Umstand zurückgeht, daß die Aufmerksamkeit von Trieben, Bestrebungen, Vorlieben und Interessen gesteuert wird. Natürlich kommt es vor, daß jemand am Heidelberger Schloß oder am Eiffelturm vorbeigeht, ohne solche kulturellen Wahrzeichen auch nur eines Blicks zu würdigen; doch dieses Vorbeischauen zeugt von kultureller Nichtzugehörigkeit, oder es spricht aus ihm eine betonte Mißachtung kultureller Klischees, die über den dünnen Faden der Aufmerksamkeitsverweigerung selbst noch mit der Aufmerksamkeit verknüpft ist. Es sieht so aus, als könnten wir uns der Aufmerksamkeit ebensowenig entledigen wie der Sprache oder des Begehrens.

Unsere grob skizzierten Aufmerksamkeitstypen haben offensichtlich etwas miteinander zu tun, aber nicht nur das, sie treten in der Regel in vermischter Form auf. Solange Schockererlebnisse nicht zur völligen Lähmung führen, lösen sie Abwehr- oder Erkundungsbewegungen aus, die an bestimmten Schockfarben und Schocktönen ihren Anhalt finden. Darin gleichen Schocks dem Schmerz, der uns ja auch nicht als ein qualitätsloses Etwas befällt. Wer Photos oder Handschriften entziffert, muß bestimmte Blick- und Leseerfahrungen mitbringen. Wer auf kaum merkliche Reize reagiert, muß besonders feine Auge oder Ohren haben, es genügt nicht, daß entsprechende Organe vorhanden sind. Was wir als bemerkenswert bezeichnen, sticht in der Regel durch markante Züge hervor, so die Höhe eines Turms oder die Form eines Berggipfels. Derartige Verquickungen erübrigen jedoch nicht die Frage, worum es bei der Aufmerksamkeit insgesamt geht, welchen Ort sie in der Erfahrung einnimmt und welches Gewicht ihr dort zufällt. Steuern wir geradewegs auf die Aufmerksamkeit zu, so erweist sie sich als eigentümlich blaß und flüchtig. Floskeln wie »Mir ist etwas aufgefallen« oder »Paß auf, sei achtsam!« erinnern an Doppelpunkte, die alles Entscheidende offenlassen, und füllen sich die Leerstellen, so stecken wir alsbald mitten im Sehen, Hören oder Schmecken, oder wir kämpfen mit Überraschungen. Die Aufmerksamkeit gleicht dem Salz in der Suppe, das unentbehrlich ist, von dem man aber kaum Notiz nimmt.

## 2. Philosophische Verlegenheiten

Schon eine kursorische Sondierung der Philosophiegeschichte, die sich auf einige markante Stationen beschränkt, kann zeigen, daß die Beschäftigung mit der Aufmerksamkeit eine deutliche Verlegenheit ausstrahlt. Die Aufmerksamkeit taucht anfangs nur beiläufig auf, um später vielerlei Gestalten anzunehmen, die den erwähnten Alltagstypen nicht fernstehen, sich aber mit wechselnden Ordnungsvorstellungen verquicken und sich oft hinter anderem verstecken. Offensichtlich fällt es der Aufmerksamkeit schwer, ein Eigengewicht zu gewinnen. Dies gilt teilweise bis heute. Dinge, mit denen man nichts Rechtes anzufangen weiß oder anzufangen wagt, verlegt man irgendwohin. Solche Verlegenheiten erweisen sich jedoch als symptomatisch, seit wir gelernt haben, Lücken im Diskurs diesem selbst zuzurechnen.

Der Bedeutungsgehalt eines Begriffsworts wiegt weniger schwer als die Rolle, die es bei der Formulierung von Fragen und bei der Genese eines fragenden Denkens spielt. Haben die entsprechenden Fragen kein besonderes Gewicht, so gilt dies auch für die zugehörigen Begriffe, falls sie überhaupt eine nennenswerte Form annehmen. Doch worum geht es in der Aufmerksamkeit? Eine erste Antwort, die sich im Laufe unserer Untersuchungen zu bewähren hat, lautet: Es geht darum, *daß* überhaupt etwas in der Erfahrung auftritt, daß *gerade dieses und solches* auftritt *und nicht vielmehr anderes* und daß es *in einem bestimmten Zusammenhang* auftritt. Dies scheint die Ursprungsfragen der Philosophie, die sich auf allgemeine Wesensformen und letzte Ursachen beziehen, ebensowenig zu berühren wie die entsprechenden Erkenntnisleistungen. Geschichten zu erzählen, in denen dieses oder jenes vorkommt, gehört nicht gerade zu den herkömmlichen Aufgaben der Philosophie. Die Aufmerksamkeit trägt von sich aus weder zur Beantwortung der Frage bei, was etwas ist und warum es so ist, wie es ist, noch zu der Frage, wie dies zu erkennen sei. In Grunddisziplinen wie Metaphysik, Physik, Logik oder Ethik hat sie wenig zu verlieren.

Im ersten Beweger denkt sich das Denken, es wendet sich aber nicht sich selbst zu oder von sich ab, als wäre es auf der Suche nach sich selbst. Pflanzen wachsen, Tiere gehen auf Beute aus und pflanzen sich fort, ohne daß die Zielausrichtung ein besonderes Augenmerk erfordert. Der Pfeil fliegt nicht schneller oder langsamer, je nachdem, ob ihn mein Blick verfolgt oder nicht. Der wahrheitsträchtige Satz vom Widerspruch ist auf Aussagen und Entscheidungen geeicht, nicht auf das sinnliche Gewahren und Sichbewegen. Selbst das Handeln gewinnt seine Gestalt von dem angestrebten Gut her. Dieses kann sich als scheinbar erweisen, doch die Scheinhaftigkeit eines Guts besteht in erster Linie darin, daß es nicht ist, was es zu sein scheint, und nicht darin, daß der Handelnde oder Erkennende unaufmerksam war. Die Dinge, die in und an sich selbst (καθ' αὑτό) sind, was sie sind, sind anfänglich für uns (πρὸς ἡμᾶς) da, sie wenden uns gleichsam einen besonderen Anblick, einen Aspekt zu. Dies bleibt ein beachtenswerter Gedanke, aber mit einer Hinwendung der Seele zu den Dingen hat er wenig zu tun. Die Zuwendung ist immer schon erfolgt, wenn der Mensch nach dem Guten und somit auch nach dem Wissen strebt. Es wäre denkbar, daß Aristoteles seine *Metaphysik* mit dem Satz eröffnet hätte: »Alle Menschen richten von Natur aus ihr Augenmerk auf das, was sich zeigt.« Doch diese Initiative hätte bereits den Charakter einer Wiederholung, die Platon als Anamnesis bezeichnet. Die Aufmerksamkeit steht von vornherein im Schatten der Mneme, wie später bei Augustinus.

So mag sich erklären, daß die Griechen dort, wo sie das Phänomen der Aufmerksamkeit überhaupt erwähnen, sich ganz unauffälliger, alltäglicher Wendungen bedienen. Das entsprechende griechische Wort προσέχειν bedeutet ›hinhalten‹, ›hinrichten‹, so wie man ein Schiff an Land steuert, nur daß im Falle der Aufmerksamkeit kein Schiff herantreibt, sondern der Geist oder die Seele; προσέχειν τὸν νοῦν lautet deshalb der erweiterte Ausdruck (vgl. z. B. *Politeia* 376 a 9). Dies ›Hinhalten auf . . .‹ kommt der ›Zuwendung‹ nahe, die im Deutschen vielfach zur Umschreibung der Aufmerksamkeit herangezogen wird.

Die Fragen, die sich in diesem Zusammenhang stellen, passen nicht in den ontologisch-epistemischen Grundbereich, sie berühren nicht geradewegs die Ordnung der Dinge. Es bleibt *pädagogisch-didaktischen* Bemühungen vorbehalten, Möglichkeiten der Erkenntnis zu wecken, zu entfalten und sie durch eine geeignete Umlenkung (περιαγωγή) auf die rechte Bahn zu bringen (vgl. *Politeia* 518 d). In der *Rhetorik*, wo die Macht der Rede der Seelenführung dient, kommt es nicht nur darauf an zu wissen, worauf die Seele wirkt und wovon sie Wirkungen empfängt (*Phaidros* 271 a-c), es kommt auch darauf an, bei den Hörern Anklang zu finden, ihre Affekte anzusprechen und sie zum gewünschten Verhalten zu bewegen. Aristoteles wird zum Begründer einer eigenständigen Rhetorik, indem er zugleich mit einem genuin praktischen Wissen eine genuin praktische Rede freisetzt. Das *psychologische* Fundament für die Steuerung der Aufmerksamkeit liefert seine Wahrnehmungslehre. In *De sensu* 7, 447 a 12 ff. erörtert er die Frage, ob man zwei Dinge »in derselben und unteilbaren Zeit« wahrnehmen könne, und er antwortet darauf mit der Feststellung: »Stets verdrängt (ἐκκρούει)[1] die größere Bewegung die geringere«, und auf ähnliche Weise kommt es zu Wahrnehmungsstörungen, wenn die Sinne überstark (σφόδρα) getroffen werden. Hier deuten sich Aufmerksamkeitskonflikte an, die beiläufig auch in die aristotelische Ethik Einlaß finden und die in der neueren Psychologie und Phänomenologie der Aufmerksamkeit zu einem Dauerthema werden. Obwohl sich dies alles noch in einem kosmischen Rahmen abspielt, der einen psychophysischen Dualismus im Sinne der Neuzeit aus-

---

1 Das Verb ἐκκρούειν bedeutet wörtlich ›herausschlagen, forttreiben, wegdrängen‹. Kommentatoren weisen an dieser Stelle auf hippokratische Einflüsse hin, vgl. Aristoteles, *Nik. Ethik*, Akademie-Ausgabe, Bd. 6, S. 584.

schließt, zeichnet sich schon hier die Tendenz ab, das Wirken der Aufmerksamkeit teils *äußeren Einwirkungen*, teils *inneren Einstellungen* zuzuschlagen. Einen eigenen Stand gewinnt die Aufmerksamkeit auf diese Weise nicht.

In der Spätantike spielt die Aufmerksamkeit, griechisch: προσοχή oder lateinisch: *advertere animum*,[2] eine zentrale Rolle in der ethisch-religiösen Lebensführung, die in der Abkehr von weltlichen Zerstreuungen und im Rückgang auf das eigene Selbst ihre entscheidende Stütze findet. Die Aufmerksamkeit bedeutet also in erster Linie eine *Aufmerksamkeit auf sich selbst*, die Selbstsorge erfordert stetige Wachsamkeit und regelmäßige Selbstprüfung. Das Motiv der Wachsamkeit führt bei christlichen Autoren dazu, daß die antiken Weisheitslehren mit biblischen Heilserwartungen verschmelzen.[3]

In der frühen christlichen Tradition ist es Augustinus, der – im Rückgriff auf spätantike, vor allem neuplatonische Motive – der Aufmerksamkeit ein erhebliches, aber auch einseitiges Gewicht verleiht. Die *attentio*, die bei Augustinus terminologisch nicht von der geläufigeren *intentio* unterschieden wird, ist bekanntlich vom Lateinischen in die romanischen Sprachen eingegangen. Dieses Begriffswort hat den Vorteil, daß der Bezug auf die Dehnung oder Spannung (*tensio*) und die Verwandtschaft mit der Zerdehnung (*distentio*) und der Ausdehnung (*extentio*)[4] einem einseitig kognitiven Verständnis weniger Vorschub leistet als das deutsche Wort ›Aufmerksamkeit‹. Gleichzeitig deutet sich im Französischen mit der Nähe von *attention* und *attendre* ein zeitlicher Aspekt an. Doch diese Zusammenhänge können nicht

2 Vgl. dazu Lukrez, *De rerum natura*, IV, 812: »Et tamen in rebus quoque apertis noscere possis / si non advertas animum . . .« Es geht in diesem Zusammenhang um die Frage, wie der Geist sich eine Anschauung verschaffen kann von dem, was er zu wissen begehrt. Wie der Kommentator C. Bailey (Oxford 1947, Bd. III, S. 1275) hinzufügt, bleibt offen, wie diese selektiv wirkende *libido* (vgl. IV, 779) ihrerseits zu erklären ist.

3 Vgl. hierzu Pierre Hadot, *Qu'est-ce que la philosophie antique?* (1995). Der Autor zeigt, wie das Motiv der Selbstaufmerksamkeit sich von den Stoikern und Neuplatonikern bis zu den Kirchenvätern durchhält. Zum biblischen Motiv der Wachsamkeit vgl. auch die Ausführungen von Werner Hamacher (1998, S. 26-28).

4 Zur spätantiken Herkunft dieser Begriffe vgl. Kurt Flaschs Kommentar zu Buch XI der *Confessiones* (1993), speziell S. 376 f. Dieser weitgesteckte Kommentar, der auch mannigfache Bezüge bzw. Nichtbezüge zur Gegenwart herausstellt, trägt vieles zum Verständnis des augustinischen Zeitdenkens bei; die Aufmerksamkeit spielt dabei allerdings nur eine Nebenrolle.

darüber hinwegtäuschen, daß die Aufmerksamkeit bei Augustinus primär als *Willensausrichtung*, als *intentio voluntatis* begriffen wird.[5] Der Wille greift sowohl in den Prozeß der Sinneswahrnehmung wie in den des Gedächtnisses ein. Er wendet Augen, Ohren, Mund, Hände bzw. das Gedächtnis von bestimmten Eindrücken und Bildern ab (lat. *avertere*), indem er sich auf anderes richtet, so daß sonst noch Gegenwärtiges ausgelöscht wird (lat. *extinguere, supprimere*). Dies führt dazu, daß wir uns oftmals nicht merken, was wir im Gespräch hören, was wir lesen oder wo wir gehen, auch wenn es in den Bereich unserer Sinne fällt. Die Eingriffe der willkürlichen Aufmerksamkeit sind mehr hemmend als gestaltend, sie dienen mehr der Wahrheit als der Neugier. Im Feld der Sinne setzt der Wille Körperbewegungen ein, um dem Andrang sinnlicher Eindrücke zu begegnen. Infolge der niedrig stehenden Sterblichkeit (*servilis mortalitas*) unserer menschlichen Verfassung gelingt die Herrschaft des Willens niemals völlig. In schwierigen Lagen entsteht daraus ein qualvolles Leiden, das dem Willen keinen anderen Ausweg läßt als die Duldung (*tolerantia*). Auch Aufmerksamkeitskonflikte deuten sich an, aber sie halten sich in deutlichen Grenzen. Die Konflikte lösen sich auf in einer Sammlung, in der die Zerstreuung (*dispersio, dissipatio*) der Sinne und die Zerdehnung (*distentio*) der Zeit durch die Gegenwart Gottes überwunden wird: »Colligens me a dispersione, in qua frustratim discissus sum.« (*Conf.* II, 1). Die Mängel der menschlichen Aufmerksamkeit werden abgemildert durch die Teilnahme an der göttlichen Aufmerksamkeit. Gottes Aufmerksamkeit »geht nicht von einem Gedanken zum anderen über, sondern seine unkörperliche Anschauung hält alles zugleich wissend umfaßt. Denn er begreift die Zeiten ohne eigene zeitliche Begriffe, wie er auch das Zeitliche bewegt ohne eigene zeitliche Bewegung.« (*De civitate Dei*, XI, 21, Übs. W. Thimme). Wie die Körper – gut aristotelisch – durch ihr Gewicht nicht nach unten, sondern an ihren Ort streben, so auch die Seele, wenn sie ihrem natürlichen Antrieb folgt und nicht durch die Gegengewichte der Begierde oder des Stolzes aus ihrer Bahn und ins ewige Verderben gebracht wird. »Mein Gewicht ist meine Liebe; durch sie werde ich getragen, wohin immer ich getragen werde.« (*Conf.* XIII, 9, 10). Aufs Ganze gesehen findet die »Schwerkraft der Seele« (*pondus animae*), allen weltlichen Ablenkungen und Abirrungen zum Trotz, ihre eindeutige

---

5 Vgl. zum folgenden *De trinitate* XI, 8, 15 und ähnlich schon *De musica* VI, 5, 8.

Ausrichtung in einem *esse ad Deum*. »Quia fecisti nos ad te«, so beginnt der berühmte Anruf, in dem sich die Unruhe des Herzens und die ersehnte Ruhe in Gott ausspricht (*Conf.* I, 1).[6]

Die neuzeitliche Zerteilung der Welt in eine mentale Innenwelt und eine physische Außenwelt macht auch vor der Aufmerksamkeit nicht halt. Bei Descartes fällt die Aufmerksamkeit einerseits als *Willensakt* in den Bereich des Cogito, da ich nichts weiß, ohne es zugleich wissen zu wollen. Die Erkenntnis der Wahrheit erfordert, daß ich mich vor Irrtum hüte (*mihi sit cavendum*) und genügend achtgebe (*satis attendam*) auf das, was ich vollkommen einsehe, um es von allem Verworrenen und Dunklen abzusondern (*Vierte Meditation*, A. T. VII, 62). Die Klarheit der Idee schließt ein, daß sie »einem aufmerksamen Geist gegenwärtig und offensichtlich ist« (*Principia* I, § 45). Andererseits unterliegt die Aufmerksamkeit *physisch-physiologischen* Bedingungen, die sich nach der Reizstärke bemessen. Das Gewicht der Aufmerksamkeit wird erhöht und teilweise ausbalanciert durch die Nähe zur Verwunderung (*admiration*). Diese bedeutet eine »plötzliche Überraschung der Seele, die bewirkt, daß sie sich dazu gebracht sieht, mit Aufmerksamkeit (*avec attention*) die Objekte zu betrachten, die ihr als selten und außerordentlich erscheinen« (*Les passions de l'âme*, Art. 70, dt. 1984, S. 109). Hinzu kommt als weitere Verstärkung die von Descartes als abartig betrachtete Steigerungsform des Erstaunens (*étonnement*), die bewirkt, »daß der ganze Körper unbeweglich wie eine Statue bleibt und daß man von dem Gegenstand nur den ersten Anflug (*la première face*) wahrnimmt, der sich darbietet, ohne daß wir davon eine genauere Erkenntnis erhalten« (ebd., Art. 73, dt. S. 115, Übs. leicht verändert). Descartes nähert sich, so gut es seine psycho-physische Doppelstrategie zuläßt, einer Affektion, die noch nicht kognitiv verarbeitet ist. Diese muß deshalb nicht schon pathologisch sein, aber sie ist auf besondere Weise pathogen und erinnert von Ferne an das ›lähmende Entsetzen‹ traumatischer Erlebnisse.

Fortan behält die Aufmerksamkeit etwas Zweischneidiges. Sie trägt teils subjektive, teils objektive, teils spiritualistische, teils naturalistische Züge. Die hinzukommende Sonderung in *Aktivität* und *Passivität* ist ihrerseits mehrdeutig. Herrscht die *dualistische* Lesart vor, so geht die Passivität zumindest teilweise in eine Kausalität über, die

6 Augustinische Motive tauchen in der Neuzeit unvermittelt wieder auf bei Malebranche, von dem im Schlußkapitel die Rede sein wird.

von Naturkräften beherrscht ist. Der aktive Part zieht sich auf eine innere Bühne zurück und läßt die Augen und Ohren des Geistes, den inneren Geschmack und das innere Gefühl ihr mentales Werk vollführen. So zählt Locke in seinem *Essay concerning human understanding* (II, 19) die Aufmerksamkeit zu den Modi eines Denkens, mit dem der Geist seinen Blick nach innen richtet. »Wenn man die Ideen, die sich von selbst darbieten [...], beachtet und sie gleichsam im Gedächtnis registriert, so ist das *Aufmerksamkeit*.«[7] Die gewöhnliche Aufmerksamkeit funktioniert wie ein innerer Monitor, der das Gesehene aufzeichnet. Sie kann die Form einer intensiven Beschäftigung annehmen, die *intention* oder *study* genannt wird, und sie kann die dauerhafte Form von Sammlung (*recollection*) und Betrachtung (*contemplation*) erreichen. Die wechselnde An- und Abspannung (*intention, remission*) läßt ein Mehr oder Weniger an Aufmerksamkeit zu bis hin zum Grenzfall des Schlafes, der »den Vorhang ganz zuzieht«. In Traum und Träumerei (diese in französischer Form als *rêverie* bezeichnet) lockert sich die Bewußtseinskontrolle, so daß unbeachtete und nicht registrierte Ideen Einlaß finden.

Der dualistischen steht eine *kontinuistische* Spielart gegenüber, die in Leibniz ihren vehementen Verfechter gefunden hat. In den *Nouveaux Essais*[8] werden Lockes Begriffsbestimmungen zunächst wörtlich übernommen, aber dann minutiös umgemodelt. Die Definition der Aufmerksamkeit wird nicht aufgegeben, aber ergänzt: »Aufmerksamkeit schenken wir den Gegenständen, die wir deutlich unterscheiden und anderen vorziehen.« Die notwendigen Unterschiede lassen eine kontinuierliche Steigerung und minimale Differenzen zu. Die Aufmerksamkeit erscheint so, wie wir inzwischen zu sagen pflegen, als ein Schwellenphänomen. Sie tritt dort auf, wo der endlose Strom unmerklicher Perzeptionen in eine bewußte Apperzeption übergeht. Sind die Eindrücke zu gering, zu schwach und zu gleichförmig, so gewahren wir sie *noch nicht*, so wie das Geräusch der Einzelwellen

---

7  Im Original: »When the ideas that offer themselves [...] are taken notice of, and, as it were, registered in the memory, it is *attention*«, und in der von Leibniz in den *Nouveaux Essais* verwendeten französischen Fassung: »Lorsqu'on réfléchit sur les idées, qui se présentent d'elles-mêmes, et lorsqu'on les enregistre pour ainsi dire dans la mémoire, c'est *attention*.«

8  Vgl. das Vorwort und II, 19, Akademie-Ausgabe, VI/6, S. 53-57, 160-162, dt. 1996, Übs. Cassirer, S. 9-15, 133-135. Cassirers Übersetzung wurde benutzt mit leichten Abänderungen.

im Getöse des Meeres untergeht. Umgekehrt gewahren wir etwas *nicht mehr*, wenn etwa das Geräusch einer Mühle oder eines Wasserfalls im Zuge der Gewöhnung den Reiz (*attrait*) des Neuen verliert und nicht mehr stark genug ist, um unsere Aufmerksamkeit auf sich zu ziehen (*pour s'attirer notre attention*). Die kleinen Perzeptionen hinterlassen individuelle Spuren in unserer Seele. »Sie bleiben unbemerkt, aber wenn wir darauf aufmerksam gemacht werden, erinnern wir uns und werden uns bewußt, daß wir davon soeben eine Empfindung gehabt haben.« Husserl wird später von »Ichgehabtzuheiten« sprechen (Hua IV, S. 214). Jede Apperzeption ist folglich auf ein Gedächtnis angewiesen, das den kleinen Perzeptionen innewohnt und bewirkt, daß die »Gegenwart mit Zukunft schwanger und mit Vergangenheit beladen« ist. Wir sind, bevor wir es bemerken, der Wirksamkeit unmerklicher Perzeptionen ausgesetzt, einem »ich weiß nicht was«; denn um zu wissen, worum es sich jeweils handelt, muß es schon ein Intervall geben, »so klein es auch sein mag«. Von Anfang an hängt alles an einem unendlich Kleinen, einem μικρόν, das doch nicht nichts ist. Die Bestimmung des Aufmerkens als das Überqueren einer Schwelle impliziert, daß sie nicht durch einen *Akt* der Aufmerksamkeit zustande kommt, sondern aus einer *Weckung* hervorgeht. Diese kündigt sich an in einer Unruhe (*inquiétude*), die »in einem Phänomen besteht, das sich vom Schmerz nur wie das Kleine vom Großen unterscheidet, und die doch oft unser Begehren, ja unsere Lust ausmacht, indem sie gleichsam das Salz und die Würze (*un sel qui pique*) verleiht.« Wie in der platonischen Anamnesis sind es affektive, ja schmerzhafte Momente, die unsere Erinnerungen nicht nur wiederholt, sondern überhaupt erst wachrufen. Dabei ist es das *Streben*, die Appetition, nicht der Wille, was den Übergang von einer Perzeption zur anderen bewirkt. Der Tod erscheint dann gleich wie der Schlaf als ein Zustand der Verworrenheit, der die bewußte Wachheit »suspendiert«, das heißt sie aussetzen läßt und aufschiebt, und der deshalb nicht ewig dauern kann. Aufs Ganze gesehen findet die Aufmerksamkeit ihren Platz nicht im geistigen oder seelischen Innenraum eines Bewußtseins, sondern in einem unabschließbaren Prozeß des *Bewußtwerdens*. Es sind keine Trennwände zwischen Innen und Außen zu überwinden, sondern es ist, wie gesagt, eine Schwelle zu überqueren. Das Bewußtwerden vollzieht sich auf dem Wege der *Differenzierung* und *Entdifferenzierung*, nicht als Zu- oder Abgang von Erfahrungsinhalten. Die Passivität steht der Aktivität nicht entgegen, sie bildet den Saum einer gestuften und gleitenden Aktivität, deren Aktualität sich zu Horizonten der Potentialität erweitert. Die daraus hervorgehende Aufmerksamkeit wird nicht äußerlich verursacht, sondern sie regt sich, indem sie geweckt wird. Der aufmerkende Geist registriert nicht lediglich, was in ihm vorgeht, sondern er entdeckt sich selbst inmitten einer Welt der Erfahrung. Diese grandiose Vision, deren Reichtum erst zu Beginn und im Laufe des 20. Jahrhunderts erschlossen wurde, hat allerdings – auch und gerade, was unser Problem der Aufmerksamkeit angeht – ihre deutlichen Grenzen. Das Unmerkliche, das dem Aufmerken und Bemerken vorausgeht, ist letzten Endes doch negativ gekennzeichnet als Verworrenheit, als mangelnde Differenziertheit, gemessen an Gott, der eine »deutlich unterschiedene Erkenntnis von allem hat« (*Principes de la nature*, § 13). Entsprechend gerät der Prozeß des Aufmerkens, obwohl er aus dem Unmerklichen erwächst und ihm verhaftet bleibt, auf die Bahnen einer Entelechie und auf die Spuren einer Harmonie, worin älteste kosmo-theologische Ordnungskonzeptionen fortleben. Außerdem verbirgt sich hinter der angeblichen Kontinuität eine uneingestandene Diskontinuität (vgl. Gurwitsch 1974, S. 124). Der Übergang von der Unmerklichkeit der Perzeptionen zur bewußten und reflektierten Apperzeption, die Leibniz zufolge den menschlichen Geist vor tierischen Lebewesen auszeichnet, markiert eine Kluft, die weder von einem anfänglichen Mangel noch von einer anfänglichen Fülle her zu überbrücken ist. Die Verschiebung von Auffallen und Aufmerken, um die unsere eigenen Analysen kreisen werden, setzt genau hier an.

Die empirische und experimentelle Psychologie des 19. Jahrhunderts hat für die Erforschung der Aufmerksamkeit neue Wege erschlossen,[9] der philosophische Ertrag, der stark durch die energetischen Modelle der Herbartschen Bewußtseinsmechanik geprägt ist, bleibt jedoch bescheiden. In seinem *Grundriß der Psychologie*, der seit 1896 zahlreiche Auflagen erlebte und der, zusammen mit dem 1974 erschienenen *Grundriß der physiologischen Psychologie*, für lange

9 Zur Fülle und Vielseitigkeit der Aufmerksamkeitsforschung im 19. Jahrhundert vgl. Jonathan Crary, *Aufmerksamkeit*, 2002, besonders Kapitel I: »Die Moderne und das Problem der Aufmerksamkeit«. Der Autor versichert allerdings auch, daß die Vielzahl der Versuche im ausgehenden 19. Jahrhundert vielfach widersprüchlich verliefen, oftmals bei ein und demselben Autor (S. 29, 297, Anm. 30), und er zitiert G. H. Mead (1973, S. 64), für den die Physiologie der Aufmerksamkeit immer noch »ein dunkler Kontinent« ist (Übs. verändert).

Zeit einen nahezu kanonischen Rang einnahm, behandelt Wilhelm Wundt in einem eigenen Paragraphen das Thema »Bewußtsein und Aufmerksamkeit«. Es finden sich traditionelle Unterscheidungen wie aktive, willkürliche und passive, triebgesteuerte Aufmerksamkeit, wie Perzeption und Apperzeption, und topologische Präzisierungen wie die Unterscheidung von Blickpunkt und Blickfeld, doch der Kern der Sache bleibt eigentümlich gewichtslos. Aufmerksamkeit beschränkt sich auf einen »durch eigentümliche Gefühle charakterisierten Zustand, der die klarere Auffassung eines psychischen Inhalts begleitet« (1913, S. 252). Die entsprechende psychophysische Forschung beruht auf der Sonderung in Aufmerksamkeitszustände, die innerlich erlebt werden, und Aufmerksamkeitsmechanismen, die äußerlich zu beobachten und zu manipulieren sind. In der *Krisis* (Hua VI, § 66) charakterisiert Husserl diese Forschungssituation als eine doppelte Abstraktion. Die »universale Abstraktion« auf eine der Natur zugehörige Körperlichkeit des Menschen wird kompensiert durch eine »ergänzende Abstraktion«, die sich mit der seelischen Seite befaßt. Doch eine doppelte Abstraktion führt niemals zur Konkretion zurück.

## 3. Neue Perspektiven

Die Wende zur Moderne endet nicht bei der Spaltung der Welt in eine geistige Innenwelt und eine physische Außenwelt. Was über eine solche Dichotomie hinausführt, ist die Annahme kontingenter Ordnungen, die sowohl dem Geist wie der Natur ihr wechselhaftes Gepräge geben. Auch in der Orientierung an der Lebensweise des Organismus, der sich in einer teils förderlichen, teils widrigen Umwelt zu behaupten hat, deutet sich ein Mittelweg an, der aber ohne Anknüpfung an kulturelle Perspektiven zu biologistischen Vereinfachungen, so etwa zur Reduktion der Aufmerksamkeit auf lebenserhaltende Anpassungsleistungen einlädt.[10] Im Zuge kontingenter Ordnungen bilden sich

---

10 Darwin geht auch hier von einer Kontinuität zwischen Mensch und Tier aus. In seinem Werk *Die Abstammung des Menschen* (1966, S. 90) schreibt er: »Kaum eine Fähigkeit kommt an Bedeutung für den Fortschritt des menschlichen Verstandes der Aufmerksamkeit gleich. Die Tiere verraten deutlich, daß sie diese Fähigkeit besitzen«, so die Katze, die sprungbereit vor dem Loch auf ihre Beute lauert, oder der Affe, der um so leichter abzurichten ist, je weniger er sich ablenken läßt.

*Zwischeninstanzen* aus, die sowohl symbolische Formen und kulturelle Institutionen wie auch Praktiken und Techniken umfassen und die sich in variablen Lebenswelten und Lebensformen niederschlagen. Zwischeninstanzen, die weder in einer Ordnung der Dinge noch in einem Reich des Geistes ihr hinreichendes Fundament finden, verändern den Begriff der Möglichkeit in Richtung auf eine *Ermöglichung,* die Möglichkeiten schafft und nicht nur Möglichkeiten nach Art einer Entelechie, einer inneren Zielstrebigkeit fortentwikkelt. Die Ermöglichung schöpft niemals alle Möglichkeiten aus, weil ihre selektive Wirkung stets eine Verunmöglichung zur Kehrseite hat. Dieser veränderte Ordnungsgedanke kommt auch der Aufmerksamkeit zugute. Er entrückt das Phänomen der Aufmerksamkeit der Antithese von Innen- und Außensicht, von Eigentätigkeit und Fremdwirkung, da die Frage »Was wird erfahren?« bzw. »Wer erfährt etwas?« nun durchgehend mit der Frage »Wie wird etwas erfahren?« verknüpft wird. Damit erhalten die Modalitäten der Erfahrung ein ganz eigenes Gewicht.

Eine derartige Umorientierung liegt auf der Linie einer Phänomenologie der Aufmerksamkeit, die zwar nach den Ordnungen der Erfahrung fragt, diese aber in der Erfahrung selbst am Werk sieht. Es geht uns im folgenden nicht um eine Bestandsaufnahme dessen, was in der vielfältig verzweigten Phänomenologie und ihrer Nachbarschaft zu finden ist. Wir begnügen uns mit Andeutungen auf das, was wir in unseren eigenen Bemühungen von Fall zu Fall nutzen und bei Bedarf hinter uns lassen werden.

Husserl hat auch hier die Weichen neu gestellt.[11] Er behandelt die Aufmerksamkeit nicht als eine Form der Introspektion, mit der sich der Geist oder das Subjekt unmittelbar erlebten Bewußtseinsinhalten zuwendet, vielmehr partizipiert sie als »geistiger Blick«, als »Blickstrahl« an der Dynamik der Intentionalität, in der alles, was ist, auf bestimmte Weise zur Erscheinung kommt. Andererseits betrachtet

11  Den entscheidenden Durchbruch erzielte Husserl in den *Logischen Untersuchungen*
(vgl. besonders I. U., § 22 f.: Abstraktion und Aufmerksamkeit; V. U., § 19: Intention und Aufmerksamkeit) und in den *Ideen I,* §§ 35 f., 92. Hinzu kommen die späteren *Analysen zur passiven Synthesis* (Hua XI) bzw. die entsprechenden Passagen in
*Erfahrung und Urteil* § 17 f., wo die Aufmerksamkeit vor allem im Zuge der
Affektion und in der Form passiver und aktiver Erfahrungstendenzen eine vielfältige und neuartige Rolle spielt. Die Vorlesungen zur Wahrnehmung und Aufmerksamkeit, die Husserl 1905 zusammen mit den Zeit-Vorlesungen gehalten hat, stehen
kurz vor der Veröffentlichung.

er sie nicht selbst als eine gesteigerte Form der Intention, mit der jemand auf etwas abzielt. Vielmehr gibt er ihr die Form »attentionaler Wandlungen«, indem er sie, ähnlich wie die Perspektiven und Einstellungen, mit den Modi, nicht mit bloßen Gehalten der Erfahrung in Verbindung bringt. In der Aufmerksamkeit sehen wir nicht anderes, sondern wir sehen, was wir sehen, anders als zuvor.[12] In diesem ›anders als‹ liegt zugleich ein Moment der Bevorzugung. Problematisch bleibt, wie sich zeigen wird, die Dynamik der Aufmerksamkeit innerhalb der umfassenden Dynamik der Erfahrung.

Husserls Phänomenologie der Aufmerksamkeit geht zunächst aus von intentionalen Akten, die einem Ich zugeschrieben werden. Als »Ichblick auf etwas« (Hua III, S. 81), als »Ichstrahl« (ebd., S. 231) bekommt die Aufmerksamkeit einen egologischen und egozentrischen Zug, der sich nur allmählich abmildert und auch später nicht völlig verschwindet. Erste Revisionen gingen von Aron Gurwitsch und Maurice Merleau-Ponty aus. Beide Autoren, als erster von beiden Gurwitsch, verbinden phänomenologische mit gestalt- und feldtheoretischen Motiven. Während Gurwitsch an einem bewußtseinstheoretischen Rahmen festhält und in diesem Rahmen fundamentale Organisationsformen wie Thema, thematisches Feld und Rand entfaltet,[13] geht Merleau-Ponty aus von einer leiblichen Situierung im Wahrnehmungsfeld und begreift die Aufmerksamkeit als schöpferische Transformation des perzeptiven oder mentalen Feldes, als einen immer wieder neu zu erwirkenden »Übergang vom Unbestimmten

12 Gilbert Ryle kommt auf sprachanalytischem Weg zu einem ähnlichen Resultat wie Husserl. Er schlägt vor, Aufmerksamkeitsverben wie ›achtgeben‹, ›bemerken‹ oder ›sorgfältig sein‹ durch Aufmerksamkeitsadverbien zu ersetzen, die eine entsprechende Verhaltensdisposition zum Ausdruck bringen. Das entscheidende Manko traditioneller Introspektionstheorien sieht er darin, daß dispositionale Wörter episodisch konstruiert werden, so daß äußere Ereignisse wie das Spazierengehen durch innere Beobachtungsereignisse verdoppelt werden. Vgl. *Der Begriff des Geistes*, 1969, S. 180-199. Diese Kombination von Disposition und Ereignis wird allerdings dem Auffallen als der pathischen Seite des Aufmerksamkeitsgeschehens nicht gerecht.

13 Die Dissertation »Phänomenologie der Thematik und des reinen Ich« (1929, engl. in: *Studies in Phenomenology and Psychology*, 1966) entrollt die Problematik der Aufmerksamkeit auf dem breiten Hintergrund der zeitgenössischen Psychologie (Th. Lipps, A. Pfänder, C. Stumpf u. a.) und der neueren Gestalttheorie, und dies in gründlicher Anknüpfung an und Auseinandersetzung mit Husserl. Hinzu kommt später als großes Werk *Das Bewußtseinsfeld*, 1975, in dem die Aufmerksamkeit allerdings in ausdrücklicher Form kaum noch vorkommt.

zum Bestimmten«, der Neues hervorbringt.[14] Beide Autoren suchen nach einem Mittelweg zwischen dem empiristischen Rekurs auf bloße Aufmerksamkeitsdaten, die keinen inneren Bezug zum Sehen aufweisen, und dem rationalistischen Rekurs auf bloße Aufmerksamkeitsakte, die uns nur entdecken lassen, was wir schon wissen. Dabei tendiert die Aufmerksamkeit allerdings dazu, mit den Prozessen der Selbstorganisation und mit der Gestaltungskraft der Wahrnehmung zu verschmelzen.

Ähnliche Tendenzen finden wir zuvor schon bei William James und Henri Bergson. In Kapitel XI seiner 1890 erschienenen *Principles of Psychology*, das sich betont von der empiristischen Tradition absetzt und das bei Husserl besondere Beachtung gefunden hat, behandelt James die Aufmerksamkeit als seligierende Instanz des Bewußtseinsstroms. »My experience is what I agree to attend to«, so startet dieses Kapitel. Ohne selektives Interesse würde die Erfahrung im Chaos versinken. Aufmerksamkeit bedeutet demnach, wie jedermann weiß, »the taking possession by the mind, in clear and vivid form, of one out of what seem several simultaneously possible objects or trains of thought« (1950, I, S. 403 f.). Allerdings bleibt die bloße »Auswahl der einen Daten und die Unterdrückung der restlichen (*the selection of some, and the suppression of the rest*)« hinter dem Ordnungsgeschehen der Erfahrung zurück; der Geist, ein »Schauplatz gleichzeitiger Möglichkeiten«, arbeitet an Daten, die er im Rohzustand empfängt, wie ein Bildhauer an seinem Marmorblock (ebd., S. 288). Wir bleiben auf dem Boden des Gegebenen (*datum*) und des Gebbaren (*dabile*). Anders steht es bei Bergson, der sich primär am Lebendigen orientiert und nicht an der technischen Herstellung. In seinem 1896 erschienenen Werk *Matière et mémoire* kommt er im zweiten Teil auf die Aufmerksamkeit zu sprechen, und zwar dort, wo es um das Wiedererkennen von Bildern geht (1959, S. 107-118, dt. S. 121-129). Gegenüber der bloß materiellen Erklärung der Aufmerksamkeit durch die Verstärkung äußerer Reize betont er die formellen Unterschiede, die auf dem beruhen, was von innen kommt und eine bestimmte Einstellung des Intellekts voraussetzt, und gegenüber der bloß negativen Leistung der Hemmung, die entweder auf ein bloßes Kräftespiel oder auf willentliche Eingriffe zurückverweist, hebt er die »positive Arbeit« der Aufmerksamkeit hervor. Diese geht aus von einem leiblich vermit-

14 M. Merleau-Ponty, *Phénoménologie de la perception*, 1945, S. 36-40, dt. 49-53.

telten Zusammenhalt zwischen Geist und Objekt, und sie steht im Bunde mit dem Gedächtnis, das die Bemühungen der Aufmerksamkeit trägt. Der Fortschritt der Aufmerksamkeit besteht dann darin, nicht nur das wahrgenommene Objekt neu zu schaffen, sondern zu tieferen Schichten der Realität vorzudringen. Schließlich gibt es eine »Aufmerksamkeit auf das Leben«, eine *attention à la vie*, die gegenüber der überbordenden Aktivität des Geistes und gegenüber der Masse angehäufter Erinnerungen dem empfindenden und bewegten Leib verhaftet bleibt. Er ist es, der uns an die gegenwärtige Wirklichkeit rühren (*toucher*) läßt, der unseren Geist festigt und befestigt (*fixe*) und ihm ein Gegengewicht, wörtlich: den nötigen Ballast (*lest*) verschafft, wie bei einem Schiff auf hoher See. Diese Aufmerksamkeit ist eine leibhaftige Aufmerksamkeit. Unsere »Empfindungen und Bewegungen bedingen, was man die *attention à la vie* nennen könnte, und deshalb hängt bei der normalen Arbeit des Geistes alles von deren Kohäsion ab, wie bei einer Pyramide, die sich auf der Spitze hält«. (1959, S. 193, dt. S. 183) Damit erreicht die Aufmerksamkeit einen Punkt, der über das bloße Aufmerken hinausgeht und Gegen*gewichte* ins Spiel bringt, wo ein aufmerksamer Geist bloße Gegen*stände* vermuten möchte. Eine »quasi-normative, von Traum und Wahnsinn scharf abzugrenzende Perzeption«[15] wird daraus erst dann, wenn die Aufmerksamkeit dessen Herr wird, was sie bewegt und was ihr Gewicht verleiht.

In der Nachbarschaft von Bergson stoßen wir auf das singuläre Schreibdenken von Paul Valéry. Für ihn bildet die Aufmerksamkeit einen der Strahlenherde, wo die Versinnlichung und Verleiblichung des Geistes sich mit der zeitgenössischen Psychologie und Physiologie trifft, sich aber zugleich einer neuartigen Poetik öffnet und schließ-

15 So die Einschätzung von Crary (2002, S. 258), die in ihrem Tenor Benjamins Stellungnahme in seinem Baudelaire-Aufsatz entspricht (vgl. *Gesammelte Schriften*, I-2, S. 608 f.). Wieweit diese Einschätzung zutrifft, ist eine offene Frage. Crary macht sich sein Urteil nicht leicht und billigt Bergson durchaus zu, daß er »die Wunder einer multidimensionalen Wahrnehmung ausmalt«. Aber auch in Bergsons Beharren auf den präsentativen Momenten der Wahrnehmung könnte mehr stecken als die Suche nach einem sicheren Ankerplatz, so etwa eine »ereignishafte Ur-Formung«, die der Symbolisierung vorausgeht; so äußert sich Mirjana Vrhunc in ihrer Untersuchung des Bildmotivs bei Bergson (2002, S. 159). Die »geschichtliche Determinierung der Erfahrung«, die Benjamin gegenüber Bergsons Suche nach einer reinen Erfahrung einfordert, macht die Frage nach der Eigendynamik der Erfahrung keineswegs obsolet.

lich einer von Fremdheiten, Absenzen, Abweichungen und Ritardandis gezeichneten Erfahrung auf der Spur ist. Die über viele Jahre hin entstandenen *Cahiers*, auf die sich unsere Untersuchungen an einigen Kreuzungsstellen beziehen werden, lassen nicht nur in höchst variablen Kontexten unser Leitmotiv anklingen, sondern es gibt eine ganze Rubrik, die mit *Attention* überschrieben ist.

Wir bleiben im näheren Umkreis der Husserlschen Phänomenologie, wenn wir schließlich auf Max Scheler und Martin Heidegger hinweisen, bei denen die Aufmerksamkeit ebenfalls ihren Platz, allerdings einen eng umzäunten Platz findet. Im ersten Teil seiner Untersuchung *Der Formalismus in der Ethik*, der bereits 1913 erschien, berücksichtigt Scheler die Aufmerksamkeit im Zusammenhang mit seiner Handlungs- und Milieutheorie, die er einer Gesinnungsethik entgegensetzt. Die Zerlegung der Aufmerksamkeit in eine aktive und eine passive Variante und deren Zuordnung zur Anziehung und Abstoßung geht über das Übliche nicht wesentlich hinaus. Wichtiger ist die praktische und affektive Einbindung der Aufmerksamkeit. Diese steht ganz und gar im Schatten eines *Milieus*, einer »als wirksam erlebten Wertwelt«, die unseren Triebeinstellungen entspricht und auf die sich unsere Interessen richten. »Die Interessen-*richtung* beherrscht uns im Wechsel der aktiven und der passiven Aufmerksamkeitsschwankungen, und ihr Gehalt (immer ein Wertgehalt) *lenkt* die Richtung, welche diese Akte nehmen, wie groß ihr Grad immer sei.« Die Aufmerksamkeit ist als solche »wertblind«. Das Milieu selbst ist vorgegeben wie eine »stahlharte Wand« (1966, S. 156-162). In Heideggers *Sein und Zeit* (§ 16) wird aus der Wertwelt ein *Zeugzusammenhang*, der sich im Umgang mit den Dingen herausbildet. Aspekte der Aufmerksamkeit melden sich dort, wo die Zuhandenheit in pure Vorhandenheit übergeht, als *Auffälligkeit*, wo etwas sich als unverwendbar erweist, als *Aufdringlichkeit*, wo etwas fehlt, als *Aufsässigkeit*, wo etwas nicht dazugehört und »im Weg« ist. In der Störung der Verweisung und im Bruch mit den Verweisungszusammenhängen treten diese ausdrücklich aus der normalen Unauffälligkeit heraus. Indem die Aufmerksamkeit in einen engen pragmatischen Rahmen gespannt wird, gewinnt sie jedoch eine bloß detektivische, keine produktive Bedeutung. Unter anderem hängt dies – wie Aron Gurwitsch in seiner Untersuchung *Die mitmenschlichen Begegnungen in der Milieuwelt* (1977, § 15) kritisch anmerkt – damit zusammen, daß die Zeugidentität nicht problematisiert und die Vieldeutigkeit der Dinge, die sowohl im kindlichen Spiel wie bei pathologischen Beeinträchtigungen der Erfahrung eine wichtige Rolle spielt, nicht hinreichend berücksichtigt wird. Die Bewegung des »Ansichhaltens«, die ursprünglich dem Zuhandenen zugeschrieben wird, besiegelt die Normalität, obwohl ihr durchaus ein Widerstand gegen unsere normalen Erwartungen entlockt werden könnte. Solange die Aufmerksamkeit sich auf einem vorgefundenen Terrain bewegt, behält sie einen bloß sekundären Charakter.

Wie auch immer die vorliegenden Beiträge im einzelnen aussehen mögen, in allen Fällen zeigt sich, wie der Rückgang auf *Zwischeninstanzen* diesseits von Subjekt und Objekt es erlaubt, der Frage nachzugehen, warum überhaupt etwas in der Erfahrung auftaucht und warum gerade dieses oder solches und nicht jenes. Die Stiftung und Aufrechterhaltung begrenzter Ordnungen eröffnet Spielräume, aber begrenzte. Würden wir jedoch hierbei stehenbleiben, so würde das Aufmerksamkeitsgeschehen auf Aufmerksamkeitsbereitschaften, auf Habitualitäten und Formationen, auf Dispositionen und Dispositive festgelegt und in kulturellen Merk- und Wirkwelten verfestigt. Kultur wäre eine »Feststellung« des Menschen mit anderen Mitteln. Gegenüber einer drohenden Hypostasierung der unentbehrlichen Zwischensphäre werden wir von Anfang an *Zwischenereignisse* ins Spiel bringen, deren Wirken unsere Erwartungen und unsere Fassungskraft unaufhörlich übersteigt.

Was zwischen Auffallen und Aufmerken geschieht, verlangt nach einer Ereignislogik, die durch keine traditionelle Ontologie, durch keine transzendentale Logik und durch keine Dialektik wettzumachen ist. Das Aufmerken darauf, *daß etwas geschieht*, provoziert eine Fragebewegung, die bei der Frage nach dem, *was etwas ist*, bei der Frage nach dem, *was der Fall ist*, und auch bei der Frage, *wie es möglich ist, daß etwas geschieht*, nicht stehenbleibt. Alle diese Fragen sind unentbehrlich, aber nicht ausreichend. Die Logik der Ereignisse fächert sich auf in verschiedene Modalitäten, die sich schwerpunktartig einzelnen Schlüsselkapiteln zuordnen lassen. Kapitel III steht primär im Zeichen des *Wirkens*, Kapitel IV im Zeichen des *Ermöglichens*, Kapitel IX im Zeichen des *Einwirkens aufeinander*, und Kapitel X bringt mit dem *Müssen* eine hyperbolische Form der Unmöglichkeit ins Spiel, die mit dem nicht aufzuhebenden Anfang korrespondiert. Eine Phänomenologie der Aufmerksamkeit, die davon ausgeht, daß uns etwas widerfährt, bevor wir uns dessen versehen, bleibt gebunden an eine *Deiktik*, die sich zu keiner Apodeiktik zusammenschließt. Was sich zeigt, deckt sich niemals völlig mit dem, was darüber zu sagen ist. Dies zwingt unsere Untersuchungen, wie schon Husserl bemerkt hat, auf einen Zickzackkurs, aber darüber hinaus auf das Voraus und Zurück einer Rede, die sich selbst ins Wort fällt. Überraschungen wirken nach.

## II. Szenische Ereignisse

Der Frage nach dem, was uns auffällt und unsere Aufmerksamkeit
erregt, geht eine andere Frage voraus, die Frage nämlich, was es bedeutet, daß etwas vorfällt. Hierbei handelt es sich um Ereignisse,
die wir nicht einfach in die Welt verlegen können wie beobachtbare
Vorkommnisse, da sie selbst zur Weltbildung beitragen, die wir aber
ebensowenig uns selbst als Akte und Handlungen zurechnen können, da sie unseren eigenen Bemühungen vorauseilen. Der szenische
Charakter unseres Verhaltens, das sich seinen eigentümlichen Ort
und seine eigentümliche Zeit schafft und sich nicht irgendwo und
irgendwann abspielt, weist voraus auf Felder der Aufmerksamkeit,
die sich in einem vielfältigen Zusammenspiel organisieren. Szenen
sind Schau- und auch Kampfplätze, in denen etwas, darunter die
Gestaltung des Spiels selbst, auf dem Spiel steht und nicht bloß regel-
geleitete Handlungen vollzogen oder regelkonforme Operationen ausgeführt werden. Das Insistieren auf Ereignissen setzt sich jedoch dem
Verdacht aus, diesen werde ein Sondercharakter zugeschrieben, der
ihnen normalerweise und auf die Dauer nicht zukomme. Die jeden
Überschwang dämpfende Vermutung, daß im Grunde nur »seinesgleichen geschieht«, führt uns auf die Fährte von Robert Musil. Eine Passage aus dem *Mann ohne Eigenschaften* mag daher die Szene eröffnen.
In der nachfolgenden Erörterung werden wir den Begriff des Ereignisses in ein Tetragramm einzeichnen, das der vierfachen Problematik von Ordnung, Selbst, Anderem und Raum-Zeit entspricht. Diese
indirekte Behandlungsweise wird es uns erleichtern, die wenig befrie-
digende Alternative von trivialen Kleinereignissen und emphatischen
Großereignissen zu vermeiden.[1]

---

1 Ich werde in diesem und im folgenden Kapitel aporetisch zuspitzen, was ich mehrfach ausführlich erörtert habe. Vgl. insbesondere: *Ordnung im Zwielicht* (1987),
Kap. A, 8-10 zu Zwischenereignissen und Kap. E, 5 zu Schlüsselereignissen; *Antwortregister* (1994), Kap. II, 2-3 zum Ereignis des Sagens, sowie jüngst *Bruchlinien
der Erfahrung* (2002), wo das Zwillingsmotiv von Pathos und Diastase unaufhörlich
auf die Spuren eines Ereignisdenkens führt.

# 1. Was aus der Reihe springt

Beginnen wir im Bereich von Ordnung und Geschichte. Gewöhnlich spricht man nur dann von historischen Ereignissen, wenn nicht überhaupt etwas, sondern etwas Besonderes und Bedeutendes geschieht. Doch diese Qualifizierung, die zu den Grundthemen einer jeden Geschichtstheorie gehört, versteht sich nicht von selbst. Musil, den man wohl als spätneuzeitlichen Geschichtsskeptiker betrachten kann, rechnet in seinem bekannten Roman nicht nur mit einem Mann ohne Eigenschaften und mit »Erlebnissen, ohne den, der sie erlebt« (S. 150), sondern auch mit Ereignissen ohne Eigenschaften, die strenggenommen niemandem widerfahren. Gleich im Eingangskapitel schildert er einen gewöhnlichen Unglücksfall, aber er schildert ihn nicht auf gewöhnliche Weise. Es beginnt damit, daß etwas, nämlich ein jäh gebremster Lastwagen, »aus der Reihe gesprungen« ist, eine »quer schlagende Bewegung« vollführt hat (S. 10), und es endet damit, daß dieser Vorfall sich als ein »gesetzliches und ordnungsgemäßes Ereignis« herausstellt, mit dem es seine statistische Richtigkeit hat; denn in Amerika gibt es jährlich 190 000 durch Autos Getötete, 450 000 durch Autos Verletzte, bemerkt der Passant, der Zeuge dieses Ereignisses geworden ist, zu seiner Begleiterin (S. 11). Diese Romanouvertüre liest sich wie die paradigmatische Darstellung nicht eines Ereignisses, sondern der Normalisierung eines Ereignisses, das bei der erwähnten Passantin nichts weiter zurückläßt als das »unberechtigte Gefühl, etwas Besonderes erlebt zu haben« (ebd.). Es ist etwas geschehen, das auf ähnliche Weise alle Tage geschieht. »Seinesgleichen geschieht«, so lautet eine der großen Zwischenüberschriften. An anderer Stelle ist es der Protagonist, dem angesichts der Balkanereignisse, die sich zwischen Ende 1913 und Anfang 1914 zutrugen, Zweifel kommen, ob da wirklich Geschichte stattfinde. »Irgendeine Intervention fand wohl statt; aber ob das Krieg war, er wußte es nicht genau.« (S. 359) Der Zweifel richtet sich auch hier auf die Vergleichbarkeit des Ereignisses; denn zum Stattfinden gehört, »daß es selbst stattfindet und nicht am Ende bloß etwas Ähnliches oder seinesgleichen« (S. 360). Doch was besagt es, daß etwas »selbst« stattfindet? Es kann nur besagen, daß es *mehr ist als der bloße Fall einer Regelung,* der sich durch viele ähnliche Fälle ersetzen ließe, daß es also hinter die allgemeine Regelung, selbst wenn es sie bestätigt, ein Fragezeichen setzt. Die Regel gälte nur unumschränkt, wenn das jeweilige Ereignis *nichts weiter* wäre als ein bloßer Fall, wenn also das Ungleichartige, das keineswegs gleich *ist*, sondern gleich *wird*, hinter der gleichmachenden Wirkung der Ordnung verschwände. Mit Paul Valéry können wir hinzufügen: »Die Dinge sind, was sie sind, nur bei mittlerer Betrachtungsdauer und -tiefe.« Doch worin besteht dieser Mittelwert? *»Er erklärt die Wirkungen der Aufmerksamkeit.* Aufmerksam sein bedeutet, einen Wert von x zu finden oder zu finden suchen, der von seinem Mittelwert x̄ verschieden ist.« (*Cahiers*, Bd. II, S. 262, dt. Bd. 4, S. 455 f.). Wie Valéry immer wieder betont, ist es ein Moment der *inégalité*, das uns aus dem Tritt bringt und aus der Bahn wirft, eine Ungleichheit, die nicht auf Mangel beruht und nichts Negatives darstellt, sondern als solche produktiv ist.[2] Der Anlaß kann geringfügig sein. »Ein schmerzender Zahn, – eine Sorge – ein Bedürfnis usw. sind alles Keime oder Leuchtsignale – der Aufmerksamkeit.« (Ebd., Bd. II, S. 963, dt. Bd. 6, S. 69) Ereignisse lassen aufmerken.

Dieser Gedanke ist geeignet, eine erste Welle der Revision auszulösen. In moderner, normativ ausgerichteter Sichtweise wird unterschieden zwischen *geltenden Ordnungen* (Regeln, Strukturen, Möglichkeitsbedingungen usf.) und *ordnungsgemäßen Tatsachen* (Sachverhalten, Vorgängen, Beziehungen usf.). Wird diese Kluft dialektisch überwunden, so geschieht dies von und auf seiten der Vernunft; das alte Werden zu einem wesenhaften Sein, die γένεσις εἰς οὐσίαν (*Philebos* 26 d), verwandelt sich in ein Werden der Vernunft zu sich selbst. Was wirklich ist, ist bzw. wird vernünftig, oder es gehorcht zumindest der Vernunft. Der Ereignisbegriff bleibt schwach, weil er vorweg schon die Direktiven einer regulativen oder das Ganze einer substantiellen Vernunft voraussetzt. Eine Alternative ergibt sich, wenn die Ordnung selbst unter kontingenten Bedingungen steht und das Ordnen sich seinerseits ereignet. Wenn Leibniz von den *miracles de raison* als den eigentlichen Wundern spricht, so deutet sich ein Umschwung an, der dazu führt, daß sich nicht nur ausfaltet, was in eingefalteter Form schon da ist, sondern daß das Ordnungsgeschehen gleichsam selbst Falten schlägt. Stiftungen wären dann zu verstehen als Ereignisse, die neue Sinnfelder erschließen, indem sie mögliche andere verschließen, und die etwas ermöglichen, indem sie anderes verunmöglichen.

Damit stellt sich eine Reihe von Fragen. Die erste Frage betrifft die

---

2 Das Räderwerk der Dialektik läuft leer, wenn dem Positiven nicht widersprochen, sondern von ihm abgewichen wird. Eben deshalb läßt sich die Aufmerksamkeit nicht aufheben und natürlich auch nicht rechtfertigen.

Einheitlichkeit des Ereignisbegriffs. Müssen wir nicht davon ausgehen, daß es zweierlei Ereignisse gibt, nämlich intraordinäre Ereignisse, die auf dem Boden der jeweiligen Ordnung stattfinden, und extraordinäre Ereignisse, die diesen Boden verlassen und verändern? Oder anders gesagt, gibt es nicht auf der einen Seite konforme, normale, auf der anderen Seite abweichende, anomale Ereignisse? Mir scheint, daß in einer solchen Zweistöckigkeit des Geschehens, die gleichsam auf eine Sonderung in Werktags- und Sonntagsereignisse, in Alltags- und Festereignisse hinausläuft, die alte Kluft zwischen Idealität und Realität, zwischen Legitimität und Faktizität fortbesteht. Doch solange es Differenzen gibt, die nicht dem Ordnungsgeschehen selbst entstammen, kann von Ereignissen im radikalen Sinne nicht gesprochen werden. Die Alternative sieht anders aus. Es gibt nicht zwei Klassen von Ereignissen, solche, die einer Oberklasse, und solche, die einer Unterklasse angehören. Wohl aber gibt es verschiedene *Dominanzen* und eine entsprechende *Polarisierung*. Ein Ereignis kann *primär* darauf hinauslaufen, daß eine bestimmte Ordnung erprobt, befestigt und reproduziert oder daß sie umgekehrt durchbrochen, unterhöhlt und durch eine neue Ordnung ersetzt wird. Ob die Ermordung des österreichischen Thronfolgers durch einen serbischen Nationalisten, auf die Musil anspielt, mehr ist als ein alltäglich wiederkehrender Unglücks- oder Verbrechensfall, ist vorweg nicht entschieden. Jedes Ereignis ist bis zu einem gewissen Grade janusköpfig, indem es uns vor- und zurückblicken läßt. Es liegt nicht bloß an dem »Urlaub« vom öffentlichen Leben, den er sich gönnt (vgl. S. 47), und an der Betrachtungshaltung, die er einnimmt, wenn Ulrich allzu große historische Erwartungen mit der Bemerkung dämpft: »Es bewegten so viele Dinge die Menschheit«, und wenn er Höhenflugrekorde, Boxweltmeisterschaften, Präsidentenreisen, Erfolge eines Tenors und Erdbeben kaleidoskopisch aneinanderreiht (S. 359).[3] Doch bewegt all dies so einfach »die Menschheit«? Hier deutet sich bereits eine andere Frage an: Wem geschieht seinesgleichen? Doch zuvor ist zuzugeben, daß wir uns einem Zustand annähern können, der sich sowohl als Stillstand wie als Kreisen auf der Stelle beschreiben läßt oder als eine »jener seltenen und kurzen Windstillen«, die Ivo Andrić für das ausgehende 19. Jahrhundert auch im kaiserfernen Bosnien ausmacht (*Die Brücke über die Drina*, 1997, S. 237).

3 Ähnliches unternimmt Hans Ulrich Gumbrecht in seinem Gang quer durch die Ereignisse eines einzigen Jahres: *1926. Ein Jahr am Rand der Zeit*, 2001.

Wo es nichts gibt, das dem, was geschieht, Gewicht und Farbe verleihen könnte, geschieht nichts. Das Schwinden der Differenzen führt an einen toten Punkt, wo das monotone Grau in Grau des Alltäglichen sich dem Nichts nähert. Das Alltägliche wird in seiner Alltäglichkeit bodenlos. Die Dramen Becketts ziehen ihre Kraft daraus, *daß* nichts geschieht. Dies gilt aber auch für viele andere, sich häufende Texte, die man als Wartetexte bezeichnen könnte. Sie beschwören ein Warten ohne Erwartung: »Hier saß ich wartend, wartend, doch auf nichts . . .« Tritt doch etwas ein, so kommt es unerwartet.

Es stellt sich weiterhin die Frage nach der Art der Veränderung. Wir haben gelernt, den großen »Haupt- und Staatsaktionen« ebenso zu mißtrauen wie der Walhalla von Großakteuren. Dennoch zeichnet sich auch hier ein *Doppelrhythmus* ab. Auf der einen Seite finden wir erosionsförmige, allmähliche Verschiebungen im Ereignisgefüge und in der Ereignisverkettung, Änderungen auf der Ebene der *longue durée*. Dazu gehören nicht nur langfristige Wirtschaftsprozesse, sondern auch Sprachveränderungen, die nur in seltenen Fällen auf datierbare Weise verordnet werden. Auf der anderen Seite kommt es zu bruchartigen, eruptionsförmig auftretenden Veränderungen. Man muß schon tief in den *Annales* versunken sein, um Ereignisse wie das Erdbeben von Lissabon, den Ausbruch des Ersten Weltkriegs, den schwarzen Freitag des Börsenkrachs, die sogenannte Reichskristallnacht, den Ungarnaufstand, den Fall der Berliner Mauer oder neuerdings das Attentat auf das World Trade Center als bloß seriell zu verrechnende Vorkommnisse zu betrachten. Geologisch gesprochen gibt es neptunische und vulkanische Ereignisse, literarisch gesprochen sind epische und dramatische Abläufe zu unterscheiden. Um auch hier eine schlichte Zweiteilung zu vermeiden, spreche ich von *Schlüsselereignissen*, das heißt von Ereignissen, die überdeterminiert sind, die in ihrer polymorphen Vielschichtigkeit eine besondere Erschließungskraft entfalten und damit buchstäblich aus der Rolle fallen. Hierbei wechselt der Gang der Dinge nicht einfach auf eine andere Seite über wie bei einem Positions- oder Partnerwechsel, vielmehr weicht er von sich selbst ab. So wie Intention oder Regelbefolgung keinen eigenen Akt darstellen, sondern eine Aktform, so stellt die Abweichung kein besonderes Ereignis dar, sondern einen Ereignismodus.

Schließlich stellt sich die Frage, wie wir etwas zur Sprache bringen können, ohne das Entstehende dem Bestehenden anzugleichen.

Die Antwort, die dem Ereignis selbst zu entnehmen ist, liegt in einer eigentümlichen *Verdoppelung*, die über die bloße Bipolarität, aber auch über den bloßen Rhythmuswechsel hinausgeht. Sie führt dazu, daß die Ordnungsentstehung unweigerlich im Ordnungsbestand verbucht wird, daß also das Außer-ordentliche der Ordnungsstiftung in Form eines Re-entry in ebenjene Ordnung eingeht, die es eröffnet. So bleiben einschneidende Ereignisse nicht ohne Orts- und Zeitangabe, wir notieren: Lissabon 1755, Paris 1789, Sarajewo 1914, Budapest 1956, Berlin 1989 oder New York 2001, Bagdad 2003. Dabei kommt es zu einer wechselnden Streuung von Orts- und Zeitdaten. Ein Kriegsausbruch oder ein Börsensturz läßt sich weniger eindeutig lokalisieren und datieren als ein Attentat, weil die wachsende Komplexität des Geschehens nur noch Knotenpunkte kennt und kein Zentrum. Darin unterscheidet sich das Tableau, das Tolstoi in *Krieg und Frieden* entwirft, von der Intrige, die er in *Anna Karenina* knüpft. Der letztgenannte Roman kulminiert in einem Bahnunglück, das sich schon in einem der ersten Romankapitel durch einen ähnlichen Vorfall ankündigt. Doch während das erste Opfer wie bei Musil namenlos bleibt, ein Bahnwärter, der eine große Familie hinterläßt, trägt das zweite Opfer einen Namen, der dem Leser längst vertraut ist. Es ist der Name der Titelheldin, die zum Titelopfer wird. Damit betreten wir bereits einen neuen Problemkreis.

## 2. Wem etwas zustößt

Die Frage nach dem, was jeweils geschieht, verbindet sich mit der Frage: Wem geschieht etwas? Das muß nicht unbedingt so sein, wird man einwenden. Zeigt nicht die metereologische Beschreibung des »schönen Augusttags« aus dem Jahre 1913, die Musil der erwähnten Eingangsszene voranstellt wie eine anonyme Regieanweisung, daß eine solche Personalisierung entbehrlich ist? Das erwähnte Verkehrsunglück spielt sich vor einer kosmo-technisch abgezirkelten, neutralen Kulisse ab: »Über dem Atlantik befand sich ein barometrisches Minimum: es wanderte ostwärts, einem über Rußland lagernden Maximum zu ...« Wir würden es uns zu einfach machen, wollten wir darauf hinweisen, daß »Rußland« keine metereologische Koordinate darstellt und daß der Name dieses Landes sich, verbunden mit dem Jahresdatum, wie ein historisches Menetekel ausnimmt. Man könnte

37

ja jederzeit auf Längen- und Breitengrade ausweichen und die Freude über das schöne Ausflugswetter in den privaten Gefühlshaushalt verweisen. Doch bleibt auch dann der Metereologe, der den Wetterdienst verwaltet und der – solange er nicht mit dem Barometer verschmilzt wie mit einem Totemgerät – allenfalls desinteressiert ist an dem, was unter der Sonne dieses Augusttages geschieht. Das bedeutet nicht, daß er keine persönlichen Interessen hat, sondern daß er sie berufsmäßig hintendran stellt. Etwas weiter geht das Passantenpaar, das zwar hinzukommt, zuschaut, kommentiert, aber ein gewisses Maß an Mitbetroffenheit nicht verleugnet: »Ich hoffe, er lebt«, entgegnet der Herr seiner Begleiterin, die daran zweifelt, »etwas Besonderes erlebt zu haben«. »Als man ihn in den Wagen hob, sah es ganz so aus.« (S. 11) Die ironische Pointe dieser Schlußbemerkung, mit der die Szene schließt, liegt darin, daß mit dem Überleben des Opfers der Rest an »Besonderem« schwindet, den der Tod – allen Zahlenkolonnen zum Trotz – an sich hat. Von dem Eventcharakter bleibt nicht viel übrig. Natürlich könnte man fortfahren und kühl feststellen, daß auch die Frage von Leben und Tod sich letzten Endes darauf reduziert, welche Versicherung zu zahlen hat. Damit stünden wir wieder dort, wo wir schon einmal waren: auf dem Boden einer Ordnung. Nun kann es in keiner Weise darum gehen, gegen Lebens- und Sterbeversicherungen und gegen alle sonstige öffentliche Lebensbuchführung geradewegs eine emphatische Form eigenen Lebens und Sterbens auszuspielen, als seien Berechnungen nichts als ein lästiger Alptraum; solche Wiederaneignungsbestrebungen, in denen sich das Eigene zum Eigentlichen emporsteigert, haben stets etwas Forciertes, das seine Kräfte aus dem bezieht, was es bekämpft. Wohl aber stellt sich die Frage, ob Ordnungen, in denen »seinesgleichen« geschieht, überhaupt als solche sichtbar und fühlbar werden, ohne daß sie nachhaltig erschüttert werden durch etwas, das nicht seinesgleichen hat, und ob eine solche Erschütterung denkbar ist, ohne daß an dem, was sich ereignet, jemand beteiligt ist, dem es zustößt. Der befürchtete Unfalltod wäre eine Probe aufs Exempel. Es geht hierbei nicht um den schieren Narzißmus eines Subjekts, das nicht von seiner Eigenheit loskommt, sondern darum, daß der Tod wie auch Lust und Schmerz und andere Affekte ohne den Bezug auf jemanden, der sie durchlebt, geradewegs in den Bereich des Fiktiven abwandern, nicht unähnlich dem Grinsen der Lachkatze in *Alice im Wunderland*.

Die Frage, auf die es ankommt, kann sich nicht darauf beziehen, ob überhaupt jemand in solche Ereignisse verwickelt ist, die Frage kann nur die Art und Weise betreffen, wie dies der Fall ist. An dieser Stelle erwartet uns eine zweite Welle der Revision. Unter den Auspizien des modernen Subjekts kommt es zu einer erneuten Dichotomie, die dem Ereignis auf andere Weise den Stachel raubt. Man hat sich daran gewöhnt, einerseits *objektive, unpersönliche Vorkommnisse* anzusetzen, die sich aus der Beobachterperspektive beschreiben lassen, und andererseits *subjektive Akte*, die jemandem zugeschrieben werden, bzw. *persönliche Handlungen*, für die jemand verantwortlich zu machen ist. Nicht umsonst lautet der Titel des bekannten Buches von Donald Davidson *Essays on Actions and Events.* Hier erscheinen *actions* und *acts* als *events*, die sich durch Intentionalität bzw. Regelhaftigkeit auszeichnen. Für Gefühle, die – wie etwa die Angst – nicht intentional auf etwas gerichtet sind und die sich auch keiner Regelwidrigkeit schuldig machen, bleibt nur das sorglich entminte Feld von *mental states*, die keine sonderliche Beunruhigung auslösen. Fehlhandlungen wie Hinken, Stottern oder das schlichte Niesen erhalten ebenso wie die Eruptionen von Lachen und Weinen das Etikett physiologisch bedingter Reflexe oder bloßer Körpermechanismen, die unsere Ausdruckshandlungen begleiten. Was nicht auf der Ebene psychischer oder mentaler Akte und Zustände Platz findet, sinkt herab auf die Stufe physisch-körperlicher *Begleitereignisse.* Die provokative Entsublimierung der Geschichte, die Pascal vornimmt, indem er der Nase der Kleopatra eine historisch wirksame Tücke des Körpers zuschreibt, hat hier nichts mehr verloren.[4]

Das Motiv des Ereignisses verspricht hier einen ähnlichen Umschwung wie im Bereich von Ordnungsregeln und Ordnungsstrukturen. Das impersonale »es ereignet sich« gilt es zunächst einmal vor einer voreiligen Personalisierung zu bewahren. Wenn von den verschiedensten Autoren das Es stark gemacht wird: »es denkt« (Lichtenberg, Nietzsche), »es (oder man) nimmt wahr« (Merleau-Ponty), »es schreibt« (Calvino), ganz zu schweigen von der Es-Instanz bei Freud, die sich in alles Denken und Wollen einmischt und sich nicht auf ein niederes Seelenstockwerk beschränkt, so verweist dies auf das eigentümliche Geschehen der Erfahrung selbst. In diesem Geschehen wird

4 Pascal gehört zusammen mit Montaigne zu den frühen Autoren, die im Ausgang von der leib-körperlichen Verfaßtheit des Menschen einen Sinn entwickelten für das, was uns zufällt, zustößt und uns zu schaffen macht, bevor wir uns als Meister und Besitzer der äußeren und inneren Natur aufspielen.

etwas sichtbar, hörbar, fühlbar, indem es uns einfällt, auffällt, anzieht, abstößt, sich unserem Wissen und Wollen entzieht, ohne daß dies alles einem Subjekt als einem Autor oder Träger von Akten und Aktionen zugeschrieben werden kann. Erfahrungsfelder organisieren sich, wie es schon in der Gestalttheorie heißt. Die Beobachtung läßt sich als Akt bestimmen, nicht aber die Erregung der Aufmerksamkeit, die unsere Erfahrung in Gang setzt; das Lust- und Schmerzverhalten kann erlernt und gesteuert werden, nicht aber das Lust- und Schmerzempfinden selbst oder das Wohl- und Mißbefinden. All das, was uns zufällt und zustößt, bis hin zu den Grenzereignissen von Geburt und Tod, die sich im Leben auf verschiedene Weise wiederholen, bezeichne ich als Pathos im Sinne des Widerfahrnisses. Man könnte auch von Af-fekt sprechen, sofern man darin das An-tun, An-regen, An-gehen oder An-rufen mit anklingen läßt und Affekte nicht zu privaten Gefühlszuständen herabstuft.

Die Formel »*es* ereignet sich« läßt sich aber auch mit einem zweiten Akzent lesen als »es ereignet *sich*«. Das Ereignis ist auf sich selbst bezogen, wie es in den reflexiven Verben Sichfreuen, Sichbewegen oder Sichäußern zum Ausdruck kommt. Mit diesem Sich öffnet sich ein Spalt im Ereignis selbst. Ohne dieses Sich würde das »es geschieht« am Ende doch wieder zu einem beobachtbaren und manipulierbaren Event degradiert – oder aber es würde sich verselbständigen zu einem dynamisierten *ipsum esse*, das sich nur tautologisch beschwören, aber auch demagogisch einsetzen ließe: ein Ereignis ereignet sich, *il arrive*.

Auch die Deutung des Ereignisses als Pathos wirft eine Menge Fragen auf. An erster Stelle steht die Frage, in welcher Form denn jemand, der sich auf das eigene oder fremde Pathos beruft, an diesem beteiligt ist. Unsere Antwort, die geeignet scheint, die Debatte um Leben oder Tod des ›Subjekts‹ verstummen zu lassen, hat vielfältige Aspekte. Die Tatsache, daß dir oder mir, ihr oder ihm etwas zustößt, verweist in der grammatischen Form des *Dativs* auf eine Instanz, die dem Ich-sagen oder gar dem Ich-setzen vorauseilt, ohne deswegen in eine Dritte-Person-Perspektive verbannt zu sein. Die neuerdings auch von der neurologischen Forschung in Anspruch genommene Disjunktion von Erste- und Dritte-Person-Perspektive ist ein methodisches Hilfsmittel, aber eines von beschränkter Reichweite. Ein Ausdruck wie »es geschieht«, der unter die linguistische Rubrik der Impersonalien fällt, ist nicht als Negation des Persönlichen zu verstehen, sondern als diffuse Zuordnung, die noch keine steuernde Zentrierung aufweist. Karl Bühler nennt Wendungen wie »es regnet« geradezu »Ereigniswörter«, bei denen die Fragen »Wo?« und »Wann?« tonangebend sind und nicht die Frage »Wer?« im Vordergrund steht.[5] Die Orientierung an außereuropäischen Sprachen, deren Satzstruktur weniger stark um ein Satzsubjekt gruppiert ist und die dem Verb gegenüber dem Substantiv größeren Spielraum gewährt, könnte für uns Europäer etwas Befreiendes haben.

Die dativische Struktur dessen, was mir oder dir widerfährt, versetzt eine Reihe weiterer Distinktionen in die Schwebe. Dies gilt für die Unterscheidung von *Eigenem* und *Fremdem* ebenso wie für die von *Aktion* und *Passion*. Was mir zustößt, ist von vornherein mit »Ich-Fremdem« durchsetzt, das bis in das Eigenste meines Selbst eindringt und die Rede von »meinem Schmerz« oder »meiner Lust« wie generell die Rede von »meinem Leib« als eine, wenngleich unentbehrliche, *façon de parler* erscheinen läßt. Was mir zustößt, ist erst recht nicht meine Aktion, es ist aber auch keine Passion im Sinne einer umgekehrten Aktion, der ich wohl oder übel ein fremdes Agens oder einen fremden Akteur unterstelle. Um dies zu tun, müßte ich auf die andere Seite überwechseln und mich von außen betrachten, was nur auf eine umwegige und höchst vermittelte Weise geschehen kann. Was diesem und vielem anderen vorangeht, ist als Urpassion zu bezeichnen, als ein Getroffensein von ..., das sich den gebräuchlichen Schemata von Spontaneität und Rezeptivität, von Aktion und Passion entzieht. Husserl war mit seinen Studien zur Passivität diesem Sachverhalt auf der Spur, und französische Autoren wie Merleau-Ponty und Levinas haben diese Gedanken weitergesponnen. Die pathische Form der Phänomenologie, die ich selbst verfolge, setzt diese Ansätze fort.

Schließlich bleibt die Frage nach der *Namentlichkeit* und *Namenlosigkeit* meiner selbst. Das Es nimmt die Züge eines Man an, einer synkretischen Form der Zurechnung, die ein Mehr oder Weniger an Mitwirkung, also eine dosierte Form der Verantwortung, allerdings keine Entlassung aus der Verantwortung impliziert. Ereignisse, an denen wir jeweils auf besondere Weise beteiligt sind, schreiben sich ein in ein soziales Feld, in einen Zwischenbereich, der weder auf Indivi-

---

5  K. Bühler, *Sprachtheorie*, 1982, S. 376. Zur Vorgeschichte der genannten Rubrik vgl. den Artikel »Impersonalien« in Bd. 4 des *Historischen Wörterbuchs der Philosophie*. Die sogenannten unpersönlichen Ausdrücke sind geeignet, dem Ereignisdenken einen sprachtheoretischen Rückhalt zu geben, der dieses Denken vor so manchen spekulativen Wolkenflügen bewahrt.

duen aufgeteilt noch zu einem Ganzen vereint ist. Der alte Gegensatz von Individualismus und Holismus, der nur Handlungsträger im kleinen oder großen Maßstab kennt, versagt, wenn das, was »mit uns geschieht« (im doppelten Sinne dieser Redewendung), den zugleich individualisierenden und generalisierenden Effekten dieses Geschehens entstammt. Die Frage nach dem Wer der Erfahrung ist nicht zu überspringen, aber sie entscheidet sich im Erfahrungsgeschehen selbst. Individuen sind ebenso wie Kollektive Konstitute und keine Grundgegebenheiten.

Was schließlich das Verhältnis von Ereignis und *Akt* bzw. *Aktion* angeht, so läuft, ganz wie im Falle ordentlicher und außer-ordentlicher Ereignisse, eine jede schlichte Dichotomisierung ins Leere. Was uns geschieht, *wird* zum Akt oder zur Handlung, doch eben dies nur in gewissem Maße, nämlich insoweit es jemandem zugeschrieben wird. Die Frage ist dann, wieweit dies überhaupt möglich ist. In der Schilderung des Prozesses gegen Moosbrugger, mit der Musils Suche nach einem Mann mit oder ohne Eigenschaften juristisches Terrain betritt, spielt diese Frage eine entscheidende Rolle. Dieser Landstreicher, der wegen der Ermordung einer Prostituierten vor Gericht steht, quittiert das Todesurteil mit dem paradoxen Geständnis: »Ich bin damit zufrieden, wenn ich Ihnen auch gestehen muß, daß Sie einen Irrsinnigen verurteilt haben.« Ulrich, der dem Gerichtsprozeß atemlos gefolgt ist, kommt zu dem Resultat: »Das war deutlich Irrsinn, und ebenso deutlich bloß ein verzerrter Zusammenhang unsrer eigenen Elemente des Seins.« »Zerstückt und durchdunkelt« erscheint ihm dies alles, wie »wenn die Menschheit als Ganzes träumen könnte« (S. 76). Die Transformation des Wem des Pathos in ein Wer der Antwort, somit auch die Transformation eines Ereignisses in Akt oder Handlung, wirft Probleme auf, die sich im Dämmerlicht von Klinik und Gericht, in der zwiefachen anomalen Brechung von Pathologie und Kriminologie, nur andeuten. Man pflegt sie als Frage nach der Konstitution *des Selbst* zu behandeln. Schon das Paradox, das in diesem doppelt zu lesenden Genitiv liegt, verweist auf ein Geschehen, dem Husserl die vorsichtige Form eines »Sichkonstituierens« gibt.

# 3. Was zwischen uns geschieht

Der Gerichtsprozeß, den wir als Beispiel herangezogen haben, bringt es mit sich, daß das Widerfahrnis sich nicht nur vervielfältigt, sondern daß Widerfahrnisse auf mannigfache Weise ineinander übergehen und Ereignisfolgen entstehen, die sich überkreuzen. Auch dafür hat die Tradition Begriffe bei der Hand. Es gibt ein *Alter ego*, den Anderen oder die Andere. Es entsteht so etwas wie Intersubjektivität, wenn mehrere Subjekte sich zu Interaktionen und Interlokutionen zusammenfinden und eigene Rede sich mit fremder Rede, eigene Aktion sich mit fremder Aktion verbindet. Im Grunde handelt es sich um eine Inter-subjektivität und um Inter-aktionen ohne ›Inter‹. Das Problem des Anderen und des Fremden ist bereits entschärft, bevor es sich stellt, und zwar deshalb, weil das, was sich zwischen uns ereignet, von vornherein jemandem zugeeignet ist, nämlich einem als Subjekt oder Person deklarierten Erlebnisquell, Urheber oder Rechtsträger. Dabei macht es keinen großen Unterschied, ob dieses Zusammenspiel von Einzelnen her gedacht wird, die sich jeweils von ihren eigenen Interessen, Antrieben und Vorstellungen bzw. von verdrängten Wünschen und Wunschprojektionen leiten lassen, oder ob eine koordinierende Instanz unterstellt wird, mittels derer sich einer auf den anderen bezieht, als sei er an seiner Stelle.

Doch vom Ereignis geht eine erneute, eine dritte Welle der Revision aus, von der die soziale Sinnverteilung und die doppelte Buchführung mit ihrer strikten Trennung von Eigenem und Fremdem unterwandert wird. Ich habe in meinen eigenen sozialphilosophischen Versuchen anfangs von einem *Zwischenreich*, später dann, der Dispersion mehr Raum gebend, von *Zwischenereignissen* gesprochen und von daher zu begreifen versucht, daß etwas zwischen uns geschieht, was weder auf die Summierung individueller Eigenleistungen zurückgeführt werden kann noch auf eine Einheitsinstanz, die Gemeinsamkeit garantiert. In diesem Zusammenhang unterscheide ich zwischen einer *Verknüpfung*, die eine Mittelinstanz voraussetzt, ein Syn-, das als Synopsis, als Synthesis auftritt und im Verstehen oder in der Verständigung wirksam ist, und einer offenen Form der *Anknüpfung*. Letztere besagt, daß jemand, dem etwas widerfährt, auf anderes antwortet, ohne daß diese Antwort in dem, was ist, und in dem, was sein soll, ihren zureichenden Grund findet. Die Antwort kann so oder so ausfallen, sie kann verweigert oder gewährt werden, wobei die

Verweigerung allerdings selbst schon eine Form des Antwortens darstellt. Das Und-so-weiter einer daraus resultierenden Wort- oder Handlungsfolge läßt sich niemals in ein definitives Also überführen. Zwischenereignisse, die immer schon woanders herkommen und immerzu woanders hinführen, schließen die Annahme eines ersten oder eines letzten Ereignisses aus. Ein *entre-tien* im vollen, Blanchotschen Sinne dieses Wortes gibt es nur, wenn zwischen dem, was mir widerfährt, und dem, was ich zur Antwort gebe, ein Hiatus aufklafft, der den Rede- oder Handlungsfluß unterbricht, und dies selbst dann, wenn ich ein Selbstgespräch führe. Es ist nicht nur so, daß es Gesprächs- und Handlungspausen gibt, in denen das Pendel umschlägt, im strengen Sinne geschieht überhaupt nur dort etwas, wo eine Kluft überquert wird, die Af-fekte von Ef-fekten trennt. Diese Kluft bildet den Ort für Erfindungen, die mehr sind als eine Ausgeburt eigener, schon vorhandener Wünsche und Vorstellungen.

In seiner radikalen Ausprägung läßt sich das Zwischen, das uns miteinander verbindet, indem es uns voneinander trennt, nur begreifen als eine Art *Selbstverdoppelung im Anderen*, als gelebte Un-möglichkeit, un-möglich gemessen an den Möglichkeiten, die mir und dir oder uns insgesamt zur Verfügung stehen. Ich *bin* dort, wo du nicht sein kannst, und du *bist* dort, wo ich nicht sein kann, wie es in Paul Celans Versen wiederholt anklingt. Diese Nahferne und Fernnähe, die in der Geschlechterdifferenz auf eine besondere Probe gestellt wird, rührt an das Motiv des Doppelgängers. Die Abgründe des Doppelgängertums zeigen sich abermals in der Gestalt Moosbruggers, der sich von seinem weiblichen Opfer verfolgt fühlt wie von seinem eigenen Schatten und der mit einem Male erkennt, »daß er niemals von ihr loskommen werde, weil er selbst es war, der sie hinter sich herzog«, jenes »weiche, verfluchte zweite Ich«, das sich neben ihn legt und dem er schließlich mit dem Messer zu Leibe rückt (S. 74). Die schon erwähnte Formulierung Musils aufgreifend, könnte man auch sagen: »Meinesgleichen geschieht«, doch eben darin liegt das Unheimliche, das mich in meinem Eigensten aufstört. Paul Valéry greift in diesem Zusammenhang ebenfalls auf das Motiv des Doppelgängers zurück, indem er schreibt: »Der Andere, einer meinesgleichen, oder vielleicht mein Doppelgänger, das ist der magnetischste Abgrund.«[6] Von ihm geht eine Zugkraft aus, eine Kraft, die keinen verkappten Sinn ver-

6  Es sei darauf hingewiesen, daß das französische Wort ›aimant‹ nicht nur ›liebend‹ bedeutet, sondern auch den Magneten bezeichnet.

mittelt und unserem eigenen Tun entgleitet, ihm den Boden entzieht. Der Autor fährt fort: »Eher Nachäffer als Nachahmer – ein Reflex, der dir antwortet, zuvorkommt, dich verblüfft.«[7] Entscheidend ist dies Zuvor, das nicht nur ein Merkmal besonderer Überraschungseffekte ist, sondern das Ereignis als solches von jeder Suchbewegung und Regelbefolgung unterscheidet.

## 4. Was vor sich geht

Mit einem letzten Schritt nähern wir uns dem Rätsel der Zeit, die sich zugleich als Zeit-Raum darstellt. Wiederum ist wenig damit gewonnen, daß wir Ereignissen einen zeit-räumlichen Charakter zuschreiben. Es kommt vielmehr darauf an, die Zeit aus dem Ereignis heraus zu begreifen, bevor dieses bestimmten Zeit- und Raumschemata unterworfen wird. Das entscheidende Motiv ist zuvor schon angeklungen. Daß etwas sich ereignet, bedeutet, daß es sich von sich selbst abhebt, sich von sich scheidet und abspaltet, daß es sich selbst flieht. Die Flüchtigkeit der Zeit besteht zunächst nicht darin, daß etwas vergeht, sondern darin, daß etwas sich selbst entgeht, und die Zerdehnung des Räumlichen besteht zunächst nicht darin, daß etwas sich im Raum zerstreut, sondern darin, daß etwas sich verortet und plaziert. Wenn Ereignisse sich zur Aussprache bringen lassen, dann nur vermöge dieser zeit-räumlichen Diastase, die dem Ereignis selbst innewohnt.

Die Eigenart dieser Diastase läßt sich verdeutlichen, wenn wir die klassische Zeitauffassung eines Aristoteles, Augustinus und Kant mit der radikaleren Zeitauffassung konfrontieren, die sich in der Phänomenologie sowie bei Bergson, James und Whitehead herausgebildet hat. Die *klassische Zeitordnung* bricht mit der mythischen Macht des Kronos, der seine eigenen Kinder verschlingt und alles Entstehen und Vergehen nach ehernen Gesetzen regiert, doch sie tut dies um den Preis überzogener Bewältigungsstrategien, die dem Rang der Zeit nicht gerecht werden. Dabei lassen sich drei grundlegende Aspekte unterscheiden. (1) Im Zuge der philosophisch unvermeidlichen Entmythologisierung erscheint die Zeit nicht länger als ein Wer oder Was, hinter denen ein Zeitherrscher oder eine anonyme Zeitmacht steht, sondern sie erscheint als Wie, als Modus, als Schema; sie tritt

7 Paul Valéry, *Cahiers*, Bd. I, S. 499, dt., Bd. 2, S. 38. Vgl. dazu *Bruchlinien der Erfahrung*, 2002, S. 212 f.

*an etwas* oder *an jemandem* auf, nicht mehr in eigener Regie. Den großen Auftakt bildet einerseits Aristoteles, der aus der kosmischen Kinesis eine primär physische Zeit gewinnt, andererseits Augustinus, der aus dem Zeiterleben der Seele eine primär psychische Zeit entfaltet. Die Wirkung dieser psycho-physischen Polarität, die sich erst in der Neuzeit zu einem Dualismus auswächst, reicht bis in unsere Gegenwart. Die Zeitlichkeit wird in Schranken gehalten, da die Frage »Was ist X?« oder »Wer bin ich?« nicht eo ipso einen zeitlichen oder räumlichen Akzent trägt. Was in der Zeit auftaucht, ist nicht etwas, was sich selbst zeitigt. Modern gesprochen bedeutet Identität nicht im gleichen Atemzug *time identity* – in dem Sinne, wie man heute von *place identity* zu reden pflegt. Identität bleibt in ihrem Kern zeitlos. – (2) Der Modus der Zeit wird *binären Ordnungsschemata* wie Außen und Innen, Physis und Psyche, Materie und Form unterworfen. – (3) Die Zeit wird selbst als *Glied einer Opposition* gedacht. Die wirkungsvollsten Oppositionen sind die von Zeit und Raum (Nacheinander vs. Auseinander), von Zeit und Ewigkeit (Fließen vs. Stehen, Zeitfluß vs. *nunc stans*). Auf diese Weise wird die Macht der Zeit gezähmt. Man ist ihr als menschliches Lebewesen ausgeliefert, nicht aber als Denkender.

Diese klassische Zeitordnung weicht allmählich einer *radikalen Zeiterfahrung*, die dazu führt, daß der Logos sich selbst in einen »Logos der ästhetischen Welt« wandelt (vgl. Hua XVII, S. 297). Dabei verlieren sich die klassischen Epitheta. (1) Fortan ist die Zeit mehr als ein Attribut der Dinge oder als eine Erlebnisweise der Seele, mehr auch als die Anschauungsform eines transzendentalen Subjekts. Sie reduziert sich nicht mehr auf eine bloße Modalität, da sie maßgeblich an der Bildung, Gestaltwerdung und Realisierung von etwas (Objekt) von jemandem (Subjekt) und von Sinn (Ordnungen) beteiligt ist. Diese Momente, die noch Karl Popper auf drei Welten aufteilt, haben jeweils ihre zeitliche Seinsweise. Die Zeitlichkeit erweist sich als *Generator von Identität*. – (2) Die Zeit fällt nicht länger unter binäre Schemata, sie erweist sich selbst als *differierend* im Sinne von Verzögerung, Verschiebung oder Aufschub. – (3) Die Zeit befreit sich von der Opposition zu zeitlosen Instanzen; sie verwickelt sich in sich selbst in Form einer *Selbstbezüglichkeit*, die zur Selbstverdoppelung und Selbstvervielfältigung führt. So bemerkt Husserl zu Beginn seiner Zeitvorlesungen (Hua X, S. 22), »daß die Wahrnehmung eines zeitlichen Objekts selbst Zeitlichkeit hat, daß Wahrnehmung der Dauer

46

selbst Dauer der Wahrnehmung voraussetzt«, und Merleau-Ponty spricht in seinen späten Schriften von einem »Wirbel« der Zeit.

Hält man weiterhin an der älteren Deutung fest, so verfehlt man die zeit- und raumbildende Kraft des Ereignisses. Man orientiert sich dann entweder an dem, was *nicht mehr* ist, aber das Ereignis an seinen Ursprung zurückbindet, oder an dem, was *noch nicht* ist, aber das Ereignis an sein Ziel zu bringen verspricht. Was *hier und jetzt* geschieht, bildet dann den bloßen Übergang zwischen Nicht-mehr und Noch-nicht. Doch daß sich etwas ereignet, aus der Reihe tritt, mir oder dir zustößt und zwischen uns geschieht, ohne daß es bereits keimhaft angelegt ist, kann nur besagen, daß das Ereignis von sich selbst abweicht, sich verschiebt, sich faltet, sich schlängelt. Es kann nur besagen, daß es anderes ist als das, was es ist, daß es anderswo ist als dort, wo es ist, daß es jemandem zustößt, der oder die andere sind als die, die sie sind. Eine alte Formel aufgreifend können wir feststellen: Jedes *nunc stans* wird unterhöhlt von einem *nunc distans*. Entsprechend gewinnt jedes *hic* Züge eines *alibi*.[8]

Für das, was in der Erfahrung vorfällt, besagt dies, daß alles, was uns widerfährt, gemessen an den Erwartungen, die wir hegen, stets zu früh kommt, so wie jede Antwort, die wir geben, zu spät kommt. Diese Verzögerung betrifft nicht nur die Erfahrung, die der Einzelne mit dem Anderen macht, sondern auch das Verhältnis zwischen Epochen und Generationen. Vor- und Nachgeschichte verschränken sich zu einer »Geschichte in Synkopen, in der die Momente des Begrabenwerdens und Wiederauferstehens vor allem zählen« (Laplanche 1996, S. 153). Die konstitutive Ungleichzeitigkeit des Ereignisses ist es, die uns mit einer Zukunft konfrontiert, die mehr besagt als die Verlängerung, Verbesserung oder Verschlechterung des hier und jetzt Bestehenden. Was wir Gegenwart nennen, nistet in dem Spalt zwischen vorgängigem Widerfahrnis und nachträglicher Antwort. Dieser Spalt schließt sich nicht, aber er ist von Anfang an in Vergessenheit gehüllt und gerät immer wieder in Vergessenheit, und dies nicht nur dort, wo man sich an bestehende Ordnungen klammert, sondern auch und vermehrt dort, wo man aus dem Ereignis ein gesuchtes und begehrtes Event macht. Was auf uns zukommt, findet sich, bevor es gesucht wird. Die noch ausführlich zu erörternde Differenz zwischen dem, was uns auffällt, und dem, was wir bemerken, liegt auf ebendieser Linie.

8 Vgl. dazu die grundlegenden Erwägungen in *Bruchlinien der Erfahrung*, 2002, S. 176-180.

# III. Unerzählbares

In der Erörterung szenischer Ereignisse sind bestimmte Probleme der Erzählung bereits angeklungen. Jede Erzählung geht von Auffälligem aus, das bei Hörern und Lesern auf Interesse stößt und ihre Teilnahme weckt. Auch die Fragen einer Aufmerksamkeitssteuerung und geeigneter Aufmerksamkeitstechniken deuten sich an. Doch in diesem Kapitel geht es uns in erster Linie darum, die Grenzen der Erzählbarkeit auszuloten und die Frage zu erörtern, mit welchen Mitteln die Erzählung ihren eigenen Fabulierdrang bändigt.

## 1. Erzählbarkeit

Die Erzählung gehört wie die Sprache zum Humus der Kultur. Sie spielt eine unauffällige Rolle, bevor sie in Kriminal-, Kranken- oder Heilsgeschichten, in der Geschichtsschreibung und schließlich in der Erzählkunst ihre besonderen Ausprägungen erfährt. Je unauffälliger und verbreiteter etwas ist, um so verwickelter ist es, dies gilt auch für die Erzählung. In der Erzählung geht es um ein Thema, das als erzählenswert akzeptiert wird, das der Erzählung ihre Spannung verleiht und ihr eine bestimmte Artikulation abnötigt. Wer nur aufzählt, erzählt nicht, selbst wenn die Aufzählung – so etwa die Zahlenkolonnen der Ilias – wie so vieles andere zu den Ingredienzien einer fertigen Erzählung gehört. Ferner durchläuft die Erzählung eine bestimmte Zeitbahn, doch nicht nur das, sie findet ebenso auf einer Bühne statt; man müßte eigentlich von »Zeit-Raum und Erzählung« sprechen, um der Leibhaftigkeit des Geschehens gerecht zu werden. Schließlich nimmt die Erzählung eine bestimmte Darstellungsform an, die nicht nur sprachlich, sondern auch bildlich und mimisch verfaßt sein kann. Die Erzählbarkeit bildet also einen Begriffsknäuel, in dem thematisch-praktische, chronologisch-topologische und darstellerische Fäden ineinander übergehen.[1]

---

1 Die Verdienste von Paul Ricœurs großer Trilogie *Zeit und Erzählung* seien unbenommen. Dennoch fragt es sich, ob die Erzählung nicht allzu einseitig vom inneren Sinn der Zeit sowie von ihrer sprachlichen Verfaßtheit her verstanden wird. Die Verkörperung der Zeit und die Verankerung der Erzählung in Körpergeschichten, die den Gegensatz von Subjekt und Strukturen unterlaufen, kommen so nicht zu ihrem

Wenn im folgenden vom Unerzählbaren die Rede sein soll, so heißt dies nicht, daß wir das Rad der Narrativitätsforschung zurückdrehen wollen. Der Vorzug neuerer Erzähltheorien, die sich auf phänomenologische Motive wie Feld und Horizont, auf das alte hermeneutische Motiv des Kontextes oder auf Wittgensteins Konzeption des Sprachspiels stützen können, liegt darin, daß die Fixierung auf einzelne Sätze und Akte rückgängig gemacht wird zugunsten größerer Einheiten, die wir als Rede oder als Intrige bezeichnen können. Redend und handelnd sind wir »in Geschichten verstrickt«, wie es bei Wilhelm Schapp heißt; Worte und Taten werden buchstäblich inszeniert, in Szene gesetzt. Einzelsätze und Einzelhandlungen gibt es erst, wenn Satzäußerungen und Handlungen ver-einzelt werden. Selbst wenn die Äußerung aus einem Satz oder einem Wort besteht, steht sie nicht isoliert da. Erzählmuster und Erzählstrukturen, wie wir sie in den Forschungen von Propp, Lévi-Strauss oder Greimas finden, setzen bei Rede- und Handlungsfeldern an und nicht bei isolierten Daten. Damit gewinnt das Reden und Handeln eine Welt- und Leibhaftigkeit sowie seine genuine Geselligkeit zurück. Selbst Robinson muß jederzeit damit rechnen, daß jemand ihn anspricht oder angreift. Erzählbare Zusammenhänge, innerhalb derer eines in das andere verflochten ist, bilden ein Zwischenreich, das sich der schlichten Alternative von Mikro- und Makrobetrachtung entzieht.

Wenn wir den narrativen Zugang als holistisch bezeichnen, so stellt sich die Frage, was für ein Ganzes hier im Spiel ist. Es macht einen Unterschied aus, ob eine Erzählung in kosmische oder traditionelle Zusammenhänge eingebettet ist, oder ob diese Ganzheit eine bruchstückhafte, kontingente und begrenzte Ganzheit bildet, die immer wieder neu zu erfinden und zu formieren ist. Die Erzählbarkeit steht also im Bunde mit einer bestimmten Ordnung der Dinge. Gegenwärtige Narrativitätskonzeptionen fußen durchweg auf *Sinnzusammenhängen*, die teils auf subjektive Intentionen, teils auf gemeinsame Regeln zurückgehen und die sich in Sinnmustern und Sinnstrukturen niederschlagen. Eben deshalb erfreuen sich Begriffe wie Textualität und Kontextualität einer solchen Beliebtheit, und eben deshalb ist es üblich, auch Handlungen wie sprachliche Texte zu verstehen und zu interpretieren.[2] Die Stiftung von Sinnzusammenhängen bewegt

vollen Recht. Der Niveauunterschied, der sich hier abzeichnet, wirkt sich auch auf die vorliegende Thematik aus.

2 Vgl. die bekannten Titel von Paul Ricœur, Karlheinz Stierle und Kurt Röttgers.

sich zwischen purer Wiedergabe und purer Erfindung; Merleau-Pontys »Paradox des Ausdrucks« kehrt als *Paradox der Erzählung* wieder. Die Erzählung bezieht sich auf eine Erfahrung, die erst im Erzählen und Wiedererzählen Gestalt gewinnt. Doch eine Erzählung, die sich im Uferlosen wechselnder Begebenheiten verlaufen würde, hätte nichts, was sich erzählen und wiedererzählen ließe; sie brächte es nicht einmal zu jener Rhapsodie, von der Kant sich so entschieden absetzt. Zur Erzählung gehören Zäsuren, externe und interne Einschnitte. Sie verleihen der Erzählung jene *relativ abgeschlossene und gegliederte Form*, die in der sogenannten Fabel oder Intrige ihr Substrat findet.

Im Zentrum der folgenden Überlegungen stehen nicht die erforderlichen Erzählstrukturen, sondern das, was in allem Erzählen unerzählbar bleibt. Dieses Unerzählbare bildet nicht etwa das Negat der Erzählbarkeit, sondern ihre Kehrseite und Hohlform. Das Unerzählbare wohnt der Erzählung inne, indem es diese zugleich übersteigt und sprengt.[3] Moderne literarische Formen zeichnen sich dadurch aus, daß sie mit den Grenzen des Erzählbaren spielen und sie in die Darstellung einbeziehen, ohne den Schein einer allumfassenden Ganzheit zu erzeugen. Die gebrochene Erzählweise entspricht einer Ordnung, die »es gibt«, die aber niemals unverbrüchlich feststeht. Einige solcher Bruchstellen, an denen der Erzählzusammenhang aufreißt, sollen im folgenden skizziert werden. Fiktionale Texte, in denen diese Brüchigkeit virulent wird, sind mehr als Beispiele; sie öffnen unsere Augen und Ohren für eben das, was sich der Erzählung entzieht.

3  Das Unerzählbare erscheint damit als eine bestimmte Figur des Außer-ordentlichen, das sich den jeweiligen Ordnungen, also auch den Erzählordnungen entzieht. Darin unterscheidet sich meine Sichtweise von der Ricœurs, der erst am Ende von *Zeit und Erzählung* auf die Grenzen der Erzählung zu sprechen kommt und eingesteht, »daß die Erzählung nicht alles ist und daß sich die Zeit noch anders sagt, weil sie – auch für die Erzählung – das Unerforschliche bleibt« (frz. III, S. 389, dt. III, S. 434). Kurt Röttgers gönnt in seinem neuesten Buch *Lineatur der Geschichte* (1998) der Brüchigkeit des zu erzählenden Geschehens ungleich größeren Raum, doch dem »Narrativismus« entgeht er nur, indem er »an seinen Rändern« ethische Probleme auftauchen läßt (S. 334) und am Ende das »historische Apriori« der Narration durch ein »ethisches Apriori« der Normativität ergänzt (S. 341 f.). Mir scheint dagegen, daß sich ethische Ansprüche *zeigen* in dem, was sich der Erzählung entzieht; diesen ethischen Aspekt berühre ich an dieser Stelle nur auf indirekte Weise.

## 2. Der entrückte Anfang

Daß eine Erzählung, im Gegensatz zur Mahnrede oder zur Prophezeiung, sich auf Vergangenes bezieht, gehört zu ihren Grundmerkmalen. Es macht zwar einen Unterschied, ob vor Gericht ein Handlungsablauf untersucht, ob eine Lebens- oder Familiengeschichte ausgebreitet, ob Erfindungen und Entdeckungen geschildert oder eine Natur- oder Kulturgeschichte entworfen wird; doch die Anfangs- oder Ursprungsproblematik findet sich überall. Soweit erzählt wird, stellt der Anfang uns vor eine doppelte Frage: Womit fängt die Erzählung an, wie fängt sie selbst an? Wenden wir die bekannte Unterscheidung zwischen Sagen und Gesagtem, zwischen *énonciation* und *énoncé* auf den Vorgang des Erzählens an, so öffnet sich ein Spalt zwischen erzähltem Anfang und Anfang der Erzählung.

Bleiben wir zunächst auf der Eben des Erzählten, so begegnet uns der Anfang in Form von Ereignissen oder Zuständen, die *als erstmalig* ausgezeichnet und herausgehoben werden. Der Anfang wird nicht eigentlich erzählt, er wird gemacht. Der Erzähler erzählt *etwas*, indem er *mit etwas* beginnt. Dieser Anfang ist gewöhnlich nur ein relativer Anfang, relativ nämlich auf eine mehr oder weniger unbestimmte Vorgeschichte, von der sich das Erzählte abhebt, ähnlich wie der Wahrnehmungsgegenstand aus einem räumlichen Hintergrund hervortritt. So wenig der Hintergrund selbst wahrgenommen wird, so wenig wird die Vorgeschichte selbst erzählt. Nehmen wir ein berühmtes Beispiel: *Madame Bovary* beginnt mit einer Schulszene.

»Nous étions à l'étude, quand le Proviseur entra, suivi d'un *nouveau* habillé en bourgeois et d'un garçon de classe qui portait un grand pupitre.«

Der Neuankömmling tritt ein in eine Schulwelt, in der es Direktoren, Schuldiener, Schüler und Pulte gibt, die dem normalen Leser vertraut sind. Das Erzählte geht also aus von *Unerzähltem*, das lediglich angedeutet wird. Natürlich wäre es möglich, auch diese Horizonte des Unerzählten weiter auszuleuchten, und oftmals geschieht dies hinterdrein in Rückgriffen und Rückblenden. Doch wenn man auf Vollständigkeit drängt, droht der Erzählung ein unendlicher Regreß, der dem unendlichen Regreß des Beweisganges ähnelt. Auch hier gilt das bekannte Gebot des ἀνάγκη στῆναι, sonst zerfließt die Erzählung in einem allgemeinen Ereignisstrom. Was als erstes ausgegeben wird, ist insofern ein bloß relativ Erstes, beschränkt auf die Fabel, die darin ihren Anfang nimmt.

Man könnte nun einen Schritt weitergehen und einen absoluten Anfang ins Auge fassen, absolut in dem Sinne, daß die Bestimmung des Ereignisses als eines Ersten diesem selbst entspringt. Solche singulären Ereignisse, die aus der Ereigniskette heraustreten, kann man als Knotenpunkte, als Stiftungen oder eben als Schlüsselereignisse bezeichnen. Derartige Ereignisse werden nicht bloß als erste wiedergegeben, je nach Interesse des Erzählers und seines Publikums, es sind vielmehr Ereignisse, die selbst *als erste auftreten*, so die Geburt des Einzelnen, die Gründung eines Staates, die Entstehung von Tragödie, Philosophie und Demokratie oder der Bund Jahwes mit seinem auserwählten Volk. Selbst wenn man den Holismus auf die Spitze treibt und Biographien in eine Geschlechtergeschichte, Einzelereignisse in eine Welt- und Menschheitsgeschichte einordnet, gerät man an eine unüberschreitbare *Grenze des Unerzählbaren*, so in den alten Schöpfungsgeschichten, die von einem Chaos oder einem Tohuwabohu ausgehen, von einem gähnenden Abgrund, einer Wüstenleere oder einem Durcheinander, also von etwas, das in seiner Unbestimmtheit nicht erzählbar ist. Die Grenze läßt sich nur überschreiten, wenn das Nichts in ein Etwas verwandelt wird, das es nicht ist. Eben dies geschieht im Mythos. Er fügt das Ursprungsereignis in eine imaginäre Szenerie ein, indem er die Entstehung von Leben und Welt einer immer schon geschehenen Welterzeugung oder Weltherstellung zuschreibt. Der Mythos erzählt Unerzählbares, als sei es erzählbar. Die Erzählung eines absoluten Anfangs hat stets etwas Fiktives.

Der Anfang rückt in noch weitere Ferne, wenn wir uns auf die Ebene des Erzählvorganges versetzen. Dieser letzte Schritt ist nicht selbstverständlich. Es gibt auch in der Erzählung so etwas wie eine natürliche Einstellung, die darin besteht, daß der Erzähler sich selbst und den Ort seiner Erzählung vergißt – ein Vergessen, das sich dem Hörer oder Leser mitteilt.[4] Um dieses Vergessen zu durchbrechen, bedarf es einer besonderen Art von narrativer Epoché, die es erlaubt, den erzählten Sinn in statu nascendi zu erfassen. Hier nähern wir uns erstmals dem angekündigten *Unerzählbaren im Erzählten*.

4 Die kommunikativen Aspekte des Erzählens werden in meinen Ausführungen weitgehend ausgeblendet, obwohl sie von der Unerzählbarkeit unmittelbar tangiert sind. Ausführlich berücksichtigt werden sie in dem erwähnten Werk von Röttgers.

Die ausdrückliche Einbeziehung der Erzählerperspektive in die Erzählung, die zu den Konstanten der modernen Romanform gehört, verhindert, daß sich die Erzählung in sich selbst abschließt. Das *Incipit* des Romans entpuppt sich als eine Falle, und es gibt vielerlei Weisen, ihr zu entrinnen. Dies führt zu verschiedenen Erzähltechniken. Einige davon lassen sich recht gut mit phänomenologischen Begriffen erläutern. Der Erzähler kann sich darauf beschränken, als »fungierender« Erzähler aufzutreten, der lediglich im Wie der Erzählung faßbar ist. Die Erzählung kann aber auch in eine »iterierte« Erzählung übergehen, so in den Verschachtelungen einer Rahmenerzählung. Der Erzähler kann ferner in der »okkasionellen« Form der ersten Person auftreten, so im Ich-Roman, dessen Held keineswegs mit dem Autor zusammenfällt. Schließlich kann die Erzählung selbst zum »Thema« gemacht werden, so daß der Strang der erzählten Zeit sich mit dem Strang der Erzählzeit kreuzt, wie wir es aus Prousts *Recherche* kennen. In keinem dieser Fälle gelingt es der Erzählung, ihren eigenen Anfang einzuholen und den Spalt zwischen erzählter Zeit und Erzählzeit zu schließen, und zwar deshalb nicht, weil die Erzählung sich selbst gegenüber im Verzug ist. Der Spalt ließe sich nur schließen, wenn die Erzählung selbst noch als Kapitel der Erzählung zugeschlagen würde und also die *Erzählung im Erzählten* aufginge, oder aber wenn das Erzählen sich in das Nu einer reinen, zeitenthobenen, sozusagen autopoietischen *Selbsterzählung* verwandeln würde. Diese doppelte Unmöglichkeit scheitert an den Bedingungen unserer Zeitlichkeit. Sie schließt aber nicht aus, daß der Erzähler sich diesen Unmöglichkeiten annähert und mit ihnen spielt. Ein Gleichgewicht ist ohnehin nicht zu erreichen, weil die Unruhe des Sagens und Erzählens sich nicht mit dem ruhigen Ergebnis des Gesagten und Erzählten synchronisieren läßt, als wäre das Sagen und Erzählen selbst etwas, was gesagt und erzählt wird. Der unerzählbare Anfang ist eben das, was sich dem ordnenden Zugriff des Erzählens entzieht.

Diese Entrückung des Anfangs begleitet die Lebensgeschichte von *Tristam Shandy* wie ein Grundtenor. William Sterne spielt mit den Phantasmagorien eines nicht greifbaren Anfangs, indem er zwar in der Ichrede beginnt, aber nicht mit seiner Geburt, sondern mit seiner Zeugung.

»I wish either my father or my mother, or indeed both of them, as they were in duty both equally bound to it, had minded what they were about when they begot me [...]«

Der Autor zögert die Geburt seines Helden hinaus, als wäre ebendieser Anfang ein unendliches Ziel. Er entschuldigt sich bei seinen Lesern und Leserinnen für seine Säumigkeit.

»[...] for my own part, I declare I have been at these six weeks, making all the speed I possibly could, – and am not yet born [...]« (vol. I, ch. 14)

Mit einer Äußerung, die zu machen er nie imstande war und nie imstande sein wird, spricht der Erzähler über den unfaßlichen Anfang dessen, um den sich die gesamte Erzählung dreht – ein Spott auf alle Standesamtsregister und Genealogien, die den Anfang für ein *fait accompli* nehmen. Die autobiographische Erzählung, die das Selbst umkreist, ohne es zu fassen, streift das märchenhafte »Es war einmal«, und doch muß es sich die Ausflüchte einer anderen Zeit versagen. Wer sagt: »Ich bin noch nicht geboren«, ist tatsächlich geboren, und zwar nicht irgendwann wie ein Fabelwesen oder ein mythischer Held.

### 3. Kollektive Widerfahrnisse

Erzählungen, die darauf aus sind, Geschehenes in Sinnzusammenhängen einzufangen, richten sich gern an Handlungen aus, die jemandem oder mehreren vereint zugeschrieben werden. Dazu gehören auch Sprechhandlungen, die ihre Wirkung tun, so etwa in den politischen Reden, die Thukydides in seine historischen Berichte einflicht. Demgemäß bezieht Ricœur sich in der Exposition von *Zeit und Erzählung* (frz. I, S. 57, dt. I, S. 56) auf die bekannte Stelle aus der aristotelischen *Poetik* (1450 a 5), wo der Mythos, die Fabel, wie Lessing übersetzt, als »Zusammensetzung der Handlungen« bestimmt wird. Dieser Handlungsbezug leuchtet ein, wenn wir etwa an Gerichtsprozesse denken, in denen es in erster Linie darum geht, Handlungskonflikte auszuräumen oder die Schuldhaftigkeit einer Handlung zu beurteilen. Ohne verantwortliche Täter, bei denen die ἀρχή als der Beginn und Ursprung der Handlung im Handelnden selbst liegt (vgl. *Nik. Ethik*, III, 1), würde jede Schuldzuschreibung ins Leere laufen. So gehören zum Rechtsprozeß die Tatbestandsaufnahme, die Spurensicherung, die Zeugenvernehmung, die Prüfung möglicher Alibis, und all dies mit dem Ziel, die Tat in bestimmte Handlungsschritte zu zerlegen und sie von bestimmten Handlungsumständen abzusondern. Die Spannung von Detektivgeschichten beruht nicht zuletzt darauf, daß Ausführung und Entdeckung des Verbrechens sich vielfach miteinander verschlingen. Man könnte darauf hinweisen, daß auch juristischen Schuldzuweisungen ein fiktives Moment innewohnt, sofern Ereignisse als individuelle Handlungen interpretiert werden. Der von Nietzsches Moralkritik angeprangerte Schluß: »Zu jeder Thätigkeit gehört Einer, der thätig ist, folglich –« (KSA 5, S. 31) überspringt diesen Deutungsprozeß. Doch abgesehen von der erforderlichen Dosierung der Verantwortung läßt sich der Handlungsaspekt nicht umstandslos verallgemeinern. Handlungen weisen zurück auf *Abgründe des Pathischen*, auf all das, was uns zufällt, einfällt, auffällt, was uns überrascht, überkommt, kurz: was uns widerfährt. Der Anfang eines solchen Geschehens liegt nicht bei jemandem, der es in die Wege leitet und steuert. Die Dimension des Pathischen ist von den Dimensionen des Praktischen und des Epistemischen wohl zu unterscheiden. Dieses Pathische kann sowohl gewaltsame, leidvolle und verletzende wie auch beglückende und beschwingende Züge annehmen; es schillert vom Dunklen ins Helle, vom Hellen ins Dunkle hinüber. Daß bei solchen Widerfahrnissen das Moment des Widrigen, des Gefährdenden und Gewaltsamen überwiegt, wie es sich in dem sprichwörtlichen πάθος μάθος andeutet, hat nichts mit einer pessimistischen Lebensauffassung zu tun, die stets mit dem Schlimmsten rechnet, sondern es rührt daher, daß alles, was uns aus dem Vertrauten und Gewohnten herausreißt, Erwartungen enttäuscht, daß es in bestimmte Ordnungen ein*bricht*, ohne sich naht- und schmerzlos in sie einzu*fügen*. Selbst wer sich in sein Schicksal oder in einen göttlichen Willen fügt, geht davon aus, daß die Welt dann und wann aus den Fugen gerät.

Es wäre abwegig anzunehmen, die Einbrüche des Fremden fielen schlichtweg aus dem Rahmen der Erzählung. Doch ähnlich wie im Falle des Anfangs, der sich der Erinnerung entzieht, stellt sich die Frage, ob und wieweit solche Einbrüche sich narrativ verarbeiten lassen. In der bereits zitierten Eingangspassage aus *Der Mann ohne Eigenschaften*, in dem von einem Verkehrsunfall berichtet wird, deutet der Autor erhebliche Zweifel an. In dem ironischen Spiel mit Expertenperspektiven wird das Ereignis nicht eigentlich erzählt, es tut sich nur auf wie ein Wirbel in einem allgemeinen Geschehen, das die Wogen alsbald glättet und das schwarze Loch zum Verschwinden bringt. Die Erzählung eines singulären Ereignisses wird abgelöst durch den Aufweis seiner Normalisierung. Auch dieses Ereignis ist am Ende eines ohne Eigenschaften, doch eben dies zeigt sich, und darin liegt ein schweigender Widerruf, der auf seine Weise beredt ist.

Diese Desavouierung aller Erzählkunst bedeutet eine Provokation für jede normale Erzählung, die ja nur Sinn hat, wenn etwas geschieht, was nicht alle Tage geschieht, genauer: was nicht jedermann Tag für Tag zustößt, kurz: was wider Erwarten eintrifft. Daß die ›dramatische‹ Zentrierung auf die Handlung nicht zu den Herkünften der Erzählung gehört, zeigen die alten Duldergeschichten von Hiob und Odysseus, die bei Alexander Döblin und James Joyce in neuartiger Gestalt wiederauferstehen, und es zeigen die alten Tragödien, deren Wirkkraft ebensowenig erloschen ist. Wenn Jacob Burckhardt in seinen *Weltgeschichtlichen Betrachtungen* auf eine »pathologische« Betrachtung der Geschichte dringt, die den »duldenden, strebenden und handelnden Menschen« in den Mittelpunkt rückt, so fordert er zurück, was eine tatenfreudige und schaffensbesessene Moderne aus den Augen zu verlieren droht. Läßt sich aber das Erdulden und Erleiden auf ähnliche Weise erzählen wie das Handeln, das – allen widrigen Umständen zum Trotz – auf Entscheidung, Planung und Vorsorge beruht? Die Antwort auf diese Frage hängt davon ab, wie man das Pathische und seinen passiven Ausdruck faßt. Begreift man die *passio* lediglich als Wirkung einer fremden *actio*, wie Descartes es in seinem Traktat über die Leidenschaften nahelegt, so beraubt man den Leidenden seiner Eigenperspektive. Ein solcher Kräftehaushalt läßt keinen Einbruch des Fremden zu. Ein erster Schritt in eine andere Richtung ist getan, wenn man die Täterperspektive durch eine *Opferperspektive* ergänzt, wie es in neueren Forschungen zu Gewalt, Trauma oder Genozid geschieht. Doch es fragt sich auch hier, ob es wirklich ausreicht, Aktivitäten durch Passionen zu ergänzen, als handle es sich um ein einheitliches Geschehen, das sich in perspektivischer Brechung darstellt. Worin bestünde denn die Einheit eines Geschehens, in dessen Verlauf Minoritäten verfolgt oder Ethnien ausgerottet werden? *Was* wird hier erzählt, und von welchem Standpunkt aus geschieht dies? Lassen Kriege und Völkermorde sich überhaupt erzählen? Man könnte den Krieg, um nur diesen wiederkehrenden Ausbruch kollektiver Gewalt zu erwähnen, als ein Geschehen fassen, das auf verschiedenen sogenannten Kriegsschauplätzen stattfindet und an dem viele auf vielerlei Weise beteiligt sind, als Opfer, Mitläufer, Propagandisten, Befehlsempfänger, Befehlshaber, als Kriegsgewinnler und mehr und mehr auch als bloße Kriegstechniker. In Tolstois Roman *Krieg und*

*Frieden*, der in einer Zeit spielt, als Kriege noch Feldzüge waren, erscheint der Krieg als ein Spiel, das – verwickelter als das Schachspiel –

»unter bestimmten, zeitlich bedingten Umständen gespielt wird und bei dem nicht der Wille eines Einzelnen leblose Maschinen lenkt, sondern alles aus ungezählten Zusammenstößen und Zusammentreffen verschiedenartigster Willensimpulse resultiert!« (1953, S. 928)

Der Vergleich der Kriegszüge mit Schachzügen dient Tolstoi dazu, den Mythos des großen Schlachtenlenkers zu entzaubern. Doch dieser Vergleich hinkt, wie Tolstoi selbst weiß; er suggeriert ein Spielregelsystem, dem im Krieg gerade das Fundament entzogen wird. So heißt es an anderer Stelle aus dem Munde von Fürst Andrej:

»Krieg ist keine Liebenswürdigkeit, sondern die abscheulichste Sache, die es gibt. Und das muß man sich klarmachen, statt Krieg zu spielen. Mit furchtbarem Ernst muß man diese grauenvolle Notwendigkeit hinnehmen. Es kommt alles darauf an, daß man die Lügen über Bord wirft und den Krieg eben als Krieg ansieht, nicht als ein Spiel.« (S. 1014)

Das übergreifende Kriegsgeschehen nimmt Tolstoi zum Anlaß für eine Vielfalt von Geschichten, ohne daß dabei der Zusammenhang selbst mittels einer »großen Erzählung« hergestellt würde. Unerzählbar ist in diesem Falle das Ineinandergreifen der vielen Geschichten.

## 4. Unterbrechungen und Leerstellen

Erzählungen haben nicht nur einen uneinholbaren Anfang, sie rühren nicht nur an Abgründe des Pathischen, vielmehr sind die Zusammenhänge selbst, welche die Erzählung aus sich herausspinnt, brüchig. Das Erzählerische ›und dann‹ stiftet Zusammenhänge, aber diese bleiben schwach. Beweis- und erklärungsfreudige Philosophen, Juristen und Wissenschaftler mögen nach stärkeren Bindemitteln und aussagekräftigeren Konjunktionen rufen: nach einem begründenden ›weil‹, einem zielbetonten ›um zu‹, einem einschränkenden ›obwohl‹. Die parataktische Redeweise erscheint dann als kindliche oder archaische Form der Rede, die sich den Geschehnissen ausliefert wie einer fortlaufenden Bescherung. Diese bloße Nebeneinanderordnung endet in aufgeklärteren Zeiten bei Datenketten und Datensammlungen. Doch die Wortführer der Narrationen werden mit Recht darauf hinweisen, das die Schwäche des ›und‹ gerade die Stärke der Erzählung ausmacht. Nur wenn die Linien der Erzählung sich als punktierte Linien erweisen, in denen – wie Husserl zu sagen pflegt – der Zusammenhang lediglich auf unbestimmte Weise vorgezeichnet und nicht etwa fertig ausgeführt ist, taugt die Erzählung für Überraschungen und Spannungen. Doch falls dies konzediert wird, müssen wir noch einen weiteren Schritt tun, der uns erneut an die Grenzen des Erzählens heranführt. Ist nicht das ›und‹, das Fichte als das unphilosophischste Wort abtut, immer noch zu viel des Guten, weil es einen Kon-text, eine Kon-nexion, ein Syn-tagma, eine Syn-chronie, eine Syn-these, also einen Zusammenhang suggeriert, den es so ohne weiteres gar nicht gibt? Müssen wir nicht mit einem ›und‹ rechnen, das zugleich verbindet und trennt, also den Hiatus von einem zum anderen nicht überbrückt und Leerstellen hinterläßt, die nicht zu füllen sind? Dies würde besagen, daß die eigentümliche Kraft der Erzählung auf einer Schwäche beruht, die keineswegs einer mangelhaften, sondern einer offenen Rationalität entstammt.

Das betrifft zunächst jede offene Form der *Anknüpfung*, die ein Sinnangebot fortsetzt, es aber auf selektive Weise tut, so daß stets bestimmte Möglichkeiten der Fortsetzung faktisch ausgelassen oder gar systematisch ausgeschlossen werden. Dies gilt für die Sequenzen eines offenen Gesprächs ebenso wie für die Kontingenz historischer Prozesse oder für die Verzweigungen der natürlichen Evolution. Offene Anknüpfungen, die untilgbare Disjunktionen und Divergenzen mit sich führen, sind nicht zu verwechseln mit *Verknüpfungen*, die bestimmten Gesetzen gehorchen, und seien es statistische Gesetze, die wie bei Musil das »Loch« eines Verkehrsunfalls stopfen. Wie wird eine Erzählung mit solchen offenen Stellen fertig? Wie kann Erzählung »sich einer Erinnerung bemächtigen, wie sie im Augenblick einer Gefahr aufblitzt«?[5] Eine solche Möglichkeit bestünde darin, daß der Erzähler dem ›wirklichen‹ Hergang mögliche Alternativen unterlegt, so daß, wie im Falle von Max Frischs *Mein Name sei Gantenbein*, offene Lebensläufe entstehen.[6] Doch die ›Knoten‹ und ›Wirbel‹, jene Stellen also, wo ein neuer Sinn hervortritt und sich gegen mögliche anderen Sinn durchsetzt, finden in narrativen Schemata keinen Platz. In Anlehnung an Max Weber könnte man von einem Polytheismus

5  So Walter Benjamin in der sechsten seiner *Geschichtsphilosophischen Thesen*.
6  Ähnlich äußert sich auch Ricœur, der im Schlußabschnitt von *Zeit und Erzählung* (frz. III, S. 358, dt. III, S. 399) auf eine »prinzipielle Instabilität der narrativen Identität« zu sprechen kommt, die zur Erzählung verschiedener Fabeln ermuntert.

des Sinnes sprechen. Es gibt sinnhafte Alternativen, doch die Alternative hat als solche keinen Sinn. Sie beruht, mit Foucault zu reden, auf einer Sinnverknappung, die durch keine Erweiterung oder Vervielfältigung von Sinnfeldern zu beheben ist; denn dazu bedürfte es einer »großen Erzählung«, die – abgesehen von unbedeutenden Seitenarmen der Geschichte – alle Möglichkeiten aus sich entfaltet. Daß es erzählbaren Sinn gibt, läßt sich nicht selbst wieder erzählen, außer in Form eines möglichen Als-ob.

Der Erzählzusammenhang wird nicht nur durchbrochen, weil es mehr und anderen Sinn gibt als den, der in einer bestimmten Sinnformation zum Zuge kommt, er wird auch immer wieder unterbrochen, wenn ein ›Sagen‹ auf ein fremdes ›Sagen‹ stößt.[7] Ich denke an *Gesprächspausen* und an die graphische Form von *Gedankenstrichen*, die mancherlei andeuten können: ein Zögern vor dem letzten Schritt oder eine Kehrtwende, an der das Wort auf den Anderen übergeht. Diese Zäsuren lassen sich narrativ überbrücken, indem man das Unerwartete vorwegnimmt, als wäre es schon da, indem man das Zögern als Noch-nicht-Entscheidung behandelt oder indem man das gegebene Ja- oder Nein-Wort zu einer einheitlichen Rede homologisiert, als stünde man vorweg wie der Richter jenseits der Barriere, die Eigenes von Fremdem, Täter vom Opfer trennt. Was man auf diese Weise erzählt, beschränkt sich auf das Eintreten von Resultaten oder auf die Akkumulation von Sinn in Werken. Die Funkstille im kommunikativen Netz oder die Anschlußsuche läßt sich nur auf die Weise erzählen, daß die Erzählung selbst brüchig wird.

Nehmen wir den Beginn von Kafkas *Schloß*. Der Roman beginnt mit dem Satz: »Es war spätabends, als K. ankam«. Andere Versionen, die der Autor verworfen hat, lauten: »Der Wirt begrüßte den Gast« oder »Es war spät Abend, als ich ankam«. Mit der Wahl des bloßen Anfangsbuchstabens, der von dem erzählenden Ich nur einen anonymen Schimmer enthält, und mit dem Verzicht auf eine gastliche Begrüßung wird ein Ton angeschlagen, der das kommunikative Eis von vornherein als brüchig erscheinen läßt. Ein Vertreter der Anderen – und alle sind für den Fremden Andere – meldet sich zu Wort, indem er den Ankömmling aus dem ersten Schlaf reißt.

---

7 Dies gilt auch für die innere Dialogizität der eigenen Rede, die Michail Bachtin so deutlich hervorhebt; vgl. dazu meine Erläuterungen in *Vielstimmigkeit der Rede*, 1999, Kap. 7. Zum folgenden vgl. desgleichen K. Röttgers, *Lineatur der Geschichte*, 1998, Kap. 3.

»›Dieses Dorf ist Besitz des Schlosses, wer hier wohnt oder übernachtet, wohnt oder übernachtet gewissermaßen im Schloß, niemand darf das ohne gräfliche Erlaubnis. Sie aber haben eine solche Erlaubnis nicht oder haben sie wenigstens nicht vorgezeigt.‹

K. hatte sich halb aufgerichtet, hatte die Haare zurechtgestrichen, blickte die Leute von unten her an und sagte: ›In welches Dorf habe ich mich verirrt? Ist denn hier ein Schloß?‹

›Allerdings‹, sagte der junge Mann langsam, während hier und dort einer den Kopf über K. schüttelte, ›das Schloß des Herrn Grafen Westwest.‹

›Und man muß die Erlaubnis zum Übernachten haben?‹ fragte K., als wolle er sich selbst davon überzeugen, ob er die früheren Mitteilungen nicht vielleicht geträumt hätte.«

Das erste Kontaktgespräch dreht sich ausschließlich um die Bestimmung des Ortes, an dem dieses stattfindet, und um die Erlaubnis, hier zu sein. K. ist dadurch so verunsichert, daß er zu träumen fürchtet. Die Sprunghaftigkeit eines Geschehens, das sich auf keinem gemeinsamen Boden und keiner kontinuierlichen Bahn bewegt und gerade über genügend Verständigungsmittel verfügt, um die mangelnde Verständigung zum Ausdruck zu bringen, setzt sich fort, so etwa, wenn K. einige Seiten später am Telefon fragt: »Wer bin ich also?« – ein Satz, der strenggenommen unbeantwortbar ist. An solchen Gesprächsfetzen wird auf extreme Weise deutlich, daß es kein *entre-tien*, keine Unter-haltung gibt ohne Unterbrechungen (vgl. Blanchot 1969, S. 106 ff.). Bei Beckett, Kafka oder Nabokov wäre zu studieren, was es heißt, von einem Warten zu erzählen, dessen Worauf sich nicht vorwegnehmen läßt, so wie es ein traumatisches Getroffensein gibt, das sich nicht in der Erinnerung aneignen läßt. Die Kunst besteht darin, Unerwartbares und Unvordenkliches zur Sprache zu bringen, ohne ihm ein ›Erzählkleid‹ überzustülpen.

Der Sinnzusammenhang erweist sich nicht nur als brüchig, sondern auch als löchrig. Es sind Löcher des Nicht-Sinns, die in der Erzählung aufklaffen, ein Schweigen, das nicht darin besteht, daß *etwas* nicht gesagt oder getan, verschwiegen oder unterlassen wird, sondern darin, daß das Sinnereignis selbst sich der sprachlichen oder praktischen Bewältigung entzieht. Dies gilt auch für mögliche Interventionen des Anderen. So lesen wir abermals im *Tristam Shandy*:

»Before an affliction is digested, – consolation ever comes too soon; – and after it is digested, it comes too late: so that you see, madam, there is but a mark between these two, as fine almost as a hair, for a comforter to take aim at [. . .]« (vol. III, ch. 29)

Leerstellen im Ablauf der Erzählung finden ihren oft recht unauffälligen Ausdruck in dem Kunstgriff des *blanc*, einer weißen Stelle, die bewußt ausgespart wird.[8] In den Schlußkapiteln von Flauberts *L'Éducation sentimentale* findet sich eine solche Leerstelle. Der Held Frédéric wird während des Pariser Aufstandes Zeuge dessen, wie ein Aufständiger von einem Polizeidegen durchbohrt wird, und schlagartig erkennt er in dem Sterbenden seinen Freund Sénécal wieder: »Et Frédéric, béant, reconnut Sénécal.« Nach einem unmarkierten *blanc* geht es weiter: »Il voyagea. Il connut la mélancolie des paquebots [. . .]« Dazu bemerkt Proust in seinen *Chroniques*: »A mon avis la chose la plus belle de l'›Education sentimentale‹, ce n'est pas une phrase, mais un blanc.« Das *blanc* kann verschiedene Funktionen ausüben, es kann wie bei Flaubert »das reißende und ununterbrochene Strömen der Zeit« hervorkehren oder wie bei Proust den Kontrast zwischen Vorher und Nachher betonen, jenes diskontinuierliche Nu, das unserem Blick und unserem willentlichen Einfluß permanent entgleitet, da wir stets zu früh oder zu spät kommen. Wenn es einen Höhepunkt des Geschehens gibt, so verharrt er im Unscheinbaren.[9] Das *blanc* kann aber auch hindeuten auf jene Atempausen des Lebens, wo uns der Schatten nicht auf dem Fuß folgt, sondern eine Sekunde, eine Synkope lang innehält: »die Pause, der Hiatus, wenn das Herz wie eine Feder ist . . .«[10] Allgemein können wir sagen: Die sinnbildende und regelgerechte Verknüpfung dessen, was uns in der Erfahrung begegnet, führt niemals zu einem geschlossenen, ununterbrochenen und lückenlosen Zusammenhang von allem und jedem, es sei denn, das Geschehen gerinnt zu einem Resultat, das seine eigene Herkunft verbirgt.

8 Darin liegt ein bedenkenswerter Kontrast zu Hegels berühmtem Ausspruch über die Geschichte: »Die Perioden des Glücks sind leere Blätter in ihr [. . .]« (*Vorlesungen über die Philosophie der Geschichte*, GW XII, 42). In unserem Falle geht es um leere Blätter, die durchaus zählen – wie übrigens schon das weiße Blatt im *Tristam Shandy* (vol. VI, ch. 38).

9 Zu diesen Stellen bei Flaubert und Proust vgl. die Erläuterungen von Hans Robert Jauß, *Zeit und Erzählung in Marcel Prousts »A la recherche du temps perdu«* (1986), S. 141-153. Ich verweise ferner auf meine Proust-Interpretation »Verspätete Antwort« in: *Deutsch-Französische Gedankengänge* (1995).

10 So in einer Aufzeichnung des auf seine Hinrichtung wartenden Cincinnatus in Vladimir Nabokovs Roman *Einladung zur Enthauptung*, 1999, S. 58.

# 5. Das offene Ende

Ein Geschehen, das seines Anfangs nicht Herr ist, verfügt auch nicht über sein Ende. Ein Anfang, den wir nicht setzen, sondern nur fortsetzen, ruht in einer Vorvergangenheit, die ihrerseits zukunftsträchtig, *praegnans futuri* ist, belastet mit einem zweiten Futur, das immer schon über unsere eigenen Möglichkeiten hinausschießt.[11] Das klassische »Werde, der du bist!« spricht einen Befehl aus, der sich nie ausführen läßt. Er ließe sich nur ausführen, wenn die Frage »Wer bin ich?« eine definitive Antwort fände, wenn sie vorweg schon beantwortet wäre. Einem Anfang, der sich entzieht, entspricht ein Ende, das immer aussteht. Wenn wir wiederum davon ausgehen, daß eine Erzählung relativ abgeschlossen ist und nicht ins Unendliche sich verläuft, so stellt sich die Frage, ob und wie ein Erzählen ein Ende findet. Die erwähnte Unterscheidung zwischen Erzählen und Erzähltem führt erneut zu einer doppelten Frage: Womit endet die Erzählung, wie endet sie selbst? Abermals öffnet sich ein Spalt, der zwischen erzähltem Ende und Ende der Erzählung aufklafft.

Betrachten wir die Erzählung von ihrem Ende her, so geraten wir auf die Bahnen der Teleologie, und dies nicht ohne Grund. Ein Endzustand, der jeder Zielbestimmung entraten würde, wäre nichts weiter als ein späterer Zustand innerhalb einer endlosen Zeitreihe. Insofern ist der Zusammenhang von Ende und Vollendung, wie er im griechischen Wort Telos und im lateinischen Wort Finis zum Ausdruck kommt, kein sprachlicher Zufall. Dies besagt zugleich, daß eine bestimmte Art der Erzählung mit dem Schicksal der Teleologie steht und fällt. Wie läßt sich eine Erzählung denken, wenn die bevorstehende Zukunft weder auf ein Reifen der Vergangenheit noch auf eine Verlängerung der Gegenwart zu reduzieren ist?

Bleiben wir zunächst wiederum auf der Ebene des Erzählten. Das Ende erscheint hier als ein Ereignis, das *als letztes*, ein Zustand, der *als letzter* wiedergegeben wird. Auch dieses Ende wird gemacht, da kein zeitliches Ereignis denkbar ist, das sich nicht auf diese oder jene Weise fortsetzen ließe. Der Erzähler, der seine Erzählung *mit etwas* enden läßt, gelangt zu einem *relativen* Abschluß, der sich danach be-

---

11 Die Verlagerung der Leibnizschen Zukunftsträchtigkeit (vgl. *Monadologie*, § 22) von der Gegenwart auf eine originäre Vergangenheit bricht mit der »natürlich ablaufenden Folge« von Zuständen zugunsten eines *avènement du positif* (Merleau-Ponty, *Le visible et l'invisible*, 1964, S. 259, dt. 264).

mißt, um wen und um was es in der Geschichte geht. Dies gilt beispielsweise für die narrativ gestaltete Tatbestandsaufnahme in einem Strafgerichtsverfahren; dieses endet, wenn es endet, mit der schuldhaften Zuschreibung einer Tat oder mit einem Freispruch. Ähnliches gilt für die Krankengeschichte, die mit der Entlassung des Patienten ihr Ende findet. Akten werden geschlossen, obwohl das Leben des Kriminellen oder des Patienten in der Regel weitergeht. Die Entlassung ist ein institutioneller Akt, kein natürlicher Ausgang.

Nun gibt es ebenfalls absolute Endereignisse, die *als letzte auftreten*, so der Tod einer Person, der Niedergang oder Zusammenbruch eines Reiches, die Dekadenz einer Lebensform, die Verknöcherung eines Denkens und ähnliches. Wiederum gerät das Erzählen an Grenzen des Unerzählbaren; denn das Ende ließe sich nur dann erzählen, wenn man auf eine Gesamtgeschichte rekurriert, und auch deren Erzählung würde abrupt enden, bei einem Weltuntergang, einem Jüngsten Gericht, einer Welterlösung, oder sie würde wie im Märchen, in einem unbestimmten Und-so-weiter versickern. Das unvorstellbare Ende wird erzählt, als bliebe man selbst davon verschont.

Die letzte Stufe wird dann erreicht, wenn das Ende des Erzählens selbst auf dem Spiel steht. Wie erzählt eine Erzählung ihr eigenes Ende? Wiederum stoßen wir auf Unerzählbares im Erzählen. Erzählen könnte die Erzählung ihr eigenes Ende nur dann, wenn sie sich selbst erzählend überleben würde. Aufschlußreich ist in diesem Fall der *Finis* der Romanliteratur. Ein kursorischer Überblick zeugt von einer gewissen Verlegenheit. In einer traditionellen Erzählweise, die den Autor aus dem Spiel läßt, steht das Ende der Erzählung vielfach unter dem Blickwinkel Überlebender.[12] In *Madame Bovary* bekommt der biedere Apotheker Homais sein Ehrenkreuz. Wer nicht hoch steht, kann nicht tief fallen. *Krieg und Frieden* endet mit dem Traumgesicht eines Nachfahren und dem Versprechen: »Der Vater! Ja, ich werde so handeln, daß sogar er mit mir zufrieden sein soll.« In *Effie Briest* redet Vater Briest sich ein letztes Mal aus allen Schulderwägungen heraus, indem er in eine gewohnte Floskel flüchtet: »Ach, Luise, laß . . .

---

12 Kurt Röttgers erwähnt eine Reihe von Möglichkeiten, wie eine Geschichte zu beenden ist: ein zwanghaftes Dakapo, Fortsetzung der Erzählung von demselben oder einem andern Erzähler, Einbettung in eine größere Geschichte, reflexiv rückbezogene Geschichte, Übergang zum Handeln (vgl. *Lineatur der Geschichte*, 1998, S. 160 f.). Wird in all diesen Fällen das Ende des Erzählens nicht überspielt? Erzählt wird es auf jeden Fall nicht.

das ist ein *zu* weites Feld.« Mollys seitenlange, punkt- und absatzlose Suada, mit der der *Ulysses* endet, staut sich in einem bekräftigenden und verheißenden Ja, das sich um kein Ende schert: »I said yes I will Yes.« In Prousts *Recherche* behält die ZEIT das letzte Wort, aber sie behält es *im* Wort, in einem Werk, das seine eigene Zeit hat. In keinem Fall fällt das, womit die Erzählung endet, mit dem Ende der Erzählung zusammen. Dies gilt auch für Scheherezade, die Märchenerzählerin aus *Tausendundeiner Nacht*, die erzählend das Ende hinauszögert. Vielleicht kann man sagen, daß Erzählungen dort ihre größte Spannkraft entwickeln, wo sie sich am Unmöglichen versuchen.

# IV. Mobile Erfahrung: Zwischenereignisse

Die erste Phase unseres Versuchs, die Rolle der Aufmerksamkeit in der Erfahrung zu erkunden, setzt ein auf der Ebene der Ereignisse, der wir uns in den beiden vorhergehenden Kapiteln genähert haben. Wir stoßen dabei auf Schwellenereignisse, die weder eindeutig auf der Seite der ›Dinge‹ noch eindeutig auf der Seite der ›Subjekte‹ verortet werden können. Man könnte geneigt sein, von einem Zwischenstatus zu sprechen, doch strenggenommen handelt es sich um keinen Status, den man hat oder erreicht, sondern um eine Mobilität, die nicht in Tafel- oder Standbildern, sondern in Mobiles ihr künstlerisches Pendant hat. Der Gedanke einer Erfahrung, die mit Bewegungen durchsetzt ist, liegt der Phänomenologie nicht fern, wenn wir an die Rolle der Kinästhese bei Husserl und Merleau-Ponty denken. Doch die Rückbindung der Bewegung an ein Sichbewegen bildet lediglich den Ausgangspunkt. Die Aufmerksamkeit konfrontiert uns nämlich mit Bewegungen besonderer Art, deren räumliche, zeitliche und affektive Dimensionen wohl zu bedenken sind. Es stellt sich die Frage, wie das, was zwischen mir und den Dingen, zwischen mir und den Anderen geschieht, aus der Erfahrung heraus zu fassen ist, ohne daß wir die Szene von höherer Warte aus überblicken oder gar lenken. Der »andere Schauplatz«, der auch hier zu erwarten ist, wäre das Ergebnis einer Verfremdung des gewohnten Schauplatzes. Selbst die Instanzen, die das Aufmerksamkeitsgeschehen steuern und formieren, würden dann dem Zwischenbereich der Erfahrung entstammen. Die Epoché, die einen Zugang zu diesem Zwischenbereich ermöglicht, wäre nicht bloß als Urteilsenthaltung zu verstehen, sondern als das Ansichhalten einer Bewegung. Verkennung und Anmaßung beginnen dort, wo die Szene vorweg in ein Schaustück, in ein Tribunal, ein Labor oder in eine Medieninstallation verwandelt wird.

## 1. Zweitakt von Auffallen und Aufmerken

»Fällt dir da nichts auf?« Diese alltägliche Frage, die uns unserer Sinnesstutzigkeit innewerden läßt, zeigt, daß die anstehende Thematik keineswegs in einen isolierten Bereich privater und sprachloser Gefühle führt. Doch eben deshalb zieht sie eine Menge weiterer Fragen nach sich. Es ist sowohl von etwas die Rede, das unbemerkt blieb, wie auch von mir als jemandem, dem etwas entging, und das Unauffällige, dessen Auffälligkeit angemahnt wird, ist nicht irgend etwas, es kommt nicht irgendwo und irgendwann vor, sondern genau »da«, wo der Finger hinzeigt. Man kann den Vorwurf der Unaufmerksamkeit nicht generalisieren, denn auf irgend etwas achtet jeder, solange er lebt, und sei es die eigene Ruhe. Dem entspricht die auf elektrischem Weg registrierbare Daueraktivität des Gehirns, das nie ruht (vgl. Singer 2002, S. 108). Doch hier kommt mehr ins Spiel, der also Angesprochene ist durch die Frage alarmiert, er merkt auf, so wie jemand aufwacht. Dieses Aufmerken, das seinen pathischen Hintergrund deutlich erkennen läßt, bedeutet noch kein Bemerken eines erfaßbaren und benennbaren Etwas.[1] Die Akte des Erfassens und Auffassens treten hinzu, wie es die lateinischen Wortprägungen ›Ap-prehension‹ und ›Ap-perzeption‹ andeuten, allerdings nicht als äußere Zutat zur Empfindung wie bei Ernst Mach (vgl. Sommer 1985, S. 85), sondern als Zugabe, die in dem, was sie als etwas auftreten läßt, ihren »Anhalt« findet.[2] Das Hinzutreten schließt keineswegs aus, daß Zeigegebärden und sprachliche Benennungen den Aufmerksamkeitsvorgang beeinflussen (vgl. Lurija 1992, S. 266). Doch wir laufen ständig Gefahr, die Resultate der Erfahrungsarbeit der Erfahrung zu unterschieben, als habe diese immer schon ihr Werk getan.

Die Möglichkeit, daß mir oder uns etwas auffällt, ist eine Probe aufs Exempel für das, was wir als Ereignis bezeichnen. Mir widerfährt

1 Man könnte geneigt sein, das ›Aufmerken‹ durch einen Ausdruck wie ›Aufbrechen‹ (vgl. das ›Aufbrechen zu neuen Ufern‹) zu ersetzen, um den Abstand zu einem rein kognitiven Verständnis zu wahren. Ich werde dies nicht tun, weil damit der Bezug zu dem normalen Leitbegriff der Aufmerksamkeit verdunkelt würde, doch im Hintergrund steht ein weiter gefaßtes Verständnis, wie es sich aus den sachlichen Analysen ergibt.

2 Manfred Sommer macht auf den Ausdruck »Anhalt« (oder »Anhaltspunkte«) aufmerksam, den Husserl gelegentlich benutzt, um den Zusammenhang zwischen reellen Erlebnisinhalten und den entsprechenden intentionalen Auffassungen (vgl. z. B. V. Log. Untersuchung, Hua XIX/1, S. 387, 407), zwischen der Qualität der Empfindung und ihrer zeitlichen Auffassung (Hua X, S. 66) oder den Zusammenhang zwischen der okkasionellen Bedeutung und ihren aktuellen Umständen (XIX/1, S. 87) anzudeuten, und er schreibt diesem Sprachgebrauch eine okkasionalistische Bedeutung zu (Sommer 1985, S. 145, 196, 290). Entscheidend ist für uns, daß es sich um einen offenen Zusammenhang handelt; ein Anhalt liefert keinen festen Rückhalt, so wie Anhaltspunkte keinen Beweis liefern. Der »Anhalt« nähert sich dem psychoanalytischen Begriff der »Anlehnung« (vgl. den »Anlehnungstypus« der Objektwahl).

etwas, wenn mir etwas auffällt oder ich von Anderen auf etwas aufmerksam gemacht werde, und zwar geschieht dies, bevor die Deutungs- und Gebrauchsschemata unserer gewohnten Merk- und Wirkwelt greifen. Für einen kaum merklichen Augenblick hält die Welt den Atem an; denn ich könnte ja auch achtlos vorbeischauen und vorbeihören, das Erfahrungsangebot bliebe dann zurück wie ein nicht abgeholtes Geschenk (oder eine nicht gezündete Bombe). Wir befinden uns an einer Schwelle, die wir nicht zu schnell hinter uns lassen sollten, indem wir vom »Aufdrängen selbst«, also vom »*es* drängt sich *mir* auf«, nahtlos überwechseln zu dem, »*was* sich aufdrängt«, und zu dem »*Ich*, dem es sich aufdrängt« (*Erfahrung und Urteil*, S. 80 f., Hervorhebung B. W.). Das Rätselhafte liegt in der Kluft, die das Auffallen von meinem Aufmerken und Bemerken trennt. Klüfte verlocken zu Brückenbauten.[3]

In Hans Blumenbergs postum erschienener Schrift *Zu den Sachen und zurück* (2002), die so etwas wie sein phänomenologisches Testament darstellt, findet sich auch ein Kapitel zur Aufmerksamkeit, dessen Textvorlagen der Herausgeber unter den Titel »Auffallen und Aufmerken« gestellt hat. Blumenberg widersteht der Versuchung, vorschnell zu überbrücken, was sich nicht oder doch nicht ohne weiteres überbrücken läßt, indem er von einem Dilemma ausgeht. Vorweg bemerkt er, daß in Husserls Phänomenologie (nur von ihr ist die Rede) die Aufmerksamkeit zwischen zwei Extremen des Bewußtseins angesiedelt ist, nämlich »zwischen der impressionistischen Öffnung gegenüber einem Universum diffuser Affektion einerseits und der immanenten Logik seiner Intentionalität, die es im Grenzwert an die Unablässigkeit von einem einzigen Gegenstand und seiner Un-

---

3 Dazu nochmals Husserl. Der Hiatus zwischen Aufmerken und Bemerken wird getilgt, wenn das Aufmerken als schlichte Eingangsstufe angesetzt und mit einer Brückenfunktion ausgestattet wird: »Die Untersuchung der aktiven Leistungen des Ich [...] bewegt sich im Medium der aufmerkenden Zuwendung und ihrer Derivate. Das Aufmerken ist gleichsam die Brücke zur Aktivität, oder sie ist ihr inszenierender Anfang, und für ihren Fortgang ist sie der ständige Vollzugsmodus des Bewußtseins: Alle eigentliche Tätigkeit vollzieht sich im Blickfeld der Aufmerksamkeit.« Die Affektion, die unserem Auffallen entspräche, erscheint dann unter dem »Titel der negativen Aufmerksamkeit, des Gegenmodus aller Aufmerksamkeit in der Passivität« (Aus der Vorlesung »Transzendentale Logik« von 1920/21, Hua XXXI, S. 4). Anthony Steinbock, der in seiner sorgfältigen Studie zur »Affektivität und Aufmerksamkeit« (2002) diese und ähnliche Stellen fraglos heranzieht, endet mit seinen Analysen denn auch dort, wo unsere Überlegungen ansetzen.

erschöpflichkeit fesselt«. Das Dilemma erblickt er darin, daß offenbleibt, »ob Kontur und Struktur das am Gegebenen vorgefundene Regulativ der Aufmerksamkeit sind oder ob die Aufmerksamkeit als entschlossener Eingriff in das Überangebot möglicher Bewußtseinsbindungen Konturen und Strukturen verordnet, induziert, als Nothilfe der Ökonomie eines endlichen Wesens den Sachen oktroyiert, um sie zu handlichen Sachen allererst zuzuschneiden« (S. 182). Kurz gesagt: Dient die Aufmerksamkeit der Lebenserhaltung als Notbehelf, oder folgt sie dem freien Impuls, der von der Unerschöpflichkeit der Sache selbst ausgeht? Noch kürzer formuliert: Ist sie eine Sache der Selbsterhaltung oder der Neugier? Antwortet man: beides, so bleibt doch die Frage nach der Gewichtsverteilung und der Abstimmung aufeinander. Das »Mißverhältnis seiner Endlichkeit zur Unendlichkeit des Gegebenen«, dem sich das Subjekt ausgesetzt sieht (S. 188), läßt eine doppelte Auslegung zu, eine lebenspragmatische, die von Lebensbedarf und Lebenserhaltung sowie von einer beschränkten Lebensumwelt ausgeht, und eine transzendentalphänomenologische, die sich von den Ansprüchen und Angeboten der Sachen selbst leiten läßt und sich der Totalität der Welt öffnet. Diese Doppeldeutigkeit greift unmittelbar auf das Phänomen der Aufmerksamkeit über. Ist das, was Aufmerksamkeit weckt, »Beschaffenheit und Befund an den Sachen selbst und ihrem Gewicht gegeneinander«, oder ist es ausschließlich eine Angelegenheit »des subjektiven Hintergrunds, der Wendungen und Einschränkungen«, die dem Subjekt von seinem Interesse auferlegt werden (S. 191 f.)? Der Autor entzieht sich dem Dilemma zunächst, indem er auf die Beschreibung als auf ein Aufmerksammachen ausweicht und die Aufmerksamkeit in einer erlernbaren »Aufmerksamkeit auf die Aufmerksamkeit« kulminieren läßt (S. 191). Doch damit verschiebt sich das Dilemma nur, denn hinter dem Aufmerksammachen steht nicht nur ein Aufmerksamwerden, das aus jenem folgt, sondern auch eines, das jenem vorausgeht. Bei Husserl vermutet Blumenberg eine Überschätzung der Aktseite des Bewußtseins gegenüber ihrer Inhaltsseite (S. 205 f.). Eine Auflösung des Widerspruchs, den er zwischen den endlichen Bedingungen und den Unendlichkeitstendenzen des Bewußtseins aufklaffen sieht, sucht er seinerseits in der Zeitlichkeit, die alle Inhalte durch das »Nadelöhr des Jetzt« zwängt und die unvermeidlichen »Evidenznachteile« mittels der Retention wettmacht (S. 200). Es bleibt aber fraglich, ob die ausschließliche Bindung des pathischen Auffallens an die Endlichkeit-

Unendlichkeit des Aufmerkens der inneren Doppelung des Aufmerksamkeitsgeschehens gerecht wird und ob der Zweitakt von Auffallen und Aufmerken uns überhaupt vor ein Dilemma stellt. Doch darüber mögen die weiteren Ausführungen entscheiden.

Der philosophischen Bastelarbeit, von der wir im Eingangskapitel einige Proben gegeben haben, lassen sich eine Reihe von Fragen entnehmen. Eine erste Frage könnte lauten: Kann es sein, daß etwas vorfällt, ohne daß es mir auffällt? Natürlich ist es so, daß Ereignisse, die vorfallen, und solche, die auffallen, nicht deckungsgleich sind. Schon die an mich gerichtete Frage, von der unsere Überlegungen ausgingen, setzt voraus, daß mir etwas entging, das nur Anderen auffiel. Der abstruse Gedanke, daß alles, was der Fall ist, in meinen Aufmerksamkeitsradius fällt, bedarf nicht vieler Worte. Dennoch sollten wir uns selbst, jeder für sich, nicht zu schnell verabschieden. Auffälliges und auch Unauffälliges gibt es nicht ohne *jemanden*, dem etwas auffällt oder entgeht, so wie Lust und Schmerz nichts sind ohne jemanden, der sie erlebt, und Lärm nichts ist ohne jemanden, der sich belästigt fühlt. Anomalien wie Anästhesie, Hypnose, Trance oder gewöhnliche Schlafzustände können wir vorerst außer acht lassen. Um uns zu Weltbewohnern zu machen, genügt es, daß uns stets etwas auffällt oder aus den verschiedensten Gründen nicht auffällt. Dieser Bezug auf jemanden läßt sich nicht ersetzen durch »Varianten dynamischer Gleichgewichtsformen«, die einen anonymen Empfindungsfluß durch zufällige Ausbiegungen und Ablenkungen gleich einem Flußlauf oder einem Wasserausfluß verändern.[4] Wird der Zusammenhang zwischen *etwas*, das auffällt, und *jemandem*, dem es auffällt, nicht nur gelockert, sondern zerschnitten, so enden wir bei einem *dualistischen Konstrukt*. Auf der einen Seite hätten wir kausale Vorgänge, deren Wirksamkeit auf keinen ›Patienten‹ angewiesen wäre, der sie über sich ergehen ließe, auf der anderen Seite hätten wir intentionale oder mentale Akte und Zustände, ohne daß verständlich würde, wie eines auf das andere trifft. Es bedürfte eines Dritten, der als Beobachter die

---

4 So Ernst Mach in seiner Schrift *Die Analyse der Empfindungen*, 1911, S. 194. Manfred Sommer betrachtet diesen Versuch, den Übergang von einem »homogenen ›hyletischen Fluß‹ zu unserer zwiespältigen Welt, in der sich Bewußtsein und Wirklichkeit gegenüberstehen«, zu erklären, nicht als eine Theorie, die es nicht geben kann, sondern als bloßes Surrogat und Analogon (1985, S. 82 f.). Neuere Anhänger einer ›hyletischen Phänomenologie‹, die von einer reinen Selbstaffektion ausgehen, täten gut daran, sich entsprechende Gedanken zu machen.

kausalen Wirkungen und Bedingungen feststellt und sie als Experi-
mentator verändert, aber auch er käme nicht aus ohne Auffälligkeiten,
so wenn Alarmlichter aufleuchten, der Meßzeiger unerwartet heftig
ausschlägt oder Meßdaten aus dem Rahmen fallen. Überläßt man
die Kontrolle automatischen Monitoren und Registraturen, so bleiben diese auf ein Programm angewiesen, das Relevantes von Irrele-
vantem sondert, Programmwidriges ausscheidet und Katastrophen
so weit wie möglich verhindert.

Schlägt man sich geradewegs auf eine der beiden Seiten, indem
man entweder den physischen Reizen oder der Arbeit des Geistes
freien Lauf läßt, so durchschlägt man zwar den Knoten, doch die
Nachfolgelasten sind erheblich. Von der Aufmerksamkeit bleibt in
beiden Fällen nur ein unerklärlicher Rest zurück. Mehr ist zu erwarten von einer Sichtweise, die auf allmähliche Übergänge setzt, sei
es, daß man ein geologisches Schichtenmodell, sei es, daß man ein
evolutionäres Phasenmodell benutzt. Husserl versucht es bekanntlich mit beidem. In seiner statischen Anfangsphase bevorzugt er gegensätzliche Bauelemente wie Hyle und Morphe, während er sich
später – im Zuge seiner genetischen Vorgehensweise – dem Gefälle
von Aktivität und Passivität überläßt und dabei immer feinere Schattierungen einführt, all dies in großer Nähe zu Leibniz.[5] Wir kennen
den Vergleich mit dem anschwellenden Meeresrauschen, das unmerkliche Eindrücke in starke Geräusche übergehen läßt, ›kleine‹ Perzeptionen in ›große‹ umwandelt. Doch gibt es nicht Sprünge in der Erfahrung, denen durch keine Kunst der Übergänge beizukommen
ist? Der Verkehrsunfall, den Musil schildert, geht weder auf eine kontinuierlich anwachsende noch auf eine keimhaft sich entfaltende Erfahrung zurück. Es bleibt ein »Ichfremdes«, das mich trifft, sich aber

---

5  Anne Montavont zeigt, wie die Aufmerksamkeit bei Husserl innerhalb der Passivität
des intentionalen Lebens ihren Platz findet (*De la passivité dans la phénoménologie de
Husserl*, 1999, S. 75-112). Dabei gelangt sie zu dem Ergebnis, daß Husserl auf die
»grundlegende Passivität« letzten Endes mit einem »Hypertranszendentalismus« antwortet und am Primat eines Ich festhält, »das selbst das, was ihm radikal fremd ist,
zurückholt« (S. 282). Manfred Sommer kommt zu einem ähnlichen Resultat, indem
er die Affektion als ein »Binnenereignis« und die Passivität als bloße »Abwesenheit
von Eigenaktivität« bestimmt: »Passivität besagt nicht Leiden, sondern Ereignis;
dem Bewußtseins als ganzem widerfährt nichts, sondern in ihm geschieht etwas.«
(*Husserl und der frühe Positivismus*, 1985, S. 289) Ich selbst würde Husserls Denk-
versuche weniger eindeutig festlegen, doch einer kritischen Schärfung der Frage stets
den Vorzug geben gegenüber einer sich windenden Verteidigung.

nicht der eigenen Erfahrung einverleiben läßt, als sei es ein bloßes Grundelement oder eine bloße Urphase. Zwar besteht unsere Erfahrung zum Glück nicht aus lauter Unfällen, doch das, was unvorhergesehen in unsere Erfahrung einbricht, hinterläßt auch sonst Brüche und Falten, die sich erst nachträglich bemerkbar machen wie die Runzeln einer Haut.

Man könnte den unauffälligen Charakter vieler Mutationen ins Feld führen, man könnte die Veränderungsprozesse ins Unbewußte verlagern und dahinter einen geheimen Zusammenhang vermuten. Doch dann fragt es sich, wie wir uns dieses Unbewußte vorzustellen haben, ob als bloßen Wissens- und Willensmangel oder als Entzugsphänomen. Ersterer würde mein Selbst nicht stärker berühren als Descartes' Zirbeldrüse, letzteres wäre eben nicht zu denken ohne jemanden, dem etwas nicht auffällt oder einfällt, oder ohne jemanden, der durch ein Schreckereignis so traumatisiert wurde, daß ihm der Schrecken buchstäblich in den Knochen steckt. Auch das, was sich von uns selbst abspaltet und nur indirekt in der Körpersprache der Symptome zutage tritt, ist nicht ganz und gar unauffällig. Was sich bei einem Unfall oder bei sonstigen Einbrüchen abspielt, verteilt sich auf verschiedene Bühnen, und dies um so mehr, je tiefer die Verletzung reicht.[6] Doch wäre das Band zwischen dem, was uns widerfährt oder entfällt, und dem, worauf wir aufmerken und antworten, völlig zerschnitten, so verlören auch Analyse und Therapie ihre notwendigen Ansatzpunkte.

Verwandt mit der Frage des Unbewußten ist die nach der affektiven Besetzung dessen, was uns auffällt oder entgeht, nach der Trieb- und Interessengebundenheit der Aufmerksamkeit. Das Auffallen und Aufmerken könnte primär kognitiv verstanden werden, so daß affektive und praktische Momente nur als Zusatzfaktoren eine Rolle spielen. Doch diese Annahme erweist sich als gegenstandslos, wenn wir von einer pathischen Erfahrung ausgehen, die gerade durch das Getroffensein gekennzeichnet ist. Hier gibt es kein Auffallen, ohne daß uns etwas af-fiziert und an-geht. Nicht das Pathische bedarf der zusätzlichen Erklärung, sondern die Apathie, also der Schwund der Gefühle und deren künstliche Zurückdrängung.

Entscheidend ist aber zunächst die Art und Weise, in der das, was

6  Es sei daran erinnert, daß die Theorie der Traumatisierung, die Freud entwickelt, nicht nur frühkindliche Erfahrungen, sondern auch Kriegserlebnisse und Verkehrsunfälle berücksichtigt.

uns auffällt, uns aufmerken läßt. Offensichtlich ist das, was zwischen dem Auffälligen und dem Aufmerken vor sich geht, als ein originärer Dual oder Plural zu denken, der auf keine synthetische Einheit zurückgeht, sondern dem Funken gleicht, der überspringt. Ein solch gebrochener Zusammenhang läßt sich denken, wenn wir von der zeit-räumlichen Verschiebung ausgehen, von der in Kapitel II bereits die Rede war. Diese Verschiebung bedeutet, daß ich hier und jetzt zugleich anderswo bin, wo ich nicht war und niemals sein werde. Was uns auffällt, kommt stets zu früh, das Aufmerken zu spät. Weil ich aber in meinem antwortenden Aufmerken bestimmt bin durch das, was mir zuvorkommt, schieben sich Eigenes und Fremdes, Einheimisches und Auswärtiges ineinander. In diesem Sinne müssen wir mit Freud von einem »inneren Ausland« ausgehen, dem dann ein äußeres Inland entspricht. Der Bewegungsrhythmus, der dieser Verschiebung zugrunde liegt, ist der eines *Vor und Zurück*. Vorgängigkeit und Nachträglichkeit beschreiben eine Doppelbewegung, deren Rhythmus sich nicht vereinheitlichen läßt. Wer einen Blick erwidert, antwortet auf das, wovon er getroffen ist, ohne daß dieses Wovon sich in das Was einer eigenen Antwort verwandeln läßt. Das, worauf Traumatisierte fixiert sind, ist genau das, wovon sie verletzt wurden, ohne daß eines mit dem anderen je zur Deckung käme. Eine solche »Deckung in Differenz« (Hua XV, S. 642) ist genau das, was die Erfahrung von einem bloßen Bescheidwissen über die Erfahrung unterscheidet. Nur Erfahrungen ohne Widerfahrnisse lassen sich in einem Wissen aufheben, weil der Vorsprung in diesem Fall tatsächlich nur in einem Vorwissen (προειδέναι) besteht (vgl. *Phaidon* 74 e). Eine Erfahrung, die nicht aus dem Pathos kommt, durchläuft nur Wissensschleifen.

Das Phänomen der Aufmerksamkeit nötigt uns, den Gedanken der zeiträumlichen Verschiebung auf neue Weise fortzuführen. Der topische Aspekt eines »anderen Schauplatzes« gewinnt ein noch größeres Gewicht. Es ist davon auszugehen, daß der Zweitakt von Auffallen und Aufmerken eine *zwiegerichtete Bewegung* darstellt, eine *Doppelbewegung* also, deren Kräfte sich nicht addieren oder subtrahieren lassen. Auto- und Heterokinese spielen ineinander, ohne sich zu ergänzen oder miteinander zu konkurrieren.

## 2. Vertikalität: Auftauchen und Absinken

Bei den Bewegungen, die unsere Erfahrung durchläuft, ist zu unterscheiden zwischen einem vertikalen *Auf und Ab* und einem horizontalen *Hin und Her*. Auch das Motiv der Schwelle läßt sich zwiefach fassen, als an- und abschwellende Bewegung und als zu durchquerender Grenzbereich.[7] Wenn wir das Auf-fallen und Auf-merken zunächst mit dem Auftauchen und Absinken in Verbindung bringen, so richten wir uns nach der Vertikalen aus. Tritt etwas auf oder ab, so berührt sich dies mit dem Entstehen und Vergehen, das – wie vermittelt auch immer – mit unserer Erfahrung im Bunde steht. Zu dessen Beschreibung bieten sich zwei Wortpaare an, die zumeist »entfärbt« und als »erblassete Metaphern« benutzt werden.[8] Das erste Wortpaar, das *Auftauchen* und *Absinken*, beschwört ein flüssiges Element. Dieses eignet sich nicht für einen architektonischen Aufbau, der sich bei Philosophen besonderer Beliebtheit erfreut, weil er eine feste Grundlage verspricht. Wer auf Sand baut, entbehrt eines festen Bodens, und wer ins Wasser schreibt, gelangt nur zu fließenden Bedeutungen. Zu erinnern ist allerdings daran, daß es auch Zelte im Wüstensand und Pfahlbauten im Wasser gibt. Die Vorliebe für solide Bauten verbindet sich nicht zuletzt mit der Abwehr drohender Gefahren. Mit dem zweiten Wortpaar, dem *Auftritt* und *Abtritt*, betreten wir die Bühne, auch sie ist nicht für alle Ewigkeit gemacht. Jede Bühne hat etwas von einer Wanderbühne, da sie dem augenblicklichen Ereignis verschworen ist. Die Bühnensprache benutzen wir, wenn wir dem, was wir erfahren, eine besondere ›Rolle‹ zuschreiben, ohne deswegen gleich an ein großes Welttheater zu denken. An Klein- und Wanderbühnen werden wir gemahnt, wenn wir beachten, daß in der Erfahrung etwas ›statt-findet‹. Hüten sollten wir uns allerdings davor, sol-

---

7 W. Benjamin, *Passagen-Werk*, Bd. I, S. 618: »Die Schwelle ist ganz und gar von der Grenze zu scheiden. Schwelle ist eine Zone. Wandel, Übergang, Fluten liegen im Worte ›schwellen‹ . . .« Ich verweise auf meine Überlegungen zu »Schwellenerfahrung und Grenzziehung«, in: *Vielstimmigkeit der Rede* (1999), Kap. 9.

8 Vgl. zur Einschätzung der Metapher Jean Paul, *Vorschule der Ästhetik*, § 50 (1963, S. 184): »Wie im Schreiben Bilderschrift früher war als Buchstabenschrift, so war im Sprechen die Metapher, insofern sie Verhältnisse und nicht Gegenstände bezeichnet, das frühere Wort, welches sich erst allmählich zum eigentlichen Ausdruck entfärben mußte. Das tropische Beseelen und Beleiben fiel noch in *eins* zusammen, weil noch Ich und Welt verschmolz. Daher ist jede Sprache in Rücksicht geistiger Beziehungen ein Wörterbuch erblasseter Metaphern.«

che sprachlichen Winke unversehens in Wahrsagerei übergehen zu lassen. Wir brauchen nur in andere Sprachen überzuwechseln, so wird aus dem ›Auftreten‹ eine ›Emergenz‹, bei der etwas aus einem Element heraustritt, ›Auftritt‹ und ›Abtritt‹ werden zu ›entrances‹ und ›exits‹ wie in Shakespeares berühmtem Theaterwahlspruch. Schauen wir also, was sich mit diesen Hinweisen machen läßt.

Bei Präfixen wie Auf und Ab ist von vornherein Vorsicht geboten, und zwar gerade deshalb, weil das Deutsche beneidenswert viele, aber auch verwirrende Variationen zuläßt. Dem ›auf‹ läßt sich kaum ein einheitlicher Bedeutungskern abgewinnen. Es gibt eine erste Wortgruppe, in der eindeutig die *Aufwärtsbewegung* dominiert (vgl. ›aufstehen‹, ›aufheben‹, ›aufrichten‹ oder ›aufsteigen‹). Daneben finden wir Ausdrücke, bei denen das ›auf‹ etwas mit dem *Öffnen* zu tun hat (vgl. ›aufblättern‹, ›aufbrechen‹, ›aufwecken‹ oder ›aufmachen‹) oder aber mit dem *Abschluß* eines Vorgangs (vgl. ›aufgeben‹ oder ›aufhören‹). Für unser Thema ist die erste Wortgruppe von besonderem Interesse.

Bei dem *Auf* ist zu unterscheiden zwischen einer *Bewegung*, die aufwärts oder abwärts führt, und dem *Höhenunterschied* von Oben und Unten. Sieht man von der Bewegungsrichtung ab, so ergibt sich eine Ambivalenz von Höhe und Tiefe, wie sie ausdrücklich im lateinischen Adjektiv *altus* zu finden ist.[9] Davon abgesehen bezeichnet ›Höhe‹ sowohl das Höhenmaß wie einen Extremwert auf der Höhenskala. So hat der Eiffelturm nicht nur eine stolze Höhe von 300 Metern, sondern er war lange Zeit auch höher als alle Bauten ringsum und auf der Welt, und ein Junge oder ein Mädchen ist trotz des geringen Alters sechs oder sieben Jahre ›alt‹. Die Aufwärts- und Abwärtsbewegung scheint von dieser Relativierung verschont zu bleiben. Deshalb kommt uns der Weg hinauf und hinab ähnlich wie der Weg hin und zurück als qualitativ verschieden vor, selbst wenn die jeweilige Wegstrecke gleich lang ist.

9 Émile Benveniste macht in seiner Kritik an dem angeblichen »Gegensinn der Urworte« auf einen Unterschied zwischen der lateinischen und der deutschen Sprache aufmerksam: »[. . .] der Begriff *altus* im Lateinischen (wird) in der Richtung von unten nach oben veranschlagt, d. h., von der Tiefe des Brunnens nach oben oder vom Fuße des Baumes nach oben, ohne Berücksichtigung des Standorts des Beobachters, während im Deutschen *tief* in entgegengesetzten Richtungen definiert wird, vom Beobachter zum Grunde, sei es der Grund eines Brunnens oder der Grund des Himmels.« (1974, S. 98)

Man könnte an dieser Stelle einwenden, das Auf und Ab sei ein bloßes Raumschema, das auf die räumliche Bewegung von Dingen und Körpern zugeschnitten und nur im übertragenen Sinne auf seelische und geistige Vorgänge anzuwenden sei. Für die horizontale Bewegung und ihre intentionale Gerichtetheit würde ähnliches gelten. Gehen wir dagegen vom leiblichen Verhalten aus, also von einem gleichzeitigen »Beseelen« und »Beleiben«, so stoßen wir – mit Husserl zu reden – auf Urmodi der Bewegung. Diese *Urbewegungen* zeichnen sich dadurch aus, daß sie in all unserem Verhalten und Erleben als unerläßliche Voraussetzungen enthalten sind. Dazu gehört das *Sichaufrichten*, das sich in den aufrechten Gang umsetzt, ohne den es so etwas wie Wahrnehmungs- und Handlungsfelder nicht gäbe. Der Nullpunkt des leiblichen Hier ist kein bloßer Gesichts- oder Gehörpunkt, als reduziere sich unser Körper auf eine Photokamera oder ein Hörgerät, er ist vielmehr der leibliche *Ausgangspunkt* im buchstäblichen Sinne. Zum Sichaufrichten gehört das *Sichaufrechthalten*, denn als »nicht festgestelltes Tier« verfügt der Mensch über keinen festen Standort in der Welt, er sieht sich genötigt, immer wieder neu Stellung zu beziehen. Das Sichaufrechthalten verlangt schließlich einen *Kraftaufwand*, einen *effort*, mit dem wir uns als leibkörperliche Wesen selbst bewegen. So wie der eigene Leib Züge eines Fremdkörpers aufweist, so hat die Selbstbewegung Züge einer Fremdbewegung. Wir halten uns auf den Beinen, und wir können uns nicht mehr aufrecht halten, wenn unsere Kräfte nachlassen oder erlahmen. Man müßte das Haben des Körpers getreu dem griechischen ἔχειν oder dem lateinischen *habere* als ein *Halten* verstehen, das im *Sichverhalten* mit anklingt. Den kognitiven und voluntativen Überhang, der in Wissens- und Befehlsinstanzen zutage tritt, hat es übrigens in der älteren Philosophie so noch nicht gegeben, und wir tun gut daran, der leiblichen Existenz ihre eigentümliche Kraft zurückzuerstatten, so wie Wittgenstein das Wollen in das Handeln selbst verlegt (vgl. *Phil. Untersuchungen*, § 615). Das sinnlich verarmte Denken kann nicht nur der Blindheit und Taubheit verfallen, es kann auch erlahmen. Erst wenn wir die besagte Aufwärtsrichtung im Auge behalten, gewinnt das *Auftauchen* und *Aufwachen* seine volle Bedeutung, desgleichen das *Versinken* in den Schlaf. Daß wir uns schlafen *legen*, ist bei aller körperlichen Versatilität, die eine Fülle von Schlafhaltungen zuläßt, kein Zufall. Man kann sich und alles auf den Kopf stellen, aber dies macht aus dem aufrechten Gang keine bloße Konvention. Wie der aufrechte Gang, so sind auch das Aufwachen und Einschlafen nichts Zufälliges. Beides zählt zu den Urbewegungen, weil im Wachen das Selbst als es selbst da ist, so wie im aufrechten Gang seine Stellung und Bewegung in der Welt vorgezeichnet ist. Schließlich haben diese originären Bewegungsweisen auch einen Bezug zum Anderen, der uns weckt oder einschläfert, der uns aufrichtet oder herabzieht. In diesem Sinne gibt es eine durchgängige und vielfältige Vertikalität der leiblichen Existenz und, dem Sprachgebrauch von Merleau-Ponty zufolge, eine Vertikalität des Seins (vgl. AR, S. 419-425).

Sicherlich sollten wir der Versuchung widerstehen, jedes ›auf‹ und ›ab‹ wie eine Offenbarung zu behandeln und beispielsweise der ›Aufrichtigkeit‹ den aufrechten Gang, dem ›Aufstand‹ das Aufstehen zu unterschieben, als könnte man nicht ebensogut von ›Redlichkeit‹ oder ›Rebellion‹ reden. Dennoch bleibt es dabei, daß die Vertikalität mehr besagt als eine konstruierte Raumachse, sie entspringt einer leiblichen Orientierung. Gäbe es sie nicht, so würden schlichte Raumangaben wie ›auf‹ und ›unter‹, ›in‹ und ›aus‹, ›links‹ und ›rechts‹ zu algebraisierbaren Zeichen, mit denen man operiert, ohne sich mit ihnen im Raum orientieren zu können. Es blieben lediglich relative Differenzen zurück, von denen kein Glied markiert wäre. Ähnlich wie in einer mathematischen Gleichung liefe es auf dasselbe hinaus, ob die Katze auf der Matte oder diese unter der Katze ist. Daß man von Sprache zu Sprache verschiedene Angebote zur Sinnbildung nutzt und im Lichte der eigenen Sprache Ähnlichkeiten sieht, wo andere Sprachen Unähnlichkeiten nahelegen, steht der Annahme von Urbewegungen und Grundausrichtungen nicht im Wege. Selbst wenn man den Zusammenhang von ›Hand‹ und ›Handlung‹, von Auge und ›Eräugnis‹ zu den idiomatischen Vorgaben einer bestimmten Sprache zählt, so nimmt dies dem Auge und der Hand nicht ihren Rang. Es gibt eben »absolute Metaphern«, die nie restlos zu bloßen Metaphern und Begriffsvehikeln verblassen, weil sie den systematischen Kristallisationen als »Nährlösung« dienen (Blumenberg 1998, S. 13). Man könnte Metaphern auch als eine Art Handschrift des Denkens bezeichnen; löst man die Worte aus der handschriftlichen Fassung, so behält man ein Gerüst aus Begriffen, Modellen und Konstrukten zurück.

Um den spezifischen Charakter des Auffallens und Aufmerkens gebührend einzuschätzen, bedarf es noch einer weiteren Einschränkung. Betrachten wir das Auftreffen als ein Widerfahrnis, an dem jemand beteiligt ist, aber eben nicht als Urheber, so scheiden zwei Deutungsmöglichkeiten aus. Das Auffallen, das mich aufmerken läßt, ist kein bloßer *Vorfall* oder *Vorgang,* wie er uns im Wandel der physischen Elemente oder im pflanzlichen Wachstum begegnet, etwa im Aufblitzen, Auflodern oder Aufwallen, im Aufblühen oder im ›Aufgehen‹, das Heidegger zur Wiedergabe der griechischen ›Physis‹ benutzt. Alle diese Vorgänge haben zwar etwas mit Widerfahrnissen gemein, in denen ebenfalls etwas geschieht, so daß Lichtenberg das »es denkt« mit einem »es blitzt« vergleicht und Walter Benjamin die Erinnerung im Augenblick der Gefahr »aufblitzen« sieht. Das Blitzartige des Geschehens hat einen mythischen und theologischen Hintergrund, der bis auf den Blitze schleudernden Zeus sowie auf neuplatonische und theosophische Spekulationen zurückgeht und der bei Leibniz in Gestalt von momentanen *Fulgurations continuelles de la Divinité* seinen spektakulären Ausdruck gefunden hat (*Monadologie,* § 47). Bei Leibniz ist es die *Unité primitive* Gottes als einer einfachen Substanz, in der die Blitzstrahlen gebündelt werden. Der Geistesblitz bildet wie die Eingebung den profanen Rest einer Botschaft mit unbestimmtem Sender.[10] Doch wird das Es, das in den erwähnten Wendungen auftaucht, einem Selbst gleich erachtet, so geraten wir auf die schiefe Ebene einer Lebensphilosophie, wo das Leben sich selbst lebt, wo die Natur die Augen aufschlägt und noch sonst einiges tut, was wir ihr andichten. Welterzählungen dichten nicht an, sie dichten. Anders der Weltbetrachter, der alles zu überschauen wähnt, anders der Weltberechner, der alles auf Zahl und Maß abstellt, und in Reaktion darauf der Lebensschwärmer, der dem Lebensschwung unmittelbaren Ausdruck zu geben meint. Doch ebenso ist eine zweite Deutungsmöglichkeit auszuschließen, derzufolge die Auf- und Abbewegung sich in persönliche *Akte* und *Aktionen* verwandelt, so daß jemand auf- und absteigt oder Geschosse nach oben und unten lenkt. Ein Ich, das als solch ein Agent auftritt, würde zwar etwas im Raum bewegen, nicht aber sich selbst.

Wo etwas auffällt und auftaucht, ist weder ein bloßes Es im Spiel noch ein tatkräftiges Ich, wohl aber ein Mir, Dir oder Uns. Dabei ist zu unterscheiden zwischen dem, was *aus der Welt* und was *in uns selbst* auftaucht. Im ersten Fall haben wir es mit Naturvorgängen zu tun, die sich teils wiederholen wie Regen und Sonnenschein, teils neu

---

10 Vgl. hierzu den Artikel »Fulguration« von Werner Beierwaltes im *Historischen Wörterbuch der Philosophie,* Bd. 2, 1972.

auftreten wie nie dagewesene Pflanzen- oder Tierarten. Allerdings sind auch natürliche Vorkommnisse nicht völlig natürlich. Es genügt schon, Vulkanausbrüche oder Wirbelstürme zu registrieren, um ihnen einen kulturellen Kontext zu verschaffen. Natürliche und kulturelle Vorfälle sind stets mehr oder weniger eng miteinander verwoben. Anders steht es mit dem, was in uns selbst aufsteigt. Dazu gehört das Aufblicken, Aufhorchen, Aufschrecken, Aufbegehren, Aufbrausen, Auflachen, Aufseufzen und Aufatmen, all das also, mit dem wir uns selbst und die Andern überraschen. Auch diese ›innere Natur‹, in der sich unsere Affekte und Triebe ausleben, ist kulturell imprägniert.

Unsere letzte Beobachtung weist bereits in eine andere Richtung. Wir pflegen von der *Tiefe des Raumes* zu sprechen. Es sind Fluchtlinien, die in die Tiefe eines Raumes führen, die wir ebensowenig betreten können, wie wir unseren Schatten erhaschen können. In diesem Raum versinken wir nicht, wir verlaufen uns in ihm. Den Gegensatz zu dieser Tiefe bildet nicht die Oberfläche, sondern die Nähe. Damit betreten wir schon die Ebene dessen, was uns entgegenkommt. Doch in der Tiefe liegt ein merkwürdiger Doppelsinn. Nicht umsonst zerteilt sich der Grund (frz. *fond*) in einen Untergrund und einen Hintergrund, und wir sehen etwas aus dem Hintergrund ›auftauchen‹, als öffne sich weit in der Ferne ein Abgrund.[11] Die moderne Malerei spielt mit dem doppelten Grund, indem sie den eingeübten Fensterblick wie gegen eine Bildwand anrennen läßt. Wenn diese sich öffnet in schwarzen Quadraten, in Einkerbungen oder Farbwirbeln, so verwandeln Fluchtlinien sich in Fallinien. Für Klangräume gilt ähnliches, so wenn Baßstimmen sich aus dem architektonischen Gefüge lösen und in die Tiefe sinken. Selbst die Versenkung, die in mystischen Erfahrungen und speziell in östlichen Meditationsübungen eine so zentrale Rolle spielt, hat teil an dieser Doppelbewegung. Wenn die Unterschiede schwinden, die uns etwas als etwas und jemanden als jemanden erfahren lassen, öffnen sich Abgründe, da die Erfahrung nichts mehr hat, an der sie Halt findet. Das Nichts als Nicht-

11 Zur wechselnden Orientierung der Erfahrung nach oben-unten und vorn-hinten vgl. die minutiösen Beschreibungen von Manfred Sommer in *Suchen und Finden*, 2002, Kap. 4: »Erscheinungen am Horizont«. Allerdings schwächt der Autor das Gewicht seiner Ausführungen ab, indem er dem, was sich »zwischen Himmel und Erde« abspielt, nur eine metaphorische Dienstleistung zubilligt bei der Analyse von »Bewußtseinsfunktionen«, die offenbar selbst der Metaphorik entbehren (vgl. S. 103).

Etwas markiert einen Übergang, dessen Eigenart verkannt wird, wenn man dieses Nicht als bloßen Ausdruck einer perzeptiven oder konzeptuellen Unbestimmtheit versteht. Das berühmte Diktum von der Nacht, in der alle Kühe schwarz oder alle Katzen grau sind, krankt daran, daß man bei der Nacht und ihren Ängsten zu sehr an das Unbekannte und zu wenig an das Unheimliche denkt.

## 3. Horizontalität: Gehen und Kommen

Wir schwenken nun auf die Horizontale über, wo Bewegungen hin und her gehen, wo das Aufmerken in ein Bemerken, das Auftauchen in ein Entgegenkommen übergeht und das Präfix *An* oder *Gegen* an die Stelle des *Auf* tritt. Das Rätselhafte liegt in der Eigenart einer in sich gedoppelten Bewegung, die auf mich zukommt und an der ich dennoch in Form einer Gegenbewegung beteiligt bin. Das einfache Verb ›kommen‹ bringt diesen Sachverhalt prägnant zum Ausdruck, allerdings nur dann, wenn wir uns hüten, das *Kommen* einem *Gehen* anzugleichen, mit dem wir zum Ziel gelangen, und es mit einem *Zugang* zu verbinden, den ich habe oder nicht habe. Die cartesianisch inspirierte Debatte, die um die Zugänglichkeit zum eigenen oder fremden Erleben kreist, bewegt sich bereits auf dieser Bahn. Selbst Husserls Bestimmung des Fremden als »Zugänglichkeit des original Unzugänglichen«, die in ihrer paradoxen Fassung den gewöhnlichen Erfahrungs- und Verstehenstheorien weit überlegen ist, löst sich nicht völlig von egozentrischen Vorstellungen, es sei denn, man verbindet damit ein Mich-angehen und eine gewährte Zugänglichkeit. Nicht nur das *Zugehen auf*..., sondern auch noch das *Ausgehen von*... fügt sich in die eigenen Bewegungsregister, solange die Gangart von mir selbst bestimmt wird. Das *ambulo ergo sum*, das Gassendi Descartes entgegenhält, weicht in der Bewegungsrichtung nicht vom *cogito ergo sum* ab. Der Ursprung der Bewegung liegt weiterhin in mir, selbst wenn das Woraufhin der Eigenbewegung über diese hinausweist.

Die Konstellation ändert sich erst dann, wenn ich das Kommen als ein eigentümliches Geschehen betrachte, das auf mich zukommt und bei mir ankommt. Es gibt ein ausdrückliches oder unausdrückliches »Komm!«, das zum Entgegenkommen einlädt wie in Baudelaires *Invitation au voyage*. Umgekehrt wäre auch das »Komm!«, das »Komm her!« oder das »Komm herein!«, das ich selbst als Aufforderung, Bitte oder Befehl ausspreche, ohne Sinn, würde es nicht an ein Entgegenkommen appellieren. Wittgenstein streift das Problem eines doppelten Kommens in seinen *Philosophischen Untersuchungen* (§ 444 f.):

»Wie schaut das aus, wenn er kommt? – Es geht die Tür auf, jemand tritt herein, etc. – Wie schaut das aus, wenn ich erwarte, daß er kommt? – Ich gehe im Zimmer auf und ab, sehe zuweilen auf die Uhr, etc. – Aber der eine Vorgang hat ja mit dem andern nicht die geringste Ähnlichkeit! Wie kann man dann die selben Worte zu ihrer Beschreibung gebrauchen? – Aber nun sage ich vielleicht beim auf und ab Gehen: ›Ich erwarte, daß er hereinkommt.‹ – Nun ist eine Ähnlichkeit vorhanden. Aber welcher Art ist sie?!«

Die Antwort, die Wittgenstein sich selbst gibt, lautet: »In der Sprache berühren sich Erwartung und Erfüllung.« Doch was geschieht, wenn im Kommen des Anderen Unerwartbares eintritt, was nicht durch meine Erwartungen vorweggenommen werden kann? Müßte das Unerwartbare nicht auf andere Weise zur Sprache kommen?

So bleibt die Frage danach, auf welche Weise und von welchem Ort aus man eine derartige *Doppelbewegung* beschreibt. Die Frage ließe sich ohne Mühe beantworten, wenn es sich um *Bewegung* und *Gegenbewegung* handeln würde. Die Gegenbewegung begänne mit einer Kehrtwende, in der sich die Bewegungsrichtung umdreht. Doch dies ergäbe eben keine Doppelbewegung, sondern zwei Bewegungen, die keiner der Beteiligten gleichzeitig vollführen kann, es sei denn, es handelt sich um eine phasenverschobene oder schichtenversetzte *Selbstbewegung*. Diese Möglichkeit deutet sich bei Husserl an, wenn er dem Ichstrahl *auf das Objekt* Gegenstrahlen *vom Objekt her* gegenüberstellt. »Im gewissen allgemeinen Sinn richtet sich zwar überall das Ich auf das Objekt, aber im besonderen Sinn geht mitunter ein vom reinen Ich vorschießender Ichstrahl auf das Objekt hin, und kommen von diesem gleichsam Gegenstrahlen entgegen.« (Hua IV, S. 98) Dies betrifft, wie Husserl hinzufügt, auch das Begehren, Lieben und Hassen, also Bewegungen der Anziehung und Abstoßung, in denen ich mich teils aktiv bewege, teils passiv in Bewegungslosigkeit verharre. Alles in allem gilt: *Ich lasse mir etwas entgegenkommen*, denn einem Gegenstand, der meiner Vergegenständlichung entstammt, wohnt letzten Endes keine Initiativkraft inne.[12] Ähnlich sieht es bei Scheler

---

12 Vgl. auch *Erfahrung und Urteil.* Die anfänglich in § 17 erläuterte »affektive Tendenz auf das Ich hin«, die mit dem »Auffallen und »Aufdrängen« beginnt und durch-

aus. Er sieht die Aufmerksamkeit geteilt in aktive und passive Aufmerksamkeit; erstere zeigt sich am deutlichsten im *Suchen*, letztere im *Sichaufdrängen*, das sich wiederum in ein Angezogensein und ein Abgestoßensein aufspaltet. Der Unterschied zwischen Suchen und Sichaufdrängen, dem übrigens jede Zeitkomponente abgesprochen wird, besteht »im phänomenalen Ausgangspunkte der gegebenen Tätigkeit, ob sie als vom Ich ausgehend oder auf es zukommend erlebt ist« (*Formalismus*, S. 158). Anders steht es mit der *Wechselbewegung*, in der wir einander entgegenkommen, sei es in der Umarmung, im Wortwechsel oder in einem Handgemenge. Doch selbst hier ist Vorsicht angebracht. Das Einander suggeriert eine Symmetrie, eine durch prinzipielle Austauschbarkeit gekennzeichnete Wechselseitigkeit, die es auf der Ebene des Auffallens und Aufmerkens noch gar nicht gibt – es sei denn, man sieht die Erfahrung fundiert in einer *connaturalitas*, die der Erfahrung vorgeordnet ist und nicht selbst aus der Erfahrung hervorgeht. Dies gilt erst recht, wenn man die Doppelbewegung komplementär ansetzt, so daß jede Bewegung die andere in Form einer *Mitbewegung* ergänzt. Dies würde gemeinsame Ziele oder Regelungen voraussetzen, so daß die Doppelbewegung in einer Gesamtbewegung aufgehoben wäre. Das Entgegenkommen wäre von einem anfänglichen Übereinkommen getragen. Auf diese Weise bliebe es dabei, daß die fragliche Doppelbewegung aus Einzelbewegungen resultieren oder einer Drittinstanz unterstellt würde. Genuine Zwischenereignisse gäbe es nicht, da das Zwischen sich entweder in individuelle Ereignisse und Akte auflösen würde oder aber im voraus durch Regeln vermittelt wäre. Am Ende wären Kommen und Gehen nicht mehr zu unterscheiden; sie würden sich dem mechanischen Hin und Her eines Uhrenpendels angleichen, das hier ist, wenn es nicht dort ist, und dort ist, wenn es nicht hier ist, das aber niemals zugleich hier ist und dort.

Die Schwierigkeit liegt darin, den Zwischencharakter der gesuchten Doppelbewegung zu beschreiben, ohne sich auf eine Seite zu schlagen und ohne den Standpunkt eines Dritten einzunehmen, für den das Aufmerksamkeitsgeschehen nichts weiter darstellt als ein fort-

aus so etwas wie einen »gewalttätigen Reiz« einschließt, bleibt ganz und gar hingeordnet auf eine »Tendenz vom Ich her auf das Objekt hin«, auf die »Aufmerksamkeit als Ichtendenz«, die sich in § 18 anschließt. Diese Einseitigkeit läßt sich mit dem programmatischen Fortschreiten vom Vorprädikativen zum Prädikativen allein nicht erklären.

währendes »Gehen und Kommen«, »Kommen und Gehen« psychischer Gebilde wie in der Bewußtseinspsychologie von Wundt (1913, S. 253). Das Ausmaß der Schwierigkeit wird deutlich, wenn wir an dieser Stelle zwei große Zeitphilosophen einblenden, die beide, aber auf konträre Weise, von der Zu-kunft her das Kommen bedenken. Der eine, nämlich Augustinus, schlägt sich offenkundig auf die Seite von *etwas, das kommt*, indem er so argumentiert: »Käme nichts auf uns zu (*si nihil adveniret*), gäbe es keine zukünftige Zeit.« (*Conf.* XI, 14, 17) Der äußerst sachkundige Übersetzer, den wir zitieren, hat ein »auf uns« hinzugefügt, mit dem er das lapidare *adveniret* verdeutlicht, aber als Kommentator läßt er nochmals ein verstärkendes »objektiv« folgen: »Ohne daß (objektiv) etwas auf uns zukommt, gibt es keine zukünftige Zeit.« (Flasch 1993, S. 343) Der wohlbegründeten Absicht, einer Augustinus-Deutung entgegenzutreten, in der die Weltzeit ganz und gar hinter einer bloßen Seelenzeit zurücktritt, soll nicht widersprochen werden, nur verstehe ich nicht, was es heißen soll, daß ›etwas objektiv auf mich‹ zukommt. Werden damit nicht zwei Gesichtspunkte, nämlich der eines neutralen Betrachters und der eines Beteiligten, bis zur Unkenntlichkeit vermengt? Bei dem anderen Zeitdenker, nämlich bei Heidegger, geht es nicht minder einseitig zu, es geht nämlich um mich, *der ich kommen lasse*. Schroff setzt der Analytiker des Daseins sich ab von der Auffassung der Zukunft als etwas, was noch nicht wirklich ist und einst wirklich sein wird. Die Zukunft hat schon begonnen im Vorlaufen des Daseins, dessen »eigenste Möglichkeit« in einem »Sich-auf-sich-zukommenlassen« besteht (*Sein und Zeit*, S. 325). Das doppelte Sich weist darauf hin, daß das Selbst sich selbst fern und nicht in sich zentriert ist, doch gleichzeitig bleibt für etwas, das kommt, oder für jemanden, der/die kommt, nur der Platz, den ihm das zukommenlassende Dasein einräumt. Zwar könnte man versuchen, mit dem Doppelsinn von Lassen als Veranlassen und Lassen als Zulassen zu spielen (vgl. frz. *faire venir* und *laisser venir*), doch die Einseitigkeit würde damit nur abgemildert, nicht behoben. Tun und Lassen gehören zu eng zusammen.

Es wurde schon öfters bemerkt, daß das östliche Denken weniger streng auf die Alternative von Aktivität und Passivität, von Eigenwirkung und Fremdeinwirkung festgelegt ist. Dies beginnt mit der Sprache, die etwa im Japanischen Medialformen anbietet, die dem griechischen Medium gleichen. So läßt das Grundwort *Ki*, das vieles bedeutet, unter anderem eine gemeinsame zwischenmenschliche Atmosphäre, sich zwiefach gebrauchen, einmal mit der ›Subjektmarkierung‹ *ga*, das andere Mal mit der ›Objektmarkierung‹ *o*. Für den japanischen Phänomenologen Ichiro Yamaguchi stellt sich die Sache wie folgt dar:

»Beim ersten [Gebrauch] spielt das Ki selbst die Hauptrolle: Ki ga muku (Ki wendet sich = Jemand hat Lust etwas zu tun), Ki ga tsuku (Ki haftet = Es fällt jemandem ein). Hier wird ausgedrückt, daß das Ki als Atmosphärisches und Klimatologisches uns umgreift, daß wir immer schon im Atmosphärischen sind, bevor wir noch darüber reflektieren. Andererseits kann man das Ki ›gebrauchen‹ (Ki o tsukau = Jemand ist aufmerksam), ›an etwas haften‹ (Ki o tsukero = jemand paßt auf), ›drehen‹ (Ki o mawasu = jemand ist zu aufmerksam), indem man das Ki verobjektiviert, obwohl das Ki niemals völlig unter Kontrolle gebracht werden kann. Schließlich können diese zwei Seiten natürlich nicht getrennt, sondern nur in wechselseitiger Beeinflussung betrachtet werden, wie dies bei der Wechselwirkung von passiver und aktiver Synthesis bei Husserl der Fall ist.«[13]

Einseitigkeiten, wie wir sie im westlichen Denken häufig finden, können aufschlußreicher sein als laue Kompromisse. Doch weder von der einen noch von der anderen Seite kommt man an das fragliche Doppelphänomen heran. Es sieht so aus, als bedürfe es eines Doppelgriffs wie beim Streicher, dessen Bogen mehrere Saiten gleichzeitig berührt, ohne daß der Doppelklang zu einem einzigen Klang verschmilzt. Diese Doppelheit werden wir zunächst unter einem räumlichen, dann unter einem zeitlichen Aspekt ins Auge fassen. Dabei ist zu beachten, daß beide Aspekte einem übergreifenden Zeit-Raum angehören, der in der Diatopik einer Raumverschiebung und in der Diachronie einer Zeitverschiebung seinen Zwischencharakter erkennen läßt.

---

13 I. Yamaguchi, *Ki als leibhaftige Vernunft*, 1997, S. 68, vgl. ferner S. 87-89. Natürlich ist diese Interpretation nicht frei von den Kategorien westlicher Grammatik und Philosophie, so auch bei dem japanischen Psychiater Bin Kimura, auf dessen Konzeption des Zwischen sich unser Autor mehrfach bezieht. Doch ohne solche Wechselbezüge sind interkulturelle Übersetzungsanstrengungen, die auf Fremdes aufmerksam machen, ohne es einzufangen, nicht zu erbringen.

## 4. Entgegenkommen

Eine Topik des Kommens nähert sich der Doppelbewegung, indem sie von einer raumbildenden Bewegung und entsprechenden Bewegungsrichtungen ausgeht. Der Raum, der so entsteht, ist weit entfernt von einem *Nebeneinander* und *Auseinander* räumlicher Partikel, er entspringt dem *Zueinander* von Bewegungen. Die bekannte Phänomenologie einer leiblich zentrierten und orientierten Räumlichkeit verhilft uns zu einem ersten Schritt, aber dann bedarf es weiterer Schritte. Das leibliche Hier fungiert als Nullpunkt, das heißt als aktuelles Zentrum, das einen Spielraum leiblicher Bewegungen eröffnet. Diese Bewegungen sind allesamt anisotrop, indem sie sich auf die drei Raumachsen oben-unten, rechts-links und vor-zurück beziehen. Die Steig- und Fallbewegung haben wir uns bereits vergegenwärtigt. Der Orientierung nach rechts und links entsprechen keine besonderen Bewegungsarten. Sie verweist auf die spezifische Doppelseitigkeit des Leibes und seiner Organe, von Hand, Bein und Auge bis hin zu den Gehirnhälften. Betroffen ist in diesem Falle vor allem die Ausführung von Bewegungen sowie die laterale Erweiterung und Ergänzung durch Mitbewegungen. Sozial betrachtet befinden wir uns in der Dimension des Mit, im Gegensatz zur Ober- und Unterordnung, die sich in sozialen Hierarchien niederschlägt. Doch in unserem Zusammenhang ist die *Vor-* und *Rückbewegung* von ausnehmender Wichtigkeit. Ich bewege mich *von hier dorthin*, doch umgekehrt bewegt sich etwas oder jemand *von dort hierher*. Ziehen wir dazu noch die Differenz von Drinnen und Draußen in Betracht, mit der sich das Hier-Sein in ein In-Sein verwandelt, so stoßen wir auf die doppelte Bewegung des *Hinausgehens* und *Hereinkommens*. Angesichts der Tatsache, daß das Hier nicht nur als zentraler Ort, sondern auch als Innenbereich eines Selbst fungiert, sind wir alsbald und allzuschnell bei der Unterscheidung von zentrifugaler und zentripetaler Bewegung. Die doppelte Orientierung am eigenen Hier und am fremden Dort erlaubt dann eine zweifache Beschreibung, die durch die Reversibilität der Standpunkte koordiniert wird. Sozialisierung bedeutet unter dieser Rücksicht, wie sie auf exemplarische Weise in Jean Piagets Genetischer Epistemologie ausgebildet ist, eine *Dezentrierung*, so daß es letzten Endes gleich ist, von wem die Bewegung ausgeht und auf wen sie zuläuft.

Im Gegensatz dazu zeichnet sich die Doppelbewegung des Auffallens und Aufmerkens dadurch aus, daß zwei oder mehrere Bewegungen interferieren, ohne daß ihre Wirkungen gegeneinander aufgerechnet und ihre Orte vereinigt werden können. In der Alltagssprache sagen wir: Etwas oder jemand *kommt auf mich zu* oder *kommt mir in die Quere*, etwas oder jemand kommt *mir in den Sinn, in den Blick, zu Ohren* oder *unter die Hände*, oder es *kommt an*. Wortprägungen wie *avenir, avènement*, der Einfall als *idée qui me vient* oder das *il arrive*, das Lyotard so stark hervorkehrt, deuten wie die *Zu-kunft* oder die *An-kunft* auf diese Bewegung hin, die auf mich zuläuft und in Präfixen wie προς-, *ad-* oder *an-* ihre sprachliche Stütze findet. Es handelt sich um eine topisch gefärbte, aber auf das Zeitliche abfärbende Passivität. Im Entgegenkommen (lat. *occurrere*) tritt der räumliche Aspekt ohnehin klar zutage. Das Präfix *Gegen* läßt verschiedene Schattierungen zu. (1) Es taucht zunächst im *Gegenüber* und in der *Begegnung* (*rencontre, encounter*) auf. Dieses ›Entgegen‹, das dem ›Auf mich zu‹ entspricht, hat einen originären Bedeutungskern, der dem ›An‹ im Anblick und in der Anrede verwandt ist. Selbst der *Gegenstand*, das *Objekt* sollte von diesem Gegenüber her verstanden werden, bevor man es zum Produkt einer Vorstellung oder Herstellung erklärt. – (2) Das Entgegen ist zu unterscheiden von dem Gegen, das im *Gegenteil* (*counterpart*) oder im *Gegensatz* (*contradiction*) vorkommt. Räumlich gesehen liegt in der Gegenbewegung eine Umkehr der Bewegungsrichtung, doch im Gegenüber kehrt sich nichts um. Aus dem Entgegenkommen wird erst dann eine Gegenbewegung, wenn ich mich auf den fremden Standpunkt stelle und die Passion als fremde Aktion betrachte. – (3) Schließlich schlägt das Gegen um in eine *Widerständigkeit* der Dinge, sofern sich uns fremde Kräfte entgegenstemmen, und in die *Gegnerschaft* eines Gegners (*adversarius*), sofern es einer Gegenmacht zuzuschreiben ist. – (4) Die Gegnerschaft steigert sich bis zur *Feindschaft*, wenn das Entgegenkommen als Bedrohung empfunden, abgewehrt, bekämpft oder vernichtet wird. Der Faden, der vom Gegenüber zum Gegenmenschen führt, wird niemals völlig abreißen, solange es Feindschafts*gefühle*, also ein Pathos der Feindschaft gibt. Doch dies weist bereits voraus auf die Dimension sozialer Einwirkung, die uns in einem späteren Kapitel beschäftigen wird.

Das Entgegenkommen wäre nichtig ohne jemanden, der etwas oder jemanden kommen läßt. Es setzt einen *Empfang* voraus, eine *Aufnahme* und *Entgegennahme*. Die Aufforderung »Komm!« können wir nicht hören, ohne daß sich etwas in uns regt. Doch wir sollten uns hüten, dem Empfang bereits einen installierten Empfänger zu unterschieben mit der Folge, daß der *Modus recipientis* den Empfang ganz und gar vorprägt. Das Abstraktum ›Rezeptivität‹ (für die ›Responsivität‹ gilt ähnliches) läßt uns allzuleicht an Empfangsbedingungen denken, die der aktuellen Rezeption vorausgehen und bei entsprechender Operationalisierung in Rezeptionsmaschinen eingebaut werden können. Betrachten wir die Doppelung von Auffallen und Aufmerken dagegen als Zwischenereignis, so ist auch das Aufmerken ein Empfang, der sich ereignet. Dem entspräche eine *primäre Aufmerksamkeit*, die sich bei aller Wiederholung niemals völlig wiederholt. Davon zu unterscheiden ist eine *sekundäre Aufmerksamkeit*, die über ein Repertoire an Auffälligkeiten verfügt und über entsprechende Aufmerksamkeitseinstellungen, die ebenfalls in Form eines Monitors installiert werden können. Primäre Aufmerksamkeit wäre dann eine Erfahrung in actu und kein bloßes Vermögen und kein abkünftiger Modus der Erfahrung. Eben deshalb greifen intellektualistische, voluntaristische und emotionalistische Aufmerksamkeitstheorien zu kurz. Die Frage nach den Ermöglichungsbedingungen der Aufmerksamkeit ist nicht anders zu handhaben als die Frage nach den Ermöglichungsbedingungen von Schmerz – nicht als gäbe keine Bedingungen, nur ist es so, daß das Ereignishafte des Ereignisses über vorhandene Bedingungen hinausschießt. Deshalb läßt sich ein Imperativ wie »Paß auf!« nie gänzlich befolgen, als ginge es lediglich um eine zu erbringende Leistung.

Man könnte zu der Ansicht neigen, das Entgegenkommen gäbe es nur, wenn Anderes oder Andere mir entgegenkommen, während bei mir selbst das, was auffällt, und der, dem etwas auffällt, miteinander verschmelzen. Daß dies nicht stimmt, zeigt der bloße Blick in den Spiegel. Man kann sich darüber streiten, ob man sich im Spiegel verkehrt herum sieht. Blicke ich in den Spiegel und betrachte ich mein Gesicht als ein erblicktes Etwas, so ist alles an seinem Platz, nämlich dort, wo die Strahlen der Widerspiegelung hinfallen. Anders steht es, wenn ich mir aus dem gespiegelten Gesicht selbst entgegenblicke. Daß der sehende Anblick mehr bedeutet als ein gesehenes Etwas, versteht sich von selbst. Doch im Falle der Selbstbespiegelung setzt die Entsprechung von Sehendem und Gesehenem, ohne die es keine Spiegelung gäbe, an einer bestimmten Stelle aus; wenn ich mein linkes Auge zusammenkneife, kneift mein Vis-à-vis sein rechtes Auge zusammen. Daß diese lückenhafte Entsprechung nicht als störend empfunden wird, liegt einzig daran, daß ich mein Konterfei nur aus dem Spiegel kenne und daß ich mit dem Gebrauch des Spiegels gelernt habe, die nötige Transformation vorzunehmen. Die normale Verkehrung des Gesichts im Spiegel, die mit der Vertauschung von rechter und linker Gesichtshälfte auch die Physiognomie verändert,[14] verweist indirekt darauf, daß der Blick, der mir *aus dem Spiegel* entgegenkommt, sich nie restlos in einen Blick *in den Spiegel* verwandeln läßt, und dies hat zur Folge, daß ein Moment der Fremdheit in den Selbstanblick eindringt. Selbst das dingliche Umfeld leidet unter dieser Spiegelverkehrtheit, allerdings nur dann, wenn die Dinge mich auf ihre Weise anblicken. Der klassische Blick durch das Bildfenster, der in der Renaissance perfektioniert wurde, erweist sich als künstliche Bändigung dessen, was uns auffällt. Übrigens gäbe es auch keine rechte und linke Hirnhälfte im geläufigen Sinne, wenn nicht der Neurologe das Gehirn vom Standpunkt der Versuchsperson oder der Patientin aus betrachten würde. Wie elementar die Unterscheidung zwischen entgegenkommender und herangehenden Bewegung ist, zeigt sich sehr deutlich in einem Schimpansenversuch von Wolfgang Köhler. Der betreffende Affe hat Schwierigkeiten mit einem Umwegversuch, der von ihm verlangt, daß er die zu erlangende Frucht von sich wegschiebt hin zur offenen Seite eines Kastens, bevor er sie zu sich heranziehen kann. Laut Köhler scheitert der Affe daran, daß es ihm nicht recht gelingt, von seinem eigenen Körper Abstand zu nehmen und das Zentrum der Bewegung vorübergehend in das Bewegungsobjekt zu verlagern, als sei er selbst dort und nicht hier.[15] Interessant ist daran, daß die zentripetale Bewegung sich nicht ohne weiteres durch eine zentrifugale Bewegung wettmachen läßt, als würde man eine Gegenrechnung aufmachen. In dem Fort-Da-Spiel, von dem Freud berichtet, ist das Kind bereits einen Schritt weiter. In der alternierenden Bewegung von Wegwerfen und Heranziehen verschränken sich Fremdheit der Mutter und eigene Fremdheit. Im Wegschleudern liefert sich das Kind einer Bewegung aus, die in die Ferne führt, und gleichzeitig gibt es ein Stück von sich selbst preis, so daß es sich selbst entgegenkommt

14  Zur neurologisch bedingten Asymmetrie der beiden Gesichtshälften vgl. Ernst Pöppel, *Grenzen des Bewußtseins*, 1997, Kap. 15.
15  W. Köhler, *Intelligenzprüfungen an Menschenaffen*, 1921. Vgl. dazu Merleau-Ponty, *La structure du comportement*, 1949, S. 127 f., dt. 132 f.; die Raumbeziehungen nehmen in Merleau-Pontys Kommentar einen gewichtigen Platz ein.

und sich selbst entflieht, ähnlich wie beim Blick in den Spiegel. Das Entgegenkommen geschieht nirgends ohne ein Moment des Entgehens.

## 5. Zuvorkommen und Herkommen

Das eigentümliche Motiv des Kommens tangiert nicht nur die Räumlichkeit, sondern auch die Zeitlichkeit der Erfahrung. Während es bislang darum ging, das Schema eines bloßen Neben- und Auseinanders von Raumpartien zu revidieren, ist es nun das *Nacheinander* von Ereignissen, die einer Zeitlinie folgen, aber auch das *Ineinander* einer alles durchdringenden Gegenwart, was in Frage steht. Wenn wir aufmerken auf das, was uns auffällt, begegnet uns nie alles zugleich. Das ὁμοῦ πάντα weicht einer Zeitverschiebung, die kein einheitliches und gemeinsames Zeitfeld zuläßt. Die Doppelbewegung, mit der wir konfrontiert werden, ist nicht nur asymmetrisch angeordnet, sondern auch *asynchron*.

Auch hier bringt uns die Phänomenologie der Zeit auf den Weg. Der zeitliche Vorgang eilt voraus in die Zukunft und gleitet zurück in die Vergangenheit. Dabei bildet die Gegenwart den Durchgangsort, in dem das zwiefache Voraus und Zurück verankert ist. Ohne eine solche Verankerung gäbe es nur ein relatives Früher und Später und keinen Zeit-Ort, von dem aus etwas auf uns zukommen könnte. Für Husserl zentriert sich alles in einem Gegenwartsfeld, dessen Horizonte zu erwartende Möglichkeiten und zu erinnernde Wirklichkeiten in sich schließen. Dabei unterscheidet Husserl zwischen primären und impliziten Formen der Erwartung und Erinnerung, die er Protention und Retention nennt, und expliziten Formen der Vor- und Rückerinnerung, die uns sprungartig in ein anderes Gegenwartsfeld versetzen. Darin finden Voraussicht, Vorsorge und Vorplanung ebenso ihren Platz wie Wiederholung, Rückschau und Gedächtnispflege. Die Urimpression, in der jeweils Neues aufquillt und sich dem Ich als »Ichfremdes« aufdrängt, schlägt eine Bresche in das Kontinuum der Zeit und verhindert, daß sich alles aus einem Keim heraus entwickelt. Dies gilt auch für die erneute Gegenwart der Erinnerung; diese muß geweckt werden und liegt niemals völlig in unserer Hand. Innerhalb dieses Zeitgeschehens gibt es nicht nur zentrifugale, sondern auch zentripetale Prozesse; das Zentrum des Geschehens verlagert sich auf die Vorgeschichte eines Vor-Ich, doch die Zentrierung wird dadurch nicht durchbrochen.[16] Daran ändert sich auch nichts, wenn Husserl den Zukunfts- und Vergangenheitsbezug affektiv unterfüttert und der Intentionalität eine Triebintentionalität unterlegt, so daß die Zukunft in Furcht und Hoffnung getaucht wird und die Vergangenheit uns beflügelt oder belastet. Der Mangel, der darin liegt, daß die Erwartung als Künftigkeit der Wahrnehmung und als Ausschau (*expectatio*) gefaßt wird, ließe sich auf diese Weise beheben oder wenigstens abmildern. Aber auch wenn man Zukunftserwartungen durch Zukunftsentwürfe ersetzt, verschwindet unser Problem nicht, im Gegenteil, die Wahrnehmung kommt dem Auffälligen und Unauffälligen näher als die planende Vorwegnahme.

Doch gehen wir davon aus, daß uns etwas auffällt, was nicht bereits in unserem Erwartungshorizont beschlossen ist, so ergibt sich ein anderes Bild. »Der Mensch besitzt die Gabe, das Vertraute zu etwas Fremdem zu machen ... doch nicht der Mensch! sondern der Augenblick macht das. Eine bestimmte *Verzögerung* (*retard*) macht das. Und diese *Ausnahme*wirkung verhält sich konträr zur konstanten Wirkung der Dinge auf den Menschen und des Menschen auf die Dinge, die darin besteht, die Eindrücke schmerzlos – das heißt vertraut zu machen.« (Valéry, *Cahiers*, B. I, S. 1005 f., dt. Bd. 3, S. 176) Diese Verspätung bemißt sich nicht nach der Uhr, es ist eine Selbstverspätung, die das Ich selbst betrifft: »*Was* ICH *bin*, belehrt, erstaunt, *was ich bin.*

16 Vgl. dazu Manfred Sommers Ausführungen zur Metaphorik des Zeitflusses, in denen allerdings Husserls Bernauer Manuskripte (s. u. Anm. 20) noch nicht berücksichtigt werden konnten. Der Autor stellt fest, daß dieser Fluß lediglich »Abfluß« bedeutet: »Nicht das Kommen und Gehen, das Gehen allein wird zum Thema«, und weiter: »Bei Husserl gibt es nur eine Bewegung, die eine Art Resultante ist aus Oben-Unten, Vorne-Hinten, Hier-Dort. Es gibt keinen Aufstieg zu einem privilegierten Ort, von dem aus es nur noch schräg abwärts gehen kann. Darin besteht die Dignität dieses Ortes: nichts kommt zu ihm hin, her kommt von ihm alles.« (Sommer 1985, S. 213 f.) Der Ab-fluß wird gespeist durch die Urquelle der Urimpression, doch die Protention bleibt ein »Fremdkörper«, ein »Derivat der Retention«; sie ist »gespannte Erwartung«, doch ihre Inhalte bezieht sie aus dem, was schon erfahren ist, getragen von der »Zuversicht, daß die Konstanz der Qualität des Objekts sich bewährt im kontinuierlichen Zeitfluß gleicher Empfindungen«. Der Zu-fluß ist gleichsam kanalisiert: »Im Übergang in die Retention legt die ›Urquelle‹ sich selbst fest.« (S. 220-223) Der Verfasser erwägt abschließend die Möglichkeit eines intentionslosen Bewußtseins »ohne Gegenstände, ohne Begriffe, ohne Akte«, doch eine solch negative Futurik würde alles offenlassen, ankommen würde – nichts.

Und es gibt Zeit zwischen mir und mir. Ich entstehe aus mir.«[17] Mit dieser Verfremdung und Selbstverfremdung, die nicht unser Werk ist, stoßen wir auf eine merkwürdige Zeitverschränkung, die nicht nur die Linearität der Zeit, sondern auch ihre Zentrierung in der Gegenwart durchbricht. Was auf uns zukommt, kommt unseren Erwartungen zuvor. Dieses *Zuvorkommen*, das nicht meinem eigenen Vorgehen entspringt, bedeutet, daß meine Zukunft mir vorauseilt und älter ist als ich selbst. Halten wir uns an die gewohnte Zeitfolge, so liegt diese Zukunft für mich selbst in der Vergangenheit. Diese eingesetzte und eingegebene Zukunft, die mich dorthin versetzt, wo ich nie war, entspricht der Vorstellung von einem zweiten Futur. Umgekehrt ist es aber auch so, daß mein Eingehen auf das, was mir zuvorkommt, von anderem herkommt und mir eine Zukunft eröffnet – so wie es das schlichte »Komm!« tut. Diesen Rückbezug auf eine zukunftsträchtige Vergangenheit bezeichnen wir als *Herkommen*. Die radikale Fremdheit dessen, was unsere eigenen und alle vorhandenen Möglichkeiten übersteigt, hat zur Folge, daß die vergangene Zukunft in eine zukünftige Vergangenheit überspringt. Meine Zukunft geht mir voraus, sie liegt nicht hinter mir, in meinem Rücken,[18] wie wenn ich der Vergangenheit zugewandt wäre.[19] Ohne jene radikale Fremdheit bleibt uns nur das Wechselspiel von Fortschritt und Rückschritt, von Futurismus und Archaismus, das wir aus unserer Kultur- und Politikgeschichte nur zu gut kennen und das sich neuerdings in den ahistorischen Gegensatzformen von Konstruktivismus und Fundamentalismus ausbreitet. Doch dies gehört bereits zur Verarbeitung der Erfahrung, von der später die Rede sein wird.

---

17 »*Ce que* JE *suis* instruit, étonne *ce que je suis*. Et il y a un temps entre moi et moi. Moi naît de moi.« (P. Valéry, *Cahiers*, Bd. I, S. 1001, dt. Bd. 3, S. 171.

18 Vgl. das griechische Wort ὀπίσω (= rückwärts), das auch für die Zukunft gebraucht wird.

19 Für Heidegger ist »das Einstige der Frühe im Einstigen des Kommenden« zu erwarten, vgl. »Der Spruch des Anaximander«, in: *Holzwege*, 1980, S. 323. Die Frage nach der Fremdheit des Anfangs und also auch nach der Fremdheit der Zukunft bleibt allerdings eine Frage.

# 6. Unerwartbares und Unerinnerbares

Der Kontrast zwischen synchroner und heterochroner Sichtweise läßt sich verdeutlichen, wenn wir die Wirkungsweise von Erwartung und Erinnerung näher betrachten. Die *normale Erwartung* bewegt sich auf dem Boden intentionaler Akte und Einstellungen. Hier wird zwar erwartet, daß etwas eintritt, aber dieses Etwas wird vorweggenommen als ein bestimmtes Etwas, als Sinken des Wasserspiegels, als Heilung, als Anstellung oder als Wirtschaftsaufschwung. Im Falle einer negativen Erwartung schlägt die Hoffnung um in die Befürchtung, etwas könne eintreten. Dabei überwiegen jeweils kognitive, praktische oder emotionale Aspekte. Die Erwartung hat ihre eigenen Erwartungshorizonte, sie schlägt sich in bestimmten Erwartungshaltungen nieder und unterliegt bestimmten Erwartungsregeln. Die Kenntnis einer Sache belehrt mich darüber, was ich vom Umgang mit ihr zu erwarten habe, und soziale Normen zeigen an, was ich von Anderen erwarten darf. *Enttäuschungen*, in denen anderes eintritt als erwartet, oder nicht eintritt, was zu erwarten war, sind höchst ambivalent. Sie können uns auf andere Sinnbahnen führen, so daß unsere Erwartungshaltung sich korrigiert, sie können sich aber auch hemmend und störend auswirken, und dies um so mehr, je heftiger das Erwartete begehrt oder das Ausbleibende vermißt wird. Das Warten kann aber auch in ein *Abwarten* übergehen, das sich Zeit nimmt und dem Geschehen Zeit läßt. Damit geraten wir an den Rand eines intentionalen Verhaltens, das sein Ziel vorwegnimmt. Dasselbe trifft zu auf die *Weckung* von Erwartungen, auch von falschen Erwartungen, die der Erwartung einen pathischen, nicht-intentionalen Aspekt verleiht. Eine pathische Erwartung kommt auf; natürlich kann sie von Anderen gezielt herbeigeführt und gesteuert werden, doch dies soll uns erst später beschäftigen.

Die Grenzen der normalen Erwartung werden überschritten, wenn nicht nur Unerwartetes eintritt, sondern wir auf *Unerwartbares* stoßen. Unerwartbar ist all das, was nicht nur aus dem üblichen Rahmen fällt, sondern sich den bestehenden Möglichkeitsbedingungen entzieht. »Das Erwartete ist *Idee*, determinierte Sinnesempfindung. Das Unerwartete ist Schock, ungeformte Sinnesempfindung.« (Valéry, *Cahiers*, Bd. I, S. 1271, dt. Bd. 4, S. 30) Dies trifft bis zu einem gewissen Grad auf alles zu, was unseren Erwartungen zuvorkommt, was auf uns zukommt. Husserl verpaßt diesen entscheidenden Punkt völlig, zumindest solange er die Zukunftserfahrung aus Protentionen gespeist sieht, die als »Vorerinnerungen« auf Bekanntes zurückgreifen.[20] Unerwartbares begegnet uns nicht nur in ausgefallenen Situationen. Jedes Versprechen, das ich entgegennehme, jede Bitte, die sich an mich richtet, jeder Fluch, der über mich ergeht, jeder Gruß, den ich empfange, enthält etwas, was ich nicht von mir aus vorwegnehmen kann. Genauer gesagt, das Gesagte kann antizipiert werden, nicht aber das Sagen. Dies gilt für alle Sprechakte, deren propositionaler Gehalt indexikalische Angaben enthält. Die Umwandlung von Unerwartbarem in gezielte Erwartungen läßt nicht auf sich warten; doch dies gehört bereits zu den Verfahren, auch zu den Schlichen der Normalisierung. Unerwartbar sind schließlich alle Widerfahrnisse, der Schluck Wein wie der Liebesakt, die Schmerzattacke wie der Unglücksfall. Das Unerwartbare im Erwarteten ist genau das, was uns aufhorchen oder aufschrecken läßt.

Während unsere Erwartungen mit dem Unvorhersehbaren ringen, das sich bestenfalls mutmaßen oder erraten läßt, kämpft die Erinnerung gegen das Vergessen an. Auch hier bleibt es oft bei der normalen Erinnerung, die auffrischt, was wir gekannt, gekonnt und bewußt erlebt haben. All dies betrifft das sekundäre Vergessen. Das Werk der Erinnerung beschränkt sich in diesen Fällen darauf, Anhaltspunkte zu suchen, an denen sie anknüpfen kann. Die Erinnerung stößt da-

---

20 In den jüngst veröffentlichten Bernauer Manuskripten von 1917/18 (Hua XXXIII, vgl. besonders die Texte 1 und 2) scheint sich ein Umdenken anzudeuten, dessen Reichweite allerdings genauer Prüfung bedarf. Husserl betont anders als zuvor das Ineinander von Retentionen und Protentionen. Doch die Protention bleibt Erwartung, die mehr oder weniger »vorgezeichnet« ist und die sich mehr oder weniger erfüllt. So fügt es sich, daß das neue Ereignis (das »Zeitereignis«, wie es nun wiederholt heißt) der Erwartung »entgegenkommt« und zugleich auf eine Erwartung trifft, die ihm »entgegengerichtet« ist (S. 8) und die in der Aufmerksamkeit gleichsam »mit offenen Armen das Herankommende« auffängt (S. 4). Rudolf Bernet, der eine der beiden Herausgeber, pointiert diese Verklammerung von Zukünftigem und Vergangenem wie folgt: »Das gegenwärtige Erlebnis der Erfüllung ist also in Wirklichkeit ein Bewußtsein vom Gegenwärtig-Werden eines in vergangenen Protentionen Antizipierten.« (S. XLII) Allerdings berücksichtigt Husserl auch den Grenzfall eines Ereignisses, das »ohne Vordeutung, gar ohne spezifische Erwartung« auftritt; dieses Ereignis ist nicht mehr durch eine »Vorerinnerung«, also durch eine Modifikation der »Wiedererinnerung«, sondern lediglich durch »leere Intentionen« (S. 11 f.) vorgezeichnet. Doch auch leere Intentionen sind Intentionen, die auf etwas aus sind, was sie sozusagen in Hohlform vorwegnehmen. Was »herankommt«, bleibt im Rahmen möglicher Erfüllung.

gegen auf dichter abgeriegelte Grenzen, wenn sie es mit einem *primären Vergessen* zu tun hat, das all das umfaßt, was wir niemals bewußt durchlebt haben. Dabei handelt es sich nicht bloß um Gedächtnisschichten, die sich übereinander lagern, sondern um Erfahrungsweisen, die im Gedächtnis ihre wechselnden Spuren hinterlassen haben. Dies trifft auch zu auf den Unterschied zwischen dem episodischen oder deklarativen Kurzzeitgedächtnis, das die kontextuellen Umstände des Erlernens mit aufbewahrt, und dem prozeduralen Langzeitgedächtnis, das als Arbeitsgedächtnis ganz in den Erfahrungsprozeß eingebettet ist und keine Gedächtnisorte entstehen läßt. Die neurologische Forschung kommt darin überein, daß im ersten Fall das Großhirn, im zweiten Fall lediglich das Kleinhirn beteiligt ist, so daß die dem limbischen System zuzuordnenden Emotionen im zweiten Fall einen größeren Anteil an der Gedächtnisbildung haben. In der phänomenologischen Beschreibungssprache besagt dies, daß die normale Erinnerung sich im Umkreis frühzeitig erworbener Fertigkeiten bewegt.[21]

Diese Eigensphäre wird überschritten durch Momente des *Unerinnerbaren*, die all das umfassen, was zuvor als Herkommen bezeichnet wurde und was einer Vorgeschichte angehört, die nie Gegenwart war und somit auch nicht vergegenwärtigt werden kann. Widerfahrnisse und mithin alles, was uns auffällt und anspricht, können *als Ereignisse* nicht erinnert werden. Erinnert wird die Art und Weise, wie solche Ereignisse sich zu artikulierten und wiederholbaren Antworten auskristallisieren. In der Sprache einer responsiven Erfahrung formuliert, besagt dies: Wir erinnern uns an das, *was* wir geantwortet haben; an das, *wovon* wir getroffen wurden und *worauf* wir geantwortet haben, erinnern wir uns nur indirekt, sofern es nämlich im Gesagten und Getanen seine Spuren hinterlassen hat. Das Herkommen-von läßt sich niemals völlig in ein Zugehen-auf umwandeln. In der frühkindlichen Erfahrung und auch bei traumatischen Erfahrungen verschiebt sich das Gewicht. Wir haben es dann nicht nur mit Unerinnerbarem in der Erinnerung zu tun, das dem Unerwartbaren im Erwarten entspricht, sondern mit Unerinnerbarem, das sich allein in seinen Wirkungen kundtut. Das Ausgeliefertsein an eine aus der Fremde stammende Vergangenheit reicht tiefer als jede Überlieferung. Gleichzeitig

---

21 Zur neurologischen Differenzierung des Gedächtnisses und zum Zusammenhang von Kognition und Emotion bei der Gedächtnisbildung vgl. Roth 1996, Kap. 9, und Singer 2002, S. 74 f., 81 f.

bildet sich eine Art Osmose zwischen dem Unerwartbaren und dem Unerinnerbaren, denn nur weil die eigene Vergangenheit uns entgleitet, begegnet uns etwas, das unsere Erwartungen übersteigt. Ist der Weg zu dieser Vorgeschichte blockiert, so ist auch die Zukunft blockiert, so daß wir in die Mauern des Schon-Gesagten und des Schon-Getanen eingeschlossen sind. Die Fixierung an die Vergangenheit, die Freud zu den wesentlichen Merkmalen des Traumas zählt, verhindert, daß etwas auf uns zukommt.

Diese Doppelgestalt von Zukunft und Vergangenheit wirft ein Licht auf Platons Lehre von der Wiedererinnerung sowie auf spätere Motive der Wiederholung und Wiederkehr bei Kierkegaard, Nietzsche, Freud oder Proust. Solange das Erkennen und Streben sich auf dem Boden und im Horizont vorgegebener Möglichkeiten bewegt, regiert das Immer-schon, das Immer-wieder bzw. das Immer-weiter, wenn die Möglichkeiten ins Unendliche projiziert werden. Das Wissen (εἰδέναι) ist dann eo ipso ein Vorwissen (προειδέναι), das in der Rechenschaftsabgabe, dem λόγον διδόναι gipfelt. Dieser Kreislauf wird durchbrochen durch eine radikale Fremdheit, die unsere Erinnerungen unterläuft und unsere Erwartungen untergräbt. Man könnte selbst Platons Anamnesis mit einem anderen Akzent versehen, indem man der Schau, an die sich die Seele erinnert, jene pathischen und ekstatischen Züge verleiht, die Platon dem Eros zuschreibt (vgl. *Phaidros* 250 a). Allerdings führt die Einfügung allen Erkennens und Strebens ins Weltinnere eines Kosmos letzten Endes doch wieder auf die Kreisbahnen der Wiedererinnerung zurück. Nur mit einem Sprung, der Bewährtes hinter sich läßt, gelangt man zu dem Gedanken, es gebe eine Erinnerung, die sich nach vorn erinnert; eine derartige Erinnerung setzt ein Außen voraus, das nicht zu verinnerlichen ist. Daß nur Kierkegaards »Glaubensritter« so zu denken vermag, ist nicht anzunehmen.

## 7. Grundkräfte der Aufmerksamkeit

Die Überbetonung und gleichzeitige Bevorzugung des Sehens macht auch vor der Aufmerksamkeit nicht halt, wie sich bereits im Eingangskapitel gezeigt hat. Phänomene der Aufmerksamkeit enden dann leicht in einem Kaleidoskop. Daran ändert sich nicht viel, wenn man Wahrnehmungen emotional untermalt und ihnen Körperbewegungen als Begleiter mitgibt oder wenn man den Willen Regie führen läßt. Wie alles, was uns widerfährt, ist auch das, was uns auffällt, zunächst im interfakultativen und intermodalen Zusammenspiel gegeben. Unsere Intentionen und Appetitionen, unsere Sensorik und unsere Motorik werden insgesamt, nicht separat in Anspruch genommen, so wie es Leiden, aber kein speziell optisches, akustisches, kinetisches oder mentales Leiden gibt. Auch an Codes mangelt es nicht, aber das Auffallen wird als Pathos nicht selbst codiert. Konstrukteure tun also gut daran, an dieser Stelle ihre Konstruktionslust zu zähmen. Wenn wir von Kräften der Aufmerksamkeit reden, so bemessen wir diese an den Wirkungen, die sie hervorrufen, indem sie uns *aufmerken lassen*. Solange wir uns nicht auf einen reinen Beobachterstandpunkt zurückziehen, sind diese Wirkungen *erfahrene* und *erlittene Wirkungen*, keine bloßen Kausalwirkungen, die wir registrieren und funktional berechnen.[22] Aufmerksamkeitsmessungen sind natürlich jederzeit möglich, nichts hindert uns daran, von einem Aufmerksamkeitspegel auszugehen, doch dies setzt voraus, daß alles Auffallen und Aufmerken in beobachtbare Vorgänge, Zustände und Dispositionen transformiert und entsprechend modelliert wird. Dies gilt für die psychotechnisch ausgerüstete Psychologie der Aufmerksamkeit, es gilt aber auch für die beachtlichen neurologischen Funde der jüngsten Zeit, ohne daß sie die Beschreibung von Erfahrung auch nur in einer ihrer Phasen ersetzen könnten.

Die Kräfte der Aufmerksamkeit üben ihre Wirkungen an verschiedenen Stellen und in verschiedenen Phasen aus. Dabei geht es um deren spezifischen Beitrag zur genetisch und dynamisch zu verstehenden *Organisation der Erfahrung*. Es geht nicht um die Frage, was Erfahrung ermöglicht, sondern darum, wie sie sich selbst verwirklicht. Wir haben verschiedene Aufmerksamkeitsfunktionen zu unterscheiden, die sich nicht nur voneinander, sondern in sich selbst unterscheiden, indem sie Kontraste erzeugen und eine entsprechende Polarisierung des Aufmerksamkeitsgeschehens bewirken.[23]

22  Auch der Terminus ›Effekte‹, der etwas moderner klingt, läßt den erwähnten Unterschied völlig im Dunklen.
23  Vgl. hierzu von psychologischer Seite den Handbuchartikel »Bewußtsein und Bewußtheit« von C.-F. Graumann (1966). Der Autor unterscheidet drei verschiedene Aufmerksamkeitskonzeptionen, eine topologische, die die Polarität Zentrum-Perspektive, eine vektorielle, die den Konzentrationsgrad, und eine dynamische, die den Aktivitätsgrad und die Wachheit der Aufmerksamkeit betrifft (S. 97-100). Diese Aspekte werden im folgenden in einer anderen Anordnung zur Sprache kommen.

Die erste Funktion ist die der *Weckung* oder *Erregung*. Die Frage, warum überhaupt etwas ist und nicht vielmehr nichts, wird immer wieder neu gestellt und beantwortet, solange wir leben und uns nicht in eine Maschine verwandeln, die an- und abgestellt wird und programmgerecht funktioniert. Fragen wir uns, unter welchen Umständen etwas unsere Aufmerksamkeit erregt und die Aufmerksamkeitsschwelle überwindet, so stoßen wir auf minimale Voraussetzungen wie die Abhebung der Gestalt von einem neutralen Hintergrund und eine hinreichende Prägnanz der Gestaltbildung, die verhindert, daß die Gestalt mit dem Hintergrund verschwimmt. Ohne eine solche anfängliche Bestimmtheit wäre die Frage »Was ist da?« oder »Wer ist da?« niemals zu beantworten. Bei dem Herbart-Schüler Richard Avenarius (1928, S. 54 f.) kulminiert die Aufmerksamkeit in der Abhebung, die sich gegen zwei Extreme behaupten muß, gegen die »Überabhebung«, die zu Verworrenheit und Gewirr führt, und gegen die »Ebnung«, die all das charakterisiert, was im Hintergrund bleibt. Das Eingeebnete besteht gleichsam aus toten Werten, während die Abhebung eine Belebung bewirkt. In dieser Organisationsform sind bereits wichtige Grundelemente der Gestalttheorie und einer entsprechend ausgerichteten Phänomenologie wiederzuerkennen; die Unterschiede liegen weniger auf der Ebene eines vergleichbaren ABC als auf der Ebene der Satz- und Textbildung. Dies wird deutlich, wenn wir zur Weckung der Aufmerksamkeit übergehen. Die Weckung der Aufmerksamkeit erfolgt auf der Ebene der Ereignisse. Die *Kraft der Weckung* richtet sich gegen die *Kraftlosigkeit des Schlafes*, in dem alles in der Gleichgültigkeit eines monotonen Rauschens zu versinken droht. Dies gilt mutatis mutandis für alle schlafähnlichen Zustände, auch für den Schlaf der Gewohnheit; der sogenannten zweiten Natur entspricht eine Art zweiter Schlaf. Die Frage, wieweit wir uns der auftretenden Wirkungen bewußt sind, spielt auf der elementaren Ebene der Aufmerksamkeitsweckung noch keine Rolle. Das Aufmerken stellt noch kein intentionales oder gar propositionales Wissen dar, es bildet höchstens eine Vorform des Wissens, die als unterschwellige Aufmerksamkeit durchaus ephemer und punktuell bleiben kann, so daß sie sich der Bewußtwerdung und der Erinnerung entzieht.

Die Erregung der Aufmerksamkeit erreicht verschiedene Stärkegrade. Die Auffälligkeit kann sich bis zur *Aufdringlichkeit* steigern.[24]

24 Vgl. dazu Husserl, *Erfahrung und Urteil*, S. 80 f., Scheler, *Der Formalismus in der Ethik*, S. 159, und Heidegger, *Sein und Zeit*, § 16. Wundt spricht in seiner bewußt-

Wenn etwas sich aufdrängt oder sich auferlegt, so verringert sich der Spielraum des Aufmerkens. Den extremen Stärkegraden der Weckkraft entsprechen Zustände der Überwachheit und der Schläfrigkeit, die in der Wachsamkeit und Verschlafenheit zu festen Einstellungen gerinnen. Es gibt schreiende Farben, die uns auffahren lassen, sanfte Melodien, die uns einlullen, penetrante Gerüche, die uns betäuben. Die Stärkegrade lassen sich messen und maschinell kontrollieren, wie die Lärm- und Streßforschung zeigt, doch es gibt keine objektiven Parameter für das, was als »zu laut« und demgemäß als belästigend empfunden wird (vgl. Bosshardt 1988). Die Weckung erreicht ihre obere Grenze in dem bereits erwähnten *Schockerlebnis*, in dem die Aufdringlichkeit überfallartig auftritt. Hier kommt nicht bloß etwas auf uns zu, etwas überkommt uns in der Weise, daß die Umsetzung des Aufmerkens in Zu- oder Abwendung an einen toten Punkt gelangt und die Erfahrung stockt. Unser Verhaltensspielraum nähert sich der Nullgrenze wie im Falle eines Handlungsnotstandes. Kurt Goldstein spricht in bezug auf pathogene Situationen von Katastrophenreaktionen, die er mit dem Sichtotstellen des Tieres vergleicht (1934, S. 28). Der Schock tritt seinerseits schlagartig auf, *tout à coup*, oder blitzartig, elektrisierend, herzzerreißend, wobei die Welt zu einem Jetzt zusammenschrumpft. Elementare Formen von katastrophaler Wirkung zeigen, daß die Aufmerksamkeit in sich selbst keine harmlose Angelegenheit ist, als wäre sie lediglich dazu angetan, eine angeborene Neugierde zu befriedigen. Der Schock findet seinen Gegenpol im Zustand der *Versunkenheit*, der – wie schon angedeutet – verschiedene Tiefenlagen erreichen kann. Aufgrund ihres leiblichen Rückhalts bilden Wachen und Schlafen keinen strikten Gegensatz, vielmehr schieben sie sich ineinander in Form eines Chiasmus, bei dem der Traum als Drehscheibe dient.[25] So gibt es den *Wachtraum*, die Träumerei, wo der Schlaf in den Wachzustand eindringt. Dazu heißt es bei Leibniz in Anlehnung an Locke: »Wenn eine Idee, die wir in unserem Geiste haben, sozusagen vorbeifließt, ohne daß der Verstand ihr die geringste Beachtung schenkt, so nennt man dies Träu-

---

seinstheoretisch verflachten Sprache generell von »sich aufdrängenden Inhalten«, in: *Grundriß der Psychologie*, 1913, S. 266.

25 Neurologische Forschungen lassen vermuten, daß hierbei ein als ›rational‹ gefaßtes System (das monoaminerge System) durch ein als ›kreativ‹ und ›chaotisch‹ zu charakterisierendes System (das cholinerge System) in Bewegung gesetzt wird, so daß überraschende Verbindungen entstehen (Roth 1996, S. 244-247).

merei.« (*Nouveaux Essais*, II, 19)[26] Aber es gibt auch umgekehrt eine Art *Traumwachen*, das mit gesteigerten Formen der Überbewußtheit einhergeht. Leibniz stellt sich im gleichen Zusammenhang die Frage, ob die *Ekstase* etwa ein Träumen mit offenen Augen sei. Auf das Feld der Aufmerksamkeitssteuerung führt uns die *Hypnose*, die bewirkt, »daß die Versuchsperson sich in eine Tätigkeit versenkt, bei der ihr die Welt uninteressant vorkommen muß«, da sie unbewußt ihre ganze Aufmerksamkeit auf den Hypnotiseur konzentriert (Freud, GW XIII, S. 149 f.).

Bereits der alte Satz von Heraklit, daß auch die Schlafenden an dem, was in der Welt geschieht, mitwirken, deutet an, daß aus der Kraftlosigkeit des Versinkens neue Kräfte erwachsen können. Wie sich in solchen Weisheitssprüchen bereits andeutet, sind all diese Grenzerfahrungen kulturell überdeterminiert. Plötzliche Einbrüche tauchen auf in Erweckungs- und Bekehrungserlebnissen jeglicher Art. Die Versunkenheit gehört zu den verschiedenen Formen der Meditation, die im denkenden Umkreisen einer Idee ebenso zu finden sind wie in der praktischen Besinnung auf die jeweilige Lebenslage, wie auch in mystischen Grenzerfahrungen, die an das Nichts des Unsichtbaren und Unsagbaren rühren. Aufmerksamkeitsübungen und Aufmerksamkeitstechniken, mit denen sich das folgende Kapitel befassen wird, sind keineswegs als bloße Routine abzutun; sie können zur bloßen Routine erstarren, aber sie verhindern auch, daß die Erfahrung in sich selbst versinkt und *als Erfahrung* nicht mehr auftaucht. So wie andere Erfahrungsphänomene sind auch die der Aufmerksamkeit zutiefst zweideutig. Sie sind alltäglich und mehr als alltäglich und können jederzeit ins bloß Alltägliche absinken oder ins Abstruse abirren. Die Bequemlichkeit des Altgewohnten läuft ihr ebenso zuwider wie die hektische Suche nach dem Neuen um jeden Preis. Gleich dem Schweigen schillert die Aufmerksamkeit in verschiedenen Farben. Nicht jeder, der

26 Gaston Bachelard, der Verfasser einer *Poétique de la rêverie* (1960), unterscheidet zwischen dem Traum ohne Träumer und einer Träumerei mit Träumer; vgl. das Einleitungskapitel: »Le cogito du rêveur«. Valéry betont bei aller Gegensätzlichkeit den Zusammenhang von Traum und Aufmerksamkeit. »Außer acht lassen, vernachlässigen können, ist kennzeichnend für den Wachzustand und ist das Wesentliche der Aufmerksamkeit. Doch die Aufmerksamkeit selbst steht mit dem Traum dadurch in Verbindung, daß der Traum unwillkürliche Beschränkung der Außenerkenntnis ist. Ist die Aufmerksamkeit dergestalt, daß der willentliche Charakter dabei zurücktritt oder erstarrt, so rückt sie in die Nähe des Traums.« (Valéry, *Cahiers*, Bd. I, S. 543, dt. Bd. 2, 89)

beharrlich schweigt, hat etwas Wichtiges zu verbergen, und nicht jedes Dahindösen ist eine Brutstätte für Ideen. Es gibt so etwas wie einen Grundwasserspiegel der Aufmerksamkeit, der durch eine überzogene Kategorisierung und Technisierung gesenkt wird, die Aufmerksamkeit kann auch austrocknen.

Die beiden folgenden Funktionen sind paarweise zu behandeln, weil sie selbst eine Polarität darstellen. Auf seiten des Auffälligen begegnen wir dem Gegensatz von *Anziehung* und *Abstoßung*, auf seiten des Aufmerkenden dem von *Zuwendung* und *Abwendung*. Die Anziehungs- und Abstoßungskräfte sind nicht zu verwechseln mit positiven und negativen Eigenschaften der Dinge, mit Wertqualitäten, wie man zu sagen pflegt. Auch Anziehung und Abstoßung geschehen. Es sind Kräfte in actu, die als Wirkkräfte nur in ihren Wirkungen faßbar sind. Diese Wirkungen sind die der Zu- und Abwendung, des Suchens und Fliehens, die den Zug- und Stoßkräften eine eigenständige Wendekraft entgegensetzen.

Daraus ergeben sich eine Reihe von Fragen. Die erste Frage betrifft die paarweise auftretende Verdoppelung in Anziehung und Abstoßung, in Zu- und Abwendung. Auf den ersten Blick scheint es sich um *Kraft* und *Gegenkraft* zu handeln, und zwar nicht im Sinne eines bloßen Kräftevergleichs, sondern im Sinne eines binären Gegensatzes von Position und Negation, und dies wiederum nicht als neutrale Zweipoligkeit wie in der Stromleitung, sondern als bewertendes Ja und Nein. Doch in Wirklichkeit entspringt dieses Ja und Nein keiner Bewertung oder Normierung, die ein Subjekt in eigener Regie vornimmt, es geschieht, *indem* ich mich zu- oder abwende. Darin drückt sich ein unhintergehbares, naturgeschichtlich vorbereitetes Wohl- und Mißbefinden aus; ohne eine solche Lebenslust und Lebensunlust gäbe es kein leibliches und lebendiges Selbst. Das Ausbleiben jeder Reaktion gilt gemeinhin als Zeichen des Todes. Nun kennen wir zwar das Phänomen der Ambivalenz. Doch selbst dieses setzt voraus, daß dem Verlockenden Abstoßendes, dem Abstoßenden Verlockendes beigemengt ist, so daß Zu- und Abwendung sich verschränken wie in der Haßliebe. Der berechtigte Zweifel daran, daß der Gegensatz von Position und Negation nicht nur das erste, sondern auch das letzte Wort haben könnte, verführt dazu, alle Abwendung in eine indirekte und umwegige Form der Zuwendung umzudeuten, so daß am Ende »alles in eins« ist. Doch dies sind ethische Implikationen, die unseren Analysen weit vorauseilen.

Die zweite Frage richtet sich auf das wechselseitige Verhältnis der beiden Funktionspaare. Die Tatsache, daß verschiedene Kräfte im Spiel sind, verlockt immer wieder dazu, eine Zweiteilung vorzunehmen, von der die Unterscheidung zwischen aktiver und passiver Aufmerksamkeit die am weitesten verbreitete ist. Doch nach allem, was die Analyse von Zwischenereignissen erbracht hat, reicht eine solche Zweiteilung nicht aus, unabhängig davon, ob man einer kontinuierlichen oder einer diskontinuierlichen Sichtweise das Wort redet. Sowenig das Auffälligwerden, das seine Attraktions- und Repulsionskräfte ausspielt, einen bloß objektiven Vorgang darstellt, sowenig ist die Zu- oder Abwendung als ein rein subjektiver Erkenntnis- oder Willensakt zu betrachten. Es besteht ein beidseitiger Zusammenhang, aber ein gebrochener. Die Vorgängigkeit von Anziehung und Abstoßung sowie die Nachträglichkeit von Zu- und Abwendung verhindern, daß das Antwortgeschehen sich zu einem homogenen Geschehen zusammenschließt. Die Zu- und Abwendung ist als Autokinese mit Momenten einer Heterokinese durchsetzt, die Eigenbewegung bedeutet zugleich ein Bewegtwerden. Mein Machen ist ein Mitmachen, und dies nicht nur dort, wo ich Verlockungen nachgebe, sondern auch dort, wo ich ihnen mein Nein entgegensetze. In diesem Sinne bilden Zug- und Stoßkräfte einerseits, Wendekräfte andererseits ein widerstreitendes Gefüge aus *Fremdkraft* und *Eigenkraft*, aus *Ichstärke* und *Ichschwäche*, wobei die entscheidende Ichstärke eben daran liegt, daß das Ich Fremdes aushält, es an sich herankommen läßt und nicht nur in allem, was es erhält, sich selbst erhält. Wenn wir hier von Passivität reden wollen, so müßte diese in die Aktivität selbst verlegt werden und nicht in eine vorläufige Anfangsphase oder in eine auslaufende Endphase. Die dualistische Sichtweise, die Trieb, Drang, Wünschen und Begehren auf der einen Seite, Wollen, Entscheiden und Ichakte auf der anderen Seite plaziert, scheitert schlichtweg an dem, was wir als Aufmerksamkeitsgeschehen vor Augen haben. Dies schließt nicht aus, daß es zu einer Polarisierung der Kräfte kommt und das eine Mal das *Mit*machen, das andere Mal das Mit*machen* überwiegt. Es kann sein, daß wir besonders stark mitgerissen werden oder umgekehrt eine besonders starke Eigenbewegung entfalten. Das Mitgerissenwerden erreicht in extremen Fällen den Zustand der *Faszination*; man ist von einem Anblick oder einer Melodie gefesselt, die eigenen Kräfte sind wie gelähmt. Im entsetzlichen Haupt der Gorgo und im verführerischen Gesang der Sirenen haben diese Kräfte ihren mythischen Ausdruck gefunden. Der Gegenpol findet weit weniger Beachtung, da hier die Freiheit ihre Flügel ausbreitet und ihren Ruhm erntet. Doch es gibt auch eine Pathologie der Freiheit, und zwar in Form einer *Beliebigkeit*, die dann um sich greift, wenn die Motivationskräfte im Schwinden sind. Dem begeisterten oder gebannten Blick, dessen weit geöffnete Lidspalten bereitwillig oder widerstandslos einlassen, was sich zeigt, steht der blasierte Blick gegenüber, dessen halbgeschlossene Lidspalten dem Blick etwas Reserviertes, Gönnerhaftes verleihen.[27] Es ergeben sich viele Möglichkeiten für eine Sublimierung des Blicks. Die *libido videndi* kann sich in eine *libido sciendi* verwandeln, die dem Erfreulichen wie dem Schrecklichen, dem Bedeutsamen wie dem Nebensächlichen, dem Hohen und dem Niedrigen die gleiche Aufmerksamkeit schenkt. So räumt Aristoteles für den Bereich der Naturforschung zwar ein, daß es erhabene Gegenstände gibt, nämlich die Himmelskörper, von denen – wie beim Geliebten – auch nur ein Kleines zu erhaschen lustvoller ist als eine noch so genaue Erfassung vieles anderen, doch ebenso entschieden betont er, daß alles in der Natur, auch das Geringste, seinen Charme, seine χάρις hat, und er erinnert an Heraklit, der Fremde, die auf der Schwelle seiner Küche zögern, hereinbittet mit der Versicherung, »auch dort seien Götter« (*De part. an.* I, 5, 645 a ff.). Doch die libidinösen und praktischen Wurzeln des Wissens sind damit nicht getilgt. Als *curiositas*, die sich um alles mögliche kümmert, und als Neugier, die etwas Unersättliches hat, behält das Wissensbegehren etwas Zweideutiges, aller modernen Ehrenrettung zum Trotz.

Die letzte Funktion, die uns im folgenden in besonderem Maße beschäftigen wird, betrifft den Übergang vom Aufmerken *auf etwas* zum Bemerken und Beachten *von etwas*. Speziell geht es um die Frage, warum gerade dieses auftritt und nicht vielmehr anderes. Die zentrale Funktion, die von der Aufmerksamkeit an dieser Stelle übernommen wird, ist die der *Reliefbildung*. William James, der das Werk der Aufmerksamkeit ausdrücklich mit dem eines Bildhauers vergleicht, spricht im gleichen Atemzug von Selektion (1960, Bd. I, S. 288), wie man es auch heute vielfach tut, indem man mit Filtern und Rastern operiert. Doch diese Redeweise ist höchst mißverständlich. Sie erweckt den Eindruck, als würde lediglich einiges ausgesondert,

---

27 Ich verweise auf Kapitel III, 10 im *Antwortregister*, das unter dem Titel »Leibliches Responsorium« auch die Körpersprache des Aufmerkens berücksichtigt. Vgl. speziell S. 501-506.

anderes weggelassen, einiges eingelassen, anderes ausgesperrt und als bestünde das Aufmerksamkeitsfeld aus einem Repertoire katalogisierter Daten, aus dem man sich je nach Bedarf bedient. Doch eine Aufmerksamkeit, in der die Erfahrung sich organisiert, in der Neues entsteht und in der nicht nur Erfahrungsbestände verwaltet werden, leistet mehr und anderes. Sie sorgt dafür, daß in der Ausbildung eines »Beachtungsreliefs«[28] einiges *hervortritt*, anderes *zurücktritt*, wie bei einem Relief, das ähnlich wie die Relevanz sprachlich auf das lateinische Wort *relevare* (= aufheben, abheben) zurückgeht. Dem entspricht auf seiten des Aufmerkenden ein *Vorziehen* und *Zurückstellen*. Auf diese Weise wird etwas zum *Thema*. Was hervortritt, tritt nicht nur aus der Fläche heraus, es bildet auch den Mittelpunkt eines *thematischen Feldes*, das nach Nähe und Ferne zum thematischen Kern gestaffelt ist. Was nicht zum Thema gehört, tritt an den *Rand*.[29] Genauer müßte es heißen: es wird an den Rand gedrängt. Zentrum und Rand sind keineswegs statische Größen, sondern Produkte einer ständig sich erneuernden Zentrierung und Marginalisierung. Ränder, die das enthalten, was nicht dazugehört, sind also zu unterscheiden von Hintergrundsphänomenen oder Erfahrungshorizonten, die alles einschließen, was dazugehört, was wahrnehmungsbereit und verfügbar ist und bei Bedarf eingesetzt werden kann. Letzteres ist dem Vorbewußten im Sinne Freuds verwandt. Vernachlässigt man den Unterschied zwischen Rand und Hintergrund, so verpaßt man die Spannungen und Verwerfungen, die das Aufmerksamkeitsfeld durchziehen. Es geht nicht bloß um den Unterschied von Aktualität und Potentialität, der für die sekundäre Aufmerksamkeit ausreicht, es geht vielmehr um

28 Vgl. die Husserl nahestehenden Analysen von Alexander Pfänder in der 1904 erschienenen *Einführung in die Psychologie*, [2]1920, S. 313-337: »Die Aufmerksamkeit und das Beachtungsrelief«. In diesem frühen Text finden wir viele der Motive wieder, die auch bei Husserl eine Rolle spielen: »Aufmerksamkeitsstrahlen«, einen »inneren Lichtkegel«, die Gradabstufung, das Schwanken und das »Wandern« der Aufmerksamkeit, schließlich die aktive und die passive Form der Aufmerksamkeit, die in Pfänders realistischer Sicht der Dinge einerseits der Bestimmung durch ein tätiges Subjekt, andererseits der Bestimmung durch die Gegenstände zugeordnet wird, während es für Husserl auf der Frühstufe passiver Aufmerksamkeit einen Gegenstand noch gar nicht gibt (vgl. *Erfahrung und Urteil*, S. 81, Anm.).
29 Diese Organisationsformen, die bereits bei Husserl und James angelegt sind, haben bei Aron Gurwitsch (s. o., Kap. I, Anm. 13) ihre detaillierte Ausarbeitung gefunden, die allerdings allzu statisch und harmonisch angelegt ist. Vgl. dazu meine Fortführung in *Ordnung im Zwielicht*, 1987, S. 55-66.

die Möglichkeit einer *Umorganisation* des Erfahrungsfeldes, in deren Verlauf die Gewichte anders verteilt werden. Bei der Reliefbildung kommt es zu einem Kräftemessen, zu einem Widerstreit zwischen verschiedenen Organisationsweisen. Eines geht auf Kosten des anderen. Was unsere Aufmerksamkeit gewinnt, drängt sich nicht nur auf, es drängt sich auch vor. Der Ausschluß konkurrierender Erfahrungen wurde vielfach als das Problem einer Enge des Bewußtseins diskutiert.[30] Doch es geht nicht bloß um den Ausschluß von Erfahrungsinhalten, sondern um die Konkurrenz von Erfahrungsweisen. Da keine von ihnen von vornherein ihres Sieges sicher sein kann, da keine von ihnen einen endgültigen Sieg davonträgt und da umgekehrt das, was an den Rand tritt, nicht schlechterdings ausgetilgt wird, unterliegt jede Erfahrungsordnung einer Labilität, die eine hierarchisch verfaßte und stabile Ordnung wie der antike Kosmos nicht kennt. Die Lage verschärft sich, wenn wir unbewußt wirkende Kräfte in Betracht ziehen, die eine doppelbödige Organisation entstehen lassen. Verdrängungsprozesse haben zur Folge, daß untergründige Kräfte wirksam werden, die sich der bewußten Steuerung entziehen. Wird schließlich nicht nur etwas, sondern jemand an den Rand gedrängt, so betreten wir die Arena sozialer Machtkämpfe, die in Kapitel IX berücksichtigt werden.

Auch die Reliefbildung, in der sich die Aufmerksamkeitskräfte neu verteilen, unterliegt einer Polarisierung. Die *Konzentration* auf ein Thema und ein Themenfeld, die *Sammlung* als eine Bündelung der Kräfte stoßen auf mehrfache Widerstände. An erster Stelle ist die *Ablenkung* zu nennen. Sie besteht darin, daß »andere Ideen in die Quere kommen (*viennent à la traverse*)«, wie Leibniz sich ausdrückt (*Nouveaux Essais*, II, S. 19). Das Leitthema wird durch konkurrierende Themen gestört, und es kommt zu Aufmerksamkeitskonflikten. Man wehrt sich, indem man sich gegen anstürmende Anreize abschirmt oder gegenläufige Reiztendenzen durch den Einsatz von Gegenkräften hemmt. Ähnlich wie Nietzsche das reaktive Denken von

---

30 Vgl. hierzu die vor 1933 verfaßte und verspätet veröffentlichte Schrift von Kurt Port: *Die Enge des Bewußtseins* (1995), in der nicht nur die Vorgeschichte des Problems, sondern vor allem die entsprechenden philosophischen Debatten und psychologischen Experimente ausgebreitet werden. Zu dem Motiv der Enge des eigenen Bewußtseins vgl. schon Augustinus, *Conf.* X, 8, 15: »Ergo animus ad habendum se ipsum angustus est«; doch die Enge des menschlichen Geistes wird dort durch die Allgegenwart Gottes aufgewogen.

einem schöpferischen Denken abhebt, könnte man von einer reaktiven Aufmerksamkeit sprechen, die ihre Kräfte in der Abwendung und Abwehr erschöpft, anstatt sich für Fremdes und Neues offenzuhalten und eine »positive Arbeit« zu vollführen. Die Ablenkung hat es nie mit bloßen Außenkräften zu tun, denn man läßt sich ablenken. Die exogene Ablenkung wird ergänzt durch die endogene Störung, die als *Zerstreuung*, als Distraktion oder Dissipation bekannt ist.[31] Diese äußert sich darin, daß man ziellos hin- und hergerissen und in verschiedene Richtungen gezogen wird. Die Konzentration wird jedoch nicht nur gestört, sie läßt nach. Die Polarisierung in konzentriertes und zerstreutes Verhallten nimmt extreme Ausmaße an in der *Überkonzentration* und in der chronischen *Zerstreutheit*. Während im ersten Falle die Einheit auf Kosten der Vielheit geht, setzt sich im zweiten Falle die bloße Vielheit durch, darunter die schon von Heraklit beklagte Vielwisserei. Das erste Extrem läuft auf eine *fixe Ordnung*, das zweite auf ein traditionell verstandenes *Chaos* hinaus. Auch die Pathologie hat daran ihren Anteil. Bei Hirnverletzten kommt es zur mangelhaften Figur-Grund-Bildung, die sich in Form von mangelhafter Präzision, von mangelnder Stabilität oder in einem leichteren Umschlagen zwischen Figur und Grund äußert, oder es herrscht »Unsicherheit darüber, was Figur, was Grund ist, wenn etwa bestimmte Einzelreize dadurch, daß sie abnorm wirksam werden, einen Vorgang als Figur an sich reißen, während der Gesamtsituation das umgekehrte Verhalten entsprechen würde« (Goldstein 1934, S. 101). Außerdem wäre an den Gegensatz von fixen Ideen und Ideenflucht zu denken. Beide Extreme treiben einander hoch. Die Überkonzentration büßt an Integrationskraft ein; die Aufmerksamkeit zieht sich zurück auf einen engen Raum, eine andauernde Zensur läßt die Ränder erstarren. Eine programmierte Ordnung, in der die Aufmerksamkeit diszipliniert und das Aufmerksamkeitsrelief in ein starres Gebilde verwandelt wird, setzt jedoch infolge ihrer begrenzten Bindekraft von sich aus zentrifugale Kräfte frei. Beispiele dafür liefert die jüngste Moderne zuhauf, so wenn Arbeitszwang und Schlendrian, Zeitersparnis und Zeitvertreib, Normierung und Extravaganz nebeneinander existieren.

31  Die ›Distraktion‹, die sich sprachlich teils aus älteren, teils aus französischen Quellen speist, hat in besonderem Maße die Abwehrkräfte des Pietismus hervorgerufen. Vgl. den Artikel »zerstreuen« in F. Kluge, *Historisches Wörterbuch der deutschen Sprache*, 20. Aufl. Berlin 1967.

Die untergründigen Beziehungen zwischen Ablenkung, Zerstreuung, Träumerei, Versenkung und Faszination wären ein weiteres Thema, bei dem es auf eine genaue Differenzierung ankommt. Einmal gilt es die Ambivalenz von Störung und Zerstreuung im Auge zu behalten. Wer sich im rechten Augenblick stören läßt, kann auf andere Ideen kommen, und wer mit seinen Gedanken woanders ist, ist vielleicht auf dem Sprung zu neuen Gedanken. Walter Benjamin tritt der Überbewertung der Sammlung und der einseitigen Abwertung der Zerstreuung entgegen, indem er neue Optiken und Techniken wie die des Filmes heranzieht und deren produktive Effekte hervorhebt. Doch dabei neigt er zu einer fragwürdigen Umkehrung der Werte, wenn er etwa in seinem Kunstwerk-Aufsatz feststellt: »Der vor dem Kunstwerk sich Sammelnde versenkt sich darein; er geht in dieses Werk ein, wie die Legende es von einem chinesischen Maler beim Anblick seines vollendeten Bildes erzählt. Dagegen versenkt die zerstreute Masse das Kunstwerk in sich.« (*Gesammelte Schriften*, I-2, S. 504) Abgesehen von der fragwürdigen Orientierung an einer Massenrezeption verwischen sich an solchen Stellen wichtige Unterscheidungen. Dies betrifft den Unterschied zwischen jenen Aspekten, die dem Spannungsverhältnis von *Einheit und Mannigfaltigkeit* unterliegen, und jenen, die mit der Differenz von *Figur und Grund* zusammenhängen. Die Zerstreutheit entspringt einem Übermaß an Vielheit, Komplexität und Zerstückelung, während die Träumerei und Versunkenheit mit verschwimmenden Konturen, fließenden Übergängen, Schwächung der Figurbildung und einem Überhandnehmen des Grundes einhergeht. Der Zerstreute ist mit seinen Blicken, Gesten und Gedanken woanders, während der Schläfrige den Boden des Gewohnten unter seinen Füßen verliert. Die einseitige Ausrichtung auf Klarheit und Deutlichkeit bzw. auf Dunkelheit und Verworrenheit, die wir dem traditionellen Rationalismus verdanken, verpaßt jene Momente, wo das Verworren-Chaotische ins Abgründig-Chaotische abdriftet und die Weltzerstückelung sich einem Weltverlust annähert. Für einen solchen Kollaps sprechen auch pathologische Befunde. Oliver Sacks stellt den vertrauteren Ausfallerscheinungen Fälle gegenüber, bei denen Patienten unter einem Zuviel an Eindrücken, Impulsen und Energien leiden, so daß alles der Kontrolle entgleitet und man von seinen Erfahrungen besessen ist: »Alles ist zu hell, zu stark, zu viel. Alles hat eine fiebrige Energie, einen morbiden Glanz«, so die Äußerung einer Patientin, die an dem sogenannten Touretteschen Syndrom litt (Sacks 1990, S. 128). Die Welt gerät aus den Fugen unter dem Ansturm des Auffälligen.

## 8. Zögernde Rückwendung

Kein Kommen ohne Entgegenkommen. Mit dieser Annahme laufen wir Gefahr, auf die üblichen Bahnen des Gebens und Nehmens, des Kommens und Gehens zurückzuschwenken. Der Ring würde sich schließen, selbst wenn die Einzelschritte gleich wie im Dialog offenblieben. Doch die Doppelbewegung von Auffallen und Aufmerken verhindert, daß der Ring sich schließt. Halten wir uns an unsere kinetische Betrachtungsweise, so stoßen wir auf ein mobiles Ungleichgewicht.

Als eine anfängliche Form des Antwortens vollführt das Aufmerken eine Bewegung, der eine fremde Bewegung zuvorkommt und die selbst von einer anderen Bewegung herkommt. Das *Re-*, das in Wörtern wie Rezeption, Reaktion, Response oder Reprise auftaucht und das im griechischen ἀναλαμβάνειν oder in dem deutschen Wort ›Aufnehmen‹ entsprechende Abwandlungen erfährt, ist in einem doppelten Sinn zu lesen, als *Wieder* und als *Zurück*, und beides in einer originären Lesart. Gewöhnlich verstehen wir unter Wiederholung, daß etwas noch einmal auftritt, abgeschwächt zur Kopie oder zum Dakapo, und beim Zurück denken wir spontan an eine Bewegung, die zu ihrem Anfang zurückfindet. Doch so etwas kann es hier nicht geben. Wer aufmerkt auf etwas, das ihm auffällt, *wendet sich zurück an einen Ort, wo er nie war,* und er *wiederholt, was er niemals einholen wird.* Andernfalls bestünde das Aufmerken aus einer kausal herbeigeführten Reaktion oder aber aus einer neuen Aktion, die sich durch das, was ihr vorausging, lediglich motivieren ließe. Doch das Aufmerken ist keines von beiden. *Ich komme auf das zurück, was auf mich zukommt, indem ich es kommen lasse.* Nicht umsonst reden wir davon, daß der Blick einen Gegenstand verfolgt oder daß wir den Worten einer Rede nicht folgen könne. Dies verweist auf eine Bewegung, die wir mitmachen, ohne daß sie unsere eigene wäre. Ohne diese Rückwendung, in der das Aufmerken sich von sich selbst entfernt, würde uns nichts auffallen. Die Doppelbewegung gleicht einem Musikstück, das aus zwei oder mehreren *mouvements,* deutsch: aus mehreren ›Sätzen‹ besteht, nur daß zwischen ihnen ein ›Satz‹ anderer Art, nämlich ein Sprung liegt. Die Ursituation, die darin besteht, daß mir etwas auffällt und daß ich aufmerke, kann von keinem Wir für sich reklamiert werden, selbst wenn es die Anrede eines oder einer Anderen ist, die auf mich zukommt, und selbst wenn die Bewegungsrichtung sich umkehren läßt. Die Einzelbewegungen, die in einer solchen Doppelbewegung zusammentreffen, verhalten sich nicht bloß asymmetrisch zueinander, sie sind auch irreversibel, selbst wenn es jemand meinesgleichen ist, der oder die meine Aufmerksamkeit auf sich zieht. Symmetrie und Reversibilität stellen sich erst dann ein, wenn ich zum Standort eines Dritten überwechsle, so daß Äußerungen gegebenenfalls rückgängig gemacht werden können. Doch eine Rückwendung kann nicht rückgängig gemacht werden wie eine Behauptung, die ich zurücknehme, oder wie ein Versprechen, das ich zurückziehe; denn die originäre Rückwendung kommt vom Anderen her. Was in vielen Aufmerksamkeitstheorien als Zu- und Abwendung angeführt wird, stellt sich selbst als Rückwendung dar. Wir befinden uns an einer Stelle, von der es kein Zurück gibt, weil das Hin und Her selbst ein Zurück *ist*. Der schlichte Vorgang, daß uns etwas auffällt, schließt aus, daß es in der Erfahrung ein schlechthinniges Incipit gibt. In welcher Weise die Literatur, und in besonderem Maße die moderne Literatur, diesen nicht von uns gemachten und zu machenden Anfang umkreist, wurde bereits im vorigen Kapitel gezeigt.

Der heikle Charakter des fraglichen Doppelereignisses tritt noch deutlicher hervor, wenn wir abermals von einer Polarisierung und von Extrembildungen ausgehen. Die Polarität zeigt sich im Verhältnis von *Suchen* und *Finden*. In der Suchbewegung liegt die Prävalenz beim Aufmerken. Wir richten unser Augenmerk oder unser Gehör auf etwas, das im glücklichen Falle gefunden wird. Wie die Kognitionspsychologie lehrt, operiert das Sehen mit antizipatorischen Schemata. Würde der konkrete Fund selbst antizipiert, so wäre die Suche am Ende, bevor sie begonnen hätte. Das Gesuchte bleibt also mehr oder weniger unbestimmt, solange es nicht gefunden wurde. Gleichwohl endet die Suche als Re-cherche mit einem Wieder-finden, da unter glücklichen Umständen gefunden wird, was in der Suche vorweggenommen wurde. In der Sprache intentionaler Akte bedeutet dies, daß Intentionen sich erfüllen. Finden heißt dann nicht, daß ›etwas kommt‹, sondern daß ›der Suchende auf etwas kommt‹.[32] Die zir-

---

32 Dies entspricht dem lateinischen *in-venire*. Vgl. dazu Augustinus, *De trinitate* X, 7, 10: »... et ipsa quae appellatur inventio, si verbi originem retractemus, quid aliud

kuläre Grundausrichtung ist nicht auf theologische oder ontologische Prämissen angewiesen. Dies bezeugen die neueren Untersuchungen, die Manfred Sommer dem *Suchen und Finden* gewidmet hat. Sie gönnen der Pragmatik und Technik des Suchens weiten Raum und tragen zur Klärung der Suchbedingungen Wichtiges bei. Doch gleichzeitig bewegen sie sich auf einem Grundriß, der sich wie eh und je um das Suchen gruppiert. Das Suchen bestimmt sich als ein »vom Wissen-Wollen getriebenes und von Vorauswissen geführtes Sichtbarmachen« (2002, S. 15). Das Finden gilt dann zwar als ein »Ereignis«, aber in der Weise, daß im glücklichen Falle »*ich* die Bedingungen herstelle, unter denen das Finden *möglich* wird, und daß *es* dann unter diesen Bedingungen *wirklich* wird, obgleich es auch hätte ausbleiben können« (S. 44). Insofern stellt das Finden zugleich »eine Leistung und ein Ereignis« dar (S. 46). Dieser transzendentalpragmatische Ansatz hat zur Folge, daß Suchen und Finden sich nach gewohntem Muster auf einer Zeitlinie anordnen: »Zuerst fällt etwas auf, dann zieht es meinen Blick an, schließlich schaue ich hin.« (S. 146) Technische Navigationssysteme wie das *Global Positioning System*, die uns einen »Omnipräsenz-Ersatz« liefern und uns schließlich zu einem »globalen Präsenzbewußtsein« verhelfen, steuern hin auf einen idealen Grenzfall: »Tendenziell wird alles Finden Wiederfinden, jede Route Routine, jede Ankunft Heimkunft.« (S. 390) »Unauffindbares«, das einer Domestizierung der Welt Einhalt bieten könnte, bleibt nur als religiöser Restbestand zurück (S. 24). Die lebenspragmatische Heuristik, die der Autor so virtuos und mit solch phänomenologischer Akkuratesse vorführt, verbleibt im Schatten einer theologisch untermalten Technologie, hinter der das älteste philosophische Suchprogramm hervorschaut.

Liegt die Prävalenz umgekehrt beim Finden, so werden wir überrascht durch etwas, das wir gar nicht oder so nicht erwartet haben. Das *objet trouvé* oder die *personne trouvée* finden in keinem Plan und in keinem Projekt ihren Platz. Wer wie Diogenes Menschen sucht, sucht nicht eigentlich, er irrt umher. Doch auch das Finden

resonat, nisi quia invenire est in id venire quod quaeritur?« Das Suchen steht bei Augustinus außerdem im Schatten eines ursprünglichen Gefundenhabens. »Der Geist hat sich nicht zu suchen, als ob er sich selbst abginge *(tamquam sibi desit)*« (ebd.). Dies gilt im eminenten Sinne für die Gottessuche. Vgl. dazu die neuzeitliche Reprise durch Pascal, *Pensées*, Lafuma 919/Brunschvicg 553: »Du würdest mich nicht suchen, wenn du mich nicht gefunden hättest.«

setzt eine Findigkeit voraus, wie sie in einem späteren Kapitel eigens zu Wort kommt. Ein reines Suchen, das von keinem Fund abhängig wäre, ist ein ebensolches Unding wie ein reines Finden, das durch keine Vorahnung getrübt wäre. Polarität besagt hier lediglich, daß das Auffallen oder das Aufmerken überwiegt. Das Finden selbst ist kein Amalgam aus Eigentätigkeit und Fremdeinwirkung – es geschieht. Das berühmte Aha-Erlebnis signalisiert lediglich einen Umschlag oder einen Einschlag, wo Finden und Suchen aufeinandertreffen, ohne sich zu vereinigen. Auch der Meteor wird nicht zu einem Erdkörper, nur weil er in den Erdboden einschlägt. Das Finden deckt sich nicht mit den Funden, die gemacht werden. Funde lassen sich nutzen und weitergeben, das Finden selbst ist weder zu haben noch zu erlernen.

Die Polarität wird ins Extrem getrieben, wenn die Auffälligkeit sich bis zu dem schon erwähnten *Schock* steigert, unter dessen lähmender Wirkung uns Hören und Sehen vergeht. Ein eindrucksvolles literarisches Beispiel liefert uns Ivo Andrić im Schlußkapitel seines epischen Romans *Die Brücke über die Drina* (1997, S. 437). Die österreichischen Granaten, die einen Pfeiler dieser nahezu vierhundert Jahre alten, von den Türken errichteten Brücke wegreißen, lösen bei Alihodscha, einem vielerfahrenen Bürger der bosnischen Stadt, der in seinem Kaufladen Zuflucht gesucht hat, eine unfaßliche Erschütterung aus:

»In diesem Augenblick fühlte der Hodscha, wie der Sitz unter ihm emporschoß und auch ihn wie ein Spielzeug emporhob; wie seine »süße« Stille zerbrach und sich plötzlich in ein Dröhnen und berstendes Krachen verwandelte, das die Luft erfüllte, das Gehör betäubte und für das Ohr überhaupt unmeßbar wurde [...] Oh, stöhnte der Hodscha. Eigentlich stöhnte nur sein Gedanke, denn er besaß weder Stimme noch Gehör mehr, so wie er auch auf der Erde keine Stätte mehr besaß. Alles war zugleich mit ihm übertönt, betäubt, aus den Wurzeln gerissen und fortgeschleudert.«

Das Gegenextrem besteht darin, daß das Pathos verebbt und bis zur *Apathie* absinkt. Es treten zwar Dinge und Personen auf, aber nichts von alldem tritt hervor und weckt Interesse. Die Erfahrung versinkt in einem monotonen Gleichmaß, so bei der Hauptfigur in Dostojewskis *Traum eines lächerlichen Menschen* (1957, S. 230-233). Der Icherzähler ist frühzeitig zu der Überzeugung gelangt, »daß auf der Welt alles gleichgültig sei«. Er kauft sich einen »prächtigen Revolver«, und zwei Monate vergehen, in denen er Abend für Abend auf seinen Suizid wartet; denn um ihn auszuführen, darf auch er ihm »nicht so sehr gleichgültig« sein. Er plant seine eigene Tötung, doch um an sich selbst Hand anzulegen, muß etwas geschehen, das er nicht in der Hand hat. In dieser Nacht scheint es soweit zu sein.

»Die Kerze brennt im Laufe der Nacht ganz herunter. So nahm ich denn leise am Tische Platz, holte den Revolver hervor und tat ihn vor mich hin. Als ich ihn hintat, fragte ich mich, wie ich mich erinnere: ›also?‹ und antwortete mir völlig zustimmend: ›ja, so.‹ Will sagen: ›Ich werde mich erschießen.‹ Ich wußte, daß ich mich in dieser Nacht nun ganz bestimmt erschießen würde, wie lange ich aber an meinem Tische noch bis dahin sitzen würde, das wußte ich nicht. Und ich hätte mich auch, natürlich, erschossen, wäre nicht jenes kleine Mädchen gewesen.«

Es folgt der Bericht vom Abend vorher, der nun erst, nachträglich, ins Licht der Aufmerksamkeit rückt.

»Und nun, während ich so gen Himmel blickte, faßte mich ein kleines Mädchen am Ellbogen. Die Straße war bereits einsam und kaum ein Mensch auf ihr. In der Ferne schlief auf seiner Droschke ein Kutscher. Das Mädchen war an die acht Jahre alt, hatte ein Kopftuch und weiter nichts als das Kleid an und war ganz naßgeregnet; mir blieben namentlich ihre naßgeregneten Schuhe im Gedächtnis, auch noch jetzt erinnere ich mich ihrer. Sie fielen mir besonders in die Augen. Das Mädchen begann plötzlich mich am Ellbogen zu zupfen und mich zu rufen. Es weinte nicht, stieß aber irgendwie abgebrochene Worte hervor, die es nicht gut aussprechen konnte, da es vor Kälteschauern am ganzen Leibe nur so zitterte.«

Die Sprache der Dinge, des Körpers und nur einige Wortfetzen – und es kommt, wie zu erwarten, der Erzähler streift jede Bitte von sich ab, ja mehr noch, die Gleichgültigkeit findet auf perverse Weise an sich selbst Gefallen: »Mich wandelte auf einmal die Lust an, sie von mir zu jagen.« Doch die Szene läßt den Erzähler nicht völlig los. Der Erzähler wendet sich an den Leser mit dem Geständnis:

»Sehen Sie: wiewohl mir doch alles gleichgültig war, so war ich doch, zum Beispiel, schmerzempfindlich; hätte mich jemand geschlagen, so hätte ich den Schmerz verspürt. Genau so verhielt es sich auch in seelischer Hinsicht. Geschah etwas höchst Mitleiderregendes, so empfand ich Mitleid genau so wie damals, als mir noch nicht alles im Leben gleichgültig geworden war.«

Die Pathologie kennt Erkrankungen, die der Neuropsychologe Alexander R. Lurija mit einem der Gestalttheorie entlehnten Terminus als »Nivellierung«, also als einen Zustand vollendeter Gleichgültigkeit bezeichnet. Oliver Sacks schildert einen solchen Fall (1990, Kap. 12). Es handelt sich um einen Patienten, der an einem schweren Korsakow-Syndrom[33] leidet. Er sieht seinen Bruder am Fenster vorbeigehen (eine quasi-cartesische Szene!) und spricht von ihm in der »monotonen und indifferenten Art eines Monologs« und mit der gleichen »Tonlosigkeit« wie von jenen Dingen, die er sich auszudenken pflegt. Sacks zählt ihn zu jenen Patienten, »denen nicht bewußt ist, daß ihnen etwas zugestoßen ist«. Doch selbst diese Gleichgültigkeit ist nicht fugenlos. Das »Delirium der Identitätssuche und -schaffung« klingt ab in der Stille und Einsamkeit des Anstaltsgartens, wo eine »tiefe, wortlose Verbundenheit mit der Natur« das geschwundene Weltzugehörigkeitsgefühl neu aufleben läßt. Steht der Traum des lächerlichen Menschen also *nur* für eine Krankengeschichte? Bedeutet Gleichgültigkeit *nur* eine Verringerung der Unterschiedsempfindlichkeit oder eine Art homöostatisches Gleichgewicht, in dem jede störende Anregung und somit auch jede Regung fehlt? Nichts zwingt uns zu dieser Folgerung.[34]

Schließlich gibt es Übergangsfiguren wie die *Verfolgung*, bei der die Aufmerksamkeit in besonderem Maße in Bann geschlagen wird. Der Verfolgungswahn bringt es mit sich, daß der fremde Blick mit dem eigenen Gegenblick diffundiert, so daß der Blick nicht mehr seinem Gegenüber folgt, sondern von ihm verfolgt wird. Die *con-secutio* des Blicks verwandelt sich eine *per-secutio*. Daß die *Verlockung*, die Auge und Ohr ködert, auf die Dauer wirkungsvoller ist, liegt daran, daß man in diesem Falle nicht von außen gezwungen, sondern unter Nutzung der eigenen Kräfte eingespannt wird. Doch eine solche Beeinflussung der Aufmerksamkeit setzt bereits die noch zu erörternden Zwischeninstanzen voraus.

Der Doppelblick oder der Doppelgriff, mit dem wir uns der besagten Doppelbewegung nähern, findet seinen Anhalt in einem eigentümlichen *Zögern*, das der Rückwendung innewohnt. Geht das Zö-

---

33 Laut Index eine Trias aus Merkfähigkeitsstörung, Desorientiertheit und Konfabulationsneigung.

34 Schon Leibniz wehrt sich gegen den Schein einer *indifférence d'équilibre*, die von keiner Unruhe erfaßt ist. Vgl. *Nouveaux Essais*, Vorwort, Akademie-Ausgabe, Bd. VI/6, S. 56, dt. 1996, S. 12.

gern, das einer »Pufferzeit« angehört und Neueinschätzungen der Situation zuläßt (Scherer 1986, S. 185), gegen Null, so enden wir bei einem Reflex, etwa beim Augenlid- oder beim Fußsohlenreflex, mit dem der Körper unverzüglich antwortet. Jedes Aufmerken käme hier zu spät. Das Zögern dagegen, das aus der unwiderruflichen Verzögerung unseres Antwortens erwächst (vgl. AR, S. 457-461), bedeutet eine Art Windstille, ein Stocken des Rede- oder Handlungsflusses, eine Verlangsamung des Erfahrungstempos, eine Unterbrechung, eine Pause, wörtlich: ein Aufhören (vgl. BE, S. 215-222). Das Anhalten der Erfahrung findet weder auf der Seite des Auffallens noch auf der Seite des Aufmerkens seinen Platz. Die offene Kontaktzone, die sich hier auftut, ist ein Nicht-Ort, der sich nur umkreisen läßt. Versuchen wir ihn einzugrenzen, so enden wir wohl oder übel auf einer der beiden Seiten: bei dem, was wir erleiden, oder bei dem, was wir tun, bei dem, was anderswoher kommt, oder bei dem, was wir aus uns selbst nehmen. Die Erfahrung ist dann keine gebrochene Erfahrung mehr, sie geht selbst in die Brüche. Vieles, was in den Apotheken der Philosophie an synthetischen Mitteln angeboten wird, ist nur ein künstlicher Klebstoff.

# V. Mediatisierte Erfahrung: Zwischeninstanzen

Die Doppelbewegung des Auffallens und Aufmerkens ist eine oszillierende Bewegung, die in sich selbst keinen Halt findet; denn sie gründet weder in etwas, das auffällt, noch in jemandem, der aufmerkt. Die Instanzen des Etwas und Jemand gehören bereits zur »Aussprache der noch stummen Erfahrung«, sie sind nicht einfach gegeben. Wenn im folgenden von einer Mediatisierung der Erfahrung die Rede sein wird, so bezieht sich dies auf die Etablierung von Zwischeninstanzen, durch deren Mitwirkung das Kommen und Gehen der Erfahrung sich kondensiert, artikuliert und festigt. Das entscheidende Problem liegt darin, wie Zwischeninstanzen zu denken sind, die das Zwischen der Zwischenereignisse nicht in sich aufheben, sondern es im Gegenteil fortwährend in Anspruch nehmen. Schon der Begriff des Mediums, der sowohl der Mediatisierung wie der Medialisierung zugrunde liegt, ist alles andere als eindeutig. Begriffsgeschichtlich verweist er auf die Vermittlungsformen des Mittleren, des Zwischen und des Dritten. Der erwähnte Zwischencharakter erfordert jedoch eine Mediatisierung, die nicht um eine Mitte kreist, sondern als ein Drittes interveniert, dazwischen tritt, ähnlich wie das Medium des Lichts oder der Luft, in dem sich Farben und Klänge brechen. Zwischeninstanzen sind Instanzen, die eingreifen, ohne daß sie das Geschehen, in das sie eingreifen, umgreifen. Ihre Funktionsweise bedarf einer genauen Beschreibung. Die entscheidenden Etappen, die wir zu durchlaufen haben, werden bestimmt durch das Wie der Modalisierung, das Womit der Technisierung und das Wodurch der Medien. Sie sorgen dafür, daß das Aufmerken in ein Können, das Aufmerksamkeitsereignis in eine Aufmerksamkeitseinstellung, die Aktualität des leiblichen Geschehens in Habitualität umgesetzt wird. Diese Umsetzungen gehen ihrerseits auf kontingente Erfindungen zurück, die weder in dem, was uns auffällt, noch in dem, was wir darauf antworten, zureichende Gründe finden.[1]

---

1 Verwiesen sei in diesem Zusammenhang auf die Aufmerksamkeitsstudien von Jonathan Crary (2002). Der gelernte Kunsttheoretiker zeigt anhand ausgewählter Beispiele aus dem ausgehenden 19. Jahrhundert, wie die von Techniken, Medien und sozialen Praktiken herbeigeführte Disziplinierung der Aufmerksamkeit Surrogate und neue Pathologien entstehen läßt. Der Titel der Originalausgabe *Suspensions of Perception* weist auf den besonderen Aspekt hin, unter dem die Aufmerksamkeit

# 1. Modalitäten der Erfahrung

Das Merken verweist sprachlich auf eine Markierung, die etwas Bestimmtes hervorhebt. Doch dieses Merken hat seine Finessen. Wie vollzieht sich der Übergang vom *Aufmerken auf etwas*, das uns auffällt, zum *Bemerken von etwas*, das wir sehen, hören oder sonstwie beachten, sowie zum *Einwirken auf etwas*? Sicherlich würde man es sich zu einfach machen, wenn man das dreifache ›Etwas‹ von dem zugehörigen Aufmerken, Bemerken und Einwirken ablösen und es vereinheitlichen wollte, als gäbe es *etwas*, das zunächst auffällt, dann bemerkt und bearbeitet wird, und als gäbe es *jemanden*, dem zuerst etwas auffällt, der es dann ausdrücklich bemerkt und darauf einwirkt, so wie wenn man einen Scheck einlöst, dem man ausgehändigt bekommt. Um im Bild zu bleiben, die Schecks der Erfahrung sind nie völlig gedeckt. Die Sprache, die selbst auf eine anfängliche Erfahrung zurückgeht, führt in die Irre, wenn der Charakter der Rück-sprache unterschlagen und Vorprädikatives, das in prädikativen Sätzen beschrieben wird, selbst als implizite Prädikation ausgegeben wird. Aufforderungsqualitäten, wie sie uns von der Gestalttheorie her vertraut sind, würden ihre besondere Qualität einbüßen, würde man sie mit Eigenschaften verwechseln, die den Dingen unabhängig von ihren Appellwirkungen anhaften. Bemerken bedeutet bereits, daß wir *etwas als etwas* sehen und hören, daß etwas *aussieht* oder *klingt wie* und daß wir *etwas in etwas* begehren (vgl. BE, Kap. I, S. 4 u. 7). Doch das Etwas, das *als etwas* bemerkt oder aufgefaßt und *als etwas* behandelt wird, ist weder identisch mit dem Etwas, das uns auffällt, noch ist es davon schlechterdings verschieden; denn es ist und bleibt »ungleichartig«, auch wenn es immer schon den Prozeß eines »Gleichsetzens des Nichtgleichen« durchläuft. Dazu Nietzsches Erläuterung: »Ein Nervenreiz, zuerst übertragen in ein Bild! Erste Metapher. Das Bild wird nachgeformt in einem Laut! Zweite Metapher.« (KSA 1, S. 879) Die anschließende Beteuerung: »Wir besitzen doch *nichts als* Metaphern der Dinge« (Hervorhebung B. W.) gehört noch zur Abkehr von der Metaphysik, die sich der psychophysischen Sprache ihrer Zeit bedient. Für die Denkökonomie von Avenarius[2] bedeutet dies,

---

untersucht wird. Es geht um Phänomene wie die Versunkenheit, in der die normale Wahrnehmung aussetzt, und Unterbrechungen, durch die sie gestört wird.

2 R. Avenarius, *Philosophie als Denken der Welt*, ³1917, S. 3, zitiert nach Sommer 1985, S. 37.

daß die Seele, die erst A und dann B perzipiert und dann in der Apperzeption B unter A subsumiert, Kräfte spart: »Die Seele verwendet zu einer Apperzeption nicht mehr Kraft als nötig.« So knauserig war Nietzsches Seele nicht, doch uns kommt es hier auf den Umsetzungsprozeß an. Jedes Bemerken und Bewirken bedeutet ein Umsetzen, ein Gleichsetzen, ein anfängliches Identifizieren, sowohl auf seiten der Dinge wie auf seiten unserer selbst. Aber auch für mich selbst gilt, daß ich als einer, *dem* etwas auffällt, geschieden bin von dem, *der* etwas bemerkt und bewirkt. Es geht also nicht bloß um den von der Appetition angetriebenen Übergang von der Perzeption zur Apperzeption, als sei im-plizit bereits alles da, was dann ex-plizit hervortritt. Wir haben inzwischen gelernt, der Faltung mehr an Differenzierungskraft zuzutrauen, als in der Vorstellung einer simplen Ein- und Ausfaltung zum Vorschein kommt. Die Frage ist nur, wie das Eigentümliche dieser Differenzierung zu fassen ist und wo die entsprechenden Zwischeninstanzen zu verorten sind.

Wie schon in früheren Versuchen werden wir auch hier dem *Was* und *Wer*, traditionell gesprochen: dem Objekt und Subjekt, ein *Wie*, einen Modus gegenüberstellen, und dies auf der Ebene der materialen Erfahrung, also unterhalb der Ebene, auf der die formale Modallogik und die formale Ontologie angesiedelt sind, und dies in einer Breite, die auch über die Glaubens- und Seinsmodalitäten im Sinne Husserls (s. Hua III, § 106) hinausgeht. An Modalitäten herrscht in der philosophischen Tradition kein Mangel. Denken wir an die aristotelischen Kategorien als Aussageweisen, an den *Modus recipientis* bei Thomas von Aquin, an Kants transzendentale Befragung »unserer Erkenntnisart« von Gegenständen, an Husserls Gegebenheits- und Intentionsweisen, zu denen auch die »attentionalen Modifikationen« gehören, oder an Heideggers Unterscheidung verschiedener Seinsweisen. Hinzu kommen Sichtweisen und Hörweisen in der Ästhetik, Redeweisen in der Rhetorik, Schlußweisen in der Logik, Modi des Verbs in der Grammatik und die Modulationen der Musik. Es fragt sich nur, welche Rolle man den Modalitäten zubilligt.

Während in der älteren Tradition die Tendenz vorherrscht, die Modi der Erfahrung der *Sache selbst* zuzurechnen und sie an einer wahren oder grundlegenden Seins- und Denkweise zu messen,[3] wächst in der Neuzeit die Neigung, sie zusammen mit der Erfahrung in der *Sub-*

---

3 Ein frühes Zeugnis liefert Platons *Siebter Brief,* 343 c: Die Philosophie sucht nicht das Wie (genauer: das Wie beschaffen: ποῖον), sondern das Was (τί).

*jektivität* zu verankern und das *in re* mehr und mehr durch ein *in mente* zu ersetzen. Wir richten uns nicht mehr nach den Dingen, sondern nach uns selbst. Inzwischen haben Struktursysteme, Diskursarten, Sprachspiele, Organisationsweisen, Praktiken und Techniken das Gewicht der *dritten Macht*, die sich zwischen Objekt und Subjekt schiebt, gewaltig gesteigert. Foucaults Serie von Epistemen, Diskursen und Dispositiven, die nicht nur festlegen, was gesagt werden kann und was nicht, sondern auch was gesehen, gehört, gedacht und begehrt werden kann und was nicht, gehören ebenfalls hierher. Doch solange dieses vielfältige Wie nicht seinen eigenen Ort in der Erfahrung gefunden hat, droht weiterhin die Gefahr, daß die Modalitäten dem Bestand der Dinge zugeschlagen und schließlich hypostasiert werden. Dagegen hilft auch keine Historisierung; diese fällt auf einen Geschichtsdogmatismus zurück, wenn das, was die Prozesse der Historisierung, der Technisierung und der Medialisierung provoziert, von ihnen absorbiert wird. Begnügt man sich dagegen mit der bloßen Registrierung einer Vielzahl von Erfahrungs-, Sprech- und Denkweisen, so verharmlost man, was auf dem Spiel steht. Die neuerliche Inflation des Kulturbegriffs leistet einer solchen Verharmlosung Vorschub.[4]

Daß wir etwas in einem bestimmten Sinne auffassen und behandeln, schließt ein, daß wir dies *so und nicht anders* tun. Die Auffassung folgt eo ipso einer spezifischen Auffassungsweise, so wie die Behandlung einer ebensolchen Behandlungsweise unterliegt. Das Wie, das hier auftritt, wartet auf unsere Erfindung, da es weder in der Beschaffenheit der Dinge noch in der Ausstattung unseres Geistes ein ausreichendes Fundament findet. Erinnert sei an den Verkehrsunfall oder an das politische Attentat als an Ereignisse, die den normalen Gang der Dinge unterbrechen. Der Ausbruch des Ersten Weltkriegs bedeutet eine kollektive Antwort auf die Ermordung des österreichi-

---

4 Die Frage, »ob ein empirisch identifizierbares mentales oder neurologisches Vermögen der Aufmerksamkeit existiert oder nicht«, hat in der Untersuchung eines solchen Vermögens, sofern »eine massive Häufung von *Behauptungen* und konkreten sozialen *Praktiken* in einer bestimmten historischen Periode seine Existenz und seine Wichtigkeit voraussetzten« (Crary 2002, S. 28 f.), sicherlich nicht ihre alleinige Alternative, als könnte eine Archäologie des Wissens eine Phänomenologie der Wahrnehmung ersetzen. Die auf Autoren wie Derrida, Blanchot und Lacan gemünzte Behauptung, »daß die Aufmerksamkeit nur aufgrund der *historischen* Tilgung der Möglichkeit, die Idee der Präsenz in der Wahrnehmung zu denken, zu einem spezifisch modernen Problem wird« (ebd., S. 16), verurteilt sich zu einer bloßen Techno-Ideengeschichte, die das Denken auf Gedachtes reduziert.

schen Thronfolgers und die daraus hervorgehenden Verwicklungen, doch die einzig mögliche Antwort war dies beileibe nicht. Wer dies behauptet, liest aus der Geschichte heraus, was zuvor in sie hineingelegt wurde. Das apperzeptive oder hermeneutische Als, das zu den Grundvoraussetzungen von Phänomenologie und Hermeneutik gehört, ist uns weder vorgegeben, noch ist es durch uns gesetzt. Die Tatsache, daß etwas als etwas gegeben ist oder verstanden wird, bedeutet nicht, daß dieses Als seinerseits gegeben ist oder verstanden wird. Hier zeigt sich der blinde Fleck einer jeden Philosophie des Sinns. Gleichzeitig unterliegt das *so und nicht anders* einem Mehr und Weniger. Der jetzige Sinn enthält mehr als das, was ist, aber auch weniger als das, was sein könnte. Im *so* liegt ein Moment der *Kreation* und der *Bevorzugung*, im *nicht anders* ein Moment der *Abweichung*. Das *andere* ist stets verknüpft mit einem *anders*. Das Wie, das dem jeweiligen Was und Wer eingezeichnet ist, hat primär den Charakter eines Adverbs; es verbindet sich mit durch Verben zu kennzeichnenden Ereignissen, und dies im Gegensatz zum Adjektiv, das in erster Linie Eigenschaften bezeichnet, die einem Etwas oder einem Jemand zugeschrieben werden.

Im Hinblick auf die Aufmerksamkeit müssen wir allerdings auf die Unterscheidung zwischen einer *primären* oder *kreativen* und einer *sekundären* oder *repetitiven* Form der Aufmerksamkeit zurückkommen.[5] Der erstgenannten Form wohnt ein Moment der Urstiftung inne, die wie alle Sinngebung dem Gesetz des *so und nicht anders* unterliegt. Die originäre Form der Aufmerksamkeit, in der die Erfahrung über sich selbst hinauswächst, bedeutet eine Form der *Ermöglichung*, die anderes und weiteres möglich macht und nicht lediglich verwirklicht, was bereist potentiell angelegt ist. Als Schlüsselereignis erschließt sie bestimmte Möglichkeiten, indem sie andere verschließt. Im Gegensatz dazu geht es bei der sekundären Aufmerksamkeit um eine Verwirklichung dessen, was bereits durch ein teils evolutionär entstandenes, teils künstlich geschaffenes Bedingungsgefüge ermöglicht und in Programmen, Deutungsschemata oder Kategorien vorgezeichnet ist. Diese sekundäre Aufmerksamkeitsweise kann mit ei-

5  Merleau-Ponty unterscheidet in einem ähnlichen Zusammenhang zwischen einer *attention secondaire*, die lediglich erworbenes Wissen abruft, und einer originären Form der Aufmerksamkeit, die neue Erfahrungsstrukturen und Wahrnehmungsfelder schafft und die auf nicht recht geklärte Weise einer *première perception* angeglichen wird (*Phénoménologie de la perception*, 1945, S. 38, dt. 51).

nem gewissen Recht mit dem Scheinwerferkegel verglichen werden, der Wahrnehmungsräume ausleuchtet und Vorhandenes ausfindig macht.[6] In diesem Falle markiert das Wie nur den Weg zu einem vorgegebenen Ziel. Eine derartige Aufmerksamkeit entpuppt sich als auxiliär, sie ist nicht konstitutiv für das, was ist. Man könnte sie als Sekundärtugend der Kognition bezeichnen. Das ständige Auf-der-Hut-sein oder Auf-dem-Quivive-sein läßt sich bis zu einem gewissen Grad automatisieren; doch damit würde das Aufmerken durch ein programmiertes Abrufen ersetzt.

Die Abschwächung jener Organisationsleistung, die durch die Aufmerksamkeit erbracht wird, hat zur Folge, daß die Erfahrung generell unterbestimmt und unterbewertet wird. Die zu untersuchenden Zwischensphären tragen nämlich auf je besondere Weise zur Stabilisierung des *so und nicht anders* bei. Ohne »Feststellungen«, die dem Status des »nicht festgestellten Tieres« gemäß sind, gäbe es nur Fulgurationen und Schocks, die das Netz der Erfahrung zerreißen, aber keine auch nur annähernd verläßliche Erfahrungsordnung hervorbringen. Wir würden in einem dauernden Alarmzustand leben, wie es in Gefahrenzeiten oder in Grenzsituationen tatsächlich vorkommt. Die Erfahrung würde sich einer Erfahrung ohne Erfahrenden und ohne Erfahrenes annähern. Die Stabilisierung geschieht mittels spezifischer *Einstellungen*, die auf eine bestimmte Sinn- und Bedeutsamkeitssphäre ausgerichtet sind und sich in *Habitualitäten* verkörpern. Hierbei ist zu unterscheiden zwischen Deutungsweisen (Semantiken) und Handlungsweisen (Praktiken), die jeweils in Darstellungsweisen (Symboliken) bzw. in Herstellungs- und Regulierungsweisen (Techniken) ihren Halt finden. Über all das hinaus, was mir jeweils widerfährt und was ich jeweils tue, bin ich jemand, der sich durch bestimmte Dispositionen auszeichnet. *Antwortbereitschaften* sind Dispositionen, die gleich anderen Dispositionen unter geeigneten Umständen aktiviert werden. Sie stehen in einem engen Zusammenhang mit dem, was ich anderenorts als Antwortregister bezeichnet habe. Allerdings bleibt zu beachten, daß alle Habitualitäten, Kompetenzen und Potentialitäten, die den Radius dessen, was ich tun und lassen kann, umreißen, in dem Doppelereignis von Auffallen und Aufmer-

6 Dies gilt nur mit gewissem Recht, da auch die sekundäre Aufmerksamkeit nicht ausschließlich repetitiv funktioniert. Das noch bei Husserl anzutreffende Scheinwerfermodell (vgl. Hua III, S. 230) wird von Gurwitsch und Merleau-Ponty in ihren grundlegenden Texten ebenso zurückgewiesen wie schon von Bergson.

ken ihre Grenze finden, da dieses Ereignis nicht selbst erlernbar und antizipierbar ist. Gleiches gilt für das Antworten auf das, was mich affiziert und an mich appelliert. Innerhalb des Spannungsbogens, der sich als eine Art Urdiastase von dem, was mir widerfährt, bis zu dem erstreckt, worauf ich antworte, finden die Zwischeninstanzen ihren Platz, ohne daß die Kluft zwischen Pathos und Response sich je schließen wird. Es liegt nahe zu fragen, ob ich nicht bereits leidens- und antwortfähig sein muß, um affiziert und angesprochen werden zu können. Doch hinter dieser Frage verbirgt sich die unzulässige Annahme, die kreative Ermöglichung unterläge selbst wieder bestimmten Möglichkeitsbedingungen. Dies entspräche mutatis mutandis der Erwartung, man könne für die Freiheit als dem »Vermögen, einen Zustand schlechthin und von selbst anzufangen«, wiederum Vorbedingungen ausfindig machen, etwa einen entsprechenden Reifegrad oder erlernte kulturelle Muster. Nicht, als ob es solche Vorbedingungen nicht gäbe, doch wir dürfen sie nicht einfach unterschieben. Sie gehören zur Vorgeschichte eines Ereignisses, das sich selbst vorausgeht und zugleich über sich hinausgeht. Natürlich gäbe es den besagten Verkehrsunfall nicht ohne die Erfindung von Kraftmotoren, ohne die Fabrikation von Autos, ohne die Anlage von Straßen, ohne eine bestimmte Verkehrsdichte und so fort, doch *sofern der Verkehrsunfall jemandem zustößt und andere in Mitleidenschaft zieht*, ist er mehr als eine Verwirklichung vorgegebener Möglichkeiten. Wer Widerfahrnisse und Antworten mittels allgemeiner Gesetzeshypothesen und entsprechender Randbedingungen erklären wollte, wäre nicht viel besser dran als jener, der das Kommen des Schlafes einer *vis dormitiva* zuschreiben würde. Zwischen Schläfrigkeit und Einschlafen liegt ein winziger Sprung, der das unversehens eintretende Widerfahrnis, also auch das Auffallen und Aufmerken, von einem antizipierbaren und erklärbaren Vorgang unterscheidet, und eben auf diesen winzigen Sprung, auf dieses »Beinahe-Nichts« kommt es an.[7] Den Ausbruch des Ersten Weltkriegs empfand Bergson ähnlich wie seine Zeitgenossen zugleich als wahrscheinlich und unmöglich, bis plötzlich das Unmögliche auf bestürzende Weise Wirklich-

7 Vgl. zum *Presque-Rien* den gleichlautenden Essay des Bergsonianers Vladimir Jankélévitch, frz. 1954, dt. in: *Das Verzeihen*, 2003. Dieses *presque rien* ist nicht zu verwechseln mit dem *tout petit*, dem μικρόν, das Leibniz als einen Näherungswert den unmerklichen Perzeptionen entnimmt (*Nouveaux Essais*, Vorwort, Akademie-Ausgabe, VI/6, S. 57, dt. 1996, S. 14).

keit wurde als ein »Ereignis, das alles mit seiner Gegenwart durchtränkte« (*Les deux sources*, 1961, S. 166 f., dt. 366).

Gleichwohl bleibt die Modalisierung der Erfahrung angewiesen auf besondere Zwischeninstanzen. Weil das »Wie« in keinem vorfindlichen »Was« zur Ruhe kommt, bedarf es originärer Supplemente im Sinne von Jacques Derrida, so daß etwas *in* Bildern und *in* Zeichen auftritt und sich *mittels* geeigneter Werkzeuge und Apparaturen herstellt. Diese originären Supplemente finden ihr Emblem in unserem Leib, der im Zugleich von Selbstbezug und Selbstentzug als Medium seiner selbst auftritt und der als fungierender Leib weder auf seiten eines verfügenden Subjekts noch auf seiten eines verfügbaren Objekts unterzubringen ist. Die leibliche Orientierung, auf die wir immer wieder zurückkommen werden, bildet ein Widerlager gegen eine verbreitete Tendenz, die man als technologische Illusion bezeichnen könnte. Diese Tendenz, die so tief sitzt wie Kants transzendentale Illusion, läuft darauf hinaus, jedes Was und jedes Wer auf bloße funktionale Modalitäten zurückzuführen, so daß das Know-how jeden Sachbezug und jeden Selbstbezug aufzehrt. Es würde auch dann noch eine Menge ablaufen, aber ohne daß sich etwas ereignet, das aufhorchen läßt und uns kreative Antworten abverlangt.

## 2. Technische Umsetzung der Aufmerksamkeit

Techniken der Aufmerksamkeit gehören in das Wirkungsfeld einer Phänomenotechnik, die an der Organisation der Erfahrung von Anfang an beteiligt ist. Der Logos der Phänomene ist niemals frei von einer gleichzeitigen Techne der Phänomene, und in beiden Fällen gilt es, das Verhältnis zum Pathos zu befragen, das sich speziell darin kundtut, daß uns etwas auffällt. Selbst wenn eine Techne des Pathos diesem strikt zuwiderläuft, muß es Schnittstellen geben, an denen Techne und Pathos aufeinanderstoßen und die Technik ihre Eingriffe vollzieht.

Im Anschluß an unsere Überlegungen zur Modalisierung der Erfahrung betrachten wir auch die Technik als ein vielförmiges und inzwischen ins Gigantische angewachsenes Wie, das als funktionaler Logos eigenen Gesetzen folgt (vgl. BE, Kap. VIII). Dies widerspricht jeder traditionellen Auffassung, die der Technik eine *untergeordnete Rolle* zuweist, sei es als Herstellung von Werkzeugen und Erstellung von Mitteln, die einem metatechnischen Ziel dienen, sei es als technisch-praktische Sphäre der Geschicklichkeit, die moralisch-praktischen Gesetzen gehorcht. Das technische Wie läßt sich sicherlich nicht in Werkzeugen dingfest machen. Hinzu kommt, daß die Technik nicht allein und nicht einmal in erster Linie als materielle Technik zu begreifen ist, durch die physische Kräfte eingesetzt und genutzt werden wie in der Kraftmaschine. Automatische Maschinen und Apparaturen verfügen über funktionale Äquivalente für das, was wir aus der Erfahrung als Bedeutung, Regel und Selbst kennen. In der Kombination von Software und Hardware wiederholt sich auf gewisse Weise das Verhältnis von Sinn und Kraft, das uns schon auf der Ebene von Auffallen und Aufmerken begegnet ist. Wiederum haben wir es mit einer Art *idée-force* zu tun und nicht mit blinden Kräften, die von außen gesteuert und gebändigt werden. Das Techne-Modell des platonischen *Timaios* kommt der Wahrheit näher als das aristotelische Poiesis-Modell, das sich allzuweit von der Autokinese physischer Prozesse entfernt. Positiv gesprochen besagt dies, daß die Technik auf dem Niveau der *Er-möglichung* anzusiedeln ist und nicht auf der sekundären Ebene der Ver-wirklichung vorgegebener Ziele, der Ausübung von Fertigkeiten und der Ausführung normativer Richtlinien. Eine Ermöglichung, die zwar antwortet auf das, was ihr zuvorkommt, die aber gleichzeitig geeignete Wege des Antwortens zu erfinden hat, zeigt eben darin ihren technologischen Aspekt. Das Wie findet seinen Halt in einem originären *Womit*; dieses gehört gleich unserem Leib einem Zwischenbereich an, der weder auf subjektive Intentionen noch auf blinde Mechanismen zurückgeführt werden kann. Im folgenden kommt es uns darauf an, Aufmerksamkeitstechniken ausfindig zu machen, die ebenso spezifisch sind wie die alterprobten Beobachtungs- und Mnemotechniken.

Einen ersten Ansatzpunkt liefert unsere Unterscheidung zwischen primärer und sekundärer Aufmerksamkeit, allerdings nur dann, wenn der sekundären Aufmerksamkeit eine genuine Leistung der *Wiederholung* zugebilligt wird. Eben das, was uns auf ungewohnte und ungeahnte Weise auffällt, was uns überfällt und überrascht, wiederholt sich derart, daß es sich in einen Fall verwandelt; es wiederholt sich andererseits auch nicht, da das, was vorfällt und auffällt, nicht schlechthin unter ein Gesetz fällt. Das Unwiederholbare im Wiederholen erzeugt eine produktive Spannung; erst wenn das Moment des Unwiederholbaren verdrängt und vergessen wird, bleiben bloße Mechanismen zurück.

Für die Umsetzung des Unwiederholbaren in wiederholbaren Gestalten und Bewegungen lassen sich verschiedene Faktoren angeben,
von denen einige hier benannt seien. An erster Stelle ist die *Auslese-
funktion* zu nennen. Bei entsprechender Codierung verwandelt sich
das, was uns auffällt, in ein erkennbares und erstrebbares Etwas,
dem ausgesuchte *Merkmale* und *Wirkmale* zugeordnet werden. Auf
diese Weise wissen wir, was oder wer auf uns zukommt, und wir können uns darauf einstellen. Wie die Gestalttheorie bereits klar erkannt
und die Neurobiologie auf neue Weise entdeckt hat, kommt es zu
einer *Bevorzugung*. Denn würde alles wiederholt, so würde sich nichts
wiederholen. Die Erfahrung gliche dem reinen Fluß, in den wir nicht
nur zweimal nicht, sondern selbst einmal nicht als in denselben stei-
gen können. Der Erfahrungsgang würde sich in ein chaotisches Rau-
schen verwandeln, doch dies wäre nicht mehr als eine Fiktion. Merkmale und Wirkmale, die vonnöten sind, damit überhaupt etwas so
und nicht anders erscheint, fungieren als Aufforderungsqualitäten,
bevor sie als solche attribuiert, thematisiert und expliziert werden.
In der Sprache von Jakob v. Uexküll besagt dies: »Merkzeichen unserer Aufmerksamkeit werden zu Merkmalen der Welt.«[8] Heidegger hat
recht, wenn er die Richtigkeit (ὀρθότης, *rectitudo*) des Blickens und
Vorstellens von der Wahrheit als Unverborgenheit (ἀλήθεια) unterscheidet und bereits in dem schlichten Sich-Richten-nach einen technischen Aspekt entdeckt; er hat nicht recht, wenn er Richtigkeit und
Wahrheit gegeneinander ausspielt und den technischen Aspekt mit
einer Seinsvergessenheit in Verbindung bringt. Husserl kommt der
originären Technik näher, indem er *fungierende* Wesenheiten und Bedeutungen zuläßt. Eine Auslese, die auf keiner bewußten oder begrün-
deten Wahlhandlung beruht, muß nicht erst nach außen verlagert
werden, sie war nie ganz und gar innen beheimatet, in einem Geist
oder in einer Seele, von denen die Auswahl getroffen wird. Es gibt Programme und Inschriften, die älter sind als jede Vorschrift. In dieser
selektiven, bedeutungsstiftenden Programmatik überkreuzen sich gelebte Erfahrung und maschinelle Abläufe. Daß unser Suchen nach ...
und unser Gehen zu ... flexibler und situativer ist als jene Operationen, die ein Computer auf einen Tastenbefehl hin ausführt, liegt auf

8 Jakob v. Uexküll, *Theoretische Biologie*, 1973, S. 102. Der Autor bewegt sich allerdings noch allzusehr auf den Bahnen einer kantischen Konstitutionslehre, indem
   er die Merkzeichen als subjektive Empfindungen und Qualitäten begreift, aus denen
   die objektive Welt aufgebaut wird.

der Hand; doch dies schließt nicht aus, daß unsere Verhaltensabläufe Züge aufweisen, die sich maschinell simulieren und weitgehend auch automatisieren lassen, wie etwa Atmung und Blutkreislauf.

Das Aufmerken, mit dem die Aufmerksamkeit anhebt, wird in Gang gesetzt durch Signale, die anzeigen, daß es etwas zu bemerken gibt, ohne daß sie dieses im einzelnen kennzeichnen. Solche Signale übernehmen eine *Auslösefunktion*, indem sie sich auf besonders markante Weise bemerkbar machen. Diese Funktion, die uns aus der Ethologie in Form von Auslöseschemata bekannt ist, läßt sich in Alarmgeräte einbauen. Man denke an Feuersirenen, Sturmlichter oder Sicherungsanlagen, die vor einer drohenden Gefahr warnen, an den alltäglichen Wecker, der uns aus dem Schlaf reißt, oder schließlich an den kaum merklichen Knoten im Schnupftuch. Daß man leichter etwas übersehen als überhören kann, weist darauf hin, daß die Aufmerksamkeit von der Verschiedenartigkeit der Sinne nicht unberührt bleibt. Alarmgeräte, die in besonderem Maße unsere Aufmerksamkeit auf sich ziehen, werden angestellt und eingestellt, so daß ein andauernder Aufmerksamkeitszustand entsteht. Auch dieser maschinelle Zustand ist keineswegs meilenweit entfernt von einer habituellen Einstellung. Nicht umsonst spricht man von einem inneren Wecker, der mit unserer Körperuhr verbunden ist, der aber, ganz im Gegensatz zum maschinellen Wecker, unter der Angst leidet, daß wir nicht rechtzeitig aufwachen.

Verwandt mit der Alarmfunktion ist die *Überwachungsfunktion*, mit der sie oft kombiniert wird. Wiederum handelt es sich um einen Aufmerksamkeitszustand. Doch in diesem Falle geht es nicht darum, anzuzeigen, daß etwas passiert ist oder passieren wird, sondern darum, Alarm zu schlagen, falls etwas passiert. Der lebende Aufpasser, etwa ein Museums- oder Gefängniswärter, aber auch ein Wachhund oder die historischen Gänse auf dem Kapitol lassen sich ersetzen durch einen Monitor, eine versteckte Kamera oder ein Satellitengerät. Aufpasser und Aufpaßgeräte erzeugen nicht nur eine sensuelle Öffentlichkeit, sie tragen auch zur Entstehung eines Verdachtsklimas bei; denn wenn so wenig sicher ist, wie die fragliche Person, der fragliche Vorgang oder der fragliche Gegenstand aussieht, kann jeder Passagier und jeder abgestellte Koffer Argwohn erwecken. Die Person wird zum potentiellen Delinquenten, das Ding zum potentiellen *Corpus delicti*. Darin wird deutlich, in welchem Maße technische Vorrichtungen Szenerien mitgestalten. Aufmerksamkeitsfelder können sich wie in Orwells Roman in Überwachungsfelder verwandeln. Auch das Überwachen, dem Foucault in Benthams Panopticon einen architektonischen Ort gegeben hat, gehört hierher: »Das volle Licht und der Blick des Aufsehers erfassen besser als ein Dunkel, das auch Schutz bot. Die Sichtbarkeit ist eine Falle.« Daran haben wir das Beispiel einer nicht-reziproken sozialen Aufmerksamkeit, derzufolge jemand im Lichtkegel fremder Aufmerksamkeit steht: »Er wird gesehen, ohne selber zu sehen; er ist Objekt einer Information, niemals Subjekt einer Kommunikation.«[9] Auch so entsteht ein Klima, das sich von den Intentionen der beteiligten Personen mehr oder weniger ablöst. Ein Gefängnisraum, der seine Insassen einer permanenten Sichtbarkeit aussetzt, verwandelt sich in einen Überwachungsapparat. Dazu Vladimir Nabokov in seinem Gefängnisroman *Einladung zur Enthauptung* (1999, S. 25): »Im Laufe der Zeit wurden die sicheren Orte immer weniger: Der besorgte Sonnenschein öffentlichen Interesses drang überallhin, und das Guckloch in der Tür war so angebracht, daß es keine einzige Stelle in der Zelle gab, die der Beobachter auf der anderen Seite nicht mit einem Blick durchbohren konnte.« Mit der Unmöglichkeit, die Tür hinter sich zu schließen, nähert sich der Eingeschlossene dem Zustand der Schlaflosigkeit, in der man kein Auge zutut. Wenn Foucault seine Untersuchung auf die Geburt des Gefängnisses und einer allgemeinen Disziplinargesellschaft abstellt, so erinnert dies an die erwähnten Stiftungsereignisse, die neue Möglichkeiten und Unmöglichkeiten entstehen lassen, und es erinnert umgekehrt daran, daß Stiftungen nicht mit reinen Ereignissen der Sinnstiftung und der Sinngebung gleichzusetzen sind. Dazu paßt es, daß viele der Aufmerksamkeitstechniken sich militärisch nutzen lassen.

Schließlich gehört zur Aufmerksamkeit die Brennpunktbildung, die Fokussierung oder – wie das alte Wort lautet – die Konzentration, die sich gegen Störungen und Ablenkungen zu behaupten hat. Die Aufmerksamkeit stützt sich in diesem Fall auf eine *Ausschaltungs-* oder *Abschaltungsfunktion*. Schon die Wahl solcher Ausdrücke deutet auf einen technikartigen Prozeß hin, der sich künstlich herstellen läßt, indem man das Kameraauge auf eine bestimmte Schärfe oder das Empfangsgerät auf eine bestimmte Wellenlänge einstellt. Wiederum

---

9 M. Foucault, *Überwachen und Strafen*, 1976, S. 257. In einer Anmerkung (S. 259) weist Foucault darauf hin, daß Bentham auch eine akustische Überwachung erwogen hat, die erst später zu dem gewünschten asymmetrischen Abhörsystem entwickelt wurde.

sind Gesicht und Gehör auf verschiedene Weise betroffen. Nebenge-räusche, die mit den erwünschten Klängen interferieren, lassen sich weniger leicht ausscheiden als optische Nebenerscheinungen, die in der räumlichen Nachbarschaft auftauchen. Die technische Filterung, die den Aufmerksamkeitsraum und das Aufmerksamkeitsgeschehen rigoros von fremden Zutaten freihält, hat allerdings auch zur Folge, daß die ausgefransten Ränder, die eine ständige Übergangszone bil-den, abgeschnitten werden. Eine technisch perfektionierte Konzentra-tion würde auf eine Stillegung der Erfahrung hinauslaufen.

Ein Wort schließlich zur Ermöglichung. Jede Ermöglichung schließt eine gewisse Form der Selbstermöglichung ein. Die gilt auch für die *Selbstorganisation* des Aufmerksamkeitsfeldes. Würde dieses von außen organisiert, so wäre es nichts weiter als ein vorhandenes System unter anderen Systemen. Die Ermöglichung besteht in der Schaffung und Aufrechterhaltung von Möglichkeitsbedingungen, die als solche immerzu etwas offenlassen. Nur in einem geschlossenen System fiele den Möglichkeitsbedingungen der Status von Wirklich-keitsbedingungen zu. Alles, was sein könnte, wäre aufs Ganze und auf die Dauer betrachtet der Fall. Unser Möglichkeitssinn würde mit dem Wirklichkeitssinn verschmelzen. In offenen Systemen gibt es dagegen stets etwas, das sich den Ordnungsmechanismen entzieht. Einer tota-len Aufmerksamkeit, der nichts entginge, würde auch nichts mehr auf-fallen, sie wäre nachgerade witzlos.

Die Technologisierung, die sich auf das funktionale Wie von Er-fahrungsweisen beschränkt, schlägt sich nieder in einer künstlichen *Merk-* und *Wirkwelt*, deren Strukturen sich in einem vielfältigen *Kön-nen* verkörpern.[10] Die Symbiose von Mensch und Tier, die sich hin-ter der Formel von dem Lebewesen, das einen Logos hat, verbirgt, ist eine alte Sache. Der Mensch lebt nicht nur vom Tier, sondern auch mit ihm. In den frühen Phasen der Menschheitsentwicklung, die sich *entre chien et loup* bewegen, gibt es kein Haus ohne Haustiere und natürlich umgekehrt auch keine Wildnis ohne wilde Tiere. Der wei-tere Gang der Zivilisation hat diese Symbiose nicht zum Verschwin-den gebracht, doch das größere Gewicht liegt nun beim Zusam-menspiel von Mensch und Maschine, das man von der einen Seite als *Symbiose*, von der anderen Seite als *Synergie* beschreiben kann.

10 Die Umweltanalysen von Jakob von Uexküll, die auch spezielle »Aufmerksamkeits-formen« in Betracht ziehen (vgl. 1973, S. 107 f.), wären unter biotechnischen Aspek-ten neu zu lesen.

Das doppelte Syn- geht nicht auf in einer Synthese, die eine höhere Einheit erfordern würde, aber es impliziert eine wechselseitige Spiegelung und Angleichung. Die Maschine nimmt anthropomorphe Züge an, etwa in der Form sogenannter intelligenter und sich selbst regelnder Maschinen, während umgekehrt der Mensch maschinenförmige Züge annimmt, so etwa in der Form unkontrolliert oder mechanisch ablaufender Verhaltens- und Erlebnisweisen. Der mehrfach von uns herangezogene Begriff der Einstellung weist in beide Richtungen, als Stellung, die der Mensch einnimmt, und als Einrichtung eines Geräts. Der Umschlag von einer Sphäre in die andere vollzieht sich in unserem Leibkörper, durch den das leibliche Selbst an der materiellen und belebten Natur teilhat. Wie in unserem Leib, so durchdringen sich auch in der Zwischensphäre, der die technischen Maschinen und Apparaturen angehören, Kultur und Natur. Die Differenz zwischen Mensch und Maschine läßt sich nicht substantiell bestimmen, aber auch nicht bloß funktional. Würde man sich mit der funktionalen Differenzierung begnügen, so hätte die Technologie bereits das ganze Feld besetzt. Bezogen auf das Phänomen der Aufmerksamkeit befindet sich die kritische Zone dort, wo das Aufmerken auf das, was uns auffällt, in Bemerkbares und Bewertbares umgesetzt wird. Ebendiese Umsetzung eröffnet einen indirekten Zugang zu jenen pathischen und responsiven Aspekten der Erfahrung, die direkt nicht zu fassen sind. Die Art der Umsetzung verfügt über einen mehr oder weniger stark ausgeprägten technischen Anteil, der in einem Arsenal von Aufmerksamkeitsgeräten und Aufmerksamkeitsvorrichtungen versammelt ist. Im Schatten der Aufmerksamkeitskultur hat sich längst eine Aufmerksamkeitsindustrie angesiedelt. Das Extrem eines Technizismus äußert sich in der Tendenz, die Umsetzung, die vom Pathischen ausgeht und von daher einen Antwortcharakter behält, in eine Selbstsetzung zu verwandeln, die vom Pathischen nichts weiter zurückbehält als Störgeräusche. Damit reiht sich der Technizismus ein in einen Normalisierungsprozeß, der sich auf funktionierende Ordnungen verläßt, ohne sie weiter zu befragen. Die Aufmerksamkeit wäre dann letzten Endes eine Sache funktionsgerechter Programme. Nicht die Tatsache, daß Computer vieles *immer noch nicht* können, wäre dann das Problem, sondern daß sie *nur* etwas können. Wenn beim Vergleich von Mensch und Maschine immer wieder Randphänomene wie Lachen, Witz, Spiel, Ironie, Vieldeutigkeit, Zögern, Hoffen, Neugier, Scham, Langeweile, Lust und Schmerz und auch die

Gewalt ins Feld gefühlt werden, so sieht dies zunächst nach Verlegen-
heitslösungen aus, als würde der Mensch, mit dem Rücken zur Wand,
gegen den Ansturm der Technologie ankämpfen und sich an etwas
klammern, das einen dürftigen Halt verspricht. Doch dieser Eindruck
täuscht. Die genannten Randphänomene verweisen auf einen atech-
nischen Hintergrund und Untergrund technischer Prozesse, der *sub
specie machinae* als dysfunktional erscheint. Störungen und Stören-
friede, die das normale Programm unterbrechen, sind deshalb höchst
ambivalent. Die technische Drosselung der Aufmerksamkeit führt
zur Einfriedung oder gar zur Einfrierung der Aufmerksamkeit, wenn
sie sich einzig auf ihre eigenen Kräfte verläßt.

## 3. Mediale Bindung der Aufmerksamkeit

Auch das, was man heute mit dem sehr allgemeinen Ausdruck ›Medien‹ bezeichnet, gehört zur Modalisierung der Erfahrung. Verglichen
mit technischen Eingriffen, die jegliches Was und Wozu dem Druck
eines Womit aussetzen, erweist sich die mediale Einbindung, die alles
Was und Wozu an ein *Wodurch* bindet, als die weichere Variante. Dieses Wodurch ist ähnlich wie das griechische διά und das lateinische
*per* als ein *Hindurch* (frz. *à travers*) zu verstehen, das die Materialität
eines *Vermittels* (frz. *par*) nicht abgelegt hat. Die entsprechenden
Modi sind Modi der *Darstellung*, die traditionellerweise den Modi
der Vor- und Herstellung an die Seite treten. Wer in diesem Zusammenhang den sehr in Mode gekommenen Begriff der Repräsentation
benutzt, sollte darauf achten, daß die mediale Repräsentation nur
eine bestimmte Bedeutung dieses Begriffswortes wiedergibt. Die Darstellung bildet einen Darstellungskomplex, der sich wie der Zeichengebrauch zugleich auf die Dinge, auf uns selbst und auf die Anderen
bezieht. In diesem Fall schlägt die Wirkung nach innen, als medial
erzeugte Wirkung, die sich auf uns selbst oder auf Andere richtet. Bekannt ist dieser Vorgang als rhetorischer Effekt, der sich als adressierte
Wirkung von jeder bloß physischen Wirkung unterscheidet.

Medien haben es mit der Art und Weise zu tun, wie etwas in uns
Eindrücke hinterläßt und auf uns Eindruck macht, mit all den Gra-
den der Nachdrücklichkeit, die der Erfahrung ihr attentionales Relief
verleihen. Doch ähnlich wie die Technik werden auch die Medien
im herkömmlichen Denken unterschätzt. Die *Transparenz der Me-*

*dien*, durch die der Blick »hindurchgeht« (vgl. etwa Hua IV, 240), läßt diese hinter dem Gesehenen verschwinden.[11] Umgekehrt wird der Einsatz der Medien vielfach als *Zeichengebrauch* gefaßt und somit Zeichenbenutzern anheimgestellt, die weder für sich selbst noch füreinander medial vermittelt sind. Auch hier stellt sich die Frage nach einer originären Medialität bzw. einer originären Repräsentanz. Diese ergibt sich eben dann, wenn alles, was uns erscheint, stets nur indirekt *in einem anderen* erscheint, wenn Medien also an der Ermöglichung von Erfahrung beteiligt sind und nicht bloß der Wiedergabe und Weitergabe vorgegebener Erfahrungsgehalte dienen. Im Hintergrund steht auch hier ein Pathos, das sich in seiner Vorgängigkeit niemals in flagranti erfassen läßt, sondern stets nur in Nachbildern, Nachklängen und Nachwirkungen, also gleichsam in-fomiert bzw. de-formiert, wenn wir uns auf bereits bestehende Formationen beziehen. Dabei handelt es nicht etwa um einen sprach- oder bildlosen Rest, sondern um einen uneinholbaren Anfang, der Bilder und Klänge wie einen Kometenschweif nach sich zieht.

Auch die Medien treten als Zwischeninstanzen auf, in Form eines *medium quo*, das sich in einem *medium quid* materialisiert, aber in dieser Materialität nicht aufgeht. Damit verweisen sie auf unseren fungierenden Leib, der als Leibkörper seine eigene Materialität besitzt. Wie der Leib, so haben auch die Medien eine eigentümliche Opazität und Trägheit, die uns daran hindert, sie entweder in den Geist oder in die Dinge zu verlegen, ohne daß sie deshalb einer dritten Welt der Bilder und Zeichen zuzuordnen wären. *Ich sehe etwas durch ein Medium hindurch.* Dieses genuine Wodurch läßt sich wiederum *als etwas* thematisieren, doch stets nur hinterdrein. Insofern geht die bildliche Erfahrung dem Bildbewußtsein ebenso voraus wie die zeitliche Erfahrung dem Zeitbewußtsein. Eine weitgefächerte Medientheorie könnte sich an die verschiedenen Sinne, an besondere Ausdrucks- und Verhaltensweisen anschließen, indem sie die wech-

11 Husserl selbst hält allerdings an der Materialität der Medien ebenso fest wie an der Körperlichkeit des Leibes, so daß jederzeit ein entsprechender Blickwechsel möglich ist. Fraglich ist einzig das Gewicht, das die Medialität erhält. Ich verweise in diesem Zusammenhang auf einen unveröffentlichten Text von Emanuel Alloa zum Thema *diaphanes*, in dem er es unternimmt, das ›Durchscheinende‹ der aristotelischen Sinneslehre für eine mediale Phänomenologie zu nutzen. Vgl. *De anima* II, 7, 418 b 4-6: »Durchsichtig (διαφανές) nenne ich, was sichtbar ist, aber nicht an sich selber [...], sondern mittels einer fremden Farbe.«

selnde Darstellung in Bild- und Klangformen, in Gestik und Mimik, in Worten und Handlungen in Betracht zieht. All diese Darstellungsformen sind selbst wieder technisch verfaßt und einer künstlich-künstlerischen Bearbeitung zugänglich. Dabei stellt der Übergang vom implizit fungierenden zum explizit eingesetzten und bearbeiteten Medium ein besonderes Problem dar. Um ein Beispiel zu nennen, der szenische und theatralische Charakter des Alltagslebens, der ein unbezweifelbares Gewicht hat, besagt nicht, daß wir ständig Theater spielen. Das französische Wort *acteur*, das sowohl den Handelnden wie den Schauspieler bezeichnet, stellt keine bloße Äquivokation dar, aber es spricht auch nicht für eine schlichte Einförmigkeit. Einen Aufstand auf der Bühne proben heißt nicht, einen Aufstand machen, obwohl die Grenzen bisweilen, auch auf fatale Weise, verschwimmen.

Uns interessiert hier die Rolle der Medien im Feld der Aufmerksamkeit. Es ist die Art der Darstellung und Darbietung, die spezifische Formen der *Auffälligkeit* erzeugt, bis hin zur medizinisch oder kriminologisch festzustellenden Verhaltensauffälligkeit. Die vagabundierende, vielgewandte Aufmerksamkeit, die ihre eigenen Odysseen durchmacht, ist immer auch medial gebunden, im äußersten Fall gar gefesselt. Die Bindekraft der Medien variiert mit der Eigenart der Medien, doch dies schließt intermediale Grundzüge nicht aus. Diese äußern sich in einer synthetischen und synergetischen Korrespondenz der Sphären und in durchgehenden Spannungen. Daraus erwächst ein Kräftespiel der Aufmerksamkeit, innerhalb dessen ein intermedialer Wettstreit stattfindet und sich variable Aufmerksamkeitsstile ausbilden.

Beginnen wir mit dem Übergang von der Unauffälligkeit zur Auffälligkeit. Das Auffälligwerden kann auf verschiedene Weise in Gang kommen, nicht nur als »Bemerken von Unzuhandenem« wie bei Heidegger, sondern auch aus einer ungewohnten Sprechsituation heraus: »Was dürfte das Auffallende, das Neue in einer Sprechsituation sein, wo ›Baumstumpf‹ gebraucht wird, das Phänomen Stumpf oder das Phänomen Baum? Dem Kritiker genügt die achselzuckende Antwort ›non liquet‹. Sonst würde er umfassender zugreifen und ein durchaus triviales Ergebnis, welches in jeder Abhandlung über ›Apperzeption‹ oder ›Aufmerksamkeit‹ vorkommt, als Kronzeugen anrufen. Was uns zuerst in die Augen springt, ist je nach Umständen bald das Alte, Vertraute, und bald das Unbekannte, Neue: in einer fremden Stadt der einzige Landsmann, in einem vertrauten Dorf der einzige

Fremde.« (Bühler 1982, S. 329) Der Übergang selbst kann sich graduell vollziehen in einem allmählichen Auffälligwerden, das von Leibniz als infinitesimaler Prozeß beschrieben wird. Bei dieser weichen Variante geht es um die mediale *Weckung* der Aufmerksamkeit, die sich gegen eine hintergründige Indifferenz und Monotonie durchzusetzen hat. Dazu gehören bildnerische Mittel wie der Farbkontrast, die Leuchtkraft der Farben, der Beleuchtungseffekt, der Einsatz greller, schreiender Farben, die den Blick einfangen wie ein flüchtiges Wild, die lineare Konturierung, die eine Gestalt aus ihrem Umfeld heraushebt, dazu gehören ferner behutsam wirkende Spannungsmomente, die bildnerische Akzente setzen, eine Unruhe erzeugen oder einen Blicksog auslösen, wie er von den offenen Türen eines Interieurs ausgeht. Ähnliches finden wir im Bereich der Klänge und Töne in Form von Tonintervallen oder dem An- und Abschwellen der Lautstärke. Den grellen Farben entsprechen schrille Geräusche, die bis ins Schmerzhafte gehen können. Doch es gehört zu den generellen Paradoxien der Ästhesiologie, daß starke Mittel sich nicht nur schneller abnutzen als feinere Schattierungen, da sie keine innere Entfaltung zulassen, sondern daß sie sich einem Schock annähern, der jede Gestalt zerplatzen läßt. Ein Blitz oder ein Schrei hat nichts Auffälliges oder Aufdringliches an sich, das sich gegen das Absinken in das Unauffällige wehren müßte, ein Schock hebt sich nicht als Figur von einem Hintergrund ab, sondern er steigert sich zu einem absoluten Eindruck, der den Augenblick bis zum Rand füllt. Er hat etwas von einem Alles oder Nichts.[12] Die Weckung der Aufmerksamkeit bewegt sich also, medial betrachtet, zwischen den Extremen einer schläfrigen Monotonie, wo nichts mehr auffällt, und der Überwachheit eines Schocks, wo etwas völlig aus dem Rahmen fällt und uns fassungslos macht. In solchen Grenzerfahrungen, in denen die Struktur des *etwas als etwas* dahinschwindet oder zerbricht, findet das Worin eines Mediums keinen Halt mehr. Darin liegt die Wahrheit der aristotelischen Sinneslehre, die auf eine Mitte hin ausgerichtet ist und im Übermaß (ὑπερβολή) der Überreizung die Wahrnehmung zusammenbrechen sieht (*De anima* II, 11). Dies hat Folgen für alle Farb- und Klangkünste, die mit einem isolierten Farb- oder Klangschock aus der Sphäre der Darstellung entlassen wären. Was für den Bereich des Sehens und

12 Husserl dämpft diesen Gegensatz, indem er die »sich hindehnende und hinströmende Dauer« und die »Momentan-Dauer, das Blitzartige« als qualitativen Unterschied der zeitlichen Gesamttypik faßt (Hua X, S. 255).

Hörens gilt, trifft mutatis mutandis auch auf das Reden und Agieren zu. Es gibt sprachliche Mittel wie die Tonstelle im Satz, den Nachdruck der emphatischen Redeweise, die Wahl eines zündenden Buchtitels, die Ausschmückung der Initialen in alten Handschriften oder die Gestaltung des Druckbildes. Die Appellfunktion der Sprache ist voll von Aufmerksamkeitszeichen. Das Schauspiel kennt ähnliche Kunstgriffe in der Art, wie die Bühne besetzt wird und Lichtakzente gesetzt werden. All dies ließe sich in weitere Details umsetzen und auf andere Medienbereiche ausdehnen. Unsere Darstellung beschränkt sich darauf, die Nahtstellen zu markieren, wo die Erfahrung selbst mediale Züge annimmt. Das Ereignis, das darin besteht, daß uns etwas auffällt, überdauert in der Form von Auffälligkeiten, die sich sedimentieren; doch diese sind weder objektive Gegebenheiten noch subjektive Setzungen, sie gehören zur Inszenierung einer Erfahrung, die Gestalt annimmt und nicht vorweg schon eine feste Gestalt besitzt.

Verwandt mit der Weckung der Aufmerksamkeit ist deren *Wachhalten*. Die Aufmerksamkeit kann erlahmen. Auch die Aufrechterhaltung der Aufmerksamkeit läuft über mediale Vorrichtungen. Dazu gehört die Wahl des Erfahrungstempos, das nicht mit der Uhr zu messen ist, sondern von der Erfahrungsdichte und dem Ausmaß an Abwechslung abhängt. Die Auffälligkeit, die sich an dieses oder jenes heftet, sinkt zurück in die Unauffälligkeit, wenn Ereignisse sich dehnen gleich einer endlosen Landschaft, wenn Wandbilder zu Tapetenmustern verblassen oder Musikklänge in einer Geräuschkulisse verebben. Die Aufmerksamkeit hat einen großen Verfallswert; sie läßt sich nicht ins Werk setzen, auch nicht auf Eis legen wie eine verderbliche Speise. Die Unaufmerksamkeit lauert mitten in der Aufmerksamkeit, eben deshalb ist diese so störbar und ablenkbar. Ein Aufmerksamkeitsapparat, bei dem das Auffällige programmiert wäre, könnte nicht abgelenkt werden und also auch nicht zerstreut reagieren. Das Wachhalten der Aufmerksamkeit fällt um so leichter, je mehr die Aufmerksamkeit die Form einer sekundären Aufmerksamkeit annimmt, in der das Auffallen sich einem bloßen Wiederauffallen annähert. Das Auffallen verwandelt sich dann in die Wiederkehr von auffälligen Beschaffenheiten, die wir Dingen und Vorgängen dauerhaft zuschreiben, und das Aufmerken geht über in einen Gebrauch von Merk- und Wirkzeichen. Die Weckung nimmt auf diese Weise die stetige Form eines wiederholbaren Vorgangs an. Die sedimentierte Auffälligkeit, von der diese Wiederholung lebt, prägt unseren Alltag, so etwa, wenn die Stunde nicht nur auf einem Zifferblatt angezeigt wird, sondern die Stunde unüberhörbar vom Glockenturm aus schlägt, wenn der Muezzin vom Minarett seiner Moschee, heute vielfach per Lautsprecher, die Gebetsstunde ausruft oder wenn die Zeitansage im Radio und der Fernsehgong den Stundenwechsel ankündigen. Die alltägliche Medialisierung der Zeit wird ergänzt durch eine Medialisierung des Raumes, die herkömmlicherweise durch Plätze, Straßenzüge, Flußübergänge, Berggipfel und ähnliche markante Wahrzeichen übernommen wurde. Inzwischen gehören auch die Flugdaten auf dem Bildschirm dazu, die jeden Passagier in einen Minipiloten verwandeln, und die Ansagen, die ihn aus dem Flugschlaf reißen. In der mehr als alltäglichen Sphäre der öffentlichen Kultur wird die Aufmerksamkeit durch Bedeutsamkeitszeichen wachgehalten. Sie finden ihre Ausgestaltung in Festtagen, die den Kalenderalltag skandieren, in Sternen, wie sie vom Baedeker und vom Michelin (nicht ohne politischen und ökonomischen Hintergedanken) verteilt werden, in den roten Punkten der Bilderausstellung, die den Besucherstrom kanalisieren, kurz: in einem Zeicheneinsatz, der Kulturprogramme ermöglicht. Die Aufmerksamkeit entfernt sich damit weit von einem freien Spiel der Einbildungskraft, das seine Prämien nach Gutdünken verteilt. Die Medialisierung der Aufmerksamkeit findet allerdings wiederum ihre Grenze in dem Ereignis des Auffallens und Aufmerkens, das sich nicht selbst auf etwas optisch, akustisch oder sprachlich Auffälliges reduzieren läßt. Bild-, Klang- und Wortformen, die man der Kunst zurechnet, zeichnen sich dadurch aus, daß sie dem drohenden Gleichmaß normaler Vorkommnisse einen ästhetischen Widerstand entgegensetzen, der dem von Levinas hervorgehobenen ethischen Widerstand des menschlichen Gesichts bis zu einem gewissen Grad vergleichbar ist. So wenig wie der fremde Blick oder der fremde Appell ist das Doppelereignis von Auffallen und Aufmerken etwas Sichtbares, Hörbares und Sagbares, außer in der indirekten Form eines Weckens und Wachhaltens dessen, was uns aufweckt, aufschreckt, aufblicken und aufhorchen läßt. Man könnte in diesem Fall von einer potenzierten Wachsamkeit sprechen, die verhindert, daß das Erwachen sich zu einem Wachzustand verfestigt.

Der weichen Variante, in der sich der Übergang von der Unauffälligkeit zur Auffälligkeit allmählich vollzieht, steht auch hier die harte Variante eines Schocks gegenüber, der uns schlagartig trifft, selbst wenn wir ihn erwarten. Aufzuwecken ist hier niemand, im Gegenteil, es bedarf einer *Dämpfung* des Schocks, der uns aus dem Schlaf reißt. Der Riß, der dabei entsteht, ist immer schmerzhaft, niemals schlicht willkommen wie ein erwarteter Gast. Eben deshalb lauern hier die Gefahren einer Traumatisierung; diese resultiert aus pathischen Vorfällen, die nur indirekt in der Körpersprache der Symptome auffällig werden. Schocks und Traumata sind Ereignisse, die sich überstürzen und uns überfallen. Die Dämpfung des Schocks geschieht derart, daß die Aufregung, die gleichsam auf der Stelle tritt, sich in eine Anregung verwandelt, die wir befragen und beeinflussen können. Durch die Einbindung des frei schwebenden Schockreizes wird aus dem, was uns affiziert, *etwas*, das *als etwas* Gestalt annimmt. Die Gabe, »zu sagen, was ich leide«, die Goethe dem Dichter zuerkennt, bedeutet zunächst kein Reden *über das Leiden*, sondern ein Reden *vom Leiden aus*. Wäre diese Rede lediglich eine Form des Leidens, so wäre sie keine besondere Gabe. Nähme sie die Form einer autonomen Rede an, die das Leiden thematisiert, so würde sie ebenjenen Übergang, um den es geht, als bereits geschehen voraussetzen; ihr entginge die Verwandlung des Leidens in Rede, die innerhalb der Rede untilgbare Leidensspuren hinterläßt. *Sunt lacrimae rerum*, heißt es bei Vergil, die Dinge selbst haben ihre Tränen. Das Antworten auf den Schock besteht zunächst darin, daß er aufgefangen wird wie ein Schlag, der uns trifft, und nicht bereits als etwas betrachtet wird, das wir aus dem Wege räumen. Wir »ringen nach Fassung«, »wir fassen uns«, und dieser Prozeß reicht tiefer als Auffassungsakte, die wir vollziehen.

Die Frage, welche Rolle die Medien bei diesem Umsetzungsprozeß spielen, wurde bereits ansatzweise beantwortet. Ein schockartiges Pathos läßt sich auf direktem Wege weder fassen noch verarbeiten, als hätten wir es lediglich mit einem unbestimmten, noch formlosen X zu tun, das auf seine Bestimmung und Nutzung wartet. Was uns schlagartig trifft, hat weder raum-zeitliche Horizonte, in denen es sich entfalten könnte, noch zeigt es bestimmte Eigenschaften, die sich beschreiben und verwerten ließen. Das Pathos ist gewissermaßen verstockt, bildlos, namenlos. Die Formel *etwas als etwas*, die wir wiederholt verwendet haben, könnte zu der Annahme verleiten, da würde lediglich etwas Besonderes in einem allgemeinen Sinn gemeint und verstanden oder auf einen allgemeinen Begriff gebracht. Dieser Prozeß der Verallgemeinerung könnte sich auf dem Weg einer Generali-

sierung vollziehen, der von der letzten, unteilbaren Spezies zum höch-
sten Genus aufsteigt, oder auf dem Weg einer Formalisierung, die von
individuellen und materialen Bestimmungen absieht. Bilder wären
dann lediglich Mittel der Veranschaulichung oder der Exemplifi-
zierung, Zeichen böten lediglich Bedeutungsformen und Bezugsgrößen, die konstruktiv oder instrumentell eingesetzt werden. Doch eine
restlose Konzeptualisierung von Bild und Zeichen scheitert schon
daran, daß die sinnliche Gestalt einer Stimme oder eines Gesichts
zwar typische Züge aufweist, sich aber nicht selbst verallgemeinern
läßt, als sei das Hören und Sehen lediglich eine implizite Form des
Denkens. Verallgemeinern läßt sich etwas am Gesehenen und Gehörten, nicht das Sehen und Hören selbst. Ähnliches gilt für die Ver-
weisungszusammenhänge der Erfahrung, die in der Bindung an das
Hier und Jetzt stets etwas Okkasionelles behalten. Die Annahme einer
sozusagen nackten Erfahrung, die mit Begriffskleidern ausgestattet
wird, oder einer rohen Erfahrung, die durch begriffliche oder begriffs-
artige Konstruktionen in Form gebracht wird, unterschlägt das, was
sich – wie unsere Behandlung malerischer Bildnisse zeigen wird –
als eine originäre Bildlichkeit und Zeichenhaftigkeit der Dinge bemerkbar macht. In der Sprache der Repräsentation hieße dies, daß
etwas nicht bloß durch etwas anderes vertreten wird, sondern daß
etwas sich selbst vertritt, um als etwas auftreten zu können. In diesem Sinne gibt es eine *originäre Repräsentanz* (vgl. BE, Kap. I,
S. 6).[13] Diese Selbstvermittlung bedeutet, daß Sichtbares im Medium
des Sichtbaren sichtbar, daß Hörbares im Medium des Hörbaren hörbar wird.

Nehmen wir die Grenzerfahrung des Schmerzes. Der Sprung vom
diffusen Schmerz zu distinkten Zahnschmerzen, der Philosophen wie
Pathologen zu schaffen macht, ist gewaltig, weil er eine explizite Kör-
perkarte voraussetzt. Zunächst ist der Schmerz nämlich so etwas wie
»die Außenseite der Sensibilität – es ist da etwas, das ist von mir und

---

13 Auch Husserl supponiert neben der Anschauung, in der sich die Intention erfüllt,
und der Repräsentation, in der sie repräsentiert wird, die Mischform einer »unrei-
nen oder stellvertretenden Anschauung [...], wo ein repräsentierender Inhalt vermöge seiner Inhaltsgleichheit oder -ähnlichkeit mit dem repräsentierten uns zeit-
weilig als gleichwertiger vorläufiger Ersatz für den letzteren dient«, er dient aber
bloß als vorläufiger Ersatz, weil der Endmodus anschaulicher Erfüllung den Ersatz
überflüssig machen würde. Vgl. die »Psychologischen Studien zur elementaren Logik« von 1894, Hua XXII, S. 110.

doch nicht von mir – anders als ich in mir (*autre que moi en moi*). Unabweisbar wie ich. Und eine Art anderes Ich, welches das Ich bekriegen will – ein Empfundenes, das alles andere zu vernichten trachtet, die *durchschnittliche* Existenz des anderen und auch seine Möglichkeit.« Der originäre Schmerz ist »erzwungene Aufmerksamkeit, auf meine Kosten genährt (durch das fremde Faktum)«. (Valéry, *Cahiers*, Bd. I, S. 1161, dt. Bd. 3, S. 355) Doch schon die anfängliche Beschreibung des Schmerzes als stechend, bohrend, pochend oder ziehend setzt ein rudimentäres Körperschema voraus. Nur so können wir davon reden, daß der Schmerz sich in einem Körperraum ausbreitet, an der Oberfläche bleibt oder in die Tiefe dringt, daß er in zeitlichen Rhythmen auftritt, nämlich periodisch, anhaltend oder unregelmäßig, daß die Kräfte im Körpergeschehen sich umverteilen, daß körperliche Veränderungen sich ankündigen und daß der Leib in der Körpersprache der Symptome sich selbst darstellt.

Der Körper fungiert also als *imago sui* und als *index sui*, bevor Bild- und Zeichendinge hergestellt und eingesetzt werden. Ähnliches trifft zu auf die optische und akustische Gestaltwerdung der Dinge. Der Verkehrsunfall, den wir als Exempel herangezogen haben, bliebe eine folgenlose Fulguration, ein Nichts, das Niemandem zugestoßen wäre, wenn das, was uns schlagartig anrührt, nicht an vorausgehende Ereignisse erinnern und keine weiteren Spuren hinterlassen würde. Gerade weil ein schockförmiges Ereignis aus dem Nichts kommt und ins Nichts verschwindet, bedarf es eines Mediums, worin es sich darstellt und sich mit anderen Kontexten verwebt. Was uns unerwartet trifft, tritt auf *als Riß* (im Gewebe), *als Sprung* (im Gefäß), *als Spalt* (im Gestein). Die Klammerzusätze deuten an, wie selbst das Un-mittelbare, das bestimmte Vermittlungszusammenhänge durchbricht, ebendiesen Zusammenhängen seine Bestimmtheit entlehnt. Mehr als eine Entlehnung ist es nicht. Was danach kommt, fällt bereits unter die Normalisierung; Riß, Sprung und Spalt erscheinen dann als Zustände eines nicht mehr intakten Etwas. Doch Bilddinge, Klanginstrumente und Zeichengeräte, die dem Medium eine bestimmte Quidditas verleihen, weisen zurück auf eine originäre Bildlichkeit, Klanglichkeit und Zeichenhaftigkeit, ohne die etwas, was geschieht, niemals als wiederkehrendes und beharrendes Etwas auftrete könnte. Ohne dieses genuine Quidproquo gäbe es buchstäblich nichts, das sich als etwas zeigen könnte. Das leuchtende Blau in der monochromen Malerei von Yves Klein deutet darauf hin, daß selbst das schiere

›Blauen‹ eine Bläue hinterläßt, die über den bloßen Farbschock hinausgeht. Das Farbsehen kann sich dem allerdings annähern, so in alarmierenden Situationen, wo wir ›rot sehen‹.

Beim Aufmerken kommt es nun nicht nur darauf an, daß Auffälliges sich von Unauffälligem abhebt oder daß der Aufprall des Sinnesschocks in einen Prozeß des Auffallens und Aufmerkens übergeht, es kommt zugleich darauf an, daß wir gerade *so und nicht anders* angerührt und angesprochen werden. Das Auffällige muß eine gewisse *Verführungskraft* entfalten, es muß etwas *Verlockendes* (Einladendes, Erfreuliches, Anziehendes) oder umgekehrt etwas *Abschreckendes* (Abstoßendes, Fürchterliches, Lästiges) an sich haben und dadurch unsere Zu- oder Abwendung auslösen; das heißt, es muß an unser Begehren, an unsere Triebe und Interessen appellieren. Dieser Appell setzt die bereits erwähnte Verzögerung voraus, eine »Polsterzeit«, in der sich die Verführungskraft entfalten kann. Pathische Ereignisse haben nie nur etwas Verlockendes, sondern immer auch etwas Erschreckendes und Gefährdendes, das einen Abwehrreflex auslöst und bei dem es um die leibliche Integrität geht und nicht nur um Wohlbehagen oder Mißbefinden. Das Begehren richtet sich auf etwas, das nicht da ist, das sich dem direkten Zugriff entzieht und das nur im Medium von Wunsch- oder Angstbildern auftaucht. Diese entfalten eine eigentümliche Wirkkraft. Das interesselose Wohlgefallen, das Kant für die Anschauung des Schönen in Anspruch nimmt, trägt Züge einer Geisterbeschwörung, die das, was sie beschwört, keineswegs zum Verschwinden bringt. Hierbei ist allerdings zu unterscheiden zwischen einem originären Begehren, das aus der Ferne und der Fremde kommt, und einer sekundären Form von Bedürfnissen, denen sich Güter und Werte sowie Praktiken der Bedürfnisbefriedigung zuordnen lassen. Diese Differenz wird ihr volles Gewicht erst dann erhalten, wenn wir die Anderen in Betracht ziehen, die an unsere Aufmerksamkeit appellieren.

An dieser Stelle sei lediglich darauf hingewiesen, daß die Verführungskraft der Dinge eine Einfallspforte öffnet für alle Arten von Einflußnahme, auch für den medial vermittelten Einfluß der ökonomischen Reklame und der politischen Propaganda. Fragwürdig wird die Einflußnahme, wenn die Verlockung des Begehrens auf eine bloße Tauschwirtschaft der Lüste und auf eine Befriedigung bestehender oder hergestellter Bedürfnisse herabgesetzt wird. Die umworbene und angestachelte Aufmerksamkeit droht jederzeit in eine umgarnte und gegängelte Aufmerksamkeit abzugleiten, die nur noch sucht, was sie im Grund schon kennt, und verfolgt, was sie im Grunde schon hat.

## 4. Verkörperte Aufmerksamkeit

Die Aufmerksamkeit als ein Zwischengeschehen, das sich weder auf *etwas* stützen kann, das uns auffällt, noch auf *jemanden*, der aufmerkt, das also weder in objektiven Daten noch in subjektiven Akten einen zureichenden Grund findet, ist und bleibt angewiesen auf Zwischeninstanzen, die Erfahrung ermöglichen. Die Mediatisierung vollzieht sich als eine vielfältige Modalisierung. Das betreffende Wie, das von jedem substantiellen Was und jedem subjektiven Wer wohl zu unterscheiden ist, verkörpert sich auf je verschiedene Weise in einem vielförmigen und variablen technischen Womit und einem ebenso vielförmigen und variablen medialen Wodurch. Techniken und Medien treten für das ein, was nicht zu ersetzen, aber auch nicht direkt zu fassen ist: für das, was uns überrascht, überkommt und zuvorkommt. Um dieser Überraschung ihren Stachel zu nehmen, genügt keine Er-möglichung, es bedürfte gleichsam einer Er-wirklichung, die als *creatio ex nihilo* mit nichts begänne. Doch dies ist ein Gedanke, dessen Verwirklichung die Aufmerksamkeit selbst hinfällig machen würde. Vielleicht spielt die Aufmerksamkeit in der Tradition eben deshalb eine solche Nebenrolle, weil sie – trotz verschiedener Theologisierungsversuche wie jenem von Augustinus – nicht zu den göttlichen Attributen zählt, die im Zuge einer Theo-anthropologie auf den Menschen übergehen. Man kann Wissen, Wollen und Können bis zur Allwissenheit und Allmacht steigern. Doch was die Aufmerksamkeit angeht, so scheitert ein solcher Steigerungsversuch an der Selektivität, die verhindert, daß sich das Unauffällige vollständig und endgültig in Auffälliges verwandelt. Jede Optimierung der Aufmerksamkeit kann nur eine relative sein.

Die Verkörperung der Techniken und Medien verdient es, beim Wort genommen zu werden. Wie wiederholt angedeutet, ist es die Leiblichkeit unserer selbst, die als *ursprünglicher technischer Apparat* (als Registrier-, Bewegungs-, Koordinationsapparat) und als *ursprüngliches Medium* (als Urbild, Urskript, Urlaut, Urtastatur) fungiert. Dies bedeutet keineswegs, daß Techniken und Medien im Leib ihren Ursprung haben, es bedeutet aber, daß sie sich von Anfang an in uns als einem leiblichen Selbst einnisten, und zwar deswegen, weil unser Leib stets etwas von einem Leib*körper* hat. Der fungierende Leib entgleitet sich selbst auf vielfache Weise; er entgleitet sich auch, sofern wir seine funktionalen Abläufe niemals in actu durchschauen und beherrschen. Unser Sehen und Hören fällt nicht zusammen mit dem Wissen, daß man sieht und hört. Sichbewegen fällt nicht zusammen mit einem Wollen, daß man sich bewegt. Es genügt nicht, von der Materialität des Leibkörpers zu sprechen, als ginge es um Zellgewebe, Knochensubstanzen und Nervenströme; es geht vielmehr um Organisationsleistungen, die ohne unser Wissen und Zutun abrollen, sei es der Rhythmus des Herzschlags, das Sortierungsgeschäft der Niere, sei es der Augenaufschlag oder die Filterung der Geräusche, sei es das An- und Abschwellen der Lust, seien es die Verknüpfungs-, Steuerungs- und Ausleseprozesse des Gehirns. Der wirksamste Versuch, sich diese Körperprozesse vom Leib, besser: vom Geist oder von der Seele zu halten, bestand und besteht immer noch darin, die Organisationsweise des Leibkörpers in eine Körpersubstanz oder in eine Körpermaschine zu verbannen, deren Prozesse unser bewußtes Erleben und Verhalten lediglich begleiten, das eine Mal förderlich, das andere Mal hinderlich. Damit wäre alles Mechanische und Mediale, das zu uns gehört, ausgelagert und in einer Art Körperkolonie angesiedelt. Sowenig ein Richter sich als Amtsträger um neuronale Prozesse zu kümmern braucht, außer wenn die Zurechnungsfähigkeit des Delinquenten in Frage steht, sowenig muß sich der Philosoph als Epistemologe und Praxeologe mit körperlichen oder neuronalen Begleiterscheinungen abgeben. Diese gehören zum mehr oder weniger Wißbaren, nicht aber zum Wissen, sie gehören zum mehr oder weniger Lenkbaren, nicht aber zum Wollen. Diese traditionelle Sichtweise ändert sich, wenn man den Leibkörper als einen Inbegriff von Modalitäten betrachtet, als die Art und Weise, wie uns dies und jenes in der Welt, an uns selbst und bei Anderen begegnet. So heißt es schon in Merleau-Pontys *Phänomenologie der Wahrnehmung*: »Le corps est notre moyen général d'avoir un monde« (1945, S. 171, dt. S. 176).

Dies alles trifft auch auf das leiblich vermittelte Aufmerksamkeitsgeschehen zu, so daß dieses sich buchstäblich verkörpert. Die gängigste Bestimmung des Aufmerkens, die wir kennen, ist die der Zu- und Abwendung. Dies klingt nach einer disjunktiven Ja/Nein-Entscheidung. Doch damit stünden wir bereits auf dem Boden einer sekundären Aufmerksamkeit, die aus vorhandenen Möglichkeiten die geeignetste auswählt und alles andere wegläßt. In der primären Aufmerksamkeit genießt demgegenüber die Zuwendung einen Vorzug; denn jede Abwendung setzt bereist eine minimale Zuwendung voraus, sofern etwas auftritt, *wovon* wir uns abwenden. Darin stecken eine Reihe weiterer Probleme, die wir zunächst auf sich beruhen lassen können. Soviel läßt sich schon hier sagen: Die Zuwendung schlägt als Hinwendung, als Hinsehen und Hinhören, eine bestimmte Richtung ein. Da ich selbst an der Zuwendung maßgebend beteiligt bin, qualifiziert Husserl sie als einen Initialakt des Ich, der in allen weiteren Formen der Beobachtung, Beschreibung oder Beurteilung enthalten ist. Als aktuelle Zuwendung ist sie vor bloß potentiellen Zuwendungen ausgezeichnet: Ich lebe vorzüglich in den Akten, die den Modus der Aufmerksamkeit aufweisen (Hua III, § 92). Dies klingt einfacher, als es ist. Wir fühlen uns an Descartes erinnert, der die Aufmerksamkeit als voluntativen Beitrag zur Erkenntnis würdigt. Noch bei Kant finden wir eine entsprechende Erkenntnispraxis, die der praktischen Vernunft den Primat einräumt. Paul Ricœur bemüht sich in seinem frühen Werk *Le volontaire et l'involontaire* (1950, S. 142-172) darum, diese klassischen Motive in eine leiblich fundierte Philosophie des Willens zu integrieren. Dabei fällt der Aufmerksamkeit eine besondere Rolle zu. Wie bei Bergson ist sie ganz und gar mit der zeitlichen Dauer verwoben, doch innerhalb der Polarität von Willentlichem und Unwillentlichem steht sie eindeutig auf seiten des ersteren. »Aufmerksamkeit bedeutet die Kunst, die Dauer zu meistern, deren Fluß seinerseits radikal unwillentlich ist.« (S. 145) Als »Aufmerksamkeit in Bewegung« beherrscht sie die Dauer, als »Aufmerksamkeit, die anhält«, bringt sie den Gang der Überlegung zur Entscheidung (S. 142). Dabei wird der gewohnten Aufmerksamkeit durchaus eine entdeckerische Aufmerksamkeit gegenübergestellt: »Der wahre Name für die Aufmerksamkeit heißt nicht Vorwegnahme, sondern Erstaunen«, auch dies ein Rückgriff auf Descartes, doch die Bändigung durch den Willen endet bei einem schroffen Gegensatz. Einer freien Aufmerksamkeit, die sich einer »Naivität« und »Unschuld des Blicks« überläßt und dem Anderen als Anderem Aufnahme gewährt, tritt eine versklavte Aufmerksamkeit gegenüber, bei der ich zur »Beute des Objekts« werde (S. 147 f.). In Wirklichkeit läuft die Zuwendung, die von anderswoher kommt und nicht nur anderswohin geht, über einen schmalen Grat, der keinen festen Halt erlaubt. Die Zuwendung antwortet auf ein Geschen, das *von selbst* kommt und unserem Tun *zuvorkommt*; und sie festigt sich zu einem Können, einer Einstellung, die unser Tun *über-dauert*. Der aktuell *aufmerkende Leib* ist eine Art Übergangswesen. Er bewegt sich auf halbem Weg zwischen einem spontanen Leib, über den wir als Aufmerkende *noch nicht* verfügen, und einem habituellen Leib, über den wir *nicht mehr* gänzlich verfügen und der uns immer wieder in den Schlaf der Gewohnheit zurücksinken läßt.

Die Griechen pflegten die Tyche der Techne entgegenzusetzen (vgl. Aristoteles, *Physik* II, 4). Während die Tyche im Prozeß des Auffallens ihr Spiel treibt, und dies in besonderem Maße, wenn das *objet trouvé* dem Suchen vorauseilt, trägt der Erwerb von Habitualitäten und die Festigung des Tuns in der Einstellung die Züge spezifischer Körper-techniken, die von den entstehenden Semantiken und Praktiken, also von Sinnbildungen und Zielsetzungen relativ unabhängig sind. Ohne gewisse Formen der Mechanisierung und Automatisierung wären wir der augenblicklichen Situation hilflos ausgeliefert, gleich einem Tau-sendfüßler, der versuchen würde, Bein um Bein zu bewegen. Die Auf-merksamkeitstechniken, die sich erheblich verfeinern lassen, begin-nen also mit dem Erwerb eines Könnens, das seinerseits auf natürliche Dispositionen zurückgreift. Diese Nähe zur Maschine und zum Auto-maten hat an sich nichts Degradierendes für den Menschen. Das Aus-geliefertsein an die Tyche, dieses »Nichtfestgestelltsein«, ruft förmlich nach »Feststellungen«, die in ihrer Wiederholungstendenz durchaus mit der Techne im Bunde stehen. Das Menschliche, das durch keine technischen Machenschaften getilgt werden kann, entspringt einem Intervall, das Raum und Zeit läßt für verschiedene Antworten, auch für verschiedene Techniken. In diesem Inkubationsraum finden Fra-gen und Zweifel, Zögern und Zaudern ihren Platz, also all das, was verhindert, daß das Aufmerken und Antworten sich selbst mechani-siert, automatisiert und daß es am Ende bedürfnisgerecht fabriziert wird.[14] Die Tatsache, daß diese mechanisierte Aufmerksamkeit sich der Karikatur nähert wie im Falle von Doktor Cottard aus Prousts *Re-cherche* (I, S. 200, dt. I, S. 298), der »auf alle Fälle« ein »bedingtes und provisorisches Lächeln« aufsetzt, um nicht gesellschaftlich daneben-zutappen, verweist abermals auf den Spalt, der das Aufmerksamkeits-geschehen durchzieht. Beginnt er sich zu schließen, so reagieren wir

14  Ricœur gehört allen voluntaristischen Einseitigkeiten zum Trotz zu den wenigen Handlungstheoretikern, die dem Zögern einen wichtigen Platz in der Entschei-dungsfindung einräumen. Vgl. 1950, S. 130-141.

mit Belustigung oder auch mit Entsetzen, so wenn das menschliche Auge unmenschlicher blickt als das Glasauge.

Die mediale Bindung der Aufmerksamkeit bringt wieder andere Momente ins Spiel. Bei der Analyse der Medialisierung sind wir ausgegangen von einer Weckung der Aufmerksamkeit. Diese suggeriert, daß das, was dem Aufmerken vorausgeht, ein schlafloser Zustand ist; der Übergang von der Unauffälligkeit zur Auffälligkeit gliche dann dem Aufwachen, der Rückgang von der Auffälligkeit zur Unauffälligkeit dem Einschlafen. Doch dieser Vergleich enthebt uns nicht weiterer Explikationen. Schon der Wachende kann die Frage »Wer bin ich eigentlich?« nicht gänzlich unabhängig von dem Zeitpunkt beantworten, an dem sie gestellt wird, denn der Tagesablauf führt zu beträchtlichen Veränderungen der Bewußtseinslage (vgl. Pöppel 1997, Kap. 12). Erst recht befinden sich Schlafende und Wachende in verschiedenen Erlebniszuständen. Es trennt sie eine Schwelle, die wir in entgegengesetzten Richtungen überqueren. Doch wie verhalten sich die beiderseitigen Zustände und die entsprechenden Vorgänge zueinander? Kontinuisten sehen hier kein Problem; der Schlaf bildet nur eine Vorstufe des Wachens, das schlafende Ich erscheint als Vor-Ich. Zu vermitteln ist nichts, da der Übergang selbst die Vermittlung leistet. Das Kontinuum läßt sich auch neurobiologisch neutralisieren. Neuronen wachen und schlafen nicht, nur die nervösen Prozesse, die wir registrieren, weichen voneinander ab; das geschieht allerdings in deutlicher Entsprechung zu den Wach- und Schlafzuständen, so daß diese sich indirekt bemerkbar machen. Vertreter einer diskontinuierlichen Sichtweise könnten statt dessen eine der beiden Zustandsarten derart anheben, daß sie die andere in eminenter Weise enthält: »Unser Leben ist ein Traum«, oder umgekehrt und prosaischer: »Der Schlaf ist ein Zustand, den Wachende sich selbst oder jemand anderem zuschreiben«, doch damit wird dem Schlaf kein Eigenleben zugebilligt. Wichtig daran ist für uns, daß das Unauffällige nur als Defizit oder als Abart des Auffälligen auftritt. Das Auf-fallen und Auf-merken verliert seinen Übergangscharakter. Gehen wir jedoch von einem solchen Übergang aus, wie es der Aufmerksamkeitserfahrung und auch dem Aufmerksamkeitsverhalten entspricht, so drängt sich die Annahme auf, daß es nicht nur eine »Wanderung« der Aufmerksamkeit gibt (Hua III, S. 229), sondern daß von einem Zustand zum anderen etwas hinüber- und herüberwandert. Schon die Tagesreste im Traum und umgekehrt die Wachträume deuten hin auf ein Ineinander von Wachen und Schlafen. Sie weisen ebenfalls darauf hin, daß Bilder und Dinge, aber auch Zeichen und Dinge nicht strikt voneinander getrennt sind wie zwei Wesen, die jeweils einer verschiedenen Spezies angehören. Ziehen wir speziell die Situation in Betracht, wo das Aufmerken in ein Bemerken von etwas Bestimmtem übergeht, so setzt dies voraus, daß das Bemerkte auf Ähnliches und Unähnliches, auf Zugehöriges und Nichtzugehöriges verweist, andernfalls wäre das bemerkte Etwas wie ein erratischer Block, der nicht einmal als neu oder neuartig zu bestimmen wäre. An solche Bezüge denken wir, wenn wir von Vor- und Nachbildern, von Vor- und Nachklängen, von Vorzeichen und Spuren sprechen. Es gibt nicht nur Dinge, Bilder und Zeichen, sondern die Dinge selbst fungieren bild- und zeichenhaft im Sinne einer genuinen Medialität der Erfahrung, ohne daß sie deswegen ihr Selbstsein einbüßen. Insofern machen auch sichtbare Dinge sichtbar, so wie sie aufeinander hinweisen. Die alte Assoziationslehre wäre entsprechend zu überdenken.

Die durchgehende Medialität der Erfahrung findet abermals ihren Rückhalt in der Verfassung unseres Leibes, der zugleich sehend und sichtbar, hörend und hörbar, berührend und berührbar ist, aber nie das eine und das andere in nahtloser Einheit. Ein solcher Selbstbezug ist nicht zu verwechseln mit dem traditionellen Selbstbewußtsein; er bedeutet Selbstbezug und Selbstentzug in eins. Eben deshalb können wir uns selbst überraschen, auch auf uns selbst aufmerksam und neugierig werden. In den Spalt, der sich in unserer leiblichen Erfahrung öffnet, treten Spiegelbild, Schattenriß und Echo. Wir entdecken uns im Spiegel, wir werden verfolgt von unserem eigenen Schatten, wir vernehmen unsere eigene Rede im Klangbild unseres eigenen Echos. Diese Umwege der leiblichen Selbsterfahrung und diese Formen der Selbstverdoppelung sind Prototypen einer Erfahrung, die sich von Anfang an als medial gebrochen darstellt.

## 5. Mitwirkung des Gehirns

Die Frage nach der Mediatisierung der Erfahrung hat uns bis zur Verkörperung der Aufmerksamkeit in einem Leibkörper geführt. Man sollte meinen, daß damit die Frage nach der Mitwirkung des Gehirns in ihren Grundzügen bereits beantwortet ist. Das fungierende Gehirn scheint im fungierenden Leib beschlossen, bevor es als ein Zentralorgan neben und mit anderen Körperorganen objektiviert, thematisiert und traktiert wird. Doch die neuere Gehirnforschung, die sich zunächst als Neurophysiologie, Neuropsychologie oder Neurobiologie an bestehende Disziplinen anlehnte, hat sich inzwischen derart verselbständigt, daß es mit einer beiläufigen Betrachtung nicht getan ist. Die entscheidende Frage lautet in unserem Zusammenhang: Läßt sich die zentrale Instanz des Gehirns, ähnlich wie die Vielfalt der Techniken und Medien, mit denen wir es bisher zu tun hatten, als eine Zwischeninstanz betrachten, und wenn ja, in welchem Sinne? Nur wenn wir mit einer solchen Möglichkeit rechnen dürfen, ist zu erwarten, daß die Zerebralisierung der Aufmerksamkeit für die Zwischenereignisse, die wir als Auffallen und Aufmerken bestimmt haben, auf ähnliche Weise Raum läßt wie die Prozesse der Technisierung, der Medialisierung und der Verkörperung insgesamt. Andernfalls wäre jegliche Frage nach dem Was und Wer der Aufmerksamkeit letzten Endes nur mit dem Aufweis zerebraler Organisationsweisen zu beantworten.

Es steht außer Zweifel, daß Neurophysiologie und Neurobiologie mit ihren neusten Methoden der Phänomenologie auf befruchtende, aber auch auf beunruhigende Weise nahe gerückt sind. Neuere Zwitterbildungen wie Neurophilosophie oder auch Neurophänomenologie, die wir einer um sich greifenden »Neurophorie« verdanken,[15] suggerieren Synthesen, wo intensive Übersetzungsanstrengungen verlangt sind. Es ist hier nicht der Ort, das Verhältnis von Phänomenologie und Neurologie in seiner ganzen Breite aufzurollen, unser Augenmerk gilt einzig den möglichen Nahtstellen zwischen Phänomenologie und Neurologie der Aufmerksamkeit.

Ein repräsentativer Autor wie Wolf Singer begreift das Gehirn als »distributiv organisiertes, hochdynamisches System, das sich selbst organisiert, anstatt seine Funktionen einer zentralistischen Bewertungs- und Entscheidungsinstanz unterzuordnen« (2002, S. 111). Der Modus der neuronalen Organisation konstituiert mithin ein Geschehen, das weder in einem vorgegebenen Was fundiert noch von einem ordnenden Wer herzuleiten ist. Sofern Prozesse der Aufmerksamkeit von dieser Selbstorganisation erfaßt werden, entziehen sie sich der Alternative eines Sensualismus, der alles in neutralen und ele-

---

15 Vgl. die wissenschaftstheoretische und wissenschaftspolitische Einrede von Uwe Laucken: »Über die semantische Blindheit einer neurowissenschaftlichen Psychologie« (2003).

mentaren Daten fundiert glaubt, und eines Voluntarismus, der alles in graduellen Aufmerksamkeitsakten eines Ich zentriert sieht. Aufmerksamkeit geschieht, und was geschieht, ist weder schlicht gegeben noch schlicht gesetzt. Eine solche Sichtweise verträgt sich durchaus mit den Zwischenereignissen, von denen unsere phänomenologische Analyse ausging. Schon die Tatsache, daß die Aufmerksamkeit mitsamt ihrem affektiven und frühgeschichtlichen Hintergrund in der neueren neurologischen Forschung eine Beachtung findet, die von der üblichen erkenntnis- und handlungstheoretischen Geringschätzung der Aufmerksamkeit so deutlich absticht, ist bemerkenswert. Divergenzen treten erst dort auf, wo der methodisch gesetzte Rahmen fundamentalneurologische oder pantechnische Züge annimmt.

Die Probleme beginnen mit der Einstufung und Verortung der Aufmerksamkeit, nämlich dann, wenn der Eigencharakter der Aufmerksamkeit nicht primär vom leiblichen Verhalten, sondern vom Bewußtsein her gewonnen wird.[16] Für Gerhard Roth bedeutet Bewußtsein, im angeblichen Einklang mit den meisten Autoren, einen Zustand, den ein Individuum hat. »Dieses individuelle Bewußtsein wird von uns als Zustand bzw. Begleitzustand von Wahrnehmen, Erkennen, Vorstellen, Erinnern und Handeln empfunden.« (1996, S. 213) Es wäre hilfreich, wenn bei häufigen Wendungen wie »für uns« deutlich unterschieden würde zwischen dem Wir der Untersuchungspersonen und dem Wir der untersuchenden Neurologen. Hier ist offensichtlich ersteres gemeint; damit stellt sich allerdings die Frage, ob dieses »Empfinden« nicht selbst schon eine Bewußtseinsweise ist, was zur Folge hätte, daß die einführende Explikation des Bewußtseins mit Hilfe des Explikandum geschieht. Des weiteren wird neben dem Ich-Bewußtsein, das mir unmittelbar gegeben ist, ein Gegenstands-Bewußtsein angesetzt, das sich auf innere oder äußere Geschehnisse richtet. »In diesem Zusammenhang ist Bewußtsein eng mit *Aufmerksamkeit* verbunden oder gar identisch mit ihm: je stärker die Aufmerksamkeit auf ein bestimmtes Geschehen gerichtet ist, desto bewußter ist es. Wir wollen diesen Zustand das *Aufmerksamkeits-Bewußtsein*

---

16 Vgl. dazu bei Gerhard Roth (1996) Kapitel 10: »Gehirn und Bewußtsein« und bei Wolf Singer (2002) den Aufsatz »Vom Gehirn zum Bewußtsein«. Wir zitieren ohne viel exegetisches Federlesen, da beide Autoren ihre grundlegenden Auffassungen inzwischen an vielen Stellen veröffentlicht haben, ohne daß nennenswerte Veränderungen der Sichtweise, Selbstkorrekturen oder wechselseitige Korrekturen festzustellen sind.

nennen. Das Bewußtsein des eigenen Ich und der personalen Identität bildet hierzu einen ständig vorhandenen Hintergrund.« (Ebd., S. 214) Davon unterschieden werden verschiedene Stufen der Wachheit und der Konzentration. Dies alles gehört bereits einer Phänomenologie der Aufmerksamkeit an, die von keinen neurologischen Erklärungen Gebrauch macht. Aufmerksamkeit bedeutet, so können wir resümieren, eine Gerichtetheit des Bewußtseins und eine gesteigerte Form der Bewußtheit, die – wie hinzugefügt wird – mit einer Enge des Bewußtseins verknüpft ist. Der Übergang zur neurologischen Ebene vollzieht sich nahtlos, als Brücke dient die Pathologie mit ihren Bewußtseinsstörungen. »Bewußtsein kann global oder scharf umgrenzt (fokal) ausfallen. Beidseitige Schädigungen des Gehirns im Bereich der Formatio reticularis führen in aller Regel zur globalen Bewußtseinslosgkeit, zum Koma. Läsionen im Bereich der assoziativen corticalen Areale können hingegen zu fokalen Bewußtseinsausfällen führen. So kann die Fähigkeit zu bewußtem Sehen oder Hören selektiv beeinträchtigt sein. Trotzdem ist der Patient wach und sich ansonsten seiner Tätigkeiten und Erlebnisse voll bewußt.« (Ebd.) Diese und ähnliche Passagen sind in einer Mischsprache verfaßt, wie wenn man dauernd vom Deutschen ins Griechische, vom Griechischen ins Deutsche hinüberwechseln würde. Die Gefahr, daß auf diese Weise Zusammenhänge bloß suggeriert werden, ist nicht von der Hand zu weisen. Als eine weitere Brücke zur Neurologie dient die Tatsache, daß es offensichtlich auch bei Normalen ganz verschiedene psychische Leistungen gibt, solche, die wir *nicht ohne* volle Aufmerksamkeit erbringen können, so etwa das Erlernen motorischer Fähigkeiten wie Klavierspielen oder Computerschreiben, solche, die von Bewußtsein begleitet sein *können*, wie das Gehen oder Sprechen, und solche, die grundsätzlich *ohne Bewußtsein* ablaufen, wie Erregungen der Netzhaut oder der Blutkreislauf. Bewußtes Erleben ist angewiesen auf eine Repräsentation im assoziativen Cortex. »Insofern ist der assoziative Cortex also der *Ort* des Bewußtseins [...]« (Ebd., S. 219) Auch diese topologische Bestimmung bedient sich einer Mischsprache, in der Elemente des gelebten und des objektiv kartographierten Raumes zusammenfließen. Ähnliches geschieht, wenn die unvermeidliche Selektion der Aufmerksamkeit, zumindest zum Teil, mit der Stoffwechselaktivität, so mit dem meßbaren Verbrauch an Glukose-Zucker, begründet wird (ebd., S. 222). Die Aufmerksamkeitsleistung ist noch einmal zentral betroffen, wenn die Entstehung des Bewußtseins aus dem Zusammenspiel des Cortex mit subkortikalen Zentren, darunter dem limbischen System, begriffen wird. Als entscheidende Schwelle gilt der Übergang von der völlig unbewußt ablaufenden *präattentiven* Wahrnehmung zu mehr oder weniger bewußten Vorgängen, die dem Kriterienpaar *bekannt-unbekannt* bzw. *wichtig-unwichtig* unterworfen sind. Was unbekannt und unwichtig ist, gelangt überhaupt nicht zum Bewußtsein, was bekannt und unwichtig ist, gelangt nicht oder kaum noch zum Bewußtsein, was bekannt und wichtig ist, hält sich auf einer niederen Bewußtseinsstufe, während das, was neu und wichtig ist, die stärkste Aufmerksamkeit beansprucht. Hierbei wird das limbische System, das mit unseren Gefühlen korreliert, als »Bewertungssystem« angesetzt, das darüber befindet, was jeweils als neu und wichtig gilt (ebd., S. 228-231). Problematisch bleibt die Bestimmung des *Unbewußten*. In einem Abschnitt, der mit »Phänomenologie des Unbewußten« überschrieben ist, werden jene Vorgänge als unbewußt qualifiziert, »die im Gehirn stattfinden, während und solange die assoziative Großhirnrinde nicht aktiv ist« (Roth 2001, S. 219). Das Mißliche dieser Definition liegt darin, daß das Bewußte zwiefach, nämlich phänomenal und cortical beschrieben wird, wie immer man den Zusammenhang zwischen beiden Beschreibungsweisen herstellen mag, daß hingegen das Unbewußte, und damit auch das Unbemerkbare, seine positive Qualität einzig und allein aus neurologischen Bestimmungen, also aus der Beobachterperspektive schöpft. Als Erlebnisqualität wäre das Unbewußte nicht zu unterscheiden von sonstigen Naturvorgängen, die ebenfalls ohne unser Wissen und Wollen ablaufen. Der Unterschied läge allein auf der Ebene kausaler Einflüsse. Das Unbewußte der Neurologie wäre das, was nur der Neurologe weiß; mit dem Unbewußten der Psychoanalyse ließe es sich nur dann vergleichen, wenn dieses etwas wäre, was nur der Analytiker kennt. Wäre es so, so könnte von meinem Unbewußten als Resultat einer Verdrängung, von einem Konflikt zwischen Ich und Es und von einem Prozeß der Übertragung, in dem ein Unbewußtes ein anderes Unbewußtes »auffängt«, nicht eigentlich gesprochen werden. Von einer solch schlichten Angleichung des Unbewußten an ein *Nichtgewußtes* ist ein fruchtbarer Austausch zwischen Neurologie und Psychoanalyse nicht zu erwarten, es steht im Gegenteil zu befürchten, daß man die Psychoanalyse in eine Neuroanalyse überführt, indem man Freuds szientistische Relikte aufwärmt und die Sache der Psychoanalyse preisgibt.

Wechseln wir von diesen semi-phänomenologischen und semi-neurologischen Beschreibungen über zur neurophilosophischen Großoffensive, wie sie bei Wolf Singer anzutreffen ist, so wird manches eindeutiger, aber dafür noch fragwürdiger. Bedeutungszuweisungen und Bewertungen, ohne welche eine neurologische Umsetzung von Bewußtseinsvorgängen und Bewußtseinszuständen nicht zu denken ist, werden realiter zu einer Sache des Gehirns. Es kommt zu einem »Dialog zwischen Umwelt und Gehirn«, einem Dialog, »bei dem das fragende Gehirn die Initiative hat« (Singer 1991, S. 118 f.). Selbst wenn wir von der Schwierigkeit absehen, neurologischen Prozessen Leistungen zuzuschreiben, die selbst semantisch und evaluativ *sind*, als nähme der Stromstoß eine Bedeutung an oder als inszeniere der Wechselstrom eine Art Wortwechsel, selbst dann bleibt für die Aufmerksamkeit nicht viel übrig. Der phänomenale Grundbestand wird, wie bei Gerhard Roth, unter Zuhilfenahme umgangssprachlicher Kennzeichnungen beschrieben. Ereignisse *ziehen* die Aufmerksamkeit *auf sich*, und umgekehrt *schenken wir* ihnen Aufmerksamkeit, indem wir »hinhören«, »hinschauen« (Singer 2002, S. 220).[17] Die Aufmerksamkeit gilt als *selektive* Aufmerksamkeit, da sie sich nur auf das richtet, was bedeutsam und somit richtungsweisend ist, und insofern nimmt sie einen zentralen Platz ein bei der subkategorialen Organisation der Erfahrung, die sich noch auf kein vorgegebenes Regelwerk verlassen kann. Doch als *seligierend* kann man sie genaugenommen nicht bezeichnen, da sie ihrerseits von einer Vielzahl von Faktoren gesteuert wird. »Zum einen ziehen auffällige Reize oder Ereignisse die Aufmerksamkeit ohne Zutun des Beobachters auf sich. Sie erzeugen besonders starke neuronale Antworten in der Hirnrinde, und diese beeinflussen dann direkt, gewissermaßen von unten herauf, die Mechanismen, welche die Aufmerksamkeit steuern. Es besteht jedoch auch die Option, die Aufmerksamkeit von sich aus zu lenken, wobei sowohl absichtsvolle als auch unbewußte Faktoren zusammenwirken.« (Ebd., S. 79 f.) Merkwürdig ist es schon, daß jemand, der

17 Die Anführungszeichen, die der Autor im letzten Fall gebraucht, deuten darauf hin, daß wir es mit der Umgangssprache zu tun haben; doch diese erscheint als bloßer Notbehelf. Nachbardisziplinen wie Psychologie und Verhaltensforschung wird lediglich zugestanden, daß sie für die Definition der Explananda unentbehrlich sind (Singer 2002, S. 25). Doch was ist von einer Erklärung zu halten, die das zu erklärende Phänomen zum Verschwinden bringt? Sie erklärt, was es so, wie wir es meinen, im Grunde gar nicht gibt.

als Aufmerkender einer Zugkraft unterliegt, als Beobachter vorgestellt wird. Jedenfalls geschieht, was geschieht, ohne dessen Zutun; daß es *ihm* geschieht, wird schlichtweg übergangen, obwohl es doch gerade darauf ankommt. Dieser nicht-aktiven Variante der Aufmerksamkeit, die man nicht eigentlich als passiv, nämlich als erleidend bezeichnen kann, wird eine aktive Variante gegenübergestellt, die das Zutun des Aufmerkenden voraussetzt. Doch dieses Tun steht seinerseits unter dem Einfluß anderer Areale im Gehirn, die unsere Aufmerksamkeit kontrollieren und dafür sorgen, »daß wir unsere Augen und unseren Kopf den interessanten Objekten zuwenden, nachdem die vielen anderen Areale in einem kompetitiven Abstimmungsprozeß entschieden haben, was interessant ist. [...] Es gibt hier keinen Agenten, der interpretiert, kontrolliert und befiehlt.« (Ebd., S. 66) Gegen die Inanspruchnahme einer Zentralfigur, Subjekt genannt, sprechen auch viele philosophische Gründe, die eine Phänomenologie der Aufmerksamkeit für sich geltend machen kann. Doch die Verlagerung des Erfahrungsgeschehens in ein reines Netzwerk, das den Zauberworten ›distributiv‹ und ›parallel‹ gehorcht, läßt von dem Agenten, ohne den von einem Zutun nicht gesprochen werden kann, schlechterdings nichts übrig. Das gelegentlich herangezogene »wir«: *wir* schauen hin, *wir* schenken Aufmerksamkeit, wäre dann eine bloße Redensart. Für den ›Patienten‹, dem etwas widerfährt, gilt ähnliches. Auch die »Interaktion mit der Umwelt«, die für die teils angeborene, teils erworbene Bedeutungszuweisung an Umweltreize und somit für die »Aufmerksamkeit des Organismus« verantwortlich gemacht wird (Singer 1991, S. 109 f.), ändert daran nichts; denn wo es keinerlei Agenten gibt, bedeutet Interaktion nichts weiter als kausale Wechselwirkung. Hinzu kommt die bereits erwähnte Tatsache, daß unsere Aufmerksamkeit immer auch *unbewußten* Einflüssen unterliegt; damit scheint die Option einer selbstgesteuerten Aufmerksamkeit unterhöhlt. Es ist nicht ausgeschlossen, so heißt es zunächst, daß unsere Überzeugung, frei entscheiden zu können, »illusionäre Komponenten« hat. Die Einsicht, daß wir nicht immer wollen, was wir zu wollen glauben, und nicht immer aus Gründen handeln, die wir als Gründe vorgeben, ist gewiß keine Entdeckung neurologischer Forschung. Wird dieser Verdacht neurologisch verallgemeinert und ins Ausschließliche gekehrt, so leert sich die Bildfläche: »Im Bezugssystem neurologischer Beschreibungen gibt es keinen Raum für objektive Freiheit, weil die je nächste Handlung, der je nächste Zustand des Gehirns immer determiniert wäre durch das je unmittelbar Vorausgegangene.« (Singer 2002, S. 75) Daß diese Einsicht nicht gar so revolutionär ist und daß sie im Einklang steht mit Kants Antinomienlehre, das wissen auch unsere Autoren. Sie ist als solche nicht aufregend, sie wird es erst, sobald das vorausgesetzte Bezugssystem jeder Relativierung entzogen wird. Doch dann gibt es im Grunde nichts mehr zu unterhöhlen, und dann ist es letzten Endes gleichgültig, ob die Aufmerksamkeit, die unser Handeln einleitet, bewußten oder unbewußten Ursachen unterliegt. Selbst für Illusionen bliebe auf der neuronal reduzierten Handlungsebene strenggenommen kein Platz.[18]

Es bleiben jene bereits gestreiften Probleme, die den eigentümlichen Logos der Neurologie betreffen. Das neuronale Geschehen der Selbstorganisation würde doch wieder auf einen äußeren Beobachter rekurrieren und das alte Subjekt durch die epistemische Hintertüre zurückkehren lassen, falls es sich nicht *als solches* selbst vorstellt und falls die Aufmerksamkeit nicht die Form einer Selbstaufmerksamkeit, eines Sich-Gewahr-Werdens, einer *phenomenal awareness* annimmt. Das äußere Auge verdoppelt sich demgemäß in Form eines »inneren Auges«. Wer bei dieser *inspectio mentis* die Wiederkehr eines Homunculus wittert, wird schnell zur neurologischen Ordnung gerufen. Die Initiative liegt weiterhin beim Gehirn, das sich in Form von Metarepräsentationen selbst bespiegelt (Singer 2002, S. 70-72). Aufmerksamkeitsschwankungen und Aufmerksamkeitssteigerungen finden ihre Erklärung darin, daß das Gehirn durch selbsterzeugte Signale auf sich einwirkt (Singer 1991, S. 108 f.).[19] Dabei wird dem Menschen zugestanden, nicht nur mit dem »inneren Auge« hirninterne Prozesse zu protokollieren und zu repräsentieren, sondern »mentale Modelle von den Zuständen der je anderen Gehirne« zu erstellen

18 Die These von der neuronalen Determiniertheit unserer Handlungen, die jüngst so viel journalistischen Staub aufgewirbelt hat, bietet philosophisch wenig Neues, und zwar auch dann nicht, wenn – ausgehend von Forschungen des amerikanischen Neurologen Benjamin Libet – Verzögerungen im Handlungsablauf geltend gemacht und unter Anwendung eines linearen Zeitschemas »›Abgründe‹ des limbischen Systems« gegen bewußte Vorsätze ausgespielt werden wie bei Roth (1996, S. 310) oder faktische Zustandsänderungen mit nachträglichen Begründungen konfrontiert werden wie bei Singer (2002, S. 75). Hinsichtlich der fragwürdigen Berufung auf das sogenannte Libet-Experiment vgl. Laucken 2003, S. 158.

19 Vgl. auch Roth 1996, S. 233: »Bewußtsein ist das *Eigensignal* des Gehirns für die Bewältigung eines neuen Problems [...] und des Anlegens entsprechender neuer Nervennetze [...].«

und einen »Dialog zwischen Gehirnen« zu führen (Singer 2002, S. 73). Doch dies stellt nur eine höhere Komplexionsstufe dar, die nicht an den Grundfesten eines neuronalen Solipsismus rüttelt. Die Frage, was es heißen kann, daß ein Gehirn »sich auf ein anderes Gehirn« bezieht, wird so wenig gestellt, daß alles Aufmerksamgemachtwerden *durch Andere* und alles Aufmerksamwerden *auf Andere* – anders als etwa noch in der Neuropsychologie von Alexander R. Lurija – nur auf dem Schmuggelwege sich selbst organisierender Systeme Einlaß findet. Letzten Endes bewegen wir uns in einem epistemischen Spiegelkabinett. »Bei der Erforschung des Gehirns betrachtet sich ein kognitives System im Spiegel seiner selbst. Es verschmelzen also Erklärendes und das zu Erklärende.« (Ebd., S. 61) Es gab eine Zeit, da nannte man dies Spekulation, nur daß daran ein denkender Geist beteiligt war. Wie sich *etwas* in anderem spiegeln kann, ist schlechterdings unerfindlich, es sei denn, man beschränkt die Spiegelung auf symmetrische Anordnungen, wie sie auch in einem Atom zu finden sind, oder auf die Reflexion von Lichtwellen, die von jeder glatten Oberfläche zurückgeworfen werden.

Es stellt sich die Frage, wie wir aus diesem Spiegelkabinett herauskommen, oder besser noch: wie wir es vermeiden, da hineinzugeraten. Platon stellt uns im *Theaitet* (184 b-c) vor die Frage, ob die Augen und Ohren das sind, *womit* wir sehen und hören, oder das, *vermittels* dessen die Seele sieht und hört. Für uns würde die entsprechende Frage lauten: Sieht, hört, denkt, entscheidet oder fühlt *das Gehirn* (spezieller: das optische, das akustische, das motorische Zentrum des Großhirns, das Kleinhirn, die Amygdala usf.), oder erleben und tun wir dies alles *vermittels des Gehirns*? Unsere bisherigen Überlegungen legen es nahe, eine solche Alternative zurückzuweisen, und dies in durchaus möglicher Übereinstimmung mit der Praxis der neurologischen Forschung, die von der Mischform einer Neurophilosophie sehr wohl zu unterscheiden ist. Die zweite der angebotenen Möglichkeiten, die dem Gehirn lediglich eine instrumentelle Rolle zuerkennt, würde nämlich auf ein letztlich *leib-* und *hirnloses Ich* hinauslaufen, dessen Akte und Betätigungen lediglich von neurologischen Vorgängen begleitet und bei der Realisierung von Sinn oder bei der Befolgung von Regeln durch solche Vorgänge unterstützt würden. Die Bedeutung eines Wortes, der Sinn eines Satzes oder die Geltung einer Regel würde neurologischen Vorgängen nichts verdanken. Die erste der beiden Möglichkeiten, die auf das Gehirn selbst setzt, würde auf letztlich *ichlose Vorgänge* und *Mechanismen* hinauslaufen, denen zwar zugestanden wird, daß sie eine besondere Ich-Identität entstehen lassen und von Ichgefühlen begleitet sind (Roth 1996, S. 213), die aber eine ursprüngliche Ichbeteiligung ausschließen. Damit verlöre eine schlichte Formulierung wie ›mein Gehirn‹ ihren buchstäblichen Sinn; denn das Possessivpronomen ›mein‹ setzt jemanden voraus, der ›ich‹ sagt und etwas hat, über das er leibhaftig verfügt; selbst die fremde Zueignung braucht jemanden, der eignungsfähig ist. Doch was zwingt uns zu der Wahl zwischen einem starken Ich, dessen Autonomie keine Einbuße duldet, und einem nicht minder starken Gehirn, das Züge eines Quasi-Ich annimmt? Im Hintergrund dieser Alternative steht der cartesianische Dualismus, der in vielen Formen fortlebt. Er hat zur Folge, daß man entweder bei einer doppelten, einerseits praktisch-freiheitlichen, andererseits szientistisch-deterministischen Buchführung stehenbleibt, obwohl doch in concreto eines in das andere eingreift – oder eben einen reduktiv monistischen Weg einschlägt, der in diesem Falle der neurologische wäre. Schon das Prinzip der Energieerhaltung verbietet dann, daß Freiheitsimpulse sich mirakulös in das neuronale Geschehen einmischen.

Das Aufmerksamkeitsgeschehen, das uns hier als Gradmesser dient, öffnet eine Perspektive jenseits von Dualismus und Monismus.[20] Wir entgehen der Alternative eines autonomen Ich und eines determinierten Schein-Ich, wenn wir von jemandem ausgehen, *dem* etwas auffällt, bevor und auch während er oder sie in eigener Person spricht und agiert. Die Zerebralisierung wäre dann als ein Prozeß zu begreifen, in dem das, was uns widerfährt, systematisch in physische Reize, und das, was wir tun, systematisch in physische Effekte *umgesetzt* wird. Sie wäre ferner als ein Organisationsprozeß zu begreifen, der zur Bildung von Auffälligkeiten und zur Reliefbildung *beiträgt*. Dies erlaubt es, gestalttheoretische Einsichten neurologisch zu reformulieren und zu präzisieren, nach den neuronalen Grundlagen von Figurierung, Mustererkennung, Konstellationsbildung oder sensomotorischer Synchronisierung zu fragen und so auch die neuronale Infrastruktur des Aufmerksamkeitsgeschehens zu durchleuchten, wie

20 Nimmt man mit Ernst Pöppel (1997, S. 133 f.) eine »pragmatisch-monistische Position« ein, indem man bezüglich des Leib-Seele-Problems *keinen prinzipiellen* Unterschied zwischen der physiologischen und der psychischen Funktion macht, so schließt dies Differenzen innerhalb der vorauszusetzenden Gesamtsphäre nicht aus. Wenn Monismus, so wäre dies ein gleichsam gebrochener Monismus.

die besagten Autoren dies in ihren forschungsintensiven Beiträgen ausführlich dartun. So wird es ferner möglich, Bewußtseinsstörungen
und speziell auch Aufmerksamkeitsstörungen genauer zum umreißen, seien es Konzentrationsschwächen, fokale Ausfälle, die Bewußt-
seinslosigkeit im Koma, Anosognosien bei Split-Brain-Patienten, die
Abhängigkeit selektiver Aufmerksamkeit vom Hirnstoffwechsel oder
zwanghafte Formen des Auffallens (vgl. Roth 1996, S. 215-219). Bei-
spielhaft sind in dieser Hinsicht die vielbeachteten Versuche von Oliver Sacks. Sie zielen darauf ab, neurologische Befunde in Kranken-
geschichten einzubetten, so daß ärztlicher und neurologischer Blick
einander verstärken und auch der sogenannte Normale seine gewöhnlichen Erfahrungen mit anderen Augen betrachtet.[21] Der wiederholte Hinweis darauf, daß die Beschreibung von Gehirnprozessen nicht
ohne die Begriffe ›Bedeutung‹ und ›Bewertung‹ auskommt, wird
von daher verständlich, aber er behält in dieser Form etwas Zweideutiges, wie die vorausgehende Debatte gezeigt hat. Er kann auf
höchst fragwürdige Weise dazu verleiten, neuronalen Prozessen Bedeutungen und Werte zu unterschieben, so wenn Moleküle geradezu
und ohne methodische Brechung als »*Boten*stoffe und Überbringer
von *Bedeutungen*« ausgegeben werden (Roth 2001, S. 455). Der gleiche Hinweis kann aber auch dazu anleiten, neurologische Funde auf
ein Verhalten zu beziehen, dem ein vielfältiges Bedeuten und Begehren innewohnt, und von daher die Frage zu stellen, aufgrund welcher
Beschaffenheit sie dem Bedeuten und Bewerten *entgegenkommen*.[22]
Jedenfalls lassen sich nur innerhalb eines Lebenshorizonts neurophysiologische Prozesse von rein physikalisch-chemischen Prozessen unterscheiden. Dies geschieht etwa, wenn die auffällige Rastlosigkeit,
die sich im Nicht-ruhig-sitzen-Können oder im Nicht-warten-Kön-
nen bekundet, als »Aufmerksamkeits-Defizit-Syndrom« oder als »Auf-
merksamkeitsdefizit mit Hyperaktivität« diagnostiziert, mit einer teils

21 Vgl. das weltbekannte Werk *Der Mann der seine Frau mit einem Hut verwechselte*
(1990, engl. 1987). Wichtig ist die Tatsache, daß der Autor sich der höchst einfluß-
reichen Hierarchisierung des Nervengeschehens bei John Hughlings Jackson entge-
genstellt und den Störungen des Emotionalen und Konkreten als des angeblich Niederen und Primitiven im Menschen ihr Eigengewicht zurückgibt. Dies betrifft indirekt auch die traditionelle Aufteilung der Aufmerksamkeit in eine aktive und eine
passive Spielart und deren oftmals einseitige Wertschätzung.
22 Eine Art »glücklicher Zufall«, wie Kant ihn in der Einleitung zur *Kritik der Urteils-
kraft* anführt, müßte man auch für den präsemantischen und präevaluativen Bereich neurologischer Ordnungsprozesse in Anspruch nehmen.

genetisch bedingten Störung des Dopamin-Stoffwechsels erklärt und durch Zufuhr entsprechender Gegenwirkstoffe therapiert wird. Es ist gewiß nicht so, daß Zellen zappeln, wenn bei dem berühmten Zappelphilipp die Aufmerksamkeit von einem zum anderen springt. Bei Beachtung des leiblichen Verhaltens und seines leiblichen Ausdrucks wäre die Neurologie, und so auch die Neurologie der Aufmerksamkeit, keine Physik und Chemie mit anderen Mitteln, wie es deren Eigengesetzlichkeit gar nicht zuläßt, wohl aber eine Physik und Chemie in speziellen Horizonten.[23] Die Doppelsicht und Doppelsprache, die dies voraussetzen würde, wäre ihrerseits auf eine Vermittlungssphäre angewiesen, innerhalb derer Prozesse in Erfahrungen sowie Erfahrungen in Prozesse, Habitualitäten in Mechanismen sowie Mechanismen in Habitualitäten überführt würden. Eine solche Vermittlungssphäre, eine »Umschlagstelle«, wie es bei Husserl heißt (Hua IV, S. 286), begegnet uns in Gestalt des Leibkörpers, der es uns gestattet, ohne schlichte Vermischung, aber auch ohne einseitige Aneignung von »meinem Gehirn« zu sprechen, so wie Husserl – wenn auch nicht ohne subjektivistische Rückendeckung – von »meiner Natur« spricht (Hua IV, S. 280). Dies schließt eine *Mitwirkung* des Gehirns ein; dessen organisatorische Leistungen beschränken sich in der Tat nicht auf das bloße *sine qua non* notwendiger Bedingungen, das von Platons *Phaidon* bis heute zu den Konzessionen einer einseitig auf Seele und Geist, auf Sinn und Regeln ausgerichteten Philosophie gehört. Das Gehirn ist weder ein Zusatzding noch ein Zwischending, sondern es gehört zur Zwischensphäre des Leibes, und wie der Leib, so ist auch das Gehirn *auf gewisse Weise* alles, aber eben nur auf gewisse Weise.

Daß dies nur auf gewisse Weise so ist, rührt her von winzigen Rissen und Spalten, die eine Totalisierung ausschließen. Das Aufmerksamkeitsgeschehen zeigt einen solchen Spalt in der zeitlichen Verschiebung von Auffallen und Aufmerken, die uns von Anfang an veranlaßt hat, Doppelereignisse und Zwischenereignisse anzusetzen. Dort, wo die Gehirnforschung auf entsprechende Zeitprobleme stößt, sieht sie sich genötigt, den Gebrauch des linearen Zeitschemas, das sich selbst in der Physik als unzulänglich erwiesen hat, einzuschränken, um dem Zeiterleben seinen gebührenden Platz einzuräumen. So beruft sich Ernst Florey in seinem Artikel »Gehirn und Zeit« (1991)

23 Vergleichbar wäre dies dem ökologischen Horizont, der neue Perspektiven wissenschaftlich-technischer Praktiken eröffnet, ohne die Eigengesetzlichkeiten der beteiligten Disziplinen anzutasten.

auf die Husserlsche und Bergsonsche Zeitauffassung, um der unausbleiblichen Verzögerung unserer sinnlichen Wahrnehmung gerecht zu werden. Die Tatsache, daß ein minimales Zeitintervall erforderlich ist, um die Intensität einer Tonwahrnehmung zu bestimmen, hat wichtige Konsequenzen: »Der erste von zwei aufeinanderfolgenden Impulsen ist bereits vergangen, wenn der zweite auftritt. Der erste wirkt nach, nicht mehr als Nervenimpuls, aber so, daß der zweite Nervenimpuls irgendwie verändert wirksam wird.« (S. 175) Auch Florey bezieht sich auf die Forschungen von Libet, aber nicht um Wahrnehmungen oder Entscheidungen objektiv vorzudatieren, sondern um zu zeigen, daß unsere gegenwärtige Erfahrung von Gedächtnismomenten durchsetzt und somit niemals ganz und gar *up to date* ist. Solche Verzögerungen im Herzen der Erfahrung, an denen Neues aufbricht, stellen zugleich ein Gegengift dar gegen die Versuchung, das zerebrale Geschehen samt seiner Aufmerksamkeitsaspekte rein adaptiv zu deuten.

## 6. Absichtliche und gleichschwebende Aufmerksamkeit in der Psychoanalyse

Eingangspforte in die Psychoanalyse ist für Freud das Unbewußte, mit dem alles steht und fällt. Kann man das Unbewußte ebenfalls als Zwischeninstanz betrachten? Die Antwort lautet: Ja, aber nicht nur. Als psychischer Apparat hat das Unbewußte durchaus technische, als Aufzeichnungsgerät hat es mediale Züge, und als Knotenpunkt personaler und sozialer Beziehungen ist es durchaus kulturell imprägniert. Es bildet einen Schauplatz eigener Art, an dem die Dinge, das Selbst und die Anderen aufeinandertreffen und sich verflechten. Doch die Topik der Strukturen wird permanent durchkreuzt von einer Diachronie der Ereignisse. Die Frage, wie und unter welchen Bedingungen etwas in Erscheinung tritt, bleibt zurückgebunden an die Frage, warum gerade dieses hier und jetzt auftritt und nicht jenes, sei es ein Traumbefund, eine Fehlleistung oder ein Körpersymptom. Dahinter steht nicht etwa nur die alte praktische Einsicht, daß der Arzt den individuellen Sokrates heilt und nicht den Menschen überhaupt, sondern dahinter steht die Annahme, daß das Individuum, mit Nietzsche zu reden, seinerseits ein Dividuum ist, in dem verschiedene Ereignisketten sich kreuzen. Mit dem Insistieren auf dem Ereignischarakter weist die Psychoanalyse über eine bloße intentionale, hermeneutische oder sprachanalytische Sinngewinnung hinaus. Man sollte meinen, daß sich von daher eine besondere Nähe zur Sphäre der Aufmerksamkeit ergibt und auch zu dem, was wir als Auffallen, Sich-aufdrängen, Einfallen oder allgemein als Widerfahrnis beschrieben haben. Doch diese Nähe stellt sich nur auf indirektem Wege her.

Was zunächst den Begriff der Aufmerksamkeit angeht, so hält Freud sich teils an den alltäglichen Sprachgebrauch, teils an die Bewußtseins-psychologie von maßgeblichen Autoren wie Wilhelm Wundt. So tritt die Aufmerksamkeit in den *Formulierungen über die zwei Prinzipien des psychischen Geschehens* (1911) als eine bestimmte *psychische Funktion* auf, deren Entstehung mit der Einführung des Realitätsprinzips Hand in Hand geht.

»Es wurde eine besondere Funktion eingerichtet, welche die Außenwelt periodisch abzusuchen hatte, damit die Daten derselben im vorhinein bekannt wären, wenn sich ein unfehlbares inneres Bedürfnis einstellte, die *Aufmerksamkeit*. Diese Tätigkeit geht den Sinneseindrücken entgegen, anstatt ihr Auftreten abzuwarten. Wahrscheinlich wurde gleichzeitig damit ein System von *Merken* eingesetzt, welches die Ergebnisse dieser periodischen Bewußtseinstätigkeit zu deponieren hatte, ein Teil von dem, was wir *Gedächtnis* heißen.« (GW VIII, S. 232 f.)

Diese antizipatorische Aufmerksamkeit, die mit einem konservieren-den Gedächtnis zusammenarbeitet, steht also ganz und gar im Dienste der Lebenstüchtigkeit und des Lebensinteresses. Sie verteilt ihre Energie auf verschiedene »Aufmerksamkeitsbesetzungen« (vgl. GW II/III, S. 598), schlägt verschiedene Richtungen ein, beeinflußt leibliche Vorgänge, indem sie Erfahrungen wie den Schmerz steigert oder verringert (GW V, S. 296 f.), sie läßt sich ablenken, kurz: sie spielt ihre Rolle mit den beschränkten Mittel eines Seelenhaushaltes. Auch die Tatsache, daß Freud primär von *Aufmerksamkeitsstörungen* ausgeht, ist nichts Besonderes. Dies entspricht seinem klinischen Interesse, nur daß dieses sich auf normale Vorgänge ausdehnt. So taucht die Aufmerksamkeit in den frühen Schriften immer wieder auf, anläßlich des nächtlichen Traumes, in dem die Aufmerksamkeit sich von der Außenwelt abkehrt und sich der Innenwelt zuwendet, und in alltäglichen Fehlhandlungen, bei denen die normale Aufmerksamkeit versagt. Doch gleichzeitig setzt eine deutliche Gegenbewegung ein. Schon in der *Psychopathologie des Alltagslebens* (1901) wendet Freud sich gegen Wundts Annahme, Fehlleistungen wie das Versprechen seien positiv mit einem ungehemmten Fluß der Assoziationen und negativ mit einem Nachlassen der hemmenden Aufmerksamkeit zu erklären (GW IV, S. 68 f.). Gegen den Versuch, solche Anomalien maßgeblich auf den Ausfall der Willenskontrolle, also auf *Unaufmerksamkeit* zurückzuführen, besteht er auf positiv wirkenden *Gegenkräften*, auf einer »Störung der Aufmerksamkeit durch einen fremden, Anspruch erhebenden Gedanken« (ebd., S. 146), der seinen Ausdruck »in gleichsam parasitärer [Form], als Modifikation und Störung eines anderen« suchen muß (ebd., S. 307). Der bloße Hinweis auf psychophysiologische Momente wie Zerstreutheit, Ablenkung, Aufregung oder Ermüdung läßt deren Herkunft und Wirkkraft wie hinter einer spanischen Wand verschwinden (vgl. GW VIII, S. 392; XI, S. 39), er erklärt nicht die Leistung, die auch im Kompromiß der Fehlleistung steckt.

Die Annahme eines unbewußten Denkens und unbewußter Motive, die sich der bewußten und willentlichen Lenkung entziehen, und die Verwandlung des Ich in ein »Grenzwesen«, das zwischen der Welt und dem Es vermittelt (GW XVIII, S. 286), führt zur Umwertung der gewöhnlichen Aufmerksamkeit, die am Ende nur noch ein geringfügiges Interesse für sich verbuchen kann. Diese Umwertung bereitet sich beizeiten vor, so wenn in der *Psychopathologie des Alltagslebens* das alltäglich-unalltägliche Finden als ein Fall von Symptom- oder Zufallshandlung behandelt wird. Die junge Frau, der zum Kauf eines billigen Schmucks zwei Kronen fehlen, wird beim anschließenden Schlendern durch die abendlich belebten Straßen auf »ein am Boden liegendes kleines Blättchen aufmerksam, das sie eben achtlos passiert hatte. Sie wendet sich um, hebt es auf und bemerkt zu ihrem Erstaunen, daß es ein zusammengefügter Zweikronenschein ist«, ein wie vom Schicksal gesandtes »Glücksgeld«, das sie kaum auszugeben wagt. Freud schließt daraus, »daß die *unbewußte* ›Suchbereitschaft‹ viel eher zum Erfolg zu führen vermag als die bewußt gelenkte Aufmerksamkeit«. Die Wunscheinstellung bleibt wirksam, auch wenn bei der Finderin die Aufmerksamkeit anderweitig in Anspruch genommen und sie ›in Gedanken versunken‹ ist (GW IV, S. 233). Es ist bekannt, wie sehr der Surrealismus mit solchen *objets trouvés* zu spielen pflegte. In einer normalen Handlungslehre sind dies bloße Ausnahmen, aus denen sich – wie schon aus dem sprichwörtlichen Schatz im Acker – kein praktisches Kapital schlagen läßt. Wer auf etwas aufmerksam *wird*, geht nicht mehr von sich aus der Sache entgegen, das Aufmerken gewinnt selbst pathische und gegebenenfalls auch pathologische Züge. Entscheidend ist aber, daß Freud solche Randerscheinungen schon »innerhalb der Breite des Normalen« antrifft (ebd., 267). In der 1926 erschienenen Schrift *Hemmung, Symptom und Angst* kommt Freud bei der Behandlung des isolierenden Verfahrens in der Zwangsneurose auf die Konzentration zu sprechen.

»Einen Vorwand für dies Verfahren der Neurose gibt der normale Vorgang der Konzentration. Was uns bedeutsam als Eindruck, als Aufgabe erscheint, soll nicht durch die gleichzeitigen Ansprüche anderer Denkverrichtungen oder Tätigkeiten gestört werden. Aber schon im Normalen wird die Konzentration dazu verwendet, nicht nur das Gleichgültige, nicht Dazugehörige, sondern vor allem das unpassende Gegensätzliche fernzuhalten. Als das Störendste wird empfunden, was ursprünglich zusammengehört hat und durch den Fortschritt der Entwicklung auseinandergerissen wurde, z. B. die Äußerungen der Ambivalenz des Vaterkomplexes in der Beziehung zu Gott oder die Regungen der Exkretionsorgane in den Liebeserregungen.« (GW XIV, S. 151)

Die Konzentration verliert so die Harmlosigkeit einer rein kognitiv oder pragmatisch zu bewertenden Einstellung.[24] In den grundlegenden Passagen von *Das Ich und das Es*, in denen erneut das Bewußtsein vom Unbewußten abgegrenzt wird, kommt in einer ausführlichen Anmerkung auch das *Unmerkliche* und *Unbemerkte* und damit ein wichtiger Aspekt jeder Aufmerksamkeitslehre zur Sprache (GW XIII, S. 242 f.).[25] Freud wendet sich gegen alle Versuche, durch Anlegung einer gleitenden »Deutlichkeitsskala der Bewußtheit«, wie wir sie aus der Tradition eines Leibniz kennen, das Unbewußte in eine traditionelle Bewußtseinstheorie zu integrieren. Gegenüber der »Subsumierung des Unmerklichen unter das Bewußte« macht er geltend, daß man sich damit die »einzige unmittelbare Sicherheit verdirbt, die es im Psychischen überhaupt gibt«. Umgekehrt verpaßt die »Angleichung des Unbemerkten an das Unbewußte« den dynamischen Charakter des letzteren. Freud führt zwei für seine Theorie grundlegende Tatsachen an, die auf eine andere Form der Aufmerksamkeit hindeuten, nämlich »erstens, daß es sehr schwierig ist, großer Anstrengung be-

24 Die Wachsamkeit der sogenannten *political correctness*, der durchaus eine *philosophical correctness* an die Seite zu stellen ist, mag ihre Gründe haben, doch die Frage, wieviel an unbewußter Abwehr in diesem Für und Wider steckt, bleibt bestehen. Je weniger sie zugelassen wird, um so gedankentötender wirkt die Korrektheit.

25 Zur umstritteneren Annahme unbemerkter Bewußtseinsgegebenheiten, die bis auf Helmholtz zurückgeht und an der sich die Gestalttheoretiker in ihrer Kritik an der Konstanzannahme führend beteiligt haben, vgl. Gurwitsch 1975, S. 105.

darf, um einem solchen Unbemerkten genug Aufmerksamkeit zuzuführen, und zweitens, daß, wenn dies gelungen ist, das vordem Unbemerkte jetzt nicht vom Bewußtsein erkannt wird, sondern oft genug ihm völlig fremd, gegensätzlich erscheint und von ihm schroff abgelehnt wird«.

Eine ›andere Aufmerksamkeit‹, die sich auf einem ›anderen Schauplatz‹ abspielt, kündigt sich bereits im Methodenkapitel der *Traumdeutung* an (vgl. GW II/III, S. 105-107). Die Traumdeutung wird mit der Behandlung von Krankheitssymptomen in Verbindung gebracht. Beim Patienten wird ein Doppeltes angestrebt, »eine Steigerung seiner Aufmerksamkeit für seine psychischen Wahrnehmungen und eine Ausschaltung der Kritik, mit der er die ihm auftauchenden Gedanken sonst zu sichten pflegt«. Interessant für uns ist, daß diese Aufmerksamkeit sich nicht dem widmet, was Wahrnehmungen und Gedanken anzielen, sondern dem, was von sich aus auftaucht. Dies entspricht der Doppelheit von Auffallen und Aufmerken, mit der unser voriges Kapitel begonnen hat. Die doppelte Aufgabe, die in ihrer zugleich positiven wie negativen Zielsetzung eine Nähe zur phänomenologischen Reduktion und Epoché aufweist, nimmt sich durchaus paradox aus: »Man macht die ›ungewollten‹ Vorstellungen zu ›gewollten‹«, ohne eigenmächtig in sie einzugreifen und sie durch eigene Vorstellungen zu ersetzen. In der analytischen Arbeit bleibt das Unbewußte generell »an seiner Stelle«, ohne zum Bewußtsein aufzusteigen (*Das Ich und das Es*, GW XIII, S. 249), das gilt auch hier. Die analytische Aufmerksamkeit beginnt anderswo und bleibt auf gewisse Weise dem Anderswo verhaftet, nur daß sie die Fremdheit dieses Anderswo als solche aufzuhellen sucht. In der besagten Passage der *Traumdeutung* ruft Freud gegen den Widerstand, der ein solches Verfahren hervorruft, Schiller zu Hilfe, der auf Körners Klage über mangelnde Schaffenskraft folgendes erwidert:

»Es scheint nicht gut und dem Schöpfungswerke der Seele nachteilig zu sein, wenn der Verstand die zuströmenden Ideen, gleichsam an den Toren schon, zu scharf mustert. [. . .] Bei einem schöpferischen Kopfe [. . .] hat der Verstand seine Wache von den Toren zurückgezogen, die Ideen stürzen *pêle-mêle* herein, und alsdann erst übersieht und mustert er den großen Haufen.«

Dies erinnert an das Wächteramt des Zensors, der »ein Stück der bei Tage tätigen Aufmerksamkeit« auch dem Traum zuwendet (GW II/III, S. 509). Die »sekundäre Bearbeitung« der Trauminhalte, um die es an dieser Stelle geht, entspricht bis zu einem gewissen Grade der sekundären Aufmerksamkeit, die wir der primären Form der Aufmerksamkeit gegenübergestellt haben.

Es bleibt nicht bei diesen frühen Andeutungen. In einer kleineren Schrift, die sich zentral und unmittelbar auf die psychoanalytische Praxis bezieht,[26] entwickelt Freud den vielbeachteten Gedanken einer *gleichschwebenden Aufmerksamkeit.* Ähnlich wie Husserl seine phänomenologische Reduktion als Methode einführt, rechnet Freud diese Art der Aufmerksamkeit zu den *Techniken* der Analyse. Sie kontrastiert wiederum mit der normalen Aufmerksamkeit, einem »absichtlichen Aufmerken«, das auswählt, fixiert, sich dieses merkt, jenes ausscheidet und bei dieser Auswahl seinen Erwartungen und Neigungen frönt. Folgt man den vorgegebenen Erwartungen, »so ist man in Gefahr, niemals etwas anderes zu finden, als was man bereits weiß«.[27] Folgt man seinen Neigungen, »so wird man die mögliche Wahrnehmung fälschen«, da man sieht, was man sehen möchte. Freud weist auf den Umstand hin, »daß man zumeist Dinge zu hören bekommt, deren Bedeutung erst nachträglich erkannt wird«. Wer sich seiner »Merkfähigkeit« überläßt, nimmt Nachträgliches vorweg. Deshalb gilt die Maxime: »Man höre und kümmere sich nicht darum, ob man sich etwas merke.« Versteht man diese Warnungen als direkte Kritik am Augenschein und an der Alltagsmeinung, so gerät man auf die Bahnen eines sinnenskeptischen Platonismus oder auf die Verdachtsstrategien der französischen Moralisten, womit man sich – um Freuds weiter oben zitiertes Diktum abzuwandeln – die einzige unmittelbare Sicherheit verdirbt, die es im Persönlichen und Sozialen überhaupt gibt. Es kann deshalb nur darum gehen, den Dogmatismus der natürlichen Einstellung zu durchbrechen und der Erfahrung ihre Hin-

26 Es handelt sich um die *Ratschläge für den Arzt bei der psychoanalytischen Behandlung* von 1912; ich beziehe mich auf GW VIII, S. 377 f. Zur »freien Assoziation« und zur »gleichschwebenden Aufmerksamkeit« vgl. ferner den Handbucharartikel »›Psychoanalyse‹ und ›Libidotheorie‹« von 1923, GW XIII, S. 214 f., wo die volle Aufrichtigkeit dem Patienten ausdrücklich als Pflicht abverlangt wird.

27 Vgl. die recht boshafte Bemerkung von Nietzsche in seiner Schrift *Über Wahrheit und Lüge im außermoralischen Sinn* (KSA 1, S. 883): »Wenn Jemand ein Ding hinter einem Busche versteckt, es eben dort wieder sucht und auch findet, so ist an diesem Suchen und Finden nicht viel zu rühmen [...] Wenn ich die Definition des Säugethiers mache und dann erkläre, nach Besichtigung eines Kameels: Sieh, ein Säugethier, so wird damit eine Wahrheit zwar an das Licht gebracht, aber sie ist von begränztem Werthe.«

tergründe und Abgründe zurückzugeben. Wichtig ist nun, daß die Vorschrift der gleichschwebenden Aufmerksamkeit das »Gegenstück« bildet zu der »Anforderung an den Analysierten, alles zu erzählen, was ihm einfällt«, ohne Unangenehmes, angeblich Unsinniges, Unwichtiges und Unpassendes auszuschließen. Diese komplementäre Form der Aufmerksamkeit, die sich vom gezielten Nachdenken ganz und gar unterscheidet, gilt als psychoanalytische Grundregel; sie ist bekannt als Technik der *freien Assoziation* (vgl. GW XI, S. 104). Interessant ist zu sehen, wie Freud auf der interaktiven Ebene eine gleichsam freie Assoziation von Aufmerkenden ins Auge faßt, die den Analysanden wie den Analytiker umschließt. Diese bewegt sich zwar im Rahmen bestimmter Zielsetzungen, normativer Regelungen und technischer Vorkehrungen, sonst verlören therapeutische Behandlungen, analytische Sitzungen und Lehranalysen ihren praktisch-institutionellen Rückhalt, doch das gemeinsame Tun wird nicht selbst durch vorgegebene Ziele und Regeln gesteuert sowie durch technische Vorkehrungen abgesichert, vielmehr hat der Analytiker darauf zu achten, daß er »das Unbewußte des Patienten mit seinem eigenen Unbewußten auffange« (GW XIII, S. 215). Vorgegebene Ziele und Regeln werden ausdrücklich suspendiert, und die Technik dient ebendieser Suspension; insofern geht auch sie über ein erlernbares oder automatisierbares Verfahren hinaus, so wie für Husserl die phänomenologische Reduktion über eine bloße Methode hinausgeht. Gesprächsautomaten würden die Ebene einer »sekundären Bearbeitung« nicht verlassen, sie können höchstens indirekte Effekte auslösen, die der Erschließung des Primärbereichs zugute kämen.[28]

Besagte ›freie Assoziation‹ ist nicht unproblematisch; es fragt sich, ob hier Unbewußtes mit Unbewußtem verkehrt, ob dies lediglich eine Öffnung des Analytikers für die Anregungen des eigenen Unbewußten bedeutet oder ob eine sprachähnliche Struktur des Unbewußten das Geschehen bestimmt.[29] Wichtiger ist für uns die Frage, ob und wieweit die Psychoanalyse der Aufmerksamkeit in ihrer Verbindung von Theorie und analytischer Praxis und ihrer Überbietung der gewöhnlichen Aufmerksamkeit durch eine Metaform der Aufmerksam-

28 Vgl. dazu die Erfahrung mit dem Computerprogramm ELIZA, von dem Joseph Weizenbaum in seinem bekannten Buch *Die Macht der Computer und die Ohnmacht der Vernunft*, 1987, berichtet.

29 Vgl. den Artikel »Gleichschwebende Aufmerksamkeit« im *Vokabular der Psychoanalyse* von J. Laplanche und J.-P. Pontalis.

keit mit unserer Phänomenologie der Aufmerksamkeit vereinbar ist. Mögliche Kreuzungspunkte wurden bereits benannt. Problematisch bleiben die deterministischen Züge der Freudschen Metapsychologie. Die geforderte Aufmerksamkeitseinstellung richtet sich von Anfang an auf »anscheinend ›freisteigende‹ Einfälle« (GW II/III, S. 107), und diese Kautelen weichen später der ausdrücklichen »Anforderung eines auch das Seelenleben beherrschenden Determinismus«, der jede psychische Freiheit, Willkürlichkeit und Unbestimmtheit ausschließt (GW XI, S. 104). Mit dieser szientistischen Sichtweise, die uns auch im Bereich der Neurologie begegnet ist, geht die Theorie *der* Erfahrung, wie so oft, in eine Theorie *über die* Erfahrung über, also in eine Theorie, die sich von ihren eigenen Voraussetzungen abschneidet. Doch fruchtbarer als diese metapsychologischen Debatten scheint die Tatsache, daß Freud mit dem Rückgang auf Einfälle, die uns kommen, die Normalität der Erfahrung und eben auch die der Aufmerksamkeit auf gezielte, klinisch geschulte Weise durchbricht. Das Gelingen dieses Durchbruchs setzt allerdings voraus, daß das Unmerkliche gleich dem Unbewußten nicht als Defizit gefaßt wird, das auf seine Erklärung wartet, sondern als ein Entzugsbereich, von dem die Erfahrung, auch die des Analysanden und die des Analytikers, unweigerlich ausgeht.

# VI. Findigkeit des Körpers in der Technik

Die Zwischeninstanzen, die dem, was uns auffällt, und unserem eigenen Aufmerken Halt und Gestalt verleihen, gehen zurück auf Erfindungen, die sich weder auf bloße Funde noch auf ein bloßes Spiel
der Einbildungskraft beschränken. Dies gilt auch für die Erfindungen
der Technik, die nicht nur in der Materialität der Dinge, nicht nur in
Rechenformeln und formalen Modellen, sondern auch in den Techniken des Körpers ihren Rückhalt finden. Die bereits erwähnten Aufmerksamkeitstechniken rücken damit in einen weiteren Horizont, der
sich von persönlichen Erlebnisweisen entfernt, aber diese nicht völlig
hinter sich läßt. Sowenig Technik sich auf einen bloßen Werkzeuggebrauch zurückführen läßt, sowenig läßt der Mensch sich auf ein
bloßes »Zubehör der Maschine« reduzieren. Der Zwischencharakter der Technik, der ihr einen Platz in der Mediatisierung der Erfahrung zuweist, läßt weder das eine noch das andere zu, wohl aber
gefährliche Annäherungen, die sich in pathogenen Wirkungen bemerkbar machen.

Die Bedeutung des Wortes ›Findigkeit‹ schillert zwischen dem Finden dessen, was es schon gibt, und dem Erfinden dessen, was es noch
nicht gibt. Das Griechische und Lateinische kennen für beides nur
ein Wort, nämlich die Verben εὑρίσκειν bzw. *invenire*, von denen
sich Wortbegriffe wie Heuristik und Invention herleiten. Die *inventio*
findet in der Antike ihren Platz in der Redekunst, stärker noch als in
den materiellen und künstlerischen Techniken. In der beginnenden
Neuzeit hat die Invention zunächst eine weite Bedeutung, die alle
Arten von Neuschöpfung umfaßt. So heißt es bei Francis Bacon mit
durchaus noch theologischem Unterton: »Erfindungen sind gleichsam neue Schöpfungen und Nachahmungen göttlicher Werke.«[1] Erst
die zunehmende Ausdifferenzierung der verschiedenen Rationalitäts-
bereiche führt zur Gabelung in künstlerische bzw. technische *Erfindung* und wissenschaftliche *Entdeckung*. Das Schöne und das Nütz-
liche treten auseinander, und beides sondert sich ab vom Wahren
und Guten. In der jüngsten Gegenwart gewinnt der Erfindungsbegriff jedoch eine weite Bedeutung zurück, deren Neutralität über

---

1 »Inventa quasi novae creationes sunt, et divinorum operum imitamenta« (*Novum
Organum*, I, 129). Zur Begriffsgeschichte der Erfindung vgl. den Artikel »Invention,
Erfindung, Entdeckung« im *Historischen Wörterbuch der Philosophie*, Bd. 4 (1976).

die Grenzen der verschiedensten Bereiche hinausgreift. Dafür lassen sich mehrere Gründe angeben: einmal die Wiederannäherung von Kunst und Technik, die einst unter dem Zeichen einer umfassenden *techne* bzw. *ars* vereinigt waren, sodann der zunehmend erfinderische Charakter einer Wissenschaft, deren Fortgang Paradigmenwechseln unterliegt und nicht von einem stetigen Wissenswachstum bestimmt ist, schließlich das Amalgam einer Techno-Science, innerhalb derer Erforschen und Erfinden sich operational verquicken.

Ein weitgefaßter und relativ neutraler Erfindungsbegriff liegt auch unseren Überlegungen zugrunde, die in zunehmender Konkretisierung drei Stufen durchlaufen: von der Erfindung im allgemeinen über die körperlichen Aspekte der Erfindung bis zur Unterscheidung verschiedener Erfindungsweisen.

## 1. Erfindung

Unsere Erörterungen beginnen mit allgemeinen Aspekten und minimalen Bestimmungen, ohne die von Erfindung nicht gesprochen werden kann. Vorweg ist zu unterscheiden zwischen der Erfindung als einem Prozeß des *Erfindens* und dem *Fund* als dem Resultat dieses Prozesses. So präsentieren uns Technikmuseen Modelle und Produkte, aber im Hintergrund öffnet sich eine Galerie von Erfindern, bisweilen auch eine Walhalla mit halbmythischem Anstrich, die über den Nutzwert der Produkte hinausgeht, indem sie geschichtliche Spuren aufbewahrt und das Bezugsfeld der Technik kulturgeschichtlich ausweitet. Nicht nur der Sinn sedimentiert sich, wie Husserl sich ausdrückt, auch Techniken lagern sich ab und dringen in alltägliche Lebensverhältnisse ein. Lebenswelten und Weltansichten sind immer auch technisch verfaßt. Dies besagt, daß Erfindungen über den Verwendungszusammenhang hinaus eine eigentümliche historische Wirkung entfalten.

### Wiederholbarkeit

Erfunden werden keine Tatsachen, die hier und jetzt einmal und nie wieder auftreten als bloße Glücksfunde, auf die kein Verlaß ist; was erfunden wird, wiederholt sich vielmehr in Form von wiederkehrenden *Strukturen*, *Gestalten* und *Mustern*. Wiederholungen tragen den Index des ›Noch-einmal‹ an sich, der über das ›Dies-mal‹ einer bloßen Raum- und Zeitstelle hinausweist. Was produziert wird, ist reproduzierbar, es ist nutzbar und anwendbar unter wechselnden Umständen. So wie es strenggenommen kein Geheimwissen gibt, so gibt es letzten Endes keine Geheimtechnik; die Einrichtung des Patentrechtes, die der Erfindung einen ökonomisch-rechtlichen Rahmen verleiht, bedeutet eine Schutzmaßnahme, derer es andernfalls nicht bedürfte.

Die Wiederholbarkeit begegnet uns schon bei einfachen Werkzeugen wie dem Chopper, dem Feuerkiesel oder dem unters Joch gespannten Zugtier; sie steigert sich bei komplexen Modellgebilden wie der Dampfmaschine und in den rekursiven Prozessen automatischer Apparaturen.[2] Doch die Erfahrung ist selbst schon ein Prozeß der Strukturierung, der Gestaltung, der Organisation, der sich nicht auf vorgezeichneten Bahnen bewegt, sondern *Möglichkeitsfelder* eröffnet, ausgehend von Problemfällen, die als »Schlüsselereignisse« fungieren. Solchen Ereignissen entspringt die Leitdifferenz von *Urbild* und *Nachbild*, wie schon auf früher handwerklicher Stufe beim Weberschiffchen, das sich laut Platon in ein ideales Musterbild und eine unbestimmte Anzahl realer Exemplare zerteilt (*Kratylos* 388 a-390 a).[3] Der Entstehungszusammenhang verleiht auch technischen Produkten eine eigentümliche Aura. Sie tritt an den Exponaten technischer Museen und an Industriedenkmälern zutage, ungeachtet der Tatsache, daß es unter technischen Gesichtspunkten strenggenommen kein Original gibt. Mit der Modernisierung der Technik erfährt der Unterschied zwischen Urbild und Nachbildern eine mehrfache Wandlung. So unterscheidet Jean Baudrillard (1982, Kap. II) zwischen einer ersten Phase der Imitation, in der man von Originalen ausgeht, einer zweiten Phase der Produktion, in der man in Serien fabriziert, und einer dritten Phase der Simulation, in der man mit Modellen operiert. Ungeachtet vieler Einzelfragen, die sich daraus ergeben, bleibt festzuhalten, daß Platons überzogene Annahme vorgegebener und lediglich wiederzufindender Ideen sich auch unter tech-

2  Vgl. dazu die einschlägigen Ausführungen des Paläontologen André Leroi-Gourhan: *Hand und Wort*, 1984, besonders Kap. II.

3  Dieses frühe Herstellungsmodell trägt noch theologische Spuren an sich; es verweist auf den göttlichen Demiurgen als einen Weltenbildner und – in der späteren Verquickung mit der jüdisch-christlichen Tradition – auf den *Homo faber* als einen *Alter Deus*.

nischen Vorzeichen als haltlos erweist. Erfundenes wiederholt sich, indem es erfunden wird, und nicht erst, nachdem es erfunden ist.

## Neuartigkeit

Betrachten wir die Erfindung als einen Prozeß der Innovation, so taucht als zweite Leitdifferenz der Kontrast zwischen *Altem* und *Neuem* auf. Erfindungen enthalten demgemäß stets ein Moment der Um-arbeitung, der Um-strukturierung, der Um-gestaltung, das eine Ab-weichung vom Normalniveau einschließt. Die Präfixe um- und ab- verweisen auf eine konfliktträchtige Dynamik, die jede Annahme eines kontinuierlichen Fortschritts untergräbt. Neues setzt sich wohl oder übel gegen Altes durch, es setzt dieses nicht einfach fort. Damit nimmt der Erfindungsablauf politische Züge an, die in den wissenschaftshistorischen Ansätzen von Thomas S. Kuhn und Paul Feyerabend durchaus berücksichtigt werden. Für Traditionalisten, die auf ein zeitloses Wesen bauen, das im Grunde »nichts Neues unter der Sonne« zuläßt, erhält jede Neuerung einen zweifelhaften, wenn nicht gar negativen Anstrich, während Neuerer, die auf das Neue als solches setzen, ihre eigenen Kräfte überschätzen und eine positive Bewertung erschleichen. Für sie gilt das Motto Nestroys, das Wittgenstein seinen *Philosophischen Untersuchungen* vorausschickt: »Überhaupt hat der Fortschritt das an sich, daß er viel größer aussieht, als er wirklich ist.«

Hinzu kommt ein Spannungsgefälle zwischen den beiden *Polen der Kreation und der Reproduktion*. Reine Kreation und reine Reproduktion treten nur als Grenzfälle auf. Erstere gliche einem Blitz, der ebenso wie der Geistesblitz alsbald erlischt, während letztere in einer stereotypen Wiedergabe versanden würde. Die reine Kreation würde buchstäblich *nichts* hervorbringen, da etwas immer nur als etwas hervortritt, indem es auf sich selbst zurückkommt. Die reine Reproduktion würde dagegen nichts *hervorbringen*, was es nicht schon gibt. In Wirklichkeit schließt jede Erprobung Veränderungen ein; was sich wiederholt, kehrt verändert wieder. Alles in allem läßt sich das Erfinden selbst nicht lernen. Das Erfinden haftet dem Lernen an wie ein weißer Fleck, der durch keine noch so eifrige Bemühung zu tilgen ist.

*Findigkeit*

Die Findigkeit stellt uns vor die zentrale Frage, wie es zugeht, daß wir etwas erfinden. Es gibt älteste Zeugnisse, in denen die gewaltige Macht der Erfindung hervortritt, so in dem berühmten Chorlied aus Sophokles' *Antigone*, das den Menschen rühmt als ein Wesen, das *allbewandert*, in allen Künsten bewandert ist und *unbewandert* auf nichts trifft, es sei denn auf den Tod, von dem es kein Entrinnen gibt. Das griechische παντοπόρος, das wir hier in der Hölderlinschen Übersetzung wiedergeben, bezeichnet wörtlich jemanden, der überall durchkommt und einen Ausweg findet, im Gegensatz zum ἄπορος als jemandem, der in der Ausweglosigkeit, der Aporie endet. Der platonische Sokrates entdeckt dann die Fruchtbarkeit der Aporie, die ein Suchen freisetzt, wenngleich verbunden mit den Wehen einer Geburt. Die Ausweglosigkeit der *Aporie*, die sich nicht mit der *Euporie* eines selbstverständlichen Sichzurechtfindens begnügt, stachelt zur Findigkeit an, die sich auf die Suche macht (vgl. *Menon* 80 c). Die Invention taucht weiterhin in der Rhetorik auf als wesentlicher Bestandteil der Redeweise, die auf Fundorte, sogenannte Topoi, angewiesen ist, gelegentlich begegnet sie uns auch in der Musik. Schließlich und endlich gehört sie zu den Ingredienzien einer Technik, die Mittel und Wege ersinnen muß, um ihre Ziele zu erreichen. Doch an dieser Stelle geraten unsere Überlegungen abermals an eine Weggabelung, die mit den verschiedenartigen Einschätzungen des Zufalls zusammenhängt.

Traditionellerweise geht es bei der Technik lediglich darum, Mittel und Wege innerhalb einer kosmischen Zielordnung oder im Rahmen einer moralischen Gesetzesordnung ausfindig zu machen. Alles Technische wird auf diese Weise ein- oder untergeordnet, ohne an der Ordnungsstiftung mehr als beiläufig beteiligt zu sein. Im ersten Falle dient die Technik ähnlich wie die praktische Überlegung der Ausführung eines naturgegebenen Programms, das bereits in Umrissen vorliegt, wobei dann die »Zeit als Entdeckerin (εὑρέτης) eine gute Helferin« ist (*Nik. Ethik* I, 7, 1098 a 23 f.). Dieser aristotelischen Variante steht die kantische gegenüber; in diesem Falle orientieren sich technisch-praktische Maßnahmen, die sich mit hypothetischen Imperativen begnügen, an moralisch-praktischen Vorschriften, die einem kategorischen Imperativ unterstehen, so daß alles Technische als bloß instrumentelle Vernunft letzten Endes der praktischen Vernunft gehorcht. Diese zwiefache Unterbestimmung des Technischen mag ein Grund dafür sein, daß für die traditionelle Philosophie in beiderlei Varianten die Technik keine besondere Rolle spielt und daß sie in die Niederungen bloßer Lebensnotwendigkeiten abgedrängt wird. Findigkeit gäbe es dann nur in den Spielräumen einer vorgegebenen Ordnung.

Dies ändert sich mit dem Aufkommen einer modernen Ordnungsform, die allerdings nur zögernd ins allgemeine Bildungsbewußtsein vordringt. Nehmen wir mit Nietzsche an, daß der Mensch als »nicht festgestelltes Tier« mit einer Überfülle von Möglichkeiten konfrontiert ist, so besagt dies, daß er genötigt ist, Feststellungen zu treffen und sich selektiv auf ein bestimmtes Wie, auf ein So-und-nicht-anders festzulegen. Mit anderen Worten, der Mensch ist nicht nur – gemäß der alten Definition – ein Lebewesen, das einen Logos, also Vernunft und Sprache hat und diesen Logos mit seinesgleichen innerhalb einer Polis teilt, er ist zugleich ein Lebewesen, das seine jeweilige Lebensweise zu erfinden hat. Dies gilt für alle Lebensbereiche, für Wahrnehmung, Körperhaltung, Fortpflanzung, Behausung und Kleidung ebenso wie für Symbole, Zeichen und Rituale. Das Wie, das in seinen vielfältigen Formen durch keine Wesens- oder Zielbestimmung abgesichert ist, erweist sich als ein zu schaffendes Wie. Die neue Leitdifferenz ist die zwischen *Wie* und *Was* oder *Wozu*. Doch selbst in ihrer modernen Fassung bleibt die Technik unterbestimmt, solange sie pragmatisch eingeengt wird auf die Frage: Wie macht man das? Daraus resultiert ein Technizismus, der sich mit dem bloßen Know-how begnügt, das heißt mit der Schrumpfform eines *Wie ohne Was und Wozu*. Dem steht ein Wie gegenüber, das als Ordnungsweise alle Lebensäußerungen durchzieht und zur Ausgestaltung einer Lebensform beiträgt, ohne sich auf Fragen technischer Machbarkeit zu reduzieren. In diesem Zusammenhang gewinnt der Leib eine besondere Bedeutung.

## 2. Körperliche Erfindung

Der Beitrag des Körpers läßt sich in eine schwache These kleiden, die nur soviel zugesteht: Der Körper ist die *conditio sine qua non* unserer Erfindungen, etwa in Form von begleitenden Körperbewegungen oder neurophysiologischen Prozessen. Dem steht eine starke

These gegenüber, die besagt: Der Körper ist positiv beteiligt an allem, was Erfindung zustande bringt. Nietzsches Rede vom Leib als der »großen Vernunft« ließe sich fortführen, indem man den Leib als »große Erfindungskraft« bezeichnet. Diese Möglichkeit nimmt Gestalt an, wenn wir nun in einem zweiten Durchlauf die erwähnten Grundaspekte nutzen, um den Prozeß der Erfindung zu durchleuchten. Wir werden dabei von bestimmten Paradoxien der Erfahrung ausgehen.

### Entregelung der Sinne

Unsere erste Leitfrage lautet: Was wird erfunden? Erfindungen erwachsen aus Situationen, in denen etwas nicht stimmt und wir uns nicht auskennen, ohne daß wir auf Expertenratschläge zurückgreifen können. Das Staunen, mit dem Platon die Philosophie beginnen läßt, verwandelt sich in Probleme, die nicht nur auf ihre Lösung, sondern zuvörderst auf ihre Formulierung warten. Die Paradoxie des Suchens, die Platon in seinem Dialog *Menon* so prägnant entwickelt, wiederholt sich in der Paradoxie des Erfindens. Platon beruft sich auf einen Streitsatz, der alles Suchen förmlich gegenstandslos macht. Der Mensch, so heißt es, kann weder suchen, was er weiß, noch was er nicht weiß: »Nämlich weder, was er weiß, kann er suchen – denn er weiß es ja, und es bedarf dazu keiner derartigen Suche, noch was er nicht weiß – denn er weiß dann ja gar nicht, was er suchen soll« (*Menon* 80 e), und sollte er etwas finden, so wüßte er nicht, ob dies das Gesuchte ist.

Die bloße Formulierung der Paradoxie zeigt eine ferne Verwandtschaft mit maschinellen Programmen, die auf Befehl ausgeführt werden[4] und einem binären Code folgen. Das schattenlose Ja oder Nein findet seine technische Entsprechung in dem Auftreten oder Ausbleiben eines Stromstoßes. So konfrontiert uns der Computer etwa mit Hinweisen wie: »Kein zulässiger Vorgang für Fußnoten.« Wer sich nicht daran hält, wird nicht bestraft, sondern er scheitert einfach. Doch bekanntlich reagiert der Computer auch auf Suchbefehle. Solange das Suchen auf das Aufrufen von Daten beschränkt bleibt, seien es bestimmte Wörter, Themen oder Karteiadressen, haben wir es pla-

---

4  Dies bedeutet eine technologische Adaption des Willensbefehls (*imperium voluntatis*), den Descartes in sein Leib-Seele-Modell eingebaut hat. Vgl. *Sechste Meditation*, A. T. VII, 84.

tonisch gesprochen mit einer technologischen Spielart der Wiedererinnerung zu tun. Das Wissen, das auf solche Weise aktiviert wird, gleich ob maschinell oder mechanisch im alltäglichen Sinne, ist ein entkörpertes, dekontextualisiertes und explizites Wissen, das von Fall zu Fall eingesetzt wird, ganz im Gegensatz zum verkörperten und kontextualisierten Wissen, das einen Bezug zum leibhaftigen Suchen und Erfinden wahrt und das auch in der wissenschaftlichen Forschung stets Züge eines impliziten, niemals voll zu explizierenden oder gar zu formalisierenden Wissens an sich trägt. Der Wissenschaftstheoretiker Michael Polanyi nennt dies leibhaftige und hintergründige Wissen ein »schweigendes Wissen«.[5] Doch schon bei Platon, der bisweilen allzuschnell der Leibfeindlichkeit bezichtigt wird, verbindet sich das Erstaunen dessen, der sich dem rätselhaften Umlauf der Gestirne zuwendet, mit einem Schwindelgefühl (*Theaitet* 155 d). Staunend verlieren wir den festen Boden unter den Füßen; wir müssen erst Tritt fassen, bevor wir einen Standort gewinnen und sich Vertrautheit einstellt.

Eine Heuristik, die ein verkörpertes Suchen und Erfinden in Betracht zieht, hat zwischen verschiedenen Suchfeldern und Suchproblemen zu unterscheiden. Es geht einmal um Fragen der *Raumorientierung,* so etwa beim Herausfinden aus einem Labyrinth (einem kulturell überdeterminierten Suchort par excellence), bei der Bewältigung auftretender Hindernisse oder bei Umwegversuchen, die allesamt auch etwas über den Unterschied zwischen menschlichem und tierischem Verhalten verraten.[6] Das *Puzzle* stellt uns vor die Aufgabe, Einzelteile auf passende Weise zusammenzufügen. Dabei sollten wir uns hüten, die Vielfalt der Dinge mit einem künstlichen Puzzlespiel zu verwechseln. Was in der Erfahrung auftritt, fügt sich niemals völlig und nahtlos zusammen, als gäbe es überhaupt etwas, das nichts weiter ist als ein bloßer Bestandteil. Selbst die Verwandtschaft hat Züge einer Wahlverwandtschaft, einer *attractio electiva*, die wie ein chemisches Element neuen Verbindungen offensteht.[7] Der *Gestaltwechsel*, der

---

5  Vgl. M. Polanyi, *The Tacit Dimension*, 1967; der Autor beruft sich ebenfalls auf Platons *Menon* (s. S. 22).

6  Ich verweise auf Untersuchungen des tierischen Verhaltens etwa bei F. J. J. Buytendijk und W. Köhler, die Merleau-Ponty in seinem frühen Werk *La structure du comportement* zur Ausarbeitung einer Phänomenologie des Verhaltens genutzt hat.

7  Erinnert sei an Goethe, der in seinen *Wahlverwandtschaften* bei der Chemie seiner Zeit Anleihen macht.

ein neues Erfahrungsrelief entstehen läßt, öffnet mit der Entbindung und anderweitigen Einbindung von Materialien neue Gestaltungsmöglichkeiten. Die *Materialuntersuchung* richtet sich auf Eigenschaften wie Härte oder Biegsamkeit. Eine *ökonomisch* ausgerichtete Suche trachtet nach Kräfteersparnissen, eine *kausal* ausgerichtete Suche erprobt Ansatzpunkte für ein Umlenken der Kräfte und eine Neuordnung des Kräftefeldes. Im folgenden werden wir solche Spezifika ausblenden, um uns auf allgemeine Weichenstellungen zu konzentrieren.

Aktuelle Wahrnehmung, die stets mehr bedeutet als schlichte Rezeption, stützt sich nicht auf bloße Daten, Zeichen und Gebrauchsregeln, sie läßt überall dort, wo sie über das Gewohnte hinausgeht, ein neues *Wahrnehmungsfeld* entstehen, so daß alle Einzelheiten in einem anderen Licht erscheinen. Die Entstehung eines Wahrnehmungsfeldes impliziert, daß die Wahrnehmung von einem Hier-Jetzt ausgeht, von einem bevorzugten Ort innerhalb des Feldes, der – mit Husserl zu reden – als Nullpunkt fungiert. Das Hier-Jetzt ist als leiblicher Standort und Gesichtspunkt weder oben noch unten, weder vorn noch hinten, weder rechts noch links, da die entsprechenden Raumachsen an diesem Nullpunkt entspringen. In einem homogenen und isotropen Raum, dessen Ortslagen alle gleichwertig wären, gäbe es nur relative Differenzen, so daß selbst die physikalische Rede vom freien Fall, die ein Aufwärts und Abwärts impliziert, eine anthropomorphe Deutung darstellt.

Betrachten wir nun den Wahrnehmungsraum als Entdeckungsraum, so stellt sich zunächst die Frage: *Wo* sollen wir suchen, in welcher *Richtung*? Father Brown, der ideenfreudige Protagonist in Chestertons Detektivgeschichten, scheut sich nicht, sich förmlich auf den Kopf zu stellen, um aus dem ungewohnten Blickwinkel einer verkehrten Welt, in der alles drunter und drüber geht, Übersehenes und Unbeachtetes zu gewahren. – Auch *Nähe* und *Ferne* üben einen Einfluß aus, indem sie die Suche erschweren oder erleichtern. Das Gesuchte kann sich in unzugänglicher Ferne befinden, es kann uns aber auch allzu nahe treten wie der entwendete Brief in der gleichnamigen Geschichte von Poe, der offen auf dem Schreibtisch liegt, zu offen, um die Aufmerksamkeit auf sich zu ziehen. Ich ziehe mit Bedacht Geschichten heran, die Kriminalfälle behandeln, aber Detektivgeschichten heißen, weil die Aufdeckung des Verbrechens wichtiger ist als dessen Verübung. Selbst die alte Menschheitstragödie des Ödipus stellt sich als Enthüllungsgeschehen dar. »Forschen will ich, bis ich alles weiß«, so bekennt Ödipus von sich, und am Ende entdeckt er, daß er selbst der gesuchte Mörder und der Gemordete sein Vater ist. Diese Entdeckung steht allerdings unter einem alten Verhängnis; eine neue Wendung bringt einzig die Aufdeckung selbst. – Zur Wahrnehmung gehören« ferner offene *Horizonte*, Grenzlinien also, deren Schärfe vom Grad der Aufmerksamkeit, von der Art des Hinsehens und Hinhörens abhängt. Die hierbei in Anspruch genommene Unterscheidungskraft der Wahrnehmung erfordert eine gewisse Ambiguitätstoleranz, sobald die Unterschiede verschwimmen. Diese Toleranz versteht sich nicht von selbst. Der Pawlowsche Hund, der darauf trainiert ist, sein Futter in Kombination mit einer Kreisscheibe gereicht zu bekommen, reagiert bei der Annäherung des Kreises an eine Ellipse mit Futterverweigerung. Produktive Wahrnehmung setzt voraus, daß man im Zweifelsfalle darauf verzichtet, ganz genau zu wissen, worum es sich handelt. Bekanntlich nähert sich die Fuzzy Logic der gelebten Wahrnehmung, indem sie Margen der Unbestimmtheit einkalkuliert. Erfindung hat es generell mit der Verschiebung und Öffnung von Horizonten zu tun, so im Falle des Brainstorming, das ungeprüften Einfällen freien Raum läßt, oder im Falle der gleichschwebenden Aufmerksamkeit in der Psychoanalyse, mit der die Zensur überlistet wird. Vieles spricht also dafür, das Kräftespiel der Assoziationen von dem Geruch bloßer Mechanismen zu befreien und ihm ein eigenes Sinn- und Wahrheitspotential zuzubilligen. Erfindungskraft ist nicht mit Scharfsinn zu verwechseln und dieser nicht mit Konzentrationsfähigkeit.[8] – Schließlich verbindet sich die Wahrnehmung mit der leiblichen Bewegung. Der ältere Begriff der *Kinästhese* gewinnt eine neue Bedeutung, wenn man – wie es abermals

---

8 In diesem Sinne verteidigt Edgar Allan Poe zu Beginn seiner Erzählung »Die Morde in der Rue Morgue« (Übs. Wollschläger 1979, S. 6) das Damespiel gegenüber dem Schachspiel, wo es zwar verwickelt, aber nicht tiefgründig zugeht und wo es in hohem Maße auf die bewußte Aufmerksamkeit ankommt. »Mächtig wird hier die *Aufmerksamkeit* ins Spiel gerufen, wenn sie nur einen Augenblick erschlafft, ist schon ein Versehen begangen, das Nachteil oder Niederlage bringt. Da die möglichen Züge nicht nur mannigfaltig sind, sondern vielfach voneinander bedingt, vervielfältigen sich die Folgen solcher Versehen; und in neun von zehn Fällen ist es eher der angespannte, aufmerksame denn der scharfsinnigere Spieler, welcher gewinnt. Beim Damespiel hingegen, wo die Züge *gleichförmig* sind und nur geringe Abweichung haben, sind auch die möglichen Folgen von Unachtsamkeit geringer, und da die bloße Aufmerksamkeit vergleichsweise unbeschäftigt bleibt, gehen alle Vorteile, die von den Parteien errungen werden, einzig auf höhern *Scharfsinn* zurück.«

Husserl nahelegt – darunter keine bloße Wahrnehmung *der* Bewegung versteht, sondern eine Wahrnehmung *in* Bewegung. Ein solches Sichbewegen, das nicht bloß Orte wechselt, sondern Orte generiert, ist geeignet, Positionen und Konstellationen auszuprobieren und sie nicht nur per Feedback zu verstärken. Entdeckungen sind dort angesiedelt, wo der Regelkreis sich nicht völlig schließt.

Eine derart offene Feldbildung und Ortsfindung liefert Bedingungen dafür, daß Neues auftritt, und zwar so, daß dieses *zugleich da ist und nicht da ist.* Diese schillernde Existenz äußert sich in *Übergangsfiguren.* Dazu gehört die *Abweichung* vom Normalen in Form von Anomalien. Eine produktive Abweichung ist nicht zu verwechseln mit einer defizitären Abweichung, die einzig darin besteht, daß es *etwas gibt, das abweicht,* denn dies wäre ein bloßer Regelverstoß, wie er in Fehlerkarteien verzeichnet ist. Zur produktiven Abweichung gehört, daß *etwas entsteht, indem es vom Bestehenden abweicht,* nur so wird aus der Abweichung ein Entstehungsherd neuer Möglichkeiten.[9]

Eine weitere Übergangsfigur bildet das Phänomen des *Randes* im Sinne von Erfahrungs-, Bewußtseins- oder Aufmerksamkeitsrändern. Die Marginalität besteht darin, daß etwas da ist, aber gleichsam im Halbschatten, halbbeachtet oder unbeachtet, wie wenn etwas nicht frontal, sondern lateral aus den Augenwinkeln gesehen wird. Daß jede Erfahrung ihre Ränder hat, die man mit William James als Fransen (*fringes*) des Bewußtseins bezeichnen kann, hat zur Folge, daß wir immerzu mehr sehen und hören, als wir ausdrücklich gewahren. Dabei erweist sich die Aufmerksamkeitsstörung, die uns ablenkt oder aus der Bahn wirft, als ebenso ambivalent wie der Regelverstoß; eine Störung wirkt sich produktiv aus, wenn sie neue Antworten hervorruft. So schlägt Dupin in der besagten Erzählung vor, das Gesuchte seitwärts, aus den Augenwinkeln anzuvisieren, indem wir ihm nur die äußeren Partien der Netzhaut zuwenden, so wie das Schimmern eines Sternes am besten zu erhaschen ist, wenn wir ihn nicht voll in den Blick nehmen. »Bei ungebührlicher Gründlichkeit verwirren und

---

9 In Poes Erzählung (1979, S. 27) warnt der Meisterdetektiv Dupin davor, das Ungewöhnliche mit dem Abstrusen zu verwechseln. »Doch gerade anhand dieser Abweichungen vom platt Gewöhnlichen ertastet sich die Vernunft, wenn überhaupt, ihren Weg bei der Suche nach der Wahrheit. Bei Nachforschungen [...] sollte gar nicht einmal so sehr gefragt werden ›Was hat sich ereignet?‹, als vielmehr ›Was ist dabei geschehen, das sich noch nie zuvor ereignete?‹«

schwächen wir das Denken; und durchaus wohl mag es geschehen, daß die Venus selbst vom Firmament verschwindet, richtet ein forschender Blick sich allzu gezielt, allzu konzentriert oder allzu direkt darauf.« (1979, S. 25) Die Lösung dieser Geschichte liegt bekanntlich in der rätselhaften Auffälligkeit einer Stimme, die verschiedensprachigen menschlichen Mördern zu gehören scheint und die sich am Ende als die eines Orang-Utans erweist. Die Geschichte technischer Erfindungen ist voll von unauffälligen Blickwechseln mit auffälligen Folgen. Mit den Mühlrädern hatte Victor Kaplan Tag für Tag etwas vor Augen, was den übrigen Bewohnern des Murgtales ebenso vertraut war, ihnen aber keiner besonderen Beachtung wert schien; nur ihn brachten diese Alltagsgeräte auf den Gedanken, Wasserturbinen mit verstellbaren Schaufelrädern zu entwickeln, die dann nach ihm benannt wurden.

Zu den Übergangsfiguren gehören ferner *Umschlagsphänomene*, die wir aus der Gestalttheorie als Kippfiguren kennen. Die sogenannten X-Strahlen, die Röntgen entdeckte, als er auf der Bleiplatte seine eigenen Handknochen erblickte, standen zunächst auf der Kippe zwischen Altem und Neuem. Auf gewisse Weise sind alle Entdeckungsfunde zunächst X-Phänomene. Gestalt und Grund, die bei einem solchen Wahrnehmungsumschlag in Bewegung geraten, sind keineswegs zwei Entitäten, die wie Hammer und Sichel oder Bleistift und Computer ihre Rollen vertauschen. Der Gestaltwechsel führt zur Neubestimmung der gesamten Wahrnehmungssituation, so wenn etwa ein fernes Donnergrollen sich als Gefechtslärm entlarvt. Der mit Erwartungen besetzte Hintergrund, also das, *wovon* sich gestalthaft abhebt, was wir wahrnehmen, gehört zu den Minimalbedingungen der Wahrnehmung, bei deren Ausbleiben wir überhaupt *nichts* und mithin gar *nicht* wahrnehmen würden, weil alles in der Monotonie eines undifferenzierten Rauschens versänke.

Schließlich gehört zur produktiven Wahrnehmung eine *Entregelung*, die neue Regeln gebiert, eine *Entstaltung*, die neue Gestalten hervorbringt. Ein alltägliches, aber dennoch eindringliches Beispiel liefert uns der Denkpsychologe Max Wertheimer. In seinem Buch *Produktives Denken* (1964) berichtet er von zwei Jungen, die zusammen Federball spielen, aber so, daß der ältere immer gewinnt und der jüngere am Ende die Lust verliert. Ein Ausweg aus diesem praktischen Dilemma fand sich dergestalt, daß der ältere der beiden den Vorschlag machte, das Spielsystem zu ändern und gemeinsam zu versuchen, den Ball möglichst lange in der Luft zu halten. Diese Neuerung, die viel mit sozialer Phantasie zu tun hat, bestand also darin, daß die Spieler von individuellem Gewinn auf Kooperation umschalteten. Wenn wir hierbei von Entregelung sprechen, so heißt dies nicht, daß es etwas gibt, das schlechthin außerhalb der Regeln stünde. Ein schlechthin Regelloses oder Gestaltloses wäre gar nicht mehr faßbar, es würde uns sprachlos machen. Entregelung bedeutet etwas anderes, nämlich die *Infragestellung* und *Außerkraftsetzung* bestehender Regeln. Diese äußert sich in Formen einer leiblichen Verwirrung, die Phänomene der Desorientierung, der Bodenlosigkeit und der Entgrenzung einschließt. Insofern streift jede radikale Neuregelung das Chaos und den Wahnsinn, und diese Gefährdung verführt zu einem Abwehrverhalten verschiedener Art, darunter einem Fundamentalismus, der auf ein unerschütterliches Fundament versessen ist. Die verschiedenen Formen der Entregelung bilden jedoch die unvermeidliche Kehrseite bestehender Regelungen; sie setzen voraus, daß kein Verhalten und kein Phänomen den bloßen Fall einer Regel darstellt und daß wir stets mit einem Überschuß an Ungeregeltem zu rechnen haben.

### Vorgängigkeit und Nachträglichkeit

Unsere zweite Leitfrage lautet: Wie sieht der Zeitablauf der Erfindung aus? Wiederum stoßen wir auf ein Paradox der Erfahrung. Um die Erfindung in ihrer Wirklichkeit zu erfassen, kommen wir einerseits *zu früh*; solange wir auf sie warten, verharren wir im Stadium der Vorahnung, ausgeliefert einem »Instinkt der Vernunft«, der im Dunklen tappt. Andererseits kommen wir *zu spät*, um an den Nerv der Erfindung zu rühren; die Funde sind schon da, wenn wir uns ihnen zuwenden und ihre Brauchbarkeit überprüfen. Nie gelingt es uns, die Erfindung in flagranti zu erfassen. Diese gleichzeitige Vorgängigkeit und Nachträglichkeit wohnt jedem alltäglichen Blick inne, der vorausblickt und zurückblickt, sich aber niemals naht- und bruchlos in einem einzigen Augenblick versammelt. Der Gegenstand, den der Blick prospektiv als Zu-Sehendes ins Auge faßt, erweist sich retrospektiv als »seiner Erscheinung vorgängig« (Merlau-Ponty 1945, S. 227, dt. S. 280), und dies nicht einfach deshalb, weil er an sich schon da war (wie könnten wir davon wissen?), sondern weil die Erfahrung in Form von Widerfahrnissen sich selbst vorausgeht. Diese eigentümliche Zeitverschiebung macht auch vor der Technikgeschichte nicht halt. Um die verwickelten Entstehungsbedingungen von Werkzeugen zu illustrieren, beruft Joseph Weizenbaum sich auf die Vorgeschichte der Lokomotive, die sich über ein ganzes Jahrhundert erstreckt. Von der statischen Dampfmaschine, die Thomas Savery um 1700 erfunden hat, führt der Weg zu einer auf Schienen laufenden Pferdebahn, die 1804 von Richard Trevithik ins Werk gesetzt wurde, und von da aus geht es weiter zur Lokomotive und zur modernen Eisenbahn. Hierbei spielt offenbar das bis heute nachwirkende Motiv der »Pferdestärke« eine besondere, vielleicht auch beflügelnde Rolle. Der Autor bemerkt dazu:

»Nur selten, wenn überhaupt jemals, ist ein Werkzeug gleichzeitig mit einer gänzlich neuartigen Tätigkeit zusammen erfunden worden, die es verrichten soll. Als Symbole fordern uns Werkzeuge jedoch dazu heraus, sie in der Phantasie in andere als ihre ursprünglichen Zusammenhänge einzusetzen.« (Weizenbaum 1987, S. 55)

Die Ungleichzeitigkeit dieses Ablaufs, der sowohl durch überraschende Vorwegnahmen wie durch gelegentliche Rückgriffe bestimmt ist, findet ihr gelebtes Äquivalent in der raum-zeitlichen Verschiebung unserer leiblichen Existenz. Hier und jetzt bin ich zugleich anderswo und anderswann, da ich in meiner Erfahrung einerseits über mich hinausgehe, andererseits hinter mir zurückbleibe. Nur der Außenblick, der die Dramatik des Werdens in ein *fait accompli* verwandelt, vermittelt den Eindruck, da sei ein einheitliches *Etwas*, das sich kontinuierlich aus einem Keim entwickelt und bei einem fertigen Gebilde endet.

## Anonymität

Es bleibt als letzte Schlüsselfrage: Wer hat etwas erfunden? Sollten wir uns vielleicht an die Empfehlung Lichtenbergs halten und nicht nur »es denkt« sagen, wie man sagt »es blitzt«, sondern auch »es erfindet«? Was zunächst nach einer puren Auslöschung des Subjekts aussieht, nimmt sich anders aus, wenn wir die *leibliche Spontaneität* berücksichtigen. Sowohl die Wahrnehmung, die damit beginnt, daß uns etwas auffällt, wie das Denken, das damit einsetzt, daß uns etwas einfällt, verweisen auf ein Geschehen, das sich zwischen uns und den Dingen abspielt, ausgehend von Eindrücken und Einfällen, die nicht auf unsere eigenen Leistungen zurückzuführen sind. Ähnliches gilt für das Sichbewegen: das Gehen, Greifen oder Tasten, das nicht mit dem Anschalten eines Bewegungsapparates zu verwechseln ist. Bewegungen und Handlungen werden inszeniert, unter Umständen auch einstudiert, sie werden aber nicht Stück für Stück produziert, als wollte man einem Tausendfüßler das Gehen beibringen.

Müssen wir uns also auf Erfindungen ohne Erfinder gefaßt machen? Auf gewisse Weise ja. Das Paradox des Suchens läßt uns auch hier nicht los. Falls es stimmt, daß niemand sagen kann, was er sucht oder erfindet, es sei denn, das Suchen läge schon hinter ihm, mit welchem Recht kann dann jemand als Urheber seiner Erfindungen auftreten? Ein potentieller Erfinder stünde nicht besser da als ein potentieller Maler, der uns mit bloßen Versprechungen hinhält. Folgt daraus, daß Forschungspreise wie der Nobelpreis eine bloße Farce sind? Darauf läßt sich nur eine nuancierte Antwort geben. Offensichtlich ist es so, daß schon die Benennung der Funde nachträglich erfolgt in Form einer An- und Zueignung, die einen weithin namenlosen Entstehungsgang voraussetzt. Das gilt selbst dann, wenn Erfindernamen in die Sachbezeichnung eingehen wie im Falle von Ampere, Ohm und Volt. Schon Aristoteles unterscheidet zwischen der Preisung jener, denen etwas geglückt ist, und dem Lob, das wir jenen spenden, die etwas aus eigener Kraft und eigenem Entschluß zustande gebracht haben. Erfindungen lassen sich durch vieles erleichtern, auch durch die Erhöhung von Forschungsmitteln, planen oder von Amts wegen fordern lassen sie sich nicht. Es bleibt ein nicht zu planender Überschuß, darin berühren sich technische und künstlerische Erfindungen. Doch dieser Überschuß macht sich nicht immer in gleicher Weise geltend. In Anknüpfung an die schon erwähnte Polarität von Innovation und Reproduktion läßt sich behaupten, daß ich um so mehr der Urheber meines Verhaltens bin, je stärker dieses geregelt und reproduzierbar ist und daher einem *kompetenten und verantwortlichen Subjekt* zugeschrieben werden kann. Anders steht es mit dem *leiblichen Selbst*, das sich niemals zum Herrn über seine Funde und Erfindungen aufschwingen kann. Um eine berühmte Unterscheidung aufzugreifen, der Entdeckungszusammenhang ist nicht in gleicher Weise in einem Subjekt zentriert wie der Begründungszusammenhang, auf den eine normativ ausgerichtete Wissenschaftstheorie ausgerichtet ist; dennoch hat er ein eigenes Gewicht, er bildet keineswegs eine bloße Vorstufe.

Wie so oft könnte man auch hier geneigt sein, den Spieß umzudrehen. Wenn nicht große Entdecker und Erfinder das erste und letzte Wort haben, so sind es vielleicht Genieblitze, höhere Intuitionen und Inspirationen oder eine »Lotterie der Natur«, die den Ausschlag geben. Man könnte die zusätzliche Annahme machen, daß geniale Natur und menschliches Genie untergründig miteinander verwandt sind, so wie noch Kant das Genie als Naturgabe betrachtet. Doch es bleibt die Frage, ob die Alternative eines Findens, das alles Entscheidende äußeren Umständen oder höheren Mächten verdankt, und eines Erfindens, das sich vorwiegend auf eigene Projekte und Konstruktionen stützt, dem Auf und Ab, dem Hin und Her einer weithin zerklüfteten Entdeckungsgeschichte auch nur annähernd gerecht wird.

Wenn in diesem Zusammenhang von Zufall die Rede ist, so sollte dieses Wort mit einem Bindestrich gelesen werden. Der Zu-fall nähert sich jenen leiblichen Af-fekten und den Ap-pellen der Dinge, die auf uns zu-kommen und nicht von uns ausgehen. Die besonderen Aufforderungscharaktere, die Gestalttheoretiker den Erfahrungsdingen zuschreiben und die auch das produktive Denken und Handeln in Gang bringen, lassen sich weder einseitig auf kausale Reize noch auf subjektive Faktoren oder systeminterne Operationen reduzieren. Das leibliche Selbst ist an alldem beteiligt, aber auf spezifische Weise als *jemand, dem* etwas zustößt, zufällt und widerfährt, *auf das* er oder sie mit Sinnbildungen und Regelungen antwortet. Leiblichkeit bedeutet, daß mich vieles an-geht, an-rührt, indem es meiner Initiative zuvorkommt. Dies gilt in besonderem Maße für das, was uns als fremd begegnet, was uns erstaunt und verwirrt. Wir *machen* Erfahrungen im doppelten Sinne des Herstellens und Durchmachens. Die pathische Dimension der Erfahrung ist unabdingbar; sie wird von aktionistischen und konstruktivistischen Ansätzen verkannt oder unterschätzt, obwohl gerade sie für das steht, was Kant das »fruchtbare Bathos der Erfahrung« nannte. Künstler, die unter einem geringeren Normalisierungsdruck stehen als methodisch vorgehende Wissenschaftler, haben vielfach ein stärkeres Gespür für die Hintergründe und Abgründe der Erfahrung. So heißt es bei Picasso lapidar: »Ich suche nicht, ich finde.« Gesuchtes wäre das, was wir in unseren diversen Vor-haben auf mehr oder weniger bestimmte Weise vorweg-nehmen; Gefundenes ist nicht frei von Erwartungen und Gewohnheiten, aber es sprengt deren Rahmen. Hinzuzufügen ist ein anderer Ausspruch, der von dem Aufklärer D'Alembert stammt: »Der Zufall erreicht nur jene, die ihn verdienen.« So wie man für überraschende Farben und Töne ein Auge und ein Ohr haben muß, so muß man generell bereit sein, sich überraschen zu lassen, um überrascht zu werden. Man muß einiges wissen, um auf produktive Weise staunen zu können, so wie man einiges gelernt haben muß, um auf produktive Weise umzulernen. Nur unter diesen Voraussetzungen wird aus dem Zufall ein glücklicher.[10]

Zusammenfassend stellen wir fest: Erfindung lebt von einem Austausch zwischen leiblichem Selbst und weltlichen Dingen; sie verlangt nach einer Mitwirkung der Dinge, wozu allerdings auch die »Tücke des Objekts« gehört. Der amerikanische Pragmatist und Interaktionist G. H. Mead illustriert diesen Zusammenhang anhand des Brükkenbauers.

»Der Techniker, der eine Brücke konstruiert, spricht mit der Natur genauso, wie wir mit dem Techniker sprechen. Es gibt dabei Elemente, die er einkalkulieren muß, und dann kommt die Natur mit anderen Reaktionen, die wiederum anders unter Kontrolle gebracht werden müssen. In seinem Denken nimmt er die Haltung physischer Objekte ein. Er spricht zur Natur, die Natur antwortet ihm [...], und schließlich erreichen wir einen Punkt, an dem wir mit der Natur zusammenarbeiten.« (Mead 1973, S. 229)

Bei diesem synergetischen Zusammenspiel liegt das Gewicht das eine Mal auf gezielten Erwartungen, die wir Hypothesen zu nennen pflegen, das andere Mal auf Überraschungen, die sich unversehens und ungerufen einstellen. Die Griechen bezeichneten den glücklichen Fund als Hermesgeschenk (ἕρμαιον). Dabei ist die Tyche, die jederzeit vom Wohlgeschick (εὐτυχία) ins Mißgeschick (ἀτυχία) umschlagen kann, ebenso doppelgesichtig wie all unsere Erfindungen und Entdeckungen.

---

10 Sokrates, der den Lehrsatz ausspricht: »Es gibt keinen anderen Anfang der Philosophie als das Staunen« (*Theaitet* 155 d), bezeichnet dieses als Widerfahrnis (πάθος), das den Philosophierenden überkommt. Der Satz fällt im philosophischen Gespräch. Ist das Streben also früher oder das Staunen? Eines steht fest: Weder der Wissende staunt noch der Unwissende (*Symposion* 204 a-b); ein Freibrief für Ignoranz ist dem Leitsatz nicht zu entnehmen, vielmehr geht es um den Umgang mit dem Wissen – und darin ist auch schon von Kindern zu lernen.

## 3. Technische Erfindung am Beispiel des Roboters

Ein weitgespannter Erfindungsbegriff, wie er unseren Überlegungen zugrunde liegt, stellt uns vor Fragen wechselseitiger Abgrenzung. Die Grobskizze, die wir abschließend vorlegen, betrifft in erster Linie das Verhältnis zwischen unserem leiblichen Selbst und der Maschine. Es fehlt nicht an Stimmen, die sich für ein Kontinuum zwischen Mensch, Lebewesen und Maschine aussprechen in der Erwartung, daß einst auch Automaten, abgesehen von ihrer vielfach überlegenen Wirkkraft, Gefühle und Rechte beanspruchen können. Will man nicht zur Science-fiction überwechseln, so spricht gegen diese Erwartung der einfache Sachverhalt, daß bei all solchen Überlegungen der fragende Mensch es ist, der *sich* von tierischen und pflanzlichen Lebewesen und ebenso von Automaten und Robotern unterscheidet. Sicherlich wäre er nicht genötigt, solche Unterscheidungen zu treffen, wenn er nicht *in sich selbst* Züge des Tierischen, des Pflanzenhaften und auch des Automatischen vorfände. Der Mensch lebt nicht in einer anderen Welt als Tiere, Pflanzen und Maschinen, dennoch lebt er anders in ihr als jene, nicht zuletzt deshalb, weil er seinen Ort in der Welt zu finden und zu erfinden hat, oder in einfachen Heideggerschen Worten: weil er sein Sein *zu sein* hat. Damit stellt sich nicht die Frage, ob Erfindungen ein Monopol oder Privileg des Menschen sind, die Frage lautet vielmehr: *Wie* verhält sich der *homo inventor* zu den Dingen, zu Sinn und Regel, zu sich selbst und zu seinesgleichen? Die Beantwortung dieser Frage nötigt zu einer *differentiellen Sichtweise* unter Einschluß einer differentiellen Phänomenologie, und bei der Aufstellung unterscheidender Merkmale spielen die Art des Fragens und dessen leiblicher Ort eine unvermeidliche Rolle. Wer glaubt, er könne globale Unterscheidungen fällen, die ihren Scheitelpunkt irgendwo haben, benimmt sich wie ein gottähnlicher Weltbetrachter und Weltmacher, selbst wenn er ein naturalistisches Glaubensbekenntnis ablegt.

Bei einer solch differentiellen Sichtweise fällt dem Roboter eine besondere Rolle zu, nicht nur als Vergleichsglied bei der Erkundung körperlicher Fertigkeiten, sondern auch als synergetische Apparatur. Darin steht er im deutlichen Kontrast zur bloßen Datenverarbeitung des klassischen Computers.[11] Ganz allgemein betrachtet ist es offen-

---

11 Jean Baudrillard ordnet innerhalb seiner schon erwähnten Geschichte der Simulakren den Automat und den Roboter zwei verschiedenen Phasen zu. Der Automat,

bar so, daß der Roboter nicht nur Rechenoperationen ausführt und dabei physische Energie verbraucht wie jedes elektronische Gerät, sondern daß er mit Hilfe dieser Operationen reale Wirkungen erzielt. Sowenig die experimentelle Physik sich auf angewandte Mathematik reduzieren läßt, sowenig läßt sich die Robotik auf angewandte Informatik reduzieren. Schon die Kinetik des Roboters spricht dagegen. Ein Roboter kann Schritte vollführen oder eine Treppe hinaufsteigen und nicht nur Symbole manipulieren, deren Kombination gegebenenfalls als Vorwärts- oder Aufwärtsbewegung zu deuten ist. Er ist keine bloße Symbol- oder Zeichenmaschine, aber auch keine bloße Kraftmaschine, sondern – wie der Name es nahelegt[12] – eine Arbeitsmaschine. Allerdings ist hinzuzufügen, daß die traditionelle Unterscheidung von geistiger und körperlicher Arbeit, von Arbeit der Stirn und Arbeit der Faust, wie es einstmals recht lautstark hieß, durch die Robotertechnik unterlaufen wird.[13]

Doch uns interessiert speziell die Findigkeit der Roboters. Dessen Einsatz kommt der konkreten leiblichen Erfahrung näher als die bloße Einschaltung eines Computers. Dies gilt einmal für die verschiedenen Weisen der *Raumbildung*. Der Roboter entwirft nicht nur Flächen und Raumgebilde, sondern er arbeitet daran, Szenerien aufzubauen, Bewegungen auszuführen, Wegstrecken zu sondieren, Hindernissen auszuweichen, Abkürzungen zu wählen und Ziele anzuvisieren. Im Anschluß an Kurt Lewin, der von einem hodologischen, also durch Wege erschlossenen Raum spricht, könnte man den Roboter als ein hodologisches Gerät bezeichnen. Man sollte sich hüten, dem Roboter einen Steuermann anzudichten und so den alten Homunculus wiederaufleben zu lassen, es kommt einzig auf die besonderen Organisations-

---

den er als ein Analogon des Menschen betrachtet, bildet demnach die Zentralinstanz der Imitation, während der Roboter, den er als Äquivalent des Menschen ansieht, als Zentralinstanz der Produktion gilt. Vgl. *Der symbolische Tausch und der Tod*, 1982, S. 84. Daraus ergeben sich interessante techno-ökonomische Aufschlüsse, doch der eingeengten Bestimmung von Automat und Roboter und der Verdampfung der materiellen Realität in einer am Ende referenzlosen Simulation schließe ich mich nicht an.

12 Dieser Name, der sich an die slawische Wortbezeichnung für Arbeit anlehnt, geht auf den tschechischen Schriftsteller Karel Čapek zurück, der unter diesem Nachfahren des Golem einen rastlos tätigen künstlichen Menschen verstand.

13 Wie häufig hat die Waffentechnik daran ihren kräftigen Anteil, so daß Militärs inzwischen – nicht selten mit apologetischem Unterton – von »dummen« und »intelligenten Bomben« zu reden pflegen.

und Steuerungsleistungen an. Ein Fußballfeld, auf dem Roboter ihr Spiel austragen, gestützt auf Farbcodierungen und Bewegungsprogramme sowie ausgestattet mit drehbaren Kameras und Mikroprozessoren, zeigt eine *topologische Struktur,* in der es Umgebungen, Nachbarschaften und Ränder gibt, ganz im Gegensatz zum Schachbrett, dessen geometrische, visuell zu veranschaulichende Flächenaufteilung restlos durch algebraische Zeichen ersetzt werden kann. Natürlich hat das Schachspiel als Institution einen kulturgeschichtlichen Horizont, und außerdem reduzieren sich die Züge des Schachspielers nicht auf Rechenoperationen – man denke nur an das Spieltempo, das in Stefan Zweigs *Schachnovelle* eine höchst taktische Rolle spielt, oder an räumlich orientierte Strategien –, dennoch nähern sich Roboterfußball einerseits, Computerschach andererseits bis zu einem gewissen Grad dem von Mead herausgestellten Gegensatz von flexiblem, offen gestaltetem *play* und streng geregeltem *game.* Die jeweiligen Organisationsformen unterscheiden sich beträchtlich, auch auf der sozialen Ebene (vgl. Mead 1973, S. 191-196).

Ähnlich aufschlußreich ist die *senso-motorische Wirkkraft* des Roboters, die es ihm erlaubt, durch Führung von Werkzeugen Arbeitsvorgänge wie Spritzen, Schweißen, Gießen, Pressen oder Montieren durchzuführen und dabei den menschlichen Arbeitsanteil auf Tätigkeiten wie Installation, Programmierung und Überwachung zu reduzieren. Ich beziehe mich speziell auf den chirurgischen Roboter, der eine größere Körpernähe aufweist als der Industrieroboter. Roboter, die in der Chirurgie als »Manipulatoren« eingesetzt werden, sind mit künstlichen Augen und Händen versehen.[14] Durch deren *Sensoren* wird das Sinnesspektrum des menschlichen Körpers nicht nur erweitert und verfeinert, sondern es bilden sich gleichsam Stielaugen, und der Blick geht um die Ecke, wenn bei der »Schlüssellochchirurgie« winzige Körperöffnungen genutzt und biegsame Sehrohre eingesetzt werden, um in die Winkel des Körperinneren vorzudringen. Hinzu kommen *Effektoren,* die materielle Oberflächen abtasten und in die Tiefe dringen, die bohren, nähen und zusammenschrauben, indem sie nicht nur Daten verarbeiten oder Vorgänge simulieren, sondern bei der Ausführung ihrer Arbeitsprogramme eigenen Druck ausüben, Gegendruck aushalten und auf diese Weise mit dem Körper

14 Erinnert sei daran, daß Chir-urgie (χειρουργία) wörtlich die Handtätigkeit bedeutet. Was die Einschätzung und auch Geringschätzung der Hand angeht, so verweise ich abermals auf die Monographie von Leroi-Gourhan.

des Patienten interagieren. Wenn es zutrifft, daß die Bearbeitung harter Knochenstrukturen leichter vonstatten geht als »Weichteileingriffe«,[15] so ist dies ein bemerkenswerter Aspekt. Es sieht so aus, als sei die Einwirkung auf weiche Körperpartien gleichsam responsiver als der Eingriff in harte Körpersubstanzen; denn Nachgiebigkeit und Geschmeidigkeit auf seiten des zu operierenden Körpers verlangen dem menschlichen wie dem maschinellen Operateur ein größeres Maß an Drucksensibilität, an manueller Feinheit und Behutsamkeit ab als harter Widerstand, bei dem Druck und Gegendruck sich eindeutiger verteilen. Es wäre nicht ganz unpassend, zwischen einem manuellen Dur und einem manuellen Moll zu unterscheiden. Natürlich müssen wir uns davor hüten, die operationale Perspektive des Roboters mit unserer Erfahrungsperspektive zu vermengen; strenggenommen heilt ein chirurgischer Roboter so wenig, wie ein ferngesteuertes Fluggeschoß tötet. Doch dies schließt nicht aus, daß die Sensomotorik des Roboters mit unserer leiblichen Erfahrung interferiert und kooperiert.

Ein Paradebeispiel aus der Phänomenologie und Pathologie des Verhaltens möge das Problem von einer anderen Seite her beleuchten. Ich beziehe mich auf den bedeutsamen Unterschied zwischen *Greifen* und *Zeigen*. Theorien, die einseitig symbolisch und semiotisch ausgerichtet sind, neigen dazu, dem Zeigen eine symbolische Bedeutung, dem Greifen eine reale Wirkung zuzuordnen. Daß es hier einen Unterschied gibt, soll nicht bezweifelt werden, doch eine solch strikte Trennung scheint die Sache zu simplifizieren. Zunächst ist davon auszugehen, daß dieselbe Hand, die – wie es früher üblich war – den Hut zum Gruß lüftet, nach ebendiesem Hut greift.[16] Nun gibt es krankhafte Dissoziationen, die eine Absonderung beider Funktionen bewirken. Nehmen wir den von Kurt Goldstein und seinen Mitarbeitern untersuchten Fall eines Kriegsverletzten, der eine Splitterverletzung in der optischen Zone des Hinterhaupts erlitten hat und dessen Verhalten generell, also auch in dieser Hinsicht beeinträchtigt ist. Obwohl

---

15 Vgl. hierzu insgesamt H. Halter, »Chirurg aus Eisen«, in: *Spiegel* 52/2001, S. 168-170.

16 Dieses Doppelregister läßt sich in verschiedene Richtungen variieren. Das Handausstrecken (χειροτονεῖν) gehört als Stimmabgabe zum körper*politischen* ABC, während das Handwerk (χειροτέχνη) den körper*ökonomischen* Anfangsgründen zugehört. Dasselbe ins Erotische gewendet: »Die Hand, die samstags ihren Besen führt, wird sonntags dich am besten karessieren.«

der physiologische Bewegungsapparat intakt ist und keine Lähmungs-
erscheinungen aufweist, ist dieser Patient zwar fähig, eine Mücke von
seiner Nase zu vertreiben, doch unfähig, der ärztlichen Aufforderung
zu folgen und auf seine Nase zu zeigen.[17] Es liegt uns fern, die Technik
zu pathologisieren oder umgekehrt die Pathologie zu technisieren.
Dennoch läßt sich nicht von der Hand weisen, daß eine solche Trennung von Zeigen und Greifen der bloßen Datenverarbeitung des
Computers und der herkömmlichen KI-Forschung näher steht als
den Zu- und Eingriffen des Roboters.[18] Beim klassischen Computer
ist die Programmebene, auf der mit Symbolen operiert wird, strikt geschieden von der Materialebene, auf der die Symbole physikalisch rea-
lisiert werden. Ein Stromstoß bedeutet nichts, und eine Bedeutung
läßt sich nicht in Volt und Ampere messen. In dem operational defi-
nierten Gegensatz von Software und Hardware klingt die cartesianische Trennung von denkender und ausgedehnter Substanz nach
als fernes technologisches Echo.[19] Demgegenüber entpuppt sich die
Robotertechnik in stärkerem Maße als eine Technik der Übergänge.
Auch sie wird nie den Überschritt in einen Bereich symbolischer Bedeutung zuwege bringen, der Greifarm eines Roboters wird sich nie
zum Gruß erheben, außer in einer anthropomorphen Deutung. Dennoch findet eine Körpersprache, die – wie das Krankheitssymptom
im Sinne Freuds – Bedeutungen nicht nur anzeigt, sondern verwirklicht und Regeln nicht nur anwendet, sondern auch erprobt und ab-
wandelt, im elektronisch gesteuerten Roboter einen stärkeren Verbün-
deten als in der bloßen Rechenmaschine.

Schließlich stellt sich die Frage, wie es mit den Leistungen des
Roboters im Bereich der *Sozialität* des leiblichen Verhaltens bestellt
ist. Dies betrifft sowohl das kooperative wie das konkurrenzhafte
und antagonistische Verhalten. Ich beziehe mich in diesem Zusam-

17 Vgl. K. Goldstein, *Der Aufbau des Organismus*, 1934, S. 149. Die zur Erklärung herangezogene Unterscheidung zwischen konkreter und abstrakter Einstellung hat
eine breite Diskussion ausgelöst. Verwiesen sei auf meine ausführlichen Erörterungen in *Das leibliche Selbst*, 2000, S. 132-150.

18 Die Ersetzung kognitivistischer Regelmodelle durch konnektionistische Netzmo-
delle ist zwar bedeutsam für die Modellierung der Erfahrung, doch die Frage der
größeren oder geringeren Körpernähe, die uns hier beschäftigt, wird dadurch nur
sehr indirekt berührt.

19 Daß entsprechende technologische Programme sich massiv in einer Körperpolitik
auswirken, zeigt Olaf Kaltenborn in seiner Untersuchung: *Das künstliche Leben*,
2001.

menhang auf Überlegungen von Thomas Cristaller (2001, S. 17), der bei der Abwägung dieser Frage von zwei evolutionären Komplexitätsschüben ausgeht. An erster Stelle steht demnach der Erwerb genetisch codierter Verhaltensdispositionen. Da diese bloße Verhaltensmuster bereitstellen, ohne das konkrete Verhalten zu steuern, bleibt nicht nur ein Spielraum für Erfindungen, sondern es entsteht auch jener Erfindungszwang, von dem wir weiter oben gesprochen haben. An zweiter Stelle steht die Verstehbarkeit des Verhaltens der Artgenossen. In der Absicht, überzogene Erwartungen zu dämpfen, zitiert unser Autor den Biologen Karl Grammer, der das Lernen des Roboters mit dem kindlichen Lernen vergleicht und zu folgendem Resultat kommt:

»Kinder sind Sozialingenieure. Sie verwenden den Hauptteil ihrer Zeit darauf, Beziehungen zu pflegen im positiven und negativen Sinne. Sie sind, was dies betrifft, erfinderischer als die Erwachsenen. Sie bauen ihre kleine Welt, für die teilweise biologische Faktoren bestimmend sind. Der wichtigste Aspekt, den Kinder verfolgen, ist, ihre Umwelt vorhersagbar zu machen und deren Komplexität zu reduzieren. Damit ist die Kinderwelt nicht das Abbild der Erwachsenen, sondern deren Voraussetzung.«

Gegenüber den Zukunftsverheißungen eines Ray Kurzweil, die einen Super-Geist in der Maschine beschwören und die in neuerlichen politischen Super-Visionen ihr Pendant haben, stellt Kristeller nüchtern fest, daß die Roboterforschung, was soziale Kompetenzen angeht, noch ganz am Anfang steht. Wichtig scheint mir das Gewicht, das hierbei auf die Erfindungskraft, und zwar auch auf die soziale Erfindungskraft, gelegt wird. Zu fragen wäre freilich, ob der Bezug auf Mitmenschen oder Mitlebewesen, so etwa der Waffengebrauch im Gegensatz zum Werkzeuggebrauch, nur komplexer ist als der Sachbezug oder ob nicht vielmehr von einer Mehrdimensionalität auszugehen ist. Es ist doch so, daß der Andere nicht nur meine eigenen Entwürfe ergänzt oder durchkreuzt, er stellt das Eigene in Frage, sei es durch den Blick, der meinem Gegenblick zuvorkommt, durch die Gabe, die über den Tausch hinausgeht, oder durch die Fremdheit des anderen Geschlechts. Das Unheimliche, das dem Automatenmotiv von Anfang an anhaftet und das auch in literarischen Fiktionen, gerade in der Zeit der beginnenden Industrialisierung, seinen deutlichen Ausdruck findet, verbindet sich mit dem bereits erwähnten Motiv des *Doppelgängers*. Ich finde mich im Anderen wieder,

der ich doch nicht bin.[20] Diese Verdoppelung, ohne die ich gar nicht jener wäre, der ich bin, hat direkt nichts mit einer sozialen Kompetenz und einer sozialen Verständigung zu tun, die das Rätsel des Anderen überspringt. Angemessener scheint es, die eigentümliche Fremdheit technischer Maschinen und Apparaturen, und übrigens auch die der Marionetten und Tiere, ins Auge zu fassen und Fremdkörper Fremdkörper sein zu lassen, anstatt umgekehrt die Andersheit des Anderen technologisch zu trivialisieren und zu normalisieren. Die Fremdheit technischer Apparate schließt auch komische Effekte und Karikaturen ein, so etwa das Gespräch zwischen puppenartigen Robotern, die sich unermüdlich Stichworte und Blicke zuwerfen wie Bälle, ohne daß jemals die erlösende, jedem Kind geläufige Äußerung fällt: »Ich mag nicht mehr.« Natürlich ließen sich auch solche Floskeln einbauen. Doch dies beweist nur, daß es nicht darauf ankommt, was man sagt, sondern wie man es sagt.

Damit stünden wir wieder am Ausgangspunkt unserer Überlegungen. Die Menschwerdung beginnt in einer Situation, die uns Erfindungen abnötigt, manche von ihnen nahelegt, aber keine erzwingt. Selbst Hunger und Tod, in denen das Möglichkeitsfeld zusammenschmilzt, lassen verschiedene Antworten zu. Die Technik hat hier ebenfalls ihren Ursprungsort. Eine differenzierte Sichtweise auf Technik und Erfindung, die diesen kontingenten Ursprung im Auge behält, entwickelt aus sich heraus Widerstandskräfte gegen einen Technizismus, der ebenso wie sein antitechnizistischer Widersacher an einer einseitigen und verengten Form von Technik Maß nimmt und dieses Maß umsetzt. So wie die Berufung auf Natur nicht selber natürlich ist, so ist die Berufung auf Technik nicht selber technisch.

20 Zum Automaten als einem wichtigen Motiv in der Geschichte von Mensch und Maschine verweise ich auf die reichhaltigen anthropologisch-technologischen Untersuchungen von Käte Meyer-Drawe, die der Leiblichkeit einen großen Kredit einräumen: *Menschen im Spiegel ihrer Maschinen*, 1996.

# VII. Medialer Widerhall der Stimme

Nicht alles, was wir hören, ist stimmförmig, nicht alle Medien sind von akustischer Art. Doch die leibhaftige Stimme zeigt in besonderem Maße, wie die Medialisierung gleich der Technisierung im leiblichen Selbst einsetzt. Die Stimme hallt in sich selbst wider als ein Urmedium, das allen übrigen akustischen Medien eine Resonanzfläche bietet, allerdings auch von ihnen übertönt zu werden droht. Die Fremdheit der eigenen Stimme versetzt uns abermals mitten ins Kräftefeld der Aufmerksamkeit. Bevor wir uns der eigenen Stimme zuwenden, ist unser Ohr bereits von ihren Schwingungen erfaßt. Die Selbstaffektion hat schon Züge einer Fremdaffektion. Eben deshalb ist unsere Stimme immer schon medial gebrochen, und eben deshalb klingt in ihr mehr an als das, was aus mir selbst kommt. Die besondere Frage nach der Medialisierung der Erfahrung veranlaßt uns, der gehörten Stimme und der Fremdheit der Stimme, auch der eigenen, besondere Aufmerksamkeit zu schenken. Dies könnte technischen Allmachtsvisionen, die auch vor den Medien nicht haltzumachen pflegen, so manchen Dämpfer versetzen.

## 1. Lautwerden als Ereignis

Die Stimme teilt das Schicksal anderer akustischer Phänomene, allzu schnell substantialisiert und personalisiert zu werden. Als bedeutsamer Laut (φωνὴ σημαντική) bezeichnet und bedeutet sie etwas; als kundgebender Laut bringt sie seelische Vorgänge und Zustände zum Ausdruck; als soziales Medium leistet sie ihren Beitrag zur Weitergabe von Sinn. Diese Semantisierung, Subjektivierung und Pragmatisierung der Stimme führt dazu, daß sie sogleich in Dienst genommen wird zu Zwecken der sachlichen Darstellung, des subjektiven Ausdrucks und der intersubjektiven Verständigung. Sie wird übertönt durch die Gebote sachlicher Stimmigkeit, durch subjektive Gestimmtheiten und durch die Forderung nach intersubjektiver Übereinstimmung. Sie findet ihren Platz in einer Welt von Sachen und Personen, in der jemand sich anderen gegenüber über etwas äußert. Man *hat* eine Stimme, sei es kraft Natur, sei es kraft Konvention, und so ist man ihr immer schon überlegen. Ihre Flüchtigkeit bildet einen zusätzlichen Makel, der durch dauerhafte Medien zu beheben ist. Doch es geht mir nicht in erster Linie um den Wettstreit zwischen Mündlichkeit und Schriftlichkeit, sondern darum, daß die Stimme von vornherein einem Kommunikationsnetz angeschlossen ist wie ein Sprechapparat. Die Medialisierung, die inzwischen an der Tagesordnung ist, hat insofern etwas Zweideutiges, auch wenn sie eine bloße Instrumentalisierung von Sprache und Zeichen weit hinter sich läßt.

Um diese Mundanisierung, Subjektivierung und Sozialisierung der Stimme zu durchbrechen, bedarf es einer *akustischen Epoché*, die das Hörphänomen als solches freisetzt. Wenn Sartre bemerkt, daß der Leib im gewöhnlichen Leben mit Schweigen übergangen wird, so können wir hinzufügen: Die Stimme wird als Stimme gewöhnlich überhört, und das gleiche trifft zu auf die alltägliche Geräusch- und Klangkulisse, aus der sich die Stimme heraushebt. Doch es geht nicht nur darum, daß die Laute hinter dem verlautbarten Sinn verschwinden. Das Hörphänomen wird verkannt, wenn man dahinter nicht mehr vermutet als die Verlautbarung von etwas, das im Stillen bereits da ist und nur auf seinen Auftritt wartet. So überspringt man das Lautwerden all dessen, was erst im Ertönen oder Erklingen zu dem wird, was es ist. Man denke an Klangbilder einer Großstadt, wie wir sie aus Radio-Features kennen. Hier wird nicht einer Stadt ein akustischer Mantel umgehängt, sondern die Stadt taucht auf *in statu audiendi*, und es wäre nicht unpassend, Italo Calvinos Anregung aufzugreifen und die hörbaren Städte durch unhörbare zu ergänzen. Die passende Grundformel, die uns davon abhält, der Lautwerdung vorweg etwas zu unterschieben, das den Laut trägt, oder jemanden, der ihn hervorbringt, lautet: »Es wird hörbar«, so wie wir sagen: »Es raschelt, es klingelt, es donnert.« Das Rätselhafte liegt in dem »es« dieser impersonalen Wendungen. Wenn ich von einem Ereignis des Lautwerdens spreche, so ist nicht in erster Linie an pompöse und spektakuläre Großereignisse zu denken, sondern daran, daß immerzu etwas geschieht, das nicht schon als Akt oder Aktion zu begreifen ist und nicht vorweg den intentionalen und regelförmigen Beschreibungen und den subjektiven Zuschreibungen gehorcht, von denen die gewöhnlichen Sprechakt- und Handlungstheorien ausgehen. Dies gilt auch für die Stimme, die sich im Wechsel des Gesprächs oder im Ton der Aufforderung bemerkbar macht. Sie bedeutet mehr als einen Bedeutungsträger oder ein Ausdrucksmedium, und dieses Mehr gilt es aufzuzeigen.

## 2. Hören als Auffälligwerden

Wie alles das, was als Bestimmtes auftritt, läßt sich auch das Lautwerden nur differentiell beschreiben, als Überschreiten einer Schwelle, die Hörbares von Unhörbarem scheidet, und als Abhebung des aktuell Hörbaren von einem Hintergrund des potentiell Hörbaren. Die Gesetze der Gestalttheorie gelten unter entsprechender Abwandlung nicht nur im optischen, sondern auch im akustischen Bereich. Die Auffälligkeit, deren Skala vom Pianissimo bis zum Fortissimo reicht und die mit mancherlei akustischen Merkzeichen ihre Überraschungseffekte erzielt, ruft ein hörendes Selbst auf den Plan. Ich spreche von einem Selbst, nicht von einem Subjekt im üblichen Sinne; denn die Auffälligkeit, die traditionellerweise unter dem Titel der *Aufmerksamkeit* verhandelt wird, reduziert sich, wie bereits gezeigt, nicht auf einen Akt des Aufmerkens, also auch nicht auf einen Akt des Hörens, der von jemandem spontan oder gar verantwortlich vollzogen wird. Hörende sind durchaus im Spiel, aber zunächst als jemand, dem oder der etwas widerfährt, den oder die etwas trifft, also im Dativ oder im Akkusativ und nicht im Nominativ eines eigenständigen Akteurs, der als Hörsubjekt installiert ist. Die inzwischen bis in die neurologische Forschung hinein akzeptierte »Ich-Perspektive« tritt zunächst als »Mir-« oder »Mich-Perspektive« auf. Hierbei sind sowohl auf seiten der Stimmerzeugung wie auf seiten des Stimmhörens geschlechtliche Differenzen zu beachten, die verschwinden, wenn die Stimmäußerung von vornherein Bedeutungsregeln und Geltungsansprüchen unterworfen und der quasi-rechtlichen Form einer Stimmabgabe angenähert wird. Doch selbst wenn wir auf der Ebene des Hörens bleiben, so ist zu beachten, daß das intentionale Hören *von etwas* anhebt als ein responsives Hören *auf etwas*, als Aufhorchen oder Hinhören, das geweckt wird, das auf Aufforderungen eingeht und nicht eigenmächtig erzeugt wird. Bliebe es bei dem Hören und Sehen von etwas, so liefe jedes Hören und Sehen im Grunde auf ein Wiederhören und Wiedersehen hinaus, das im Bereich vorhandener und lediglich zu entfaltender Möglichkeiten verbliebe. Zwischen dem Wem-Status des ›Patienten‹, dem etwas zustößt oder zufällt, und dem Wer-Status dessen, der darauf eingeht, sich abschirmt, sich dagegen wehrt, aber so oder so antwortet, liegt ein Sprung. Dieser läßt sich durch keine Ziel- oder Regelordnung überbrücken, und er sprengt auch den Regelkreis, der sich im Feedback aus sich selbst speist. Das

Hören beginnt anderswo mit einem Fremdlaut, einer Fremdstimme. Diese genuine Enteignung eines Selbstbewußtseins, das glaubt, bei sich selbst beginnen und zu sich selbst zurückkehren zu können, bedeutet freilich nicht, daß das Selbst, dem etwas auffällt und widerfährt, verschwindet. Wer dieses Selbst auslöscht, verwandelt Klänge in bloßen physischen Schall, er ersetzt das Hörereignis durch physikalische Wellenbewegungen und neurophysiologische Prozesse und setzt voraus, was zu erklären ist. Die akustische Epoché, von der schon die Rede war, zielt dagegen nicht auf nicht-auditive Substrate und Subprozesse ab, sondern auf eine potenzierte Hörbarkeit, auf ein Hörbarwerden des Hörbaren, das dem Sichtbarwerden des Sichtbaren gleicht und das in der normalen Erfahrung unauffällig, also in diesem Sinne unhörbar und unsichtbar bleibt. Eine Phänomenologie des Hör- und Sichtbaren trifft sich an dieser Stelle mit den Hör- und Sehkünsten, die den Boden des Schon-Gehörten und Schon-Gesehenen verlassen. Das bloße Hören und Sehen wird durch sich selbst überboten, durch ein Andershören und Anderssehen, nicht durch ein Denken, das sich auf ein *cogito me audire* zurückzieht oder am Ende – als Nachfahren des Geistes – das Gehirn hören und sehen läßt.

### 3. Sich-angesprochen-Fühlen

Wir sind bisher von einer generellen Form der Hörbarkeit ausgegangen und haben eine Menge spezifischer Differenzen vernachlässigt. Dies geschah mit Bedacht. Würden wir schlichtweg mit den bekannten Differenzen beginnen, so würden wir in die Hörwelt Unterschiede einführen, die dem Hörbaren von außen auferlegt würden. Der »Logos der ästhetischen Welt«, den Husserl im Auge hat, ist auch als »Logos der akustischen Welt« zu verstehen, also als eine Ordnung des Hörbaren, die dem Hören selbst entwächst. Dies gilt nicht nur für Unterscheidungen wie die von Sprachäußerung und Schrei, von Wortakzent und Tonfall, von Sprachartikulation und Sprachmelodie, sondern auch für die Sonderung von Sprechstimme, Gesangstimme und Instrumentenklang, von musikalischem Ton und Geräusch, mit der die moderne Musik in besonderem Maße experimentiert, um Tonsysteme und Klangtraditionen zu durchbrechen.[1] Doch wenn

1 Dieses weitere Hörfeld wird im folgenden ausgeblendet. Vgl. dazu vom Verf. »Lebenswelt als Hörwelt«, in: *Sinnesschwellen*, 1999, Kap. 8. Zu verweisen ist ferner

wir uns nun ausdrücklich dem Phänomen der Stimme zuwenden, so fragt es sich, worin ihre Eigenart besteht und wodurch sie sich vor anderen Hörphänomenen auszeichnet.

Das landläufige Kommunikationsschema legt es nahe, die Stimme in erster Linie einem Sprecher zuzuschreiben, der sprachliche Laute erzeugt, und dies im Gegensatz zu Geräuschen, die auf physische Dinge und Vorgänge zurückgehen. Das Geräusch hätte dann eine bloße Quelle, die Stimme einen zumindest möglichen Adressaten. Vokal- und Instrumentalmusik, die auf mannigfache Weise ineinander verschränkt sind, nähmen dann eine merkwürdige Mittellage ein. Doch halten wir uns an den Prototyp der Sprechstimme, so scheint diese mehr als alles andere jenem Logos verschwistert, der gemäß der alten Bestimmung das menschliche Lebewesen auszeichnet. Haben wir erst einmal diesen Bereich betreten, so können wir ohne weiteres vom Sprecher zum Hörer überwechseln. Die Stimme ist etwas, was der Hörer empfängt und prinzipiell versteht, im Gegensatz zu Geräuschen, die uns aufschrecken oder beruhigen, uns aber nichts zu verstehen geben. »Felder und Bäume wollen mich nichts lehren, wohl aber die Menschen in der Stadt«, versichert der lernbegierige Sokrates, »der krank ist an der Sucht, Reden anzuhören« (*Phaidros* 228 b, 230 d). Durch seinen Bedeutungs- und Mitteilungscharakter unterscheidet sich der *flatus vocis* von einem bloßen Windhauch. Mund und Ohr dienen dann als leibliche Organe, wörtlich: als Werkzeuge, mit Hilfe derer bedeutsame Laute erzeugt und aufgenommen werden, und dies nur dann, wenn Mund und Ohr beseelt oder vergeistigt sind.

Das Problem liegt nun darin, daß eine solch kommunikative Vernunft zwar den Gegensatz von Viel- und Einstimmigkeit umgreift und auch die Kakophonie eines Stimmengewirrs zuläßt, daß aber die Sym-phonie eines übergreifenden Logos die Fremdheit der Stimme zum Verstummen bringt. Wenn Hören jedoch damit beginnt, daß etwas zu Gehör kommt, daß etwas unser Ohr trifft und die

auf die höchst minutiösen »empirisch phänomenologischen Untersuchungen« von Daniel Schmicking: *Hören und Klang* (2003), in denen Husserls Ästhesiologie spezifiziert wird, in engem Anschluß an die entsprechenden Sachwissenschaften, darunter vor allem die Hörpsychologie. Die Orientierung an dem Grundbegriff des Klangs als eines auditiven Perzepts bietet den Vorteil, daß die Hörphänomene aus dem Schatten des bloßen Sprach- und Musikhörens heraustreten. Die Aufmerksamkeit wird vor allem in Form einer »auditiven Affektion« berücksichtigt (vgl. § 30).

Monotonie eines bloßen Dahinrauschens unterbricht, dann tritt die Stimme zunächst als *Fremdstimme* auf, als eine Stimme, die anderswoher kommt, gleich der Sprache, die uns zunächst als Sprache der Anderen, also als originäre Fremdsprache gefangennimmt. Die Asymmetrie zwischen fremdem Anspruch und antwortendem Hören bildet keineswegs eine bloße Vorstufe auf dem Weg zu einem symmetrisch angelegten Dialog, sie gehört zur Genealogie eines Dialogs, dessen Werden nicht bereits auf einer vorgängigen Übereinstimmung, auf einer Homologie beruht. Wenn die Sprache aus dem Hörensagen erwächst, so ist die Stimme genau jene Instanz, in der dieses Hörensagen laut wird.

Es trifft zwar zu, daß die Stimme sich gegenüber dem bloßen Geräusch dadurch auszeichnet, daß in ihr eine *adressierte Aufforderung* zum Zuge kommt. Dies unterscheidet schlichte Äußerungen wie »Komm!« oder »Geh!« von einem Windstoß oder von dem Schwirren eines Geschosses. Stimmen sind auf andere Weise erwiderungsbedürftig als Geräusche, die uns anrühren, uns zu einem bestimmten Verhalten ermuntern, aber keinen Anspruch erheben. Dies gilt mutatis mutandis auch für Gesänge, in die man einstimmen, denen man aber nicht zustimmen kann. Dennoch behält selbst die Stimme etwas Anarchisches, sofern das Doppel*ereignis* von Sprechen und Hören sich nicht auf gesonderte, subjektiv verfügbare Sprech- und Hör*akte* zurückführen läßt. Die Frage »Wer spricht?« stellt sich eben dann, wenn wir der gehörten Stimme keinen autonomen Sprecher unterschieben. Sie findet ihre Antwort im Vernehmen der Stimme, das heißt aber, sie findet niemals eine vollständige und endgültige Antwort. Eben deshalb ist das Pathos des Angesprochenwerdens keineswegs als die Umkehrung eines aktiven Ansprechens zu betrachten. Der Logos erwächst aus dem Pathos in Form eines Sich-angesprochen-Fühlens, das sich niemals völlig in eine identifizierende Zuschreibung und Rollenverteilung überführen läßt. Entsprechend abgewandelt gilt dies auch für das Sich-angeblickt-Fühlen durch den fremden Blick. Pathologische Phänomene wie das halluzinatorische Hören von Stimmen oder der paranoide Beobachtungs- und Verfolgungswahn sind nur dadurch zu erklären, daß auch normalerweise Stimme und Blick nicht völlig anzueignen und auf verschiedene Instanzen aufzuteilen sind. Wenn ein Wort das andere ergibt, so bedeutet dies mehr als eine Abfolge individueller Sprech- und Hörakte. Sprech- und Hörereignisse enthalten einen Kern an Anonymität, an Namenlosigkeit. »N'importe qui parle«, so Foucault im Anschluß an Beckett. Man mag einwenden, daß es unter Umständen, etwa im Falle eines Versprechens, durchaus darauf ankommt, wer spricht. Dennoch ist dies eine Frage, die mehr oder weniger offenbleibt; sie läßt Raum für eine wechselnde Verortung und für verschiedene Grade der Anonymität.

## 4. Sich-sprechen-Hören

Die Fremdheit der Stimme, die von Anderen ausgeht, findet ihren Widerhall in der Fremdheit der eigenen Stimme, die nur bis zu einem gewissen Grad als eigene Stimme bezeichnet werden kann. Was Derrida so minutiös in Form eines »Sich-sprechen-Hörens« dekonstruiert, betrifft in Wahrheit eine metaphysisch zu nennende Deutung der Stimme, nicht die ›Stimme selbst‹, die dazu angetan ist, von sich aus jede Metaphysik der Präsenz zu untergraben.[2] Die Tatsache, daß wir uns selbst sprechen hören, daß wir uns als Sprechende selbst affizieren und auch überraschen, führt zu einer Selbstspaltung zwischen mir als Sprechendem und mir als Hörendem. Wie Merleau-Ponty und ähnlich schon Valéry betont, gibt es zwischen den Vorgängen der Lauterzeugung und dem Gehör eine Reflexivität, aber keine Deckung; jene Vorgänge »schreiben sich klanglich ein, und jeder Stimmlaut weckt ein motorisches Echo in mir«; zwischen Lauterzeugung und Echo schiebt sich die Dichte des »Fleisches« (Merleau-Ponty 1964, S. 190, dt. S. 189). Die eigene Stimme erleidet einen genuinen *Stimmbruch*, wenn sie nicht nur bei Anderen ein Echo weckt, sondern als »Klang« auftritt, »der in seinem eigenen Echo widerklingt«, so Levinas (1974, S. 130, dt. S. 228). Die Re-sonanz der Stimme entspricht dem Re-flex der Spiegels. So wie dieser nicht nur Schon-Gesehenes abbildet, sondern das Selbst als Selbst sichtbar macht und mich mit mir selbst konfrontiert, so gibt das Echo nicht nur Schon-Gehörtes wieder, sondern macht mich mir als Selbst hörbar. Der Auftritt meiner selbst ist so besehen ein originärer Wiederauftritt, ich komme auf mich selbst zurück.[3] Die Selbstspaltung, die mich

---

2 Ich verweise auf meine Ausführungen zu Derrida: »Sich-sprechen-Hören. Zur Aufzeichnung der phänomenologischen Stimme«, in: *Deutsch-Französische Gedankengänge*, 1995, Kap. 6.

3 Diese Selbstverschiebung hat zeiträumliche Aspekte, die mit der bloßen Raumakustik und mit einer Abfolge von »Direktschall« und »Sekundärschall« (Schmicking

von der eigenen Stimme trennt, hat zur Kehrseite eine Selbstverdoppelung im Anderen, eine Art Doppelgängertum. Dieses Motiv, das nicht nur in der Romantik eine solche Rolle spielt, sondern von Autoren wie Valéry und Merleau-Ponty zur Charakterisierung der Fremdheit des Anderen herangezogen wird, ist nicht zu verwechseln mit dem trivialen Tatbestand, daß es noch ein weiteres Ego oder eine Pluralität von Subjekten gibt. Es besagt vielmehr, daß ich als leibliches Selbst dem fremden Blick und der fremden Stimme ausgesetzt bin. Das Widertönen fremder Stimmen in der eigenen ist ein Emblem jener Zwischenleiblichkeit, in der Eigenes sich mit Fremdem verschränkt und überlagert.

Zugleich mit diesem Sich-sprechen-Hören und Andere(s)-in-sich-sprechen-Hören rückt auch der Gegensatz von Innen und Außen in ein anderes Licht. In der Tradition des englischen Empirismus pflegt man zu unterscheiden zwischen äußeren Bildern, die als Bildnisse oder Bildapparate abgelöst vom eigenen Leib existieren, und inneren Bildern, die nur in unserer Vorstellung vorkommen. Dem entsprechen Stimmen und Melodien, die uns von außen her oder auch aus unserer eigenen Kehle entgegenschallen, und solche, die wir gleichsam im stillen auf der Bühne unseres Geistes aufführen. Nun ist zuzugeben, daß wir Klangformen und Tonabläufe hören können, ohne daß einer von uns den Mund auftut oder etwas vor sich hin summt. Wir wären außerstande, nach einer Melodie oder auch nach dem Klang eines Namens zu suchen, wenn es keine vorausgreifenden wie auch zurückgreifenden Klang- und Tonmuster gäbe, und der Musiker, der seine Partitur noch einmal liest, bevor es zur Aufführung kommt, würde daraus keinen Nutzen ziehen, wenn er sich zwischen den Notenzeilen bewegen würde wie ein Algebraiker. Zweifellos gibt es Vor- und Nachklänge auf ähnliche Weise, wie es Vor- und Nachbilder gibt. Nicht zuletzt die Motorik, die jede Vorstellungstätigkeit, etwa auch das leise Lesen, begleitet, verweist darauf, daß die leibliche Stimme einer Körpergeschichte, speziell einer Hörgeschichte eingeschrieben ist. Die Neurologie bestätigt dies mit ihren externen Aufzeichnungsverfahren, die eine eigene Form der Graphie entwickeln. Doch die Annahme, wir würden innere Bilder und innere Stimmen frei entwerfen, gehört zu den Fiktionen einer Subjektautonomie. Selbst Bekanntes muß uns wieder einfallen, ganz zu schweigen von Ungewohn-

2003, S. 291 f.) nicht zu fassen sind. Das Echo des Hörens fällt nicht mit dem gehörten Widerhall zusammen.

tem und Unerhörtem. Auch Höreinfälle kommen, »wenn sie wollen, nicht wenn wir wollen«. Der Innenraum, in dem »innere Stimmen« oder »heimliche Melodien« erklingen, hat selbst sein Außen, das darin spürbar wird, daß sich uns eben das entzieht und verweigert, was wir doch angeblich selbst hervorbringen. Diese Entzugserfahrungen sind natürlich nicht frei von entsprechenden neurologischen Schaltungen, aber zu entdecken sind sie dort nicht.

## 5. Hören und Überhören

Es bedürfte keiner akustischen Epoché, um die Stimme als solche zu thematisieren, würde diese nicht in der natürlich-kommunikativen Einstellung durchgängig überhört. Dieses Überhören ist nicht Folge einer bloßen Auslassung, sondern einer Überproduktion, die das stimmliche Hörereignis in ein Gehörtes verwandelt, das man registrieren, identifizieren, beschreiben, erklären und auch abändern kann. Die unvermeidliche *Normalisierung* der Erfahrung, ohne die es keine verläßliche Wiederkehr der Dinge gäbe, macht auch vor dem Stimmphänomen nicht halt. Dennoch ist die Stimme als Hörereignis *lautlos, unhörbar,* so wie der Blick als Sehereignis *bildlos, unsichtbar* bleibt. So wie das Sehen im Sehereignis seinen blinden Fleck hat, so hat das Hören im Hörereignis seine stumme Pause. Jede Phonie rührt an eine Aphonie, die dem beredten Schweigen gleicht. Um dieses Unhörbare zu erfassen, bedarf es keiner separaten »Ohren des Geistes«, sondern eines »dritten Ohrs«. Es bedarf eines *Andershörens,* das die phono-logische Ordnung durchbricht und der domestizierten, normalisierten Stimme die Untertöne einer wilden Stimme entlockt. Die »wilden Laute« (Jakobson 1969, S. 26), die hier anklingen, machen sich auf ihre Weise bemerkbar in der zweideutigen Form von Störlauten, von Pausenzeichen oder im Stocken des Hörflusses.

## 6. Der Leibkörper als Urmedium

Mit letzteren Bemerkungen nähern wir uns dem Problem einer Medialisierung der Stimme. Medialisierung kann auf zweierlei Weise verstanden werden, nämlich derart, daß die leibliche Stimme medial gebrochen, verstärkt oder erweitert wird durch Hörgerät, Mikrophon oder Telephon, oder daß sie medial ersetzt wird durch Apparaturen wie Grammophon, Tonband oder Klanglabor, in denen Stimmen künstlich erzeugt werden ohne Mitwirkung leiblicher Stimmorgane. Ich spreche selbst am Telephon, wohingegen das Tonband ohne mein Zutun abläuft, selbst wenn es meine Stimme ist, die dort wiedergegeben wird. Bedeutet dies, wie manche meinen, daß die Leiblichkeit der Stimme mitsamt ihrem somatomorphen Zubehör an Techniken mehr und mehr abdankt zugunsten einer technomorphen Körperlichkeit unter Einschluß einer *artificial voice*? Die Beantwortung der Frage, ob es zu einer technologischen Kehre kommt, hängt davon ab, wie man die Leiblichkeit begreift. Für einen Leib, der im reinen Spüren seiner selbst beheimatet ist, fällt jeder Außenblick und jeder äußere Eingriff unter eine sekundäre Verkörperung, die das Arkanum des eigenen Leibes nur indirekt berührt. Umgekehrt gilt, daß unter dem Andrang einer resoluten Körpertechnik dieses Arkanum zusammenschrumpft zu einem Reservat, einem Überbleibsel, dessen Tage gezählt sind. Anders sieht es aus, wenn das leibliche Selbst nicht fugenlos, sondern in sich selbst gespalten und verdoppelt ist und wenn der Leib als *Leibkörper* selbst der Sphäre der Sichtbarkeit und Hörbarkeit angehört, die er eröffnet. Um nochmals Merleau-Ponty zu zitieren: »Wie der Kristall, das Metall und viele andere Substanzen bin ich ein tönendes Wesen, aber meine eigene Vibration höre ich von innen her.« (Merleau-Ponty 1964, S. 190, dt. S. 189) Die Materialität der Stimme läßt sich nicht überspringen oder nachträglich hinzufügen, vielmehr hat die Stimme als Stimme ihre Materialität. Pascals berühmtes Diktum abwandelnd könnte man den Menschen nicht nur als denkendes, sondern auch tönendes Schilfrohr bezeichnen. Es stellt sich dann die Frage nach den leiblichen Ansatzstellen für eine medial und technisch verfaßte Körperlichkeit.

Zunächst ist zu unterscheiden zwischen dem *fungierenden Leib* und der Thematisierung, Erforschung und Behandlung bestimmter *Körperglieder* und *Körperorgane*. Die Veräußerung kann bis zu dem Punkt gehen, wo der Leib als bloßes Körperding, leibliche Vollzüge als bloße Körperprozesse auftreten und der Leichnam dem lebendigen Leib den Rang abläuft. Die dem Leib zugedachte Unterscheidung gilt auch für die Stimme. Sie fungiert als Stimme, bevor sie als rein akustisches Schallphänomen auftritt. Sie fungiert, indem sie als Stimme laut wird und als solche vernommen wird.

Können wir sagen, daß die Stimme als Medium fungiert? Verstehen wir unter einem Medium das, *wo(hin)durch* etwas sichtbar, hörbar oder fühlbar wird, so ist die Stimme ebensowenig ein Medium wie der Blick. Ein Seh- oder Hörereignis, das darin besteht, daß etwas in den Blick oder zu Ohren kommt, ist kein Medium. Als Medien können wir dagegen jene Bild- bzw. Laut- und Klangformen betrachten, in denen Gesehenes und Gehörtes sich auf bestimmte Weise darstellt. Dazu gehören auf der einen Seite Perspektiven und Farbskalen, auf der anderen Seite Lautskalen, Tonarten und Klangfarben. Eine Sonate wird in A-Dur gespielt, wie eine Bitte auf französisch vorgetragen wird. Gleich wie wir ›in Bildern‹ sehen, bevor wir diese vor uns sehen, so hören wir ›in Klang- oder Tonformen‹, bevor wir diese als solche vernehmen. Dies gilt für sogenannte innere Bilder und Klänge ebensogut wie für abgesondert existierende Bilddinge und Klangkörper. In kosmologisch verankerten Wahrnehmungslehren wie der von Aristoteles stoßen wir auf natürliche Medien, so das Licht im Bereich des Sichtbaren, die Luft im Bereich des Hörbaren und das Fleisch im Bereich des Tastbaren (vgl. *De anima* II, 7-12). Schon dieses »Zwischen« ist weder ein dingliches Merkmal noch jemandes Erlebnis, es gehört zum *Wie des Erscheinens,* zu dessen Modalitäten. Die Moderne bleibt dabei nicht stehen; sie zeichnet sich aus durch die zunehmende Einsicht in die Kontingenz dieses Wie, durch die Entkanonisierung der Wahrnehmungsformen und durch ein entsprechendes Experimentieren mit den Seh- und Hörbedingungen. Der Mensch, der aufgrund seiner relativ schwachen Instinktorganisation wechselnden Widerfahrnissen ausgesetzt ist, sieht sich gezwungen, Antworten zu erfinden und künstliche Formen zu entwickeln. Daraus entsteht eine kulturell variierende Geschichte des Leibes und der Sinne, und der Kontrast zwischen Natürlichkeit und Künstlichkeit fällt selbst in diese Geschichte. Die Tatsache, daß das, wovon wir affiziert werden und worauf wir zu antworten haben, nicht selbst etwas ist, was in den Blick und zu Gehör kommt, öffnet einen Spielraum für mediale und technische Erfindungen. Reine Natur und reiner Geist sind bloße Spaltprodukte, denen wir uns unter extremen Bedingungen annähern.

Der Leib läßt sich nun als *Urmedium* betrachten. Dies besagt nicht, daß Medien sich auf einen medienfreien Urleib zurückbeziehen, sondern es besagt umgekehrt, daß schon der Leib mediale Züge annimmt. Die Medialität des Leibes ist originär, eben weil ein Sehen und Hören, das aus einem Seh- und Hörereignis hervorgeht und nicht aus selbstgesteuerten Seh- und Hörakten, sich selbst entgleitet. Es findet seinen Halt nur in Anderem. Ich höre mich selbst sprechen, singen oder schreien, doch zwischen den Leib, der diese Laute hervorbringt, und jenen, der sie vernimmt, schiebt sich jener Spalt, der im klangverdoppelnden Echo aufklafft, auf ganz ähnliche Weise, wie die bildverdoppelnde Spiegelung sehenden vom gesehenen Leib absondert. Hören und Sehen sind nicht für sich selbst transparent nach Art eines reinen Selbst- und Für-sich-selbst-Erscheinens, sie sind leiblich gebrochen wie im Falle des Vibrato, in dem der ganze Leib mitschwingt. Aufgrund seiner materialen Dichte fungiert der Leib als sein eigenes Medium, das zugleich verbindet und trennt, formt und verformt. So wie laut Marcel Mauss (1974, Bd. II, S. 206) der eigene Leib als erstes technisches Mittel in Kraft tritt, so wirkt er auch als Urmedium, speziell als Urbild und Urskript, aber eben auch als ursprüngliche Klangfläche und als ursprünglicher Klangraum, so daß Spuren des Hör- und Sichtbaren sich im Medium des Körpers ablagern. Dies gilt ebenso für die Subsprache mit ihren Modulationen und Rhythmen, die von Sprachgeräuschen durchsetzt sind.[4]

## 7. Hörszenen

Zur leiblichen Situation gehört es, daß wir uns ausgehend vom jeweiligen Hier und Jetzt in einem Umfeld bewegen und daß alles leibliche Verhalten sich in Szenerien und Sequenzen entfaltet. Dabei ist jedes spezifische Sensorium in eine übergreifende Koinaisthesis eingelassen und jede Aisthesis mit einer Kinesis zu einer Kinaisthesis verflochten. Auf diese Weise findet auch das Stimmereignis hier und jetzt statt, genauer noch: es schafft sich wie jede leibliche Äußerung eine Stätte. Die Sinne sind auf je verschiedene Weise zeit- und raumbildend. Wenn Husserl bemerkt, daß das Handeln nicht eigentlich produziert, sondern inszeniert wird (Hua IV, S. 98, 259), so trifft dies auf das leibliche Verhalten generell zu. Bei dieser Inszenierung ist weniger an ein Regietheater zu denken als an ein »Theater ohne Autor«. *Etwas setzt sich in Szene.* Dies bedeutet zunächst, daß Bewegungskräfte frei-

4 Vgl. dazu AR 286-289, ferner: »Vom Rhythmus der Sinne«, in: *Sinnesschwellen*, 1999, Kap. 3. Auch Sybille Krämer unternimmt den Versuch, die Alternative von intentionalem Sinn und kausaler Außenwirkung zu unterlaufen, indem sie – ausgehend von Derrida – das Medium als Spur begreift; vgl. *Medien Computer Realität*, 1998, S. 78 ff.

gesetzt werden über alle Ziele und Regeln hinaus. Dies bedeutet ferner, daß im Laufe des Geschehens eine Bühne entsteht und sich fortlaufend verändert. Dies bedeutet schließlich, daß die Aufführung keiner einheitlichen Regie gehorcht, daß sie sich statt dessen auf verschiedene Bühnen verteilt, wozu auch der »andere Schauplatz« des Unbewußten gehört. Was neuerdings unter dem Begriff der Performanz erörtert wird, hat Vorläufer in den verschiedensten Feldtheorien, in E. Goffmans Rahmenanalyse und eben auch in der reichhaltigen Phänomenologie von Leib und Raum. Regelbefolgung und Kompetenzerwerb haben hier immer schon eine geringere Rolle gespielt als in sprachanalytischen, normorientierten und kognitivistischen Denkansätzen.

Vor diesem allgemeinen Hintergrund gewinnt die Hörszene ihr eigenes Profil.[5] Zunächst ist bei akustischen Phänomenen der zeitlich zu qualifizierende *Ereignischarakter* besonders stark ausgebildet. Anders als Farb- oder Tastqualitäten haften Klänge und Geräusche niemals an Dingen. Es gibt zwar Tonträger und Tonquellen, auch einen materiellen Klangkörper, der im Falle der Stimme aus einem klangerzeugenden ›Sprechapparat‹ besteht, nämlich aus Atemapparat, Kehlkopf und Vokalkontrakt, doch sind Töne und Klänge nicht dingfest zu machen. Für Valéry ist das Ohr der bevorzugte Sinn der Aufmerksamkeit: »Es wacht gewissermaßen an der Grenze, jenseits deren das Auge nicht mehr sieht.« (*Cahiers*, Bd. II, S. 934, dt. Bd. 6, S. 33) Deshalb überwiegt bei Klangbeschreibungen die verbale Ausdrucksweise: Es klingt, es donnert, es klopft, es stürmt, es schreit gen Himmel. Unsere abendländische Ontologie sähe anders aus, wenn sie sich stärker an das Hören und weniger stark an das Sehen angelehnt hätte.

Daraus folgt keineswegs, daß die Stimme und mit ihr die musikalische Welt der Töne einseitig mit der Zeit und speziell mit einer Seelenzeit im Bunde stehen. Die Dichotomie von Seelenzeit und Dingraum entstammt mitsamt der Bevorzugung der ersteren einer metaphysischen Deutung der Phänomene, sie findet in diesen selbst keinen hinreichenden Rückhalt. Schon die aristotelische Definition der Stimme als »Laut eines beseelten Wesens« (*De anima* II, 8, 420 b 5 f.) hat etwas Schillerndes, weil die Seele nicht als Innerlichkeit gedacht wird, son-

---

5 Auch in der neueren Hörpsychologie begegnen wir einer »auditorischen Szenenanalyse«, die über eine Analyse einzelner Töne, Akkorde oder Melodien weit hinausgeht. Vgl. dazu Schmicking 2003, § 31.

dern als Sich-selbst-Bewegendes, so daß auch der Stimmlaut einen kinetisch-räumlichen Aspekt bewahrt. Gehen wir von der speziellen Form der leiblichen Kinästhese aus, so haben wir es immerzu mit einem *Zeit-Raum* zu tun, und ebendieser nimmt als Hör- und Klangraum eine besondere Gestalt an. Klänge, Geräusche und Stimmen kommen aus einer bestimmten *Richtung*, aber sie begegnen uns niemals frontal wie das, was wir ins Auge fassen. Dem Hörbaren, das sich störend als Lärm bemerkbar macht, sind wir mit einer besonderen Schutzlosigkeit ausgeliefert; die Ohren lassen sich nicht spontan schließen wie die Augen. Stimmen haben ihren Herkunftsort, aber dieser läßt sich nur indirekt und immer nur mehr oder weniger bestimmt lokalisieren, so daß man geradezu von einer spezifisch akustischen Unschärferelation sprechen könnte. Daher bietet die Stimme besonderen Anlaß zur Sublimierung und Mystifizierung. Ferner können wir in eine Klangwelt eintauchen wie in ein Element. Diese Immersion ist ein Spezifikum der Hörsphäre; darin kommt sie der diffusen Geruchsatmosphäre näher als dem Anblick, den uns etwas oder jemand gewährt. Es ist bezeichnend, daß die bildenden Künste dort, wo sie die Farbgebung und Linienführung von der Bindung an vorgegebene Dinge abzulösen trachten, sich nicht selten an musikalische Darstellungsweisen anlehnen.

Noch eine weitere Eigenart wäre zu erwähnen. Während optische Phänomene einander verdecken und es gezielter Anstrengungen bedarf, um etwa mit Hilfe eines wäßrigen Farbauftrags oder durch Einschaltung durchsichtiger Medien die Verdeckung abzumildern, kommt es im Hörbereich zu Überlagerungen. Die Gliederung in Ober- und Unterstimme und die Gleichwertigkeit der Stimmen in der Polyphonie schaffen eine Klangarchitektur, die ein Gegengewicht bildet zur Tonfolge. Ähnliches trifft zu auf die Ober- und Untertöne der Sprache, durch deren Einsatz diese auf verschiedenen Ebenen zugleich agiert, bis hin zur Möglichkeit einer Heterophonie, die von prädikativen wie auch von performativen Widersprüchen wohl zu unterscheiden ist. Der Widerstreit der Stimmen, der zuläßt, daß sich Fehlstimmen in das offizielle Sprechverhalten einschleichen, hat mit geltungsrelevanten Widersprüchen direkt nichts zu tun. Wer von »begleitigen« spricht, widerspricht sich nicht. Solch ein *lapsus linguae* setzt eine Stimmführung voraus, der die Zügel immer wieder zu entgleiten drohen. Damit öffnen sich Schleusen der *Stimmverführung*. Auch die Verführungskraft, mittels derer Laplanche zufolge der Andere in das Selbst eindringt und immer schon eingedrungen ist, gehorcht sinnesspezifischen Gesetzen. Der Klangzauber der Sirenen läßt sich nicht durch einen Farbzauber ersetzen. Schon Höhe und Tiefe der Klänge, die sich mit Bewegungen des Absinkens und Auftauchens verbinden, eröffnen eine eigene Dimension, die der Tiefe des Gesichtsraums verwandt, ihr aber nicht gleichzusetzen ist.

Bei aller Differenzierung ist allerdings zu beachten, daß es keine reine Hörszene gibt, sondern nur synästhetische und kinästhetische Szenerien, deren Ausgestaltung mehr oder weniger von Hör- und speziell von Stimmphänomenen dominiert ist. Hinzu kommt das Wechselspiel der verschiedenen Sinne, das bis zu diffusen oder sorglich komponierten Gesamtszenen führen kann. Schon die Situation, in der wir den Sprechenden nur hören, ohne ihm »aufs Maul« schauen zu können, stellt eine Sondersituation dar. Aber auch dann stimmt es nicht, daß man den Anderen nur hört, man hört anders, unsicherer, hilfloser, aber auch abgeschirmter, wenn man dem Sprechenden nicht in die Augen schauen und Bestätigungen einholen kann.[6] Tut man dies, so fungieren Mund und Auge als leibliche Medien; denn »aufs Maul schauen« und »in die Augen schauen« bedeutet mehr als den Mund oder die Augen sehen, es gehört zu dem, was wir als Aufmerken vom bloßen Registrieren und Rezipieren unterschieden haben. Die Maske (*persona*), durch die hindurch die Stimme ertönt, gleicht einer zweiten Haut, einer Klanghaut. Etwas Maskenhaftes hat das Gesicht stets, da die fremde Stimme und der fremde Blick leibkörperlich gebrochen in Erscheinung treten. Was aber geschieht, wenn der Anblick sich einem künstlichen Image, die Stimme sich einer künstlich fabrizierten Stimme annähert oder gar durch sie ersetzt wird? Bevor wir uns an Horrorszenen berauschen, sollten wir nochmals genauer hinschauen und hinhören.

---

6 Vgl. bei Proust das Erstaunen des Erzählers, als er am Telephon die Stimme seiner Großmutter, befreit von der »aufgeschlagenen Partitur ihrer Züge« und »ohne die Maske des Gesichts«, wie zum ersten Mal hört und in ihr eine ungeahnte Zartheit und Brüchigkeit entdeckt (*Recherche* II, S. 134 f., dt. III, S. 195).

# 8. Medialisierte Stimmen

Daß Medien zur Welt- und Selbstbildung beitragen und nicht nur instrumentelle Hilfestellung leisten, indem sie Vehikel und Speicheranlagen für die Weitergabe und Aufbewahrung von Sinn bereitstellen, versteht sich von selbst, wenn wir dem Leib, der wir sind und den wir nicht handhaben wie ein Werkzeug, eine Urmedialität zuschreiben. Die Frage ist nur, wie der Beitrag der Medien aussieht, wieweit er reicht und wie er sich auf die organisch gegliederte Leiblichkeit auswirkt. Werfen wir also einen Blick auf die Vielfalt der Medienlandschaft.[7] Die ständig anwachsende Phonotechnik reicht von den Aufzeichnungen des Grammophons über die Schnitt- und Löschtechnik des Tonbandes bis zum Hi-Fi-Verfahren, in dem mehrere Aufnahmekanäle eingesetzt, verschiedene Aufnahmen verschnitten und im Playbackverfahren nachträglich Stimmen unterlegt werden – auf der Spur nach einer Stimme, die sich von den Schlacken einer natürlichen Stimmführung befreit.[8] In der Digitalisierung unterläuft sie die Differenz zwischen Optik und Akustik, die an die Wiedergabe qualitativ differierender Sinnesphänomene gebunden bleibt. Dieser Prozeß, in dem die Stimme durch Verfahren der Dekontextualisierung, der Synthetisierung und der Perfektionierung künstlich erzeugt wird, erzielt in der Schaffung einer künstlichen Natürlichkeit, etwa durch Einfügung hörgerechter Nebengeräusche, einen hypermodernen Pygmalioneffekt. Die Dekontextualisierung tastet den Ereignischarakter

7 Vgl. dazu den Versuch von Kristin Westphal, Phonomedien und Phonotechniken innerhalb der Erfahrung zu verorten: *Wirklichkeiten von Stimmen*, 2002. Die Autorin dieser phänomenologisch angelegten Untersuchung gibt den Medien ein gehöriges Gewicht, doch hütet sie sich davor, mediale Erfahrung in bloße Medialität umschlagen zu lassen. Auch in den bereits erwähnten Untersuchungen von Daniel Schmicking spielen die Medien eine entscheidende Rolle bei der Analyse »replizierter Klänge«, die der Autor als auditives Gegenstück zu visuellen Abbildern versteht (2003, §§ 32 f.). Doch ähnlich wie im Fall von Schall und Widerhall stellt sich auch hier die Frage, ob originale und replizierende Klänge nicht enger miteinander verquickt sind, als das von Husserl entlehnte Fundierungsschema es zuläßt.

8 Wie vergeblich und illusionär ein solcher Versuch ist, zeigt Matthias Fischer in einem Essay, in dem er den Abstand zwischen musikalischem Ereignis und technischer Reproduktion ausmißt und den Identitätsverheißungen der Phono-Industrie ihren »Platonismus für das Volk« vorhält: Die Platte soll dem flüchtigen Hörereignis Dauer verleihen, obwohl die eigentümliche Produktion der Reproduktion doch gerade der differierenden Wiederholung entspringt. Vgl. »Die Stimme der Musik und die Schrift der Apparate« (1986), speziell S. 26.

der Stimme selbst dann an, wenn es sich um eine Wiedergabe handelt; das Gerät, das eine Stimme konserviert, läßt sich vor- und zurückdrehen, wie man in einem Buch vor- und zurückblättert. Auch der Aufforderungscharakter der fremden Stimme läßt sich bearbeiten und einsetzen wie ein Stimmköder oder eine Stimmfalle. Die Grenzen zwischen Wirklichkeit und Fiktion verwischen sich auf ungeahnte Weise, wenn der Life-Charakter nicht mehr augenfällig und vernehmbar ist. Wenn es sprichwörtlich heißt, das Papier sei geduldig, so sind Bildschirm und Tonaufnahme noch weitaus geduldiger. Schreibt man den computergestützten Medien neuartige Kräfte einer »Welterzeugung« zu, die sich aus Verfahren der Digitalisierung, der Virtualisierung und telematischen Interaktion speisen,[9] so wäre die Stimmerzeugung Teil dieses Erzeugungsprozesses.

Allerdings hat es mit der Stimme eine besondere Bewandtnis, da sie an den Lebensnerv zu rühren scheint, wie es bei kognitiven und dezisionellen Leistungen nicht gleichermaßen der Fall ist. Läßt sich eine Stimme operationalisieren? Der Hinweis auf Anrufbeantworter oder auf das Gehirn als »Reizbeantwortungsmaschine« (W. Singer 2002, S. 26) scheint zu genügen, um diese Frage mit Ja zu beantworten. Doch inwiefern antwortet der Apparat? (vgl. dazu AR, S. 115-121) Bevor wir uns in einer technologischen Kasuistik verlieren, möchte ich die Frage nach der Künstlichkeit der Stimme zuspitzen, indem ich mich nochmals auf die aristotelische Definition der *viva vox* beziehe. Die Stimme ist der »Laut eines beseelten Lebewesens«, so heißt es dort, und dazu gehört auch die zeit-räumliche Situierung der Stimme. Eine Stimme, die niemandes Stimme wäre und wie ein Spukgeist in der Welt herumgeistern würde, wäre keine Stimme mehr. Was die Apparate hervorbringen, wären dann nichts weiter als *stimmartige* Phänomene, die der wahren, sprich: natürlichen Stimme keinen Abbruch tun. Doch diese Immunisierungsstrategie würde nur dann verfangen, wenn Natürlichkeit und Künstlichkeit säuberlich zu trennen wären. Außerdem würde die Frage nach dem Umgang mit den neuen Medien so erst gar nicht berührt. Unsere bisherigen Überlegungen zur Leiblichkeit der Stimme weisen in eine andere Richtung.

Zunächst stellt sich die Sphäre der Leiblichkeit nicht als eine homogene Sphäre da, die man nach Belieben ergänzt oder vermindert.

9 Vgl. in diesem Sinne S. Krämer 1998, S. 85; die Autorin unterscheidet dabei strikt zwischen Werkzeug und Apparat.

Es gibt mehr oder weniger zentrale und periphere Körperpartien und Körperprozesse, die sich durch eine wechselnde Nähe und Ferne zum leiblichen Selbst auszeichnen und uns mit wechselnder Stärke affizieren. Ich bin mehr oder weniger und niemals gänzlich ich selbst. Deshalb bedeutet eine Herztransplantation einen stärkeren Eingriff in die Leibsphäre als das Anlegen einer Prothese oder die Einnahme eines Medikaments, und selbst hier gibt es bekanntlich erhebliche Unterschiede. In diesem Sinne gehört die Stimme gewiß zu den zentralen Instanzen des Leibes und ist in besonderem Maße »beseelt«. Doch dies besagt keineswegs, daß sie eine reine »Seelenstimme« darstellt. Wenn der leibliche Selbstbezug mit einem Selbstentzug Hand in Hand geht und wenn der Selbstentzug sich auch auf die Materialität des Leibkörpers erstreckt, so folgt daraus, daß die Stimme niemals ganz und gar in unseren Besitz übergeht, sondern eine gewisse Fremdheit behält. Der »Laut des beseelten Lebewesens« ist nicht durch und durch »beseelt« und »belebt«. Er ist von den Klängen und Geräuschen »unbeseelter« Dinge ebensowenig durch einen Graben getrennt wie von technisch und medial erzeugten Kunststimmen. Natürlichkeit und Künstlichkeit durchdringen sich, und unweigerlich auftretende Probleme sind solche der Dosierung.

Dies führt uns zu einer weiteren Folgerung. Die Beurteilung technischer Errungenschaften orientiert sich allzu selbstverständlich an den Erzeugungsaspekten. Darin gleicht die Phonotechnik den Sprach- und Handlungstheorien, die samt und sonders dazu neigen, einseitig die Position des Sprechers oder des Täters hervorzukehren. Doch wenn Hör- und auch Stimmereignisse damit anheben, daß jemand von Stimme, Ton oder Geräusch überrascht und überfallen wird, so greift eine Analyse der Stimme, die von der Stimmerzeugung ausgeht, zu kurz. Auch auf der Ebene der Technik, nicht erst auf der Ebene der Ethik gibt es eine Asymmetrie. Die Gebrauchstechnik fällt keineswegs zusammen mit einer Umkehrung der Herstellungstechnik (vgl. AR, S. 289-292). Einer wirklich perfekten Technik, die einem Pygmalion Ehre machen würde, müßte es gelingen, selbst das Pathos noch herzustellen und das Gehör in ein Produkt zu verwandeln. Dies wäre dann der fragwürdige Gipfel einer Biotechnik, die auch vor der Phonotechnik nicht haltmacht.

Daß die Technik ihrerseits pathogene Wirkungen nach sich zieht, steht außer Zweifel. Da geht es ihr nicht besser als den anderen Großbereichen der Kultur, denen Freud längst eine entsprechende Rechnung aufgemacht hat. Die Medialisierung nähme totalitäre Züge an, wenn es nichts mehr gäbe, was medialisiert, und niemanden, für den etwas medialisiert wird. Man wird mit Fug und Recht behaupten können, daß das Medium die Botschaft prägt (vgl. S. Krämer 1998, S. 81), doch die Annahme, daß das Medium selbst die Botschaft *ist*, gehört zu den Übertreibungen einer Medientheorie, die ein Problem zu lösen verspricht, das sie selbst verursacht.

# VIII. Verkörperung im Bild

Nach dem Durchgang durch den Bereich der Körpertechnik und durch die Welt der Laute führt uns der dritte Anlauf in die Welt der Bilder. Auch hier stellt sich die Frage nach der Rolle und dem Ort der Bilder innerhalb der Erfahrung, speziell innerhalb des Aufmerksamkeitsgeschehens, in dem sich Erfahrungsfelder organisieren. Etwas gerät in den Blick – etwas tritt ins Bild, wie hängt das eine mit dem anderen zusammen? Unser Augenmerk gilt auch hier der Zwischenrolle des Leibes, die sich mit der Zwischenrolle der Bilder verflicht. So kommt es zu einer Engführung von Leib- und Bildphänomenologie. Die Rede von der Verkörperung im Bild soll darauf hindeuten, daß es nicht nur Körperbilder und Körperschemata gibt, sondern daß auch der Bildkörper seinen Namen keiner bloß nachträglichen Metaphorik verdankt. Verbildlichung hätte dann etwas mit Verkörperung, Bildwerdung etwas mit Leibwerdung zu tun.[1] Bei dem Versuch, einige Schneisen in das Bilderdickicht zu legen, werden drei Aspekte in den Vordergrund treten, der mediale, der szenische und der pathische Charakter einer leiblich verankerten Bilderfahrung. In manchem überschneidet sich dies mit der Behandlung der übrigen Vermittlungsformen, doch einiges spitzt sich zu, da Bilder in besonderem Maße dazu neigen, den Raum der Erfahrung auszufüllen, nicht zuletzt in der sublimierten Form von Eidos und Idee. Dabei gerät in Vergessenheit, daß das, was augen-fällig und bild-trächtig ist, niemals restlos ins Bild eingeht. Die Aufmerksamkeit

---

1  Zur Konzeption der Verkörperung (*incarnazione*) in der Kunsttheorie des Quattrocento, die sich anfangs noch an die Theologie der Fleischwerdung, der Inkarnation anlehnt und später mit dem Inkarnat als Bezeichnung für die Farbtönung der Haut eine spezielle maltechnische Bedeutung erhält, vgl. die Beiträge von Barbara Eschenburg und Mechthild Fend in dem von B. Eschenburg herausgegebenen Katalog *Pygmalions Werkstatt*, 2001, S. 38-41 und 71-78. Der Katalog präsentiert eine ganze Serie von Verkörperungsvorlagen, von Antikenabgüssen über Muskelmänner und Gliederpuppen bis zu Aktmodellen. Unser eigener Versuch geht über eine enge, auf die explizite Darstellung des menschlichen Körpers beschränkte Form der Verkörperung hinaus, obwohl zu sagen ist, daß der frühe Rangstreit zwischen Zeichnung, Malerei und Skulptur, zwischen Wand- und Standbild, der sich hier entspinnt, in das bildnerische Geschehen eine weitaus größere Spannung hineinträgt, als der Sammelbegriff der bildenden Künste es erahnen läßt. Ein neueres Beispiel dafür, wie der Zusammenhang von Bild und Körper für die Malerei selbst zum Leitfaden werden kann, liefert das Werk von Maria Lassnig. Vgl. dazu vom Verf. »Der Aufruhr des Leibes in der Malerei von Maria Lassnig« (2002).

mischt sich unter der Hand in unsere Bildanalysen ein, anläßlich der Rückverwandlung des Gebildes in ein Bildgeschehen, das von einem Ort des Bildens ausgeht, und anläßlich der affektiven Wirkkraft der Bilder, der sich unsere Bilderfahrung ausgesetzt sieht. Die Verführung durch Bilder weist bereits voraus auf die soziale Macht, die sich in den Medien ansammelt; davon wird das nächste Kapitel handeln.

## 1. Die Vielfalt der Bilder

Gib es das Bild oder immer nur Bilder? Unsere Vorüberlegungen stützen sich auf drei Leitsätze, die auf eine weite Form der Bildlichkeit abzielen. Eine weitgestreute Bildlichkeit gibt es längst, es fragt sich nur, auf welche Weise und in welchem Maße die einzelnen Bildarten phänomenal und konzeptuell voneinander abzugrenzen sind. Wie es der durchgehenden Medialisierung der Erfahrung entspricht, gehen wir aus von einer *originären* Bildlichkeit (1). Dies besagt, daß die Bildlichkeit als solche nicht auf bildfreie Gegebenheiten und Kräfte zurückgeführt werden kann. Bilder sind keine Zutaten, die zur Erfahrung hinzutreten, sie sind konstitutiv für das, was uns begegnet. Sofern diese Bildlichkeit alles durchdringt, was jemand an den Dingen, an sich selbst und an Anderen erfährt, ist sie als *pervasive* Bildlichkeit (2) zu bezeichnen. Das Bildliche, das wir von eigenständigen Bildern auf ähnliche Weise unterscheiden, wie man der Politik das Politische oder der Technik das Technische entgegensetzen kann, ist nicht schlechthin alles. Sätze wie »Alles ist Sprache« oder neuerdings »Alles ist Bild« sollten uns skeptisch stimmen. Allsätze fordern einen Ort, von dem aus man über das Ganze spricht oder das Ganze überblickt, und dieser Ort ist eben kein bloßer Teil des behaupteten Ganzen, es sei denn, man richtet sich im Gesagten und Gesehenen ein und unterschlägt deren Genese. Die sogenannte »ikonische« oder »pikturale Wende« sollte keiner Panikonik Vorschub leisten, mit der die Welt sich in ein Panorama verwandeln würde. Doch so fragwürdig ein Satz wie »Alles ist Bild« auch sein mag, die Sache ändert sich, wenn man ein »irgendwie« hinzufügt, so wie die Seele laut Aristoteles »irgendwie« alles ist. Nimmt man aber an, daß alles irgendwie bildlich ist, dann kommt es darauf an, den Modus, der das Teilganze der Bilderwelt konstituiert, so genau wie möglich zu bestimmen. Diese umfassende Aufgabe führt zu der weiteren Annahme einer *pluralen* Bildlichkeit

(3). Diese umfaßt sowohl kulturhistorische und kulturgeographische Variationen wie auch eine offene Mannigfaltigkeit von Bildtypen. Wenn der Mensch nicht von Natur aus auf eine bestimmte Lebensform festgelegt und einer vorgegebenen Umwelt zugeordnet ist, so ist auch im Falle des *homo pictor* keine feste Bildausstattung zu erwarten, so daß der neuerliche Titel einer »Bild-Anthropologie« nur bedingt tauglich ist.

Man braucht nur das deutsche Wort ›Bild‹ durch fremdsprachige Ausdrücke wie εἴκων, εἴδωλον, φάντασμα, *imago, pictura, species, tableau, quadro, image* oder *picture* zu ersetzen, um einer Vielfalt gewahr zu werden, die im Deutschen durch erläuternde Zusatzbestimmungen wettgemacht wird. So sprechen wir von Bildnissen, Gebilden, Vorstellungsbildern, Spiegelbildern, Bildzeichen, Bilderschriften; wir fügen Klangbilder hinzu und unterscheiden zwischen natürlichen und künstlichen Bildern, zwischen Alltagsbildern, Kultbildern und Kunstbildern, zwischen Wandbildern und Standbildern, zwischen Bildform, Bildgestalt und Bildmaterie, zwischen analogisch und digital erzeugten Bildprodukten, und im Hintergrund stehen Weltbilder, für die Heidegger ein vor- und herstellendes Denken verantwortlich macht. Dabei stoßen wir auf eine bunte Folge epistemischer, affektiver, semiotischer, medialer, sozialer, politischer, religiöser und ästhetischer Aspekte. Eine einheitliche und umfassende Bildwissenschaft, die all diese Aspekte in sich vereinen würde, nimmt sich als frommer Wunsch oder als theoretischer Gewaltakt aus; denn jede Generalisierung der Bildlichkeit hat mit einer Menge innerer und äußerer Abgrenzungen zu rechnen.

Daraus ist keineswegs zu schließen, daß die verschiedenen Bildvarianten nichts miteinander gemein haben und die Bezeichnung ›Bild‹ eine pure Äquivokation darstellt. Es liegt doch auf der Hand, daß Höhlen- oder Vasenmalereien etwas mit dem Tafelbild, aber auch mit Photo- oder Fernsehbildern zu tun haben, und es ist ebenso offenkundig, daß in einem Standbild wie dem des Pygmalion Vorstellungs- und Wunschbilder sich mit den Qualitäten des geschaffenen Bildnisses amalgamieren. Doch eine Verallgemeinerung der Bildlichkeit ist nicht auf hierarchische, klassifikatorische oder axiologische Vereinheitlichungen angewiesen. Um einen Zusammenhang herzustellen, bedarf es keiner *vertikalen* Verallgemeinerung, die von unten nach oben ansteigt, es genügt eine *laterale* Verallgemeinerung, die sich seitwärts ausbreitet in Form einer Ausfächerung und Verzweigung. Diese

Sichtweise entspricht der Familienähnlichkeit im Sinne von Wittgenstein, die in verschiedenen Richtungen verläuft und doch ein dichtes Verwandtschaftsnetz entstehen läßt. Der offene Bedeutungszusammenhang, der sich auf diese Weise herausbildet, findet seine Stütze in einem Erfahrungsgeflecht, in dem verschiedene Bildfäden sich überkreuzen und sich an bestimmten Stellen verknoten. So entsteht zwar keine Bilderpyramide, wohl aber eine weitläufige und vielfarbige Bildersphäre. In der Erkundung dieser Sphäre haben unsere Leitsätze sich zu bewähren.

## 2. Im Medium der Bilder

Wenn der grundlegend mediale Charakter des Bildes an den Anfang gerückt wird, so heißt dies nicht, die Bilder geradewegs den neu entstandenen Medientheorien zuzuschlagen und sie von deren Prestige profitieren zu lassen. Ein bloßer Disziplinenwechsel läuft zumeist darauf hinaus, daß die Schwierigkeiten an anderer Stelle wiederkehren. Vielmehr geht es um den Nachweis, daß Bilder jener genuinen Zwischensphäre angehören, von der schon ausführlich die Rede war. Dies würde besagen: *Geradezu sehen wir keine Bilder, sondern wir sehen, was wir sehen, im Medium von Bildern.*[2] Fügen wir die Annahme hinzu, daß Sehen bedeutet, *etwas als etwas sehen*, so rückt das Bild in eins mit Zeichen, Buchstaben, Diagrammen und Karten, aber auch mit sozialen Vorbildern und Amtsinsignien, mit Werkzeugen und Automaten in eine Skala von Zwischeninstanzen, die das besagte Als spezifizieren und keineswegs homogenisieren. Optiken, Praktiken und Techniken sind zu verstehen als Sicht-, Handlungs- und Herstellungsweisen. Sie tragen zu der Art und Weise bei, wie etwas oder jemand in der Erfahrung auftritt. Wenn es ein »Zement der Erfahrung« gibt, so gehören die Bilder dazu.

Der Ausdruck ›Medium‹ gibt allerdings zu Mißverständnissen Anlaß. Historisch betrachtet kann er sowohl ein Mittelglied, ein eigentümliches Zwischen wie auch ein hinzutretendes Drittes bedeuten. Dabei besteht von Anfang an die Neigung, die dreigliedrige Bezie-

---

2 Also springt die Sichtbarkeit der Dinge nicht unvermittelt über in eine *Sichtbarkeit der Bilder*, wie Lambert Wiesing in seiner 1997 unter diesem Titel erschienenen Untersuchung zu zeigen versucht, sondern was vorausgeht, ist eine *Sichtbarkeit in Bildern*.

hung in eine zweigliedrige zu verwandeln. Man ontologisiert das Bild, indem man es als sekundäre Realität ansieht, so wie man Werkzeuge pragmatisiert, indem man sie als Träger sekundärer Zwecke behandelt.[3] So wird aus dem Bild, das etwas vermittelt, ein Mittelding, das dann weniger seinsmächtig ist als die gewöhnlichen Dinge, ganz zu schweigen von den Urbildern, an denen jene partizipieren. Scholastisch gesprochen wird aus dem *medium (in) quo* ein *medium quod.* In der Neuzeit, in der die kosmische Seins- und Zielhierarchie sich abflacht und die Natur den Gesetzen einer letztlich physikalisch zu bestimmenden Realität unterworfen wird, zerfällt das Reich der Bilder in äußere Bilder, die sich auf eine physische Außenwelt, und innere Bilder, die sich auf eine psychische Innenwelt beziehen. Dem entsprechen zwei Sorten von Bildnissen, solche, die sich zu Bilddingen materialisieren, und solche, die aus einem feineren mentalen Stoff gewirkt sind und durch Bahnung und Speicherung eine paraphysische Realität gewinnen.[4]

Wenn nun in der jüngsten Gegenwart zwei Untergangsparolen gleichzeitig ausgegeben werden, nämlich die vom Tod des Subjekts und jene vom Schwinden des Referenten, so deutet sich eine höchst fragwürdige Alternative an. Sie läuft darauf hinaus, die medial und technisch verfaßte Zwischensphäre zu hypostasieren oder besser zu hypodynamisieren. In der Sprache der Selbstorganisation würde dies besagen: Das Bildgeschehen besteht zuvörderst darin, daß *sich etwas bildet und umbildet,* und dies angesichts einer chaotischen Datenflut, die das sich selbst organisierende System zu überschwemmen droht. Die ›Plastizität‹, die Bildsamkeit also (vgl. griechisch πλάττειν und πλάσμα), wird zu einer Systemeigenschaft, so wie die aus Bronze oder Marmor gefertigte ›Plastik‹ in dem gleichnamigen Kunststoff einen geschmeidigeren Konkurrenten bekommt. Die Technisierung der Bildungsprozesse spiegelt sich hier deutlich in der Sprache wider.

3 Die eidetische Tendenz, die auf Gestalten abzielt, ist stärker bei Platon, die kinetische Tendenz, die sich an Zielen orientiert, stärker bei Aristoteles ausgebildet.

4 Noch Husserl, der so entschieden darauf besteht, daß es kein Bild gibt ohne eine entsprechende Bildauffassung, tut sich im Falle von Phantasie- und Erinnerungsbildern schwer mit dem Verzicht auf bewußtseinsimmanente Bilder. Vgl. *Phantasie, Bildbewußtsein, Erinnerung* (Hua XXIII). Eine Operationalisierung des Bewußtseins, die das Selbstbewußtsein mit dem Bezug auf interne Vorgänge und Zustände eines Systems gleichsetzt und den systemischen Selbstbezug durch Mechanismen wie die Rückkopplungsschleife herstellt, hat solche Schwierigkeiten nicht, doch dafür bleibt die Frage nach der Konstitution des Bildes offen.

Nun muß die Annahme eines Bildes ohne bilderzeugendes Subjekt und ohne bildfreies Substrat nicht notwendig bei Prozessen enden, an denen niemand mehr beteiligt ist. Sie verträgt sich sehr wohl mit einem »es denkt« oder »es nimmt wahr«, an dem der Denkende oder Wahrnehmende beteiligt ist, nur eben nicht als Erzeuger, Lenker oder Autor. Ohne jemanden, dem etwas auffällt und der aufmerkt, würde man zu einem reinen Beobachterstandpunkt überwechseln, der nur noch registrierbare Prozesse kennt und das alte Subjekt in eine epistemologische Instanz hinüberrettet. Die Grundtatsache, daß etwas *jemandem* so oder so erscheint, läßt sich nicht ausschalten, ohne daß man das Bildphänomen selbst opfert. Darin, daß es auf der Ebene bloßer Dinge, Zustände oder Vorgänge schlechterdings keine Bilder gibt, ist den Verfechtern eines konstituierenden Bildbewußtseins recht zu geben. Doch schauen wir genauer hin.

Wenn es zutrifft, daß bildliche Momente auf irreduzible Weise all unsere Erfahrungen durchdringen, so müssen sie bereits auf der Ebene der Wahrnehmung aufweisbar sein. Dies besagt nicht, daß wir Bilder wahrnehmen, wenn wir etwas wahrnehmen, wohl aber besagt es, daß wir immerzu ›in Bildern‹ oder ›durch Bilder hindurch‹ wahrnehmen, was wir wahrnehmen, und dies eben nicht nur dann, wenn die Bildfunktion ausgelagert und selbständigen Bildträgern anvertraut wird. Nehmen wir die perspektivische Brechung und Modulierung der Wahrnehmung, bei deren Entdeckung die bildenden Künste der Philosophie um einiges voraus waren. Hier stoßen wir auf *Ansichten* oder *Aspekte*, in denen etwas sich aus einem bestimmten Blickwinkel, im Zentrum oder an der Peripherie des Blickfeldes, in deutlichen oder verschwommenen Umrissen, aus der Nähe oder aus der Ferne darbietet. Nun gehören Seitenansicht oder Nahperspektive ganz und gar der medialen Zwischensphäre an; denn sie lassen sich weder als dingliche Merkmale noch als mentale Zustände fassen, sondern nur als Zusammenspiel dessen, was erscheint, mit dem, dem etwas hier und jetzt erscheint. Die technische Umsetzung und Verfeinerung dieser Sehbedingungen, wie sie durch Stereoskope, Photoaufnahmen, Videogeräte und digitale Bildmedien zustande gebracht wird, wirft gewaltige Probleme auf, die hier nicht zu erörtern sind. Entscheidend ist jedenfalls, daß die leiblichen Sehbedingungen dadurch nicht ersetzt, sondern bei aller technischen Versatilität vorausgesetzt werden. Nur als eine Form der Verkörperung des Sehens gehören die Sehtechniken jener Zwischensphäre an, von der wir ausgegangen sind.[5] Doch die Beschreibung des perspektivischen Sehens macht hier nicht halt. Jede aktuelle Ansicht verweist auf *weitere Ansichten* derselben Sache, mit denen sie sich zu einer Gestalt vereint. Andernfalls würden wir gar nicht etwas wahrnehmen, wir hätten es nicht mit Erfahrungsausschnitten zu tun wie selbst noch im Falle der filmischen Schnittechnik, sondern mit kaleidoskopisch wechselnden Erfahrungssplittern. Der eigentümliche Sachverhalt, der sich an dieser Stelle aufdrängt, läßt sich nur in einer paradoxen Sprache wiedergeben: *Ich sehe auch, was ich nicht aktuell sehe*, sonst sähe ich überhaupt nichts, was Bestand hat und sich als solches erfassen läßt. Ähnlich höre ich auch, was ich nicht aktuell höre, sonst würde ich nur Einzeltöne hören und keine melodische Klangfolge. Doch dann fragt sich, wie dieses kontextuell gebundene »Unsichtliche« (Hua I, S. 85) sich von dem vielen Nichtgesehenen unterscheidet, das nichts oder nur wenig mit dem jeweils Gesehenen zu tun hat. Husserl begegnet dieser Schwierigkeit, indem er den abrupten Gegensatz zwischen Sehen und Nichtsehen abmildert durch ein Mitsehen in Form von Wahrnehmungshorizonten, mit denen die Wahrnehmung über ihre eigenen Grenzen hinausgeht. Doch dann stellt sich die weitere Frage, wie Gesehenes mit Nichtgesehenem zusammenhängt. In Anbetracht dessen, daß Gegebenes mit Nichtgegebenem aufgrund von Ähnlichkeit und Kontrast verknüpft ist und diese Assoziationen über das aktuell Gegebene hinausgreifen, kann man feststellen: Das Nichtgesehene ist als potentiell Gesehenes im aktuell Gesehenen auf bestimmt-unbestimmte Weise »vorgezeichnet«, so Husserl, und gleichzeitig wird, so können wir hinzufügen, im Gesehenen Nichtgesehenes bis zu einem gewissen Grade »nachgezeichnet«. Ähnlich kann man von *Vor-* und *Nachbildern*, von *Vor-* und *Rückverweisen* sprechen. Hierbei haben wir es noch nicht mit separaten Bildern zu tun, die zur Erfahrung hinzutreten wie Mustervorlagen oder Kartenpläne, vielmehr erweist sich das Ding von Anfang an als *Bild seiner selbst* oder, allgemeiner gesprochen, als *Zeichen seiner selbst*, als *index sui*. Legen wir die alte Formel *aliquid stat pro aliquo* zugrunde, wie es noch Karl Bühler in seiner Zeichenlehre tut, so müssen wir zurückgehen bis auf eine originäre Stellvertretung, die darin besteht, daß alles, was in der Er-

---

5 Bezüglich der phänomenotechnischen Aspekte verweise ich auf meine Studie »Anderssehen« in: *Sinnesschwellen*, 1999, in der ich auch auf die *Techniken des Betrachters* von Jonathan Crary (1996) und auf Lambert Wiesings Überlegungen zur Medialisierung der *Sichtbarkeit des Bildes*, 1997, zu sprechen komme.

fahrung *als etwas auftritt*, sich stets auch *vertritt*. Mit dem »etwas als etwas« öffnet sich ein Spalt, dem eine genuine Bild- und Zeichenhaftigkeit der Dinge entspringt.[6] Nur ein unvermitteltes »Es ist, was es ist« (*ipsum esse*) oder »Ich bin, der ich bin« (*sum qui sum*) würde diesen Spalt schließen, doch diese noch zu erörternde Möglichkeit läßt sich nur fassen als Gestalt- und Namenlosigkeit, also als Rückzug aus der Bilder- und Zeichensphäre.

Von hier aus scheint es ein gehöriger Sprung bis zu Bildnissen, die sich von der Wahrnehmungssituation ablösen, so etwa das Photo, das jemanden unwiderruflich in Frontalansicht wiedergibt, oder eine Gemäldeserie wie die von Monet, in der Kathedrale oder Heuhaufen auf eine bestimmte Beleuchtungslage festgelegt sind und Tages- oder Jahreszeiten gleichsam bildfest gemacht werden. Doch handelt es sich hierbei wirklich um einen ontologischen Sprung, der reales Sein von imaginär erzeugtem Nichtsein trennt, wie Sartre und seine Anhänger meinen? Ziehen wir in Betracht, daß perspektivische Ansichten von einem bestimmten Standort und von wechselnden Gesichtspunkten abhängen, die der Wahrnehmende einnimmt und durch die er sich selbst als Wahrnehmender bestimmt, so haben wir Grund, von einer Verkörperung jener Bildlichkeit zu sprechen, die wir in der Wahrnehmung selbst entdeckt haben. Dem Wie der dinglichen Gegebenheits- und Sichtweisen entspricht nämlich ein Wie bestimmter Körpereinstellungen und Körperhaltungen. Die Rückseite eines Dinges mitsehen heißt, etwas nicht nur so sehen, wie es aussieht, wenn ich hier bin, sondern es zugleich so sehen, wie es aussehen würde, wenn ich dort wäre. Husserl bezeichnet diesen Sachverhalt als kinästhetische Motivation der Wahrnehmung. Darin liegt mehr als die bloße Ausdehnung der Reichweite leiblichen Verhaltens, wie sie in der Charakterisierung des Werkzeugs als »Verlängerung des Leibes« oder in der Prothesenkonzeption der Technik zum Ausdruck kommt. Wahrnehmungsdinge partizipieren an der Seinsweise eines leibkörperlichen Wesens, das zugleich sehend und sichtbar ist, ohne daß Sehender und Gesehenes je zur völligen Deckung kommen. Ein solches Wesen un-

---

6 Diesen Gedanken habe ich in meinen diversen Bildstudien immer wieder hervorgehoben. Ein Autor, der in diesem Zusammenhang weitaus größere Beachtung verdient, ist Henri Bergson, der das Bild als Verdichtung der Wahrnehmung begreift und es demgemäß zwischen Ding und Vorstellung plaziert. Vgl. dazu die jüngst erschienene Untersuchung von Mirjana Vrhunc, *Bild und Wirklichkeit*, 2002, speziell Kap. 3.

terliegt in all seinen Vollzügen einer Selbstspaltung. Im Selbstbildnis, das im Spiegelbild seinen spektakulären Auftritt hat, verwirklicht sich der Selbstbezug auf visuellem Wege. Doch dies geschieht auf evasive Weise in Form eines Selbstentzugs, der dem Selbstbild Züge eines Fremdbildes aufprägt. Diese Fremdheit gehört, wie schon betont, zur materiellen Körperlichkeit des fungierenden Leibes, der in seinem Fungieren nicht aufgeht, sondern eine eigene körperliche Schwungkraft und Schwerkraft entwickelt. Dementsprechend weitet sich die Leibsphäre aus in der Weise, daß auch die Dinge nicht nur gesehen, sondern zugleich mitsehend sind infolge ihrer Partizipation am Prozeß des Sichtbarwerdens. Die vorige Feststellung: Wir sehen keine Bilder, sondern wir sehen etwas im Medium von Bildern, ließe sich ergänzen durch die Feststellung: Wir sehen keine bloßen Dinge, sondern wir sehen die Dinge in ihrer eigenen leibhaften Bildlichkeit. Dinge ähneln anderen Dingen und verweisen auf sie, indem sie sich zugleich selbst ähnlich sehen und auf sich verweisen. Das Vexierspiel von Bild und Ding, von Realität und Fiktion gehört zur Wahrnehmung, weil sie niemals reine Wahrnehmung oder reines Wahrnehmungsbewußtsein ist, sondern ein leibhafter Prozeß, der uns in ein bildliches Vor- und Nachspiel verwickelt. Noch das künstlerische Spiel mit den Extremen von Bild-Dingen und Ding-Bildern kreist um eine ikonische Differenz, die schon in der Wahrnehmung am Werk ist und die sich in der pikturalen Differenz fortsetzt.[7]

Man könnte nun einen Schritt weiter gehen und alltägliche Situationen ins Auge fassen, wo wir die Dinge nicht wahrnehmend vor Augen haben, sondern auf Vermittlungsinstanzen angewiesen sind. Wir stoßen hier auf *Erinnerungs-* und *Erwartungsbilder*, die für Nichtvorhandenes einstehen. Also scheint es doch innere, mentale Bilder zu geben, die ihre Stütze in der Bildlichkeit der Dinge eingebüßt oder noch nicht gefunden haben. Einige wenige Bemerkungen mögen genügen, um einen Bezug zu den weitläufigen Problemen der Zeiterfahrung herzustellen.[8] Bildliche Vorstellungen, die sich auf Vergangenes und Zukünftiges beziehen, wären nur dann von allen dinglichen Bezügen abgelöst, wenn Vergangenes – gemäß der alten augustini-

7 Ich verstehe die besagten Differenzen in dem Sinne, wie sie von Gottfried Boehm und mir eingeführt wurden.
8 Was die diffizile Rolle des Erinnerungsbildes angeht, so verweise ich auf den Beitrag von Iris Därmann in Boehm 2001, wo die entsprechenden Probleme von Husserl und Freud her aufgerollt werden.

schen Annahme – aus *nicht mehr* Gegenwärtigem und Zukünftiges aus *noch nicht* Gegenwärtigem bestünde. Anders steht es, wenn den Dingen eine Geschichte innewohnt und ihnen eine Vor- und Nachgeschichte eignet, gestützt auf die Geschichte unseres Leibes, der sich unaufhörlich selbst vorausgeht und über sich selbst hinausgeht. Die Wiederholbarkeit sinnlicher Gestalten und leiblicher Vollzüge steht für einen Prozeß, in dem etwas nicht durch ein anderes verdoppelt wird, sondern sich von sich selbst ablöst und eben dadurch als es selbst herausbildet. In diesem Sinne fallen Wahrnehmung und Gestaltbildung zusammen. Die Selbstverschiebung der Erfahrung hat zur Folge, daß auch die Dinge immerzu an sich selbst erinnern und aus sich selbst heraus etwas erwarten lassen. Erinnerungs- und Erwartungsbilder wären dann genau die Art und Weise, wie Vergangenes und Zukünftiges sich in der Gegenwart bekundet, ohne auf Gegenwärtiges zurückgeführt werden zu können. Der Leib nimmt die Form eines lebendigen Mahn- und Denkmals an, bevor Monumente errichtet und Archive angelegt werden. Selbst Augustinus, der die *memoria* mit inneren Schatz- und Speicherkammern gleichsetzt, gibt zu, daß der Geist zu eng ist, um sich selbst zu umfassen (s. o. S. 103); doch damit rührt er an die Eigenheit eines leiblichen Wesens, das seinen eigenen Bildern ausgeliefert ist und nicht bloß in rekursiven Schleifen auf sich selbst zurückkommt.

Es bleibt schließlich die Einbildungskraft, die sich in ihrer Produktivität der Bindung an die Dinge zu entledigen und reine Urbilder hervorzubringen scheint. Doch auch dieser Schein trügt. Wenn wir annehmen dürfen, daß die Ansicht der Dinge weder in den Dingen selbst, noch in einer inneren Ausstattung des Geistes, noch in evolutionären Selektionsvorteilen der menschlichen Spezies[9] ihre zureichenden Gründe findet, dann ist das Imaginäre in der Erfahrung selbst am Werk. Das radikal Imaginäre, das Cornelius Castoriadis mit solchem Verve in den Vordergrund rückt, wäre dann zu begreifen als eine Entstehung von *Schlüsselbildern*, die in der Erschließung neuer Erfahrungsräume den Rahmen der normalen Erfahrung sprengen, ihn aber deshalb auch voraussetzen. Mögliche Welten entstehen durch Verdichtungen und Verschiebungen der Erfahrung, durch Verformungen der wirklichen Welt. Der Grad an Verformungskraft entscheidet darüber, ob etwas imaginiert, also ins Bild gebracht, oder

9 Vgl. hierzu Wolf Singers »Neurobiologische Anmerkungen zum Wesen und zur Notwendigkeit von Kunst« in: *Der Beobachter im Gehirn*, 2002.

bloß phantasiert, also von Bildern umspielt wird. Das Spiel der Einbildungskraft behält etwas Zweideutiges; es ist nicht dagegen gefeit, bloße Bildgespinste in die Welt zu setzen.

### 3. Inszenierung von Bildern

Bisher haben wir den medialen Charakter der Bilder hervorgehoben, das Fungieren der Bilder, das sich bis in die Wahrnehmung der Dinge zurückzuverfolgen läßt. Demnach gäbe es weder völlig unbildliche Dinge noch völlig undingliche Bilder. Der landläufige Gegensatz von äußeren Bildern, die auf reale Bildträger angewiesen sind, und inneren Bildern, die aus dingfreien Vorstellungen entstehen, wird hinfällig, wenn Bilder sich als Bilder verkörpern und wenn umgekehrt Bildkörper ihr eigenes Außen haben, ebenso wie unser eigener Leib Züge eines Fremdkörpers aufweist. So wie ich mein Leib *bin* und ihn zugleich als Körper *habe*, so sehen wir Bilder, die wir zugleich als Bildkörper vor Augen haben. Dies beginnt mit den Seiten- und Außenansichten, in denen die Dinge sich darstellen, bevor wir dem Ding selbst eine Vorderseite oder eine Oberfläche zuschreiben. Trotz allem stehen der genuinen Bildlichkeit der Dinge Bilder gegenüber, die als selbständige Bilder existieren. Die Bildgestalt wird ausgelagert, ähnlich wie die Wirkkraft des eigenen Leibes sich in Werkzeugen verselbständigt. Hierbei stoßen wir auf eine zweite Schnittlinie, die nicht mehr das Verhältnis von Bild und Ding betrifft, sondern das Verhältnis von Bildgeschehen und Bildwerk. Wie verhält sich das Bild, das sich ereignet, zu den Gebilden, die daraus hervorgehen und das Bildereignis überdauern? Wir werden uns dieser Frage auf einem Seitenweg nähern, indem wir die Möglichkeit ins Auge fassen, daß die gängige Unterscheidung von Mündlichkeit und Schriftlichkeit in der Bildersphäre ein Pendant findet.

Die Orientierung am Sprachgeschehen bietet einen besonderen Vorteil. Sie befreit uns von der Vorstellung eines einsamen Machers, eines Demiurgen, der von alters her teils mit schlichten handwerklichen Fertigkeiten, teils mit göttlichen Fähigkeiten ausgestattet wird. Rücken wir das Bildgeschehen in einen kommunikativen Rahmen, so wird das Bild, wenngleich mit zeitlicher Verschiebung, sowohl vom Standpunkt des Produzenten wie von dem des Rezipienten aus zugänglich. Faßt man Bilder speziell als ikonische Dokumente, so

könnte man sie mit Husserl als »virtuell gewordene Mitteilung« ansehen (vgl. Hua VI, S. 371). Sie fänden ihren Ort im Tal des Vergessens,
das die primäre Erzeugung vom sekundären Nachvollzug, die Urstiftung von ihren Nachstiftungen trennt. Doch worin bestünde in diesem Falle die aktuelle Mitteilung? Gibt es vielleicht so etwas wie eine
Handlichkeit, die der Mündlichkeit entspricht? Hierbei kommt alles
darauf an, wie man das Verhältnis von Mündlichkeit und Schriftlichkeit versteht. Im Gegensatz zu dem allzu naheliegenden Versuch, den
beiden Kommunikationsformen eine »Sprache der Nähe« und eine
»Sprache der Ferne« zuzuordnen, scheint es mir angemessener, strikt
von der Verkörperung der Sprache auszugehen und die Körpersprache
als eine »Sprache der Ferne in der Nähe« zu begreifen; die Körpersprache trüge somit von vornherein Züge einer »Körperschrift« an
sich.[10] Diese Überlegungen, die das kommunikative Gleichgewicht
von Sender und Empfänger und damit auch das von Bildproduzen-
ten und Bildrezipienten aus der Ruhe bringen, möchte ich hier fortführen.

Wenn es eine Brücke gibt zwischen sprachlicher und bildlicher Präsentation, so finden wir diese in einem sprachlichen Zeigen, das sichtbar macht, indem der Zeigende »seinen Körper [...] zeigend einsetzt«
(Bühler 1982, S. 129). Auch der Bildkünstler macht sichtbar, aber
eben nicht mit Worten und Sprachgebärden, sondern mit Formen,
Farben und Malgebärden. Doch in welchem Maße *macht* er tatsächlich sichtbar? Kommt es in der leiblichen Geste zu einem zielgerich-
teten und regelgerechten Herstellen von etwas, das in der gegenläufigen Sinnentnahme und Sinnfortsetzung seinen Zweck erfüllt? Wäre
es so, dann würde der Bildner *mittels von Bildern*, aber nicht *in Bildern* sichtbar machen. Der leibliche Aspekt des Zeigens bliebe damit
unterbestimmt; denn ähnlich wie das Sagen das Gesagte übersteigt
und doch in ihm mit ausgesagt wird, so übersteigt das Zeigen das
Gezeigte und wird doch in ihm mit angezeigt. Auge und Hand sind
keine bloßen Organe des Malens und Zeichnens, sondern leibliche
Embleme. Der irreduzible Charakter des Bildens besteht darin, daß
Bildner und Gebilde verändert aus dem Prozeß des Bildens hervorgehen, sofern nicht Routine und Repetition den Ton angeben. Im kreativen Bilden gibt es nicht vorweg jemanden, der etwas für jemanden
sichtbar macht, wie es das Schema der Alltagskommunikation nahe-

10 Vgl. dazu vom Verf. »Ferne und Nähe in Rede und Schrift«, in: *Vielstimmigkeit der
Rede*, 1999.

legt, vielmehr gilt: *Etwas wird für jemanden sichtbar*, und ein solcher Jemand ist auch der Künstler selbst, der sich selbst überrascht und andere an dieser Überraschung teilnehmen läßt. Auch für den Künstler schließt sich der Spalt nicht, der das Auffälligwerden vom Aufmerken und beides vom Bemerken und Bemerkbarmachen trennt. Kreation und Emergenz schließen einander nicht aus. Das Ereignis des Sichtbarwerdens hinterläßt seine Spuren im Bildwerk, und aufgrund solcher Bildspuren ist das Bild mehr als ein Werk, das produziert und rezipiert wird. Bildereignisse lassen sich nicht rezipieren wie eine Gestalt, die es zu deuten oder zu nutzen gilt, sie wirken nach oder verblassen.[11]

Dies führt zu einer *Inszenierung* von Bildern, die jeder Werkfixierung zuwiderläuft. Wie bei der Hörszene bedeutet Inszenieren, aus der Perspektive der Leiblichkeit betrachtet, etwas anderes als eine Abfolge von Akten des Vor- und Herstellens. In der Inszenierung werden Bewegungen initiiert, Rhythmen eingeübt, Kräfte mobilisiert, Wege gebahnt, Plätze vergeben und nicht bloß geeignete Mittel auf ein Ziel hin eingesetzt. Gleich der »gestaltenden Melodie«, die sich selbst spielt und sich spielend erfindend (Uexküll 1973, S. 118), hat das gestaltende Bilden etwas von einem Schaustück, das sich selbst aufführt. Dazu gehört eine *Bühne* als Ort des Sichtbar- und Bildwerdens, des Sichtbarmachens im Bild, also auch des Aufmerksamwerdens und Aufmerksammachens. Wie Hans Blumenberg in einem ähnlichen Zusammenhang bemerkt, verkörpert sich in der Technik des Bildes, die eine Lenkung und Störung der Aufmerksamkeit einschließt, eine »Technik der Aufmerksamkeit«, selbst wenn es sich dabei um einen »Grenzfall der *evozierten* Aufmerksamkeit« handelt, wo *etwas* die Aufmerksamkeit auf sich lenkt (Blumenberg 2002, S. 203). Die Bildszene beschränkt sich nicht auf einen Bildrahmen, der die Bildfläche von der Wandfläche bzw. von ihrem realen Umfeld abhebt.[12] In ihr verkörpert sich das leibliche Hier und Jetzt, das

11 Ich verweise in diesem Zusammenhang auf ein jüngst erschienenes Buch von Dieter Mersch: *Was sich zeigt*, 2002, in dessen kunsttheoretischen Partien die Materialität der Zeichen und der performative Charakter der Bildkunst eine zentrale Rolle spielen.
12 Vgl. zur historischen Relativierung des Bilderrahmens die Hinweise bei Hanna Philipp: »Zur Genese des ›Bildes‹ in geometrischer und archaischer Zeit«, in: Boehm, *Homo Pictor*, 2001, S. 90, sowie zur problematischen Rolle des Rahmens innerhalb einer Phänomenologie der Medien Iris Därmann, *Tod und Bild*, 1995, S. 247-253.

den »Nullpunkt« der leiblichen Orientierung darstellt (vgl. Hua IV, S. 158), obwohl es doch mittels Datierung und Lokalisierung selbst in die Ordnung eintritt, die es mit konstituiert. Der durch Orts-, Zeit- und Individualangaben markierten »Origo« des sprachlichen Zeigfeldes, die Karl Bühler in seiner Sprachtheorie so eindringlich hervorhebt, entspricht ein Ort des Bildens, nicht bloß ein Ort der Gebilde. Da dieser Ort als ortsbildender Ort nicht in einem vorhandenen Kartennetz verzeichnet ist, hat er etwas von einem Nicht-Ort. Versteht man unter dem Ort einen lokalisierbaren Platz in der Welt, so ist das Hier in striktem Sinne nirgendwo. Es gibt dann nicht nur einen Nullpunkt der Literatur im Sinne von Roland Barthes, sondern auch einen Nullpunkt der Malerei. Aus ihm entspringt auch das Mitspielen des Kunstbetrachters, das dort, wo es den konventionellen Blick durchbricht, als ein einstimmendes Mitmachen zu verstehen ist, das über das bloße Nachmachen und auch über das bloße Zuschauen hinausgeht. Der erwähnte Nullpunkt ist das, wovon eine Bildpräsentation ausgeht, er läßt sich selbst nicht präsentieren, sondern nur indirekt repräsentieren. Alle Bildanalysen und Bildkommentare versinken in pure Gelehrsamkeit oder Didaktik, wenn der Nicht-Ort des Bildens in einen Gemeinort verwandelt und das Bildgeschehen durch Bildungserlebnisse ersetzt wird.

Doch der Vergleich zwischen Mündlichkeit und Schriftlichkeit gibt noch einiges mehr zu bedenken. Wenn wir eine Inszenierung von Bildern in Betracht ziehen, so verändert sich nicht nur die landläufige Vorstellung, die wir mit dem sprachinternen Gegensatz von Wort und Schrift verbinden, der Gegensatz selbst weicht einem Chiasmus aus aktuellen und virtuellen Momenten, und auch der Bewertungsstreit verliert an Schärfe. Ziehen wir die Musik zum Vergleich heran, so stellt sich die Frage: Welche Art von Musik verdient den Vorzug, jene, die sich in lesbaren Partituren niederschlägt, oder jene, die wie der Jazz improvisatorisch verfährt und sich mit der Markierung von Einsätzen und rhythmischen Vorgaben begnügt?[13] Es genügt, darauf hinzuweisen, daß Partituren immer nur mehr oder weniger ausgeschrieben sind und auf Aufführungspraktiken angewiesen bleiben, daß umgekehrt eine improvisatorische Musik partiturähnliche Momente aufweist, die in mancherlei Hinsicht mit den mnemotechnischen Merkzeichen homerischer Gesänge zu vergleichen sind.

13 Es sei auf einen Pianisten wie Friedrich Gulda hingewiesen, der beide Musizierweisen nebeneinander zu exerzieren pflegte, mitunter an einem einzigen Musikabend.

Bekanntlich gewähren inzwischen auch die bildenden Künste dem Ereignischarakter größeren Raum. Dazu gehören nicht nur spezielle Formen der Aktionskunst, des Body Art oder des Fluxus, die in ihrer hybriden Mischung aus Ritual, Mobilisierung und Darbietung allerdings einem starken Abnutzungseffekt unterliegen, dazu gehört auch die Videokunst, die sich mit ihrer rasch wechselnden Bilderfolge musikalischen Klängen und Rhythmen annähert. Zu erwähnen sind ferner Bildinstallationen und Bildobjekte, die einen Bildraum schaffen, den man betritt, im Gegensatz zu einer Wandfläche, vor der man steht. Zudem gilt es zu beachten, daß es bereits im Vor- und Umfeld künstlerischer Aktivitäten eine Bildbetätigung und Bilderzeugung gibt. Anders als bei den verschiedenen Arten von Werkkunst geht es bei kindlichen Sandkastenspielen nicht um die Anfertigung dauerhafter Gebilde, doch tut dies der am eigenen Leib erlebten Bildlust keinen Abbruch. Bild- wie auch Musiktherapien setzen Gestaltungsimpulse frei, durch die Verkrampfungen und Fixierungen gelockert werden oder latente Spannungen ihren Ausdruck finden. Feuerwerke entfalten ein Farb- und Lichtspektakel, das allerdings, wie es bei der Bildwerdung nicht selten geschieht, ins Gefährliche und Zerstörerische hinüberspielt, so in Turners malerischer Präsentation des brennenden Londoner Parlamentsgebäudes. Doch die Inszenierungskünste bleiben nicht auf künstlerische Sonderexperimente und außerkünstlerische Szenarien beschränkt. Schon im gewöhnlichen Pinselstrich des Malers, nicht erst im Flecken erzeugenden Klecksen oder im Farbgetröpfel eines Pollock, tritt ein rhythmisch-kinetischer Überschuß zutage, ein Bilden nämlich, das seine niemals völlig in eine persönliche Handschrift zu verwandelnden Spuren im Gebilde hinterläßt. In der fernöstlichen Kalligraphie feiert die verhaltene Mobilität der Hand ihre eigenen Triumphe, indem sie den Pinsel nicht nur führt, sondern sich ihm überläßt. All dies widersetzt sich einer allzu einseitigen Bildauffassung, die das zeitüberdauernde *aere perennius* oder umgekehrt den einmaligen subjektiven Ausdruck über alles stellt. Inzwischen hat dies dazu geführt, daß auch traditionelle Tafelbilder in Bewegung geraten sind. Ein Rahmen, der – wie im Falle sozialer Organisationsweisen – stets auf einen Prozeß der Rahmung zurückgeht, löst sich aus seiner Starre.

Schließlich hat auch das, was man als Re-oralisierung bezeichnet, seine ikonischen Aspekte. Die alltägliche Aufführung von Tagesereignissen in der Tagesschau und ihre unentwegte Kommentierung in

Talkshows, aber auch die gesteigerte Visualisierung von Arbeitsvorgän-
gen und Spielzügen läßt Demokrits Behauptung, die Luft sei »voll von
Bildern«, in einem neuen Licht erscheinen. Inszenierung und Performanz, die nicht umsonst auch theoretisch *à la mode* sind, gewinnen
eine Alltäglichkeit, die sie in der traditionellen Buch- und Museums-
kultur nicht besaßen; hier blieben sie weitgehend auf institutionelle
Veranstaltungen wie Gerichtsverhandlung, Gottesdienst oder Begräb-
nis sowie auf volkstümliche Festlichkeiten oder Zirkusakrobatik
beschränkt. Das, was wir als Bildereignis dem Bildwerk gegenübergestellt haben, verliert allerdings seinen außergewöhnlichen und fremd-
artigen Charakter, wenn es sich unter bloße Events einreiht, die zum
mehr oder weniger normalen Reizbeschaffungsprogramm gehören.
Dies führt uns über den Bereich der Medien und Szenerien hinaus
und stellt uns vor die Frage nach der Wirkkraft der Bilder, die wie nahezu alles Bildhafte etwas Zwielichtiges hat.

## 4. Im Bannkreis der Bilder

Bilder würden nicht jenen originären und alles durchdringenden Charakter aufweisen, den wir ihnen zubilligen, wären sie der bloße Spiel-
ball unserer Wünsche und Ängste und würden sie selber zur Ausformung unserer Affekte nichts beitragen. Nachdem wir zuvor den
Prozeß des Bildens mit dem medialen und dem mobilen Leib in Verbindung gebracht haben, werden wir also nochmals elementar ansetzen und den libidinösen Leib ins Spiel bringen.

Es wurde gezeigt, daß Sehen nicht nur bedeutet, etwas als etwas
sehen, sondern daß zur Ausformung dieses Als das Bild einen unentbehrlichen Beitrag liefert, und zwar in Form von Vor- und Nachbildern, von Erinnerungs- und Erwartungsbildern und von imaginativen
Schlüsselbildern. Doch gleichzeitig gilt der Satz: Die Wahrnehmung
bewegt nichts, wenn sie sich nicht mit dem Streben verbindet.[14] Anders gesagt, die Ansicht der Dinge bewirkt nichts, nicht einmal ein
Sehen, wenn uns darin nicht etwas anspricht, anlockt oder abschreckt.
Bilder machen im weitesten Sinne Appetit. Selbst wenn wir dem

14 Vgl. entsprechend dazu Aristoteles, *Nikomachische Ethik*, VI, 2, 1139 a 35 f.: »Das
Denken allein bewegt nichts, sondern nur das auf etwas ausgerichtete praktische
Denken.« Zur Berücksichtigung von Bedeuten und Bewerten im neuronalen Be-
reich siehe oben Kapitel V, 5.

Auge die Vorherrschaft einräumen und uns darauf beschränken, die Dinge auszuforschen, wird das Sehen getragen von einem Aufmerken auf . . ., von einer At-tention, die über die Als-Struktur bloßer Intentionen hinausgeht. Wie bereits ausführlich dargelegt wurde, kommt es bei der Aufmerksamkeit nicht darauf an, als was etwas auftritt, sondern ob dieses auftritt und nicht vielmehr jenes. Die Sinnbildung lebt von einem Kräftespiel, das nicht selbst sinnhaft ist, ähnlich wie die Stärke des Farbauftrags beim Malen über die Konturierung hinausgeht. Husserl bedient sich in seiner Erfahrungstheorie eines skulpturalen Vergleichs, wenn er der Aufmerksamkeitsspannung ein »affektives Relief« zuordnet (Hua XI, 168). Die Reliefbildung besagt, daß uns *etwas auffällt*, indem es unsere Aufmerksamkeit weckt, also gleichzeitig unser Begehren erregt. Das Sehen wird in Bewegung gesetzt durch ein Sehbegehren, eine *libido videndi*, und dies selbst dann, wenn es sich primär um Neugier handelt, also um ein Streben nach Neuem als dem Abweichenden und Ungewohnten. In seinen vielfältigen Formen entpuppt sich das Begehren als ein eminent leibliches Geschehen, das sich als Miteinander von Selbstbezug und Fremdentzug, von Selbstentzug und Fremdbezug bestimmen läßt. Als Begehrender werde ich bewegt von etwas, das mir fehlt, das sich mir entzieht und das mich eben dadurch affiziert oder anrührt. Ähnlich wie die *Aspekte* der Dinge auf eine entsprechende leibliche Haltung verweisen, äußert sich die *Affektion* in einem leiblichen Getroffensein. Die An-sicht verbindet sich mit einem ebenso ursprünglichen An-tun oder An-gehen. Die Position, an der sich der Sehende befindet, verdichtet sich zu einer Exposition, einem leiblichen Ausgesetztsein. Es fragt sich dann nur, ob und wie das Begehren, das sich darin bekundet, wiederum bildlich vermittelt ist.

Zunächst gilt es auch hier, einem Ikonismus zu widerstehen, der alles in Bildgold verwandelt. Das Bild des Hundes bellt nicht, so könnte man einen bekannten Satz abwandeln. So wie wir Hunde sehen und keine bloßen Hundebilder, so haben wir Hunger und Durst nach Brot und Wein und nicht nach entsprechenden Bildern oder Symbolen. Andererseits richtet sich unser Streben auf etwas, das *in diesem oder jenem* gesucht wird. Im Brot suchen wir die Sättigung, im Wein den Genuß, im fremden Leib die Lust. In der Sprache von Freud bedeutet dies, daß Triebziel und Triebobjekt auseinanderklaffen. Die Grundstruktur des Strebens, dem *etwas in etwas* fehlt, verschränkt sich mit der Struktur der Wahrnehmung, der *etwas als etwas* erscheint. Im Streben folgen wir dem Anreiz dessen, was als Nichtgesehenes seine Wirkung entfaltet. Der Abstand zwischen dem, was aus der Ferne winkt, und dem, was in der Nähe wirkt, dieser Zwischenzustand aus Reichtum und Armut, den Platon dem Eros zuschreibt, bildet den Tummelplatz für unsere Einbildungskraft. Diese nimmt vorweg, was noch nicht da ist, und greift zurück auf das, was einmal dazusein schien und nun fehlt. Sie füllt die Leere mit alimentären oder sexuellen Wunschbildern, die den kargen Bestand anreichern, oder mit Schreckensbildern, in denen die Bedrohung sich bis ins Unermeßliche steigert wie in Poes Erzählung *Der Fall des Hauses Usher*, deren düsteres Geschehen einer »Wurzel des Grauens« entwächst. Traumbilder springen ein, wo die Realität sich unseren Wünschen versagt. Wenn Platon den Bildern einen solch heftigen Kampf liefert, so gilt dieser dem Gaukelspiel der Sinne, den Phantasmen, die vortäuschen, was nicht ist. Bloße Bilder treten an die Stelle der Sachen selbst und lullen uns ein in einem »menschlichen Traum für Wachende« (*Sophistes* 266 c); der szenische Charakter der Bilder verschwindet hinter den ›Bildern selbst‹. Wir leben gleichsam in einem Schlaraffenland aus Bildern. Platonisch gesprochen wird die Ideennahrung (vgl. *Phaidros* 247 d) durch eine Bildernahrung ersetzt.

Der Faszination durch Bilder und der drohenden Bildbesessenheit kann man auf verschiedene Weise begegnen. Es gibt eine mäßige Reaktion, die auf einer Domestikation des Strebens beruht. Das, *wovon* wir getroffen sind und unter dessen Einwirkung wir stehen, wird reduziert auf *etwas*, das wir in geeigneten Triebobjekten suchen, finden und wieder verlieren, in einem endlosen Wechsel von Leere und Erfüllung. Die Phasen der Leere bevölkern sich mit ›kleinen Bildern‹, die nach erfolgter Befriedigung des Strebens verblassen oder verlöschen. Die Normalisierung des Begehrens gleicht der Normalisierung der Wahrnehmung; der wiederkehrenden Erfahrung entspricht ein wiedererkennendes Sehen, das nur unmerklich vom Gewohnten abweicht. Die niemals voll gelingende Normalisierung ist freilich umsäumt von Ersatzformen, die sich bis ins Pathologische steigern können. Im Voyeurismus heftet sich die Triebbefriedigung an den bloßen Anblick des Anderen, und in der Paranoia kehrt sich der eigene Blick um, so daß der Patient sich von fremden Augen und Stimmen verfolgt fühlt.

Während die Normalisierung durch perverse Ersatzformen lediglich ausgehöhlt wird, wird sie durchbrochen durch den Überschwang eines Pathos, das unsere Fassungskraft und damit auch unsere Bildkraft sprengt. Von seinen pathischen Antriebskräften und Abgründen her betrachtet beginnt das Sehen damit, daß Sehende von einem fremden *Anblick* getroffen werden; sie finden die Dinge und sich selbst einem Sichtbarwerden ausgeliefert, das sie nicht sich selbst verdanken, so daß das Sichtbarwerden über das Sichtbarmachen hinausschießt. Damit geraten Sehende in das Niemandsland eines Unsichtbaren, das Bilder provoziert, ohne selbst in die Bilder einzugehen. Der fremde An-blick reduziert sich nicht auf eine geregelte Folge von Ansichten, er sprengt jede Perspektivität. Selbst für Bilder an der Wand gilt, daß der Blick, der uns aus ihnen entgegenschlägt, niemals völlig ins Bild paßt. Die Macht der Bilder beruht darauf, daß der Blick, der uns trifft, mehr bedeutet als etwas, das wir als solches erfassen und das unsere Augenlust befriedigt. So wie das Pathos, all das also, was uns zustößt und zufällt, was uns überkommt und überrascht, uns in äußersten Fällen das Wort verschlägt, so verschlägt es uns auch das Bild. Dem Pathos wohnt eine besondere Un-mittelbarkeit inne. Sie bedeutet mehr als jene Gefühlsunmittelbarkeit, die Hegel mit unentfalteten und undifferenzierten Frühstufen der Erfahrung gleichsetzt, sie steht für ein Durchbrechen der Vermittlungen, also für eine *Wort- und Bildlosigkeit im Herzen der Worte und Bilder.*

Es gibt merkwürdige *Schwellenbilder,* die sich dadurch auszeichnen, daß sie eine eigene Widerstands- und Abwehrkraft entwickeln, so der brennende Dornbusch, die grelle Sonne oder das fürchterliche Haupt der Gorgo. Der apotropäischen Kraft von Bildern, die in die Augen stechen und das Auge blenden, stehen andere Bilder gegenüber, die unseren Blick an- und einsaugen, ihn in einen Blickwirbel hineinziehen. Hierzu zählen Bilder, deren Figuren und Konturen verschwimmen und schließlich verschwinden, so daß nur ein Bildgrund zurückbleibt. Jeder gestaltlose Grund versinkt ins Abgründige, ins Nächtliche. Die Lösung der Figur vom Grund, die Leonardo in seinem Traktat über die Malerei zum Programm erhebt, leitet eine Bewegung ein, die durchaus nicht unwiderruflich ist. Gestalttheoretisch betrachtet haben wir es mit zwei verschiedenen Sehgrenzen zu tun, zum einen mit dem Extrem einer Figur ohne Grund, die aus allen Zusammenhängen herausbricht, zum anderen mit dem Extrem eines Grundes ohne Figur, der alle Konturen einbüßt. Die Unterscheidung zwischen gegenständlicher und ungegenständlicher Malerei spiegelt nur einen Schimmer davon wider. Die doppelte Möglichkeit einer

Über-figur und eines Unter-grundes macht unseren Blick haltlos. In der Malerei kommt es vor, daß ein Extrem in das andere überspringt wie bei den schwarzen Quadraten und Kreisen von Malewitsch, die wechselnd als hervorspringende schwarze Form oder als schwarzes Loch gesehen werden können und die der Maler selbst mit einer »Nullform« in Verbindung bringt.[15]

## 5. Bildentzug

Eine Bemerkung speziell zur bildenden Kunst soll unsere Erörterungen beschließen. Bislang haben wir es mit Bedacht vermieden, eine strenge Grenze zu ziehen zwischen der Bildlichkeit der Dinge, selbständigen Bilddingen oder Bildinstallationen und der Steigerungsform von Bildnissen, die mit einem künstlerischen Anspruch auftreten. Nur wenn die Fäden zwischen den verschiedenen Bildebenen nicht durchschnitten und die verschiedenen Bildarten nicht durch Gräben voneinander getrennt werden, besteht Aussicht, daß wir einer Bildgenese auf die Spur kommen, die einer übergreifenden Bildauffassung den Weg bahnt. Die Durchlässigkeit der Grenzen, die sich daraus ergibt, ist nicht zu verwechseln mit einer Grenzverwischung, die lediglich Konfusionen anrichtet. Im Hintergrund unserer Überlegungen steht nicht irgend etwas, sondern das leibliche Selbst, das in seiner Leiblichkeit durchgehend medial, szenisch und pathisch verfaßt ist und also aufs genaueste mit der Bildsphäre kommuniziert. Das Pathische, das latent und untergründig an aller Erfahrung beteiligt ist, spielt insofern eine besondere Rolle, als es uns an die Ränder der Bildlichkeit führt und diese selbst mit einem Stachel der Unmöglichkeit versieht. Die Unmöglichkeit haftet einem Bildentzug an, der nicht lediglich darin besteht, daß sich etwas dem Bild entzieht, sondern darin, daß der Entzug selbst einen bildlichen Charakter annimmt. Der Prozeß der Bildverfertigung entgleitet sich und wird nicht bloß von außen her unterbunden. Das unter wechselnden Umständen auftretende Bilderverbot gewinnt seine letzte Schärfe nicht daraus, daß

15 Vgl. hierzu die Beiträge von Verena Krieger und Hubertus Gaßner in dem von U. M. Schneede herausgegebenen Katalog *Chagall, Kandinsky, Malewitsch und die russische Avantgarde*, 1998. Die Wirkung der Ikonenmalerei, die sich in der östlichen Avantgarde bemerkbar macht, zeigt, daß die sogenannte Moderne sich nicht geradewegs synchronisieren, sprich: verwestlichen läßt.

es dem Bildner oder dem Bildliebhaber vorhandene Möglichkeiten vorenthält, sondern daraus, daß es eine gelebte Unmöglichkeit zum Ausdruck bringt. So sind es in der jüdischen Tradition idolatrische Ersatzformen, die abgewehrt werden, und von ihnen gilt, daß sie niemals mehr sein können als purer Ersatz.[16]

All dies hat längst seinen Platz gefunden in den Kunstdebatten der Gegenwart, aber es wird vielfach mit Mißtrauen betrachtet. Viele von denen, die davon ausgehen, daß in der Moderne die Kunst reflexiv geworden ist, oder gar annehmen, daß sie referenzlos geworden ist und nur noch sich selbst als reines Kunstereignis feiert, und die in jedem Fall darauf beharren, daß die Kunst sich fortan jeglicher religiösen, moralischen oder politischen Indienstnahme versagt, werden dahinter regressive Tendenzen wittern. Sie mögen nicht ganz unrecht haben, es gibt sicherlich solche Tendenzen. Doch eine defensive, rein ästhetische Einstellung, die vor den Abgründen der Bilderfahrung zurückschreckt, tendiert umgekehrt dazu, sich gegen die Erfahrung zu immunisieren; sie verliert Herkunft und Macht der Bilder aus dem Blick. Zur Genealogie der Bilder gehören nicht nur historische Umstände, dazu gehört auch die Geburt des Bildes aus dem Pathos. Bilder, die ihres pathischen Hintergrundes beraubt werden, enden über kurz oder lang im Kulturprogramm, im Sehvergnügen, in der Dekoration, im Design. Gegen all dies ist für sich genommen nichts zu sagen, doch wenn dies alles ist, verwandelt sich die Kunst in eine Normalkunst oder in eine bloße Spielwiese, die mit der revolutionierenden Kraft der Moderne nicht mehr viel gemein hätte. Doch selbst dies ist nur die halbe Wahrheit. Verleugnete Antriebskräfte tauchen hinterrücks wieder auf, etwa wenn das Auto zu einem somatotechnischen Karma wird,[17] wenn Waren, wie schon Marx gesehen hat, im Fetischismus einen quasi-religiösen Mehrwert gewinnen oder wenn die förmlich schreiende Reklame[18] auf raffinierte Weise mit dem Reizwert und mit dem Aufforderungscharakter der Dinge spielt und da-

---

16  Das Bilderverbot gleicht in dieser Beziehung der Inzestschranke in der Deutung von Jacques Lacan. Zur Entstehungsgeschichte des jüdischen Bilderverbots vgl. die detaillierten Ausführungen von Othmar Keel in: Boehm 2001.

17  Vgl. dazu die eindringliche leibphänomenologische Porträtierung der Autobesessenheit bei Käte Meyer-Drawe: »Das Auto – ein gepanzertes Selbst« (2001).

18  ›Reklame‹ bedeutet in der Druckersprache ursprünglich ein schlichtes ›Zurückrufen‹, das den Seitensprung beim Lesen abmildert, indem es das erste Wort der neuen Seite zu Füßen der endenden Seite verzeichnet.

bei winzige Blickabweichungen als Blickfang einsetzt. Die Reklame, deren Steuerungskraft im folgenden Kapitel ausführlich zu erörtern ist, vollführt mit bildnerischen Mitteln, was traditionell der Rhetorik zugedacht war, nämlich die Fertigkeit, an die Affekte der Zuhörer zu appellieren und nach Bedarf mit ihnen zu spielen. Die Zweideutigkeit von Blickführung und Blickverführung gehört zur Sache. Eine Kulturkritik, die sich vornimmt, innerhalb der vielfältigen Bildersphäre Spreu vom Weizen zu sondern, ist nicht nur vorurteilsbeladen, sondern letzten Endes wirkungslos.

Ein nachhaltiger Widerstand gegen eine Normalisierung und Trivialisierung der Bilder kann allenfalls aus der Wirkkraft der Bilder selbst und einer entsprechenden Bilderfahrung erwachsen. Dabei fällt der künstlerischen Praxis eine besondere Rolle zu, wofern sie nicht nur mit Bildern spielt und die Einbildungskraft spielen läßt, sondern die Bildlichkeit der Bilder ausdrücklich in die Bildverfertigung einbezieht.[19] Phänomenologisch gesprochen hieße dies, daß auch hier, ähnlich wie im Bereich der Stimme, eine *ikonische Epoché* zu praktizieren ist, die das alltägliche, das professionelle, auch das eigene Bildverhalten suspendiert, es durch eine gezielte Ent-setzung und Ver-setzung unterbricht. Der Bann der natürlichen Einstellung, deren Blick durch die Bilder hindurch auf Abgebildetes geht und die Bilder am Ende selbst den abgebildeten Dingen zuschlägt, würde gebrochen, und dies mit dem Effekt, daß wir *nicht etwas*, also in diesem strengen Sinne *nichts* und *nicht* sehen.[20] Man könnte einwenden, daß dieses Aussetzen des Blicks nur auf den ungewohnten Anblick zutrifft und

---

19 Ich bezweifle allerdings, ob man – mit Blumenberg (2002, S. 202) – das Bild als einen ästhetischen Gegenstand fassen kann, bei dem Bild und Sache konvergieren bis zu dem Punkt, wo der bildliche Gegenstand nur noch sich selbst gibt und bedeutet. In diesem Falle würde der »ästhetische Grenzwert« ganz und gar von den »Rahmenbedingungen seiner Gegebenheit« abhängen, mit denen die Aufmerksamkeit ästhetisch zugerichtet würde. Bleibt diese Sichtweise nicht allzu sehr der Intentionalität eines Bildbewußtseins verhaftet? Ich frage mich, ob die zu Recht angeführte Tatsache, daß in solchen Fällen die Aufmerksamkeit durch eine Heteronomie erzwungen wird, ohne eine ausdrückliche Divergenz von Bild und Zu-Bildendem und ohne eine Fremdgegebenheit in der Selbstgegebenheit überhaupt zu denken ist.

20 Vgl. dazu Gottfried Boehms nachdrücklichen Hinweis auf die Malweise des späteren Tizian und deren Deutung durch Vasari; der Hinweis gipfelt in der Feststellung, daß der dicke und fleckige Farbauftrag eine »ikonische Opazität« schafft, die den Blick hemmt und durch ebendiese Hemmung hindurch Blicke eröffnet (Boehm 2001, S. 9).

sich mit der Gewöhnung an das Neue verliert. Doch eine radikale Epoché, die man – im Gegensatz zur »Verklärung des Gewöhnlichen« – als anhaltende Verunklärung des Gewöhnlichen bezeichnen könnte, wird sich nicht damit begnügen, den Blick auf das im Bild Sichtbare zu lenken. Sie wird darüber hinausgehen, indem sie auf das zurückgeht, was den bildnerischen Erfindungsprozeß antreibt, und dabei berücksichtigen, wie etwas *ins Bild* tritt, so wie etwas *zur Sprache* kommt, ohne sich bereits potentiell im Bereich der Bilder oder der Sprache zu befinden. Was wir als Pathos bezeichnen oder als Widerfahrnis, gibt *zu sehen, zu sagen, zu denken, zu tun.* In diesem Gerundiv kommt etwas zum Ausdruck, was unserer Initiative zuvorkommt und sie hervorruft. Wenn all unser Verhalten durch einen Grundzug der Responsivität geprägt ist, so nimmt auch jeder Blick Züge eines Rückblicks, jede Sicht Züge einer Rücksicht an, und so hat jedes Bild, das wir hervorbringen, etwas von einem Nachbild. Der leibliche Hintergrund macht sich auch hier geltend. Was sich dem Blick entzieht und ihn eben damit in Beschlag nimmt, bezieht sich auf ein Wesen, das zugleich hier ist und anderswo, nämlich dort, von wo es immer schon herkommt und auf sich zurückkommt. Die Verkörperung hat zur Kehrseite eine bestimmte Form der *Entkörperung*, die ausschließt, daß das Selbst in seinem Körper steckt wie in einer Austernschale. Dazu gehört nicht nur eine Form der Entsprachlichung, die wir Schweigen nennen, sondern auch eine Form der *Entbildlichung*. Merkwürdigerweise haben wir dafür wir kein rechtes Wort, ausgenommen das der Blindheit und der Blendung oder das der Leere, und dies auch nur dann, wenn wir darunter keinen bloßen Mangel verstehen, sondern eine Entzugserfahrung, die Spuren der Abwesenheit in der Sphäre der Bilder hinterläßt.

# IX. Dirigierte Aufmerksamkeit: Interventionen

Daß die Aufmerksamkeit in ein Kräftefeld eingebettet ist und daß Aufmerksamkeitstechniken und Aufmerksamkeitsmedien von Machtbeziehungen geprägt sind, kam bereits zur Sprache. Nun geht es darum zu zeigen, auf welche Weise Aufmerksamkeit und soziale Macht, Aufmerken und Aufmerkenlassen nach Art einer Interattention miteinander verknüpft sind. Selbst wenn die Prozesse des Auffälligwerdens und der wechselseitigen Einwirkung sich nicht decken, so bleibt die Frage, worin sie sich berühren. Dies legt den Gedanken nahe, daß es nicht nur eine Macht der Aufmerksamkeit gibt, sondern umgekehrt auch eine Auffälligkeit bzw. Unauffälligkeit der Macht. Die Aufmerksamkeit gewinnt eine praktische Dimension, wenn es zur Ausbildung von Aufmerksamkeitspraktiken kommt und sich eine Aufmerksamkeitspolitik wie auch eine Aufmerksamkeitsökonomie herausbildet. Den Ausgangspunkt unserer Überlegungen bildet wiederum das Aufmerksamkeitsgeschehen, in das diese Praktiken eingreifen. Bei der Steuerung der Aufmerksamkeit werden wir Selbst- und Fremdsteuerung zusammen behandeln. Ein Aufmerksamkeitsgeschehen, das sich nicht auf subjektive Akte beschränkt, läßt nämlich erwarten, daß Selbst- und Fremdsteuerung ähnlich wie Selbst- und Fremderfahrung ineinandergreifen. Die Steuerung der Aufmerksamkeit, die auszugsweise behandelt wird, stellt uns am Ende vor die Frage nach den Grenzen der Macht. Wird Macht nur durch Gegenmächte begrenzt, oder gibt es darüber hinaus etwas, das stärker wiegt als jede Wirk- und Verfügungsmacht?

## 1. Steuerung der Aufmerksamkeitskräfte

Daß die Aufmerksamkeit Kräfte freisetzt und bindet, liegt auf der Hand. Die wichtigsten Grundkräfte wurden schon in Kapitel IV herausgestellt. Im laufenden Kapitel geht es um spezielle Fragen einer Einschätzung und eines Einsatzes von Kräften. Daß etwas auffällt und *nicht* in der Unauffälligkeit beharrt und daß gerade dieses auffällt und *nicht* jenes, schließt ein, daß eines sich *gegen* das andere durchsetzt und stärker, kraftvoller hervortritt als anderes, das ebenfalls auffallen könnte. Aristoteles, der hier wie so oft durch seine Erfahrungsnähe besticht, macht auf den Konfliktfall aufmerksam, daß eine lustvolle Tätigkeit der anderen Abbruch tut, so wenn etwa Weisheitsliebe und Musikliebe miteinander in Konflikt geraten.

»So sind Liebhaber des Flötenspiels unfähig, philosophischen Erörterungen ihre Aufmerksamkeit zuzuwenden (προσέχειν), wenn Flötenmusik an ihr Ohr dringt, denn ihre Freude an der Flötenkunst ist größer als die gegenwärtige Betätigung. Die Lust an der Flötenkunst vernichtet (φθείρει) also die auf vernünftige Rede gerichtete Tätigkeit. Ähnlich geht es in anderen Fällen zu, wenn die Tätigkeit sich gleichzeitig auf zweierlei richtet: die lustvollere verdrängt (ἐκκρούει) die andere ...« (*Nik. Ethik* X, 5, 1175 b 3-8).

Die Aufmerksamkeit wird hier, anders als in den von uns im Eingangskapitel erwähnten psychologischen Schriften, nur beiläufig behandelt, im Rahmen einer Abhandlung über die Lust. Aber deshalb kommt die affektive Verwurzelung des Aufmerksamkeitskonfliktes besonders drastisch zum Ausdruck, fern aller einseitigen Präokkupation durch Wahrheitsfragen, und auch das zeitliche Zugleich, das nicht alles in gleicher Weise zuläßt, fehlt nicht. Selbst jene, die den Satz *ens et verum/bonum convertuntur* unterschreiben, hüten sich, ihn zu einem *apparens et verum/bonum convertuntur* auszuweiten. Würde man das Auffällige mit dem Wahren und Guten zur Deckung gelangen lassen, so würde man nicht nur die Kontingenz der jeweiligen Ordnung unterschlagen, sondern selbst die Kontingenz innerhalb der betreffenden Ordnung. Das Gute würde mit dem erscheinenden Guten, dem φαινόμενον ἀγαθόν, das Wahre mit dem Augenfälligen zusammenfallen.[1] Die Frage, was etwas ist und wozu etwas gut ist, wäre beantwortet, bevor sie gestellt wäre. Zudem würde diese Antwort durch jede widerstreitende Erfahrung, durch jeden »Widerstreit‹ bzw. ›Wettstreit‹ von Erscheinungen« (Hua III, S. 340) in Frage gestellt, solange Erfahrungen sich nicht zwanghaft gegen den Einbruch des Neuen abschirmen. Selbst wer darauf setzt, daß sich auf die Dauer das Wahre durchsetzt, wird sich hüten, alles, was sich faktisch durchsetzt, mit dem Wahren gleichzusetzen; denn damit würde jeder Erkenntnisakt zu einem Kraftakt, jede Behauptung zur Selbstbehauptung herabsinken, und vom Wahrheitsanspruch bliebe nicht viel übrig.

Doch die Spannung zwischen Logos und Kratos, zwischen Sinn

---

1 Abgelöst vom Wahren (ἀληθές) bleibt nur das Glaubliche (πιθανόν) und das Scheinbare (εἰκός) zurück, »worauf seine Aufmerksamkeit zu richten habe (προσέχειν), wer kunstgerecht reden wolle« (*Phaidros* 272 e).

und Kraft, die sich bis zu den ›Wurzeln der Dinge‹ zurückverfolgen läßt, verleitet zu einseitigen und übereilten Lösungen. Die Unterscheidung zwischen aktiver und passiver Aufmerksamkeit gehört dazu. Offensichtlich ist die Auffälligkeit keine Eigenqualität der Dinge, bei der man davon absehen könnte, wem etwas unter bestimmten Umständen auffällt. Die Verkennung des Zwischencharakters der Aufmerksamkeit führt folglich dazu, daß alles, was nicht in den Dingen untergebracht werden kann, in die Seele, in den Geist oder in das Subjekt verlegt wird; wenn nicht das sachlich Gegebene in der Lage ist, den Ausschlag zu geben, so muß jemand einspringen, der mit seinem Streben und Wollen den Lauf der Dinge bestimmt.

Bei den anfallenden Lösungsversuchen, die bereits eingangs auszugsweise vorgestellt wurden, ist zu unterscheiden zwischen einer *appetitiven* und einer *voluntativen* Variante. Solange das menschliche Tun und Lassen in einer kosmischen Zielordnung eingebettet war, überwog das *Streben*, also ein *Bewegtwerden* durch Ziele und das *Angezogenwerden* durch Güter. Die Aufmerksamkeit stand im Zeichen von Zielursachen, die von Natur aus wirksam sind. Das Zutun des Menschen beschränkte sich im wesentlichen darauf, bei sich selbst und bei Anderen die natürliche Dynamik freizusetzen, Hindernisse zu beseitigen, falsche Zieleinstellungen zu korrigieren und ein Gespür (αἴσθησις) zu entwickeln für das, was hier und jetzt zu tun ist (vgl. *Nik. Ethik*, passim). Der von der Vernunft gesteuerte menschliche Steuermann (κυβερνήτης), der vor allem in Gestalt des Politikers auftritt (vgl. *Phaidros* 247 c, *Politeia* 488 d), hat die Aufgabe, dafür zu sorgen, daß das Seelen- oder Staatsschiff den rechten Kurs einhält und keinen Schiffbruch erleidet. Bei Platon wird die Zielstrebigkeit beflügelt durch eine erotische Schwungkraft, die über jedes vorstellbare Ziel hinaustreibt; die appetitive Variante erhebt sich zu einer *erotisch-inspiratorischen* Aufwärtsbewegung, die vom Glanz des Schönen angezogen wird und über eine bloße Steuerung der Aufmerksamkeit hinausgeht. Demgemäß sorgen Pädagogik und Didaktik für die Umlenkung des geistigen Auges, so daß die Seele »aus einem gleichsam nächtlichen Tage zu dem wahren Tage des Seienden jenen Aufstieg antritt, den wir eben die wahre Philosophie nennen wollen« (*Politeia* 521 c). Die Eingriffe, die der Seelenführer vornimmt, sind gleichsam homöopathisch. Es genügt, die Seele ihrer eigenen Flugkraft zu überlassen, einem Leichtwerden und Erhobenwerden (κουφίζεσθαι), so daß sie »wie der Vogel aufwärts schaut« (*Phaidros* 248 c, 249 d). Bei

Augustinus, dem christlichen Neuplatoniker, ist es das von der Liebe getragene Seelengewicht (*pondus animae*), das sich gegen das Körpergewicht behauptet (s. o. S. 19).

Der weichen steht eine harte Variante gegenüber, die von einem *Wollen*, einem *Setzen* ausgeht, das etwas geschehen läßt und an das Fiat des göttlichen Schöpfungsaktes erinnert.[2] Die Aufmerksamkeit tritt in den Schatten von Wirkursachen, einschließlich der Freiheitskausalität, die sich gegen die Naturkausalität behaupten muß. Die Freiheit, die in Willkür auszuarten droht, findet ihren Halt in einem selbsterlassenen Gesetz, so daß das *imperium voluntatis* sich in ein Vernunftregime verwandelt. Angesichts der Kluft, die unsere sinnlichen Antriebe von den Vernunftgesetzen trennt, nimmt dieses Regiment einen allopathischen Charakter an. Bei Kant gewinnt die Aufmerksamkeit eine erkenntnispragmatische Bedeutung. In seiner *Anthropologie* (1.Teil, § 3) heißt es: »Das Bestreben, sich seiner Vorstellungen bewußt zu werden, ist entweder das *Aufmerken* (attentio) oder das *Absehen* von einer Vorstellung, deren ich mir bewußt bin (abstractio).« Letzteres wird von der bloßen Unterlassung und Verabsäumung des ersteren, das heißt von der Zerstreuung (*distractio*) wohl unterschieden. In einer komprimierten Diktion stellt sich das Aufmerken als Auffassungsvermögen, das Absehen als Absonderungsvermögen dar (§ 6). Das Bemerken (*animadvertere*) wird schließlich vom Beobachten (*observare*) abgehoben (§ 4). Diese Definitionen, denen die Schulphilosophie ihren Stempel aufgedrückt hat, stehen durchaus im Einklang mit der knappen Bemerkung in der *KrV* (B 157), wo die Selbstaffektion, also die Affektion des inneren Sinnes durch uns selbst, mit einem »Actus der Aufmerksamkeit« in Verbindung gebracht wird, mit dem die Synthesis des Verstandes ihre Rechte wahrnimmt. Allerdings gewinnt die Erkenntnispragmatik schon innerhalb der Anthropologie eine moralische Note, indem sie unsere Umgangstugenden tangiert. »Es ist aber eine besondere Unart unseres Attentionsvermögens, gerade darauf, was fehlerhaft an anderen ist, auch unwillkürlich seine Aufmerksam-

2 Vgl. dazu schon W. James (1950, II, S. 526, 561 u. ö.) und in seiner Nachfolge Husserl: »Ich bin im ›fiat‹ zunächst als der praktisch Inszenierende; die Handlung, die nun fortläuft, konstituiert sich als geschehen ›im Sinne‹ meines Willens, als *durch* mich als frei Wollenden geschehend [...]« (Hua IV, S. 98) Natürlich finden sich bei Husserl auch platonische Elemente, die den Voluntarismus abmildern. Doch Kehrseite der Phänomentreue ist vielfach ein theoretisches *à peu près*, das bei so manchem Kommentator zu exegetischen Verrenkungen führt.

keit zu heften: seine Augen auf einen dem Gesicht gerade gegen über am Rock fehlenden Knopf, oder die Zahnlücke, oder einen angewohnten Sprachfehler zu richten, und den Anderen dadurch zu verwirren, sich selbst aber auch im Umgange das Spiel zu verderben.« Das *Wegsehen*, das uns selbst und anderen Verlegenheiten erspart, wird zu einem Gebot der Billigkeit und Klugheit, das die Sehlust zügelt (§ 3). Schließlich erhebt sich die Aufmerksamkeit bis zu den Gipfeln der moralischen *Achtung*. Sie besteht in einer »Wirkung aufs Gefühl«, die vom Gesetz selbst ausgeht, sie ist »praktisch-gewirkt« (KpV A 132, 134) und somit auch ein »Tribut, den wir dem Verdienste nicht verweigern können« (KpV A 137). In ihrer Bedingungslosigkeit bedarf sie keiner Steuerungsleistung. Im guten Willen, einem Nachklang des platonischen Guten, ist sich der Vernunftwille sein eigener Kompaß.

Die Doppelform einer eher appetitiven und einer eher voluntativen Aufmerksamkeit läßt eine Reihe von Mischformen zu. Die Spannung lockert sich, wenn die Kräfte der Aufmerksamkeit sich säuberlich auf Außen- und Innenerfahrung verteilen, so daß fremder und eigener Anteil auseinandertreten. Die Frage nach der Steuerung von Aufmerksamkeitskräften verliert geradezu ihre Pointe, wenn man sich eindeutig auf die Seite des *Logos* oder auf die des *Kratos* schlägt oder wenn man sich mit einer diffusen Mischung begnügt. Die Spannung verschärft sich dagegen, wenn sich herausstellt, daß die Normierung des Aufmerksamkeitsgeschehens von kontingenten Aufmerksamkeitspraktiken und Aufmerksamkeitstechniken sowie von entsprechenden Körperpraktiken und Körpertechniken und auch von entsprechenden neuronalen Bedingungen abhängt.[3] Da das Aufmerksamkeitsgeschehen nicht damit beginnt, daß zur Erreichung bestimmter Ziele und bei der Befolgung bestimmter Regeln eigene Kräfte eingesetzt werden, erschöpft sich das Aufmerksam*werden* nicht in einem Aufmerksam*machen*. Die Organisation von Aufmerksamkeitsfeldern, die sich in Praktiken und Techniken stabilisiert, aber für Umorganisationen emp-

3 Vgl. dazu Alexander R. Lurija (1992, S. 265-268), der unter Bezugnahme auf L. S. Wygotski die soziale Lenkung und Prägung der Aufmerksamkeit bis in den neurophysiologischen Bereich hinein verfolgt. Er berichtet speziell von Patienten mit starken Schädigungen der Stirnlappen und entsprechender Tätigkeitsstörung, die in besonderem Maße auf irrelevante Reize reagieren, nicht nur auf das Quietschen der Türe, sondern auch auf Gespräche Dritter, die sie verfolgen und in die sie sich mitunter sogar einschalten, während eine direkte Ansprache wenig Erfolg hat (S. 199). Die Beeinträchtigung der willkürlichen Aufmerksamkeit wird gleichsam durch unwillkürlich wirkende Anreize überlistetet.

fänglich bleibt, setzt voraus, daß das, was uns auffällt, durch diese Praktiken und Techniken nicht völlig absorbiert wird. In Aufmerksamkeitsstörungen, die wie alle Störungen höchst ambivalent sind, schimmert etwas hervor, was sich den Steuerungsmechanismen entzieht. Dieser blinde Fleck aller Organisationsformen gerät aus dem Blick, wenn das Studium der Aufmerksamkeit sich mit der Beschreibung historisch variabler Aufmerksamkeitsformen begnügt.

## 2. Aufmerksamkeit als Machteffekt

Die Steuerung der Aufmerksamkeit bleibt nicht beschränkt auf die Steuerung von Kräften in einem Aufmerksamkeitsfeld, sie potenziert sich in Form einer *Selbst-* und *Fremdsteuerung*, einer Einwirkung auf uns selbst und auf Andere, die wir mit einem geläufigen Wort als *Aufmerksammachen* bezeichnen. Damit erreicht das Aufmerksamkeitsgeschehen seine soziale Dimension.

Die Wirkkraft, die an dieser Stelle tätig wird, bezeichnen wir als *Macht*. Das griechische Wort *Dynamis* umfaßt diese Bedeutung, aber auf eine allzu unspezifische Weise. Dies mag nicht zuletzt damit zusammenhängen, daß der Bezug auf den Anderen, also die sogenannte Intersubjektivität, im klassischen Denken keine fundamentale Rolle spielt, er gehört nicht zur Ersten Philosophie.[4] Die Macht, um die es hier geht, ist strikt zu unterscheiden von der *Kraft*. Kräfte stoßen auf Gegenkräfte, seien es Zug-, Schub- oder Sogkräfte. Kräfte lassen zu, daß eine Seite stärker ist als die andere. Doch diese Feststellung beruht auf einem Kräftevergleich; die Qualifizierung ›stärker‹ oder ›schwächer‹ hat nur eine komparativische Bedeutung, eine höchste Kraft kann es nicht geben. Relative Kräfteunterschiede gestatten zwar, daß Einzelkräfte sich zu einer Kräfteresultante vereinen. Doch wenn zwei Kontrahenten an einem Strick ziehen, handelt es sich strenggenommen um keinen sozialen Prozeß; denn dieser ist stets durch ein Zwischen bestimmt, er läßt sich niemals aus der bloßen Hinzufügung oder Wegnahme von bestimmten Einzelkräften herleiten. Anders steht es mit der Macht; sie stößt auf eine Gegenmacht, die traditionell als fremder Wille bezeichnet wird. Auch die *Herrschaft*, die in der Macht über Andere besteht, ist eine Spielart der Macht; denn

4 Zur höchst verwickelten Begriffsgeschichte und Begriffsverzweigung vgl. Kurt Röttgers, *Spuren der Macht*, 1990.

da Mit- oder Gegenspieler sich niemals definitiv in bloße Untertanen oder Untergebene verwandeln lassen, bedeutet das Herrschen über jemanden immer zugleich auch eine Einwirkung auf jemanden, unabhängig davon, wie sich die Herrschaft legitimiert. Das Zwischen, das mich zugleich vom Anderen trennt und mit ihm verbindet, läßt sich nicht überbrücken; insofern ist die Gegenmacht absolut, irrelativ, unvergleichlich. Die Vergleichbarkeit setzt erst ein, wenn wir uns auf gemeinsame Ziele, Regeln und Interessen beziehen. Die Macht stellt sich also als eine *potenzierte Kraftwirkung* dar. Wer jemanden, in welcher Form auch immer, auf etwas aufmerksam macht, greift in das Kräftefeld der Aufmerksamkeit ein, nicht in Ausübung einer bloßen Zusatz- oder Gegenkraft, sondern in Einwirkung auf das Selbst, das als solches bestimmten Kräften ausgesetzt ist.[5] Ich lasse den Anderen etwas sehen, hören, fühlen. Die Machteinwirkung bedeutet insofern stets eine adressierte Einwirkung; sie richtet sich direkt oder indirekt auf jemanden und nicht bloß auf etwas (vgl. AR, S. 56-60). Das Gegen ist das eines *Gegenübers* und *Gegenspielers*, nicht das eines bloßen Gegenstandes bzw. Widerstandes.[6] Die Frage, wieweit Dinge und Lebewesen uns als Gegenüber begegnen können, ist damit noch nicht entschieden, und sie kann hier auch nicht entschieden werden. Es genügt, daß die Terme Gegenspieler und Gegenstand als Reflexions- oder Funktionsbegriffe benutzt werden und nicht als Prädikate, die auf schlicht Gegebenes anwendbar sind. In dem weit gefaßten Sinn, in dem sie verstanden werden, sind Macht und Machtsteuerung sowohl auf uns selbst wie auf Andere bezogen. Dies entspricht Doppelbegriffen wie Selbstbeherrschung und Beherrschung, von Selbstregierung und Regierung, einer übergreifenden *gouvernementalité* also, wie Foucault sie in seinen späten Vorlesungen behandelt.

Entscheidend ist nun, daß Macht, also auch die Macht der Aufmerksamkeit, zunächst kein Vermögen darstellt, das jemand hat oder erwirbt. Macht zeigt sich ursprünglich *in actu*, als Machtausübung,

5 Nietzsches Rede von Kraftzentren ist in dieser Hinsicht mißverständlich. Sein Versuch, Macht in Kräftebegriffe zu fassen, wäre eigener Überlegungen wert, die wir uns hier ersparen.

6 Das philosophische Widerstandskonstrukt, das sich im Rahmen moderner Subjektskonzeptionen unter teils epistemischen, teils praktischen Vorzeichen herausgebildet hat, berücksichtigt primär das Nicht-Ich, nicht das andere Ich. Er trifft weder den Kern des Widerfahrnisses noch den der sozialen Einwirkung. Vgl. dazu den phänomenologisch orientierten Problemaufriß von Ulrich Kaiser: »Charaktere des Widerständigen«, in: *Das Motiv der Hemmung in Husserls Phänomenologie*, 1997, S. 46-66.

als Machtgeschehen. Nur so läßt sich ein soziales Zwischenfeld denken, das den Zwischenereignissen der Aufmerksamkeit entspricht. Machteinwirkung bedeutet weder eine kausale Einwirkung, die einen Urheber, aber keinen Adressaten kennt, noch eine ziel- oder regelbestimmte Kooperation, in der alle Einwirkungen koordiniert sind, Machteinwirkung besteht vielmehr in einem *Sichdurchsetzen gegen Andere* oder gegen mich *als Anderen*. Genauer gesagt geht es darum, daß im Anderen bzw. in mir selbst ein *mögliches anderes Selbst* zum Zuge kommt. Dieses Gegeneinander ist also nicht mit Konkurrenz oder Feindschaft gleichzusetzen, als ginge es jedem lediglich um sich selbst im Gegensatz zum Anderen oder auf dessen Kosten. Das Machtgeschehen steht in enger Beziehung zum Aufmerksamkeitsgeschehen, wo mir etwas auffällt und *nicht vielmehr* anderes. Dieses unvermeidlich selektive Vielmehr wiederholt sich im Aufmerksammachen. Die Gründe dafür, daß das Machtmoment in den üblichen Erkenntnis- und Handlungslehren zu kurz kommt, sind ähnlicher Art wie jene, die eine angemessene Berücksichtigung des Kraftbegriffs verhindern. Die Macht steht im Schatten einer Zielstrebigkeit, die auf ein gemeinsames Ziel, das *bonum humanum*, zugeht, oder sie tritt in den Schatten eines Freiheitsgesetzes, eines *ius humanum*, dessen normierende Kraft es gestattet, alle Machtverhältnisse als legitimierungsbedürftige Herrschaftsverhältnisse anzusehen. Die soziale Einwirkung bleibt infolgedessen unterbestimmt. Die weitgehende Abwertung oder Unterbewertung der Rhetorik spricht eine deutliche Sprache. Gegenüber der Überzeugung, die sich auf zureichende Gründe stützt, erscheint die Überredung als Defizit, bestenfalls als Notbehelf. Die Befassung mit dem speziellen Phänomen des Aufmerkenlassens scheint geeignet, Machtverhältnisse insgesamt anders zu denken, als gewisse Traditionen es zulassen.

Ein besonders schwieriges Problem, das uns abermals mit der Mediatisierung der Erfahrung konfrontiert, liegt in der Anonymität der Machtverhältnisse. Wie verträgt sich diese mit dem erwähnten Gegeneinander? Bliebe nichts davon übrig, so würde die soziale Macht auf eine Sonderform der Kraft zurückfallen. In der Sprache der Marxschen Kritik der politischen Ökonomie hieße dies, daß Produktionsverhältnisse nicht mehr von Produktionskräften zu unterscheiden wären. Das Aufmerksammachen bestünde lediglich in einer Herstellung von Aufmerksamkeit.

## 3. Soziale Einwirkung

Alles, was mit der Beeinflussung Anderer zu tun hat, steht in dem Verdacht oder in dem Verruf, den Anderen als Mittel zu mißbrauchen, ihn bei der Verfolgung eigener Ziele und Interessen als Werkzeug oder Waffe einzusetzen. Man spricht von Strategien, einem Wort, das seinen militärischen Ursprung nicht verleugnen kann, das aber vielfach im Sinne einer sozial ausgerichteten Zweckrationalität verstanden wird.[7] Nun lassen sich die sozialen Wirkungen unseres Redens, Tuns und Auftretens, mitsamt dem Arsenal von Techniken und Praktiken, nicht ausschalten, ohne das öffentliche Leben lahmzulegen. Das betrifft wichtige Partien der Politik und der Ökonomie, so den Wahlkampf und die Wirtschaftswerbung, in denen ständig um unsere Aufmerksamkeit gebuhlt wird. Es betrifft in besonderem Maße alle sogenannten Sozialberufe, die geradezu darauf angelegt sind, soziale Wirkungen zu erzielen, nämlich Andere zu heilen, zu pflegen, zu beraten, sie zu erziehen und auszubilden; das alles geht nicht, ohne daß man Andere dazu bringt, etwas Bestimmtes zu sehen, zu hören, zu fühlen, zu tun und zu erlernen, ohne daß diese Einflußnahme völlig durch institutionelle Regeln oder soziale Verträge abgedeckt wäre.[8] Dabei geht es nicht bloß um die weidlich erörterte Applikation von Regeln, die nur um den Preis eines unendlichen Regresses ihrerseits bestimmten Regeln unterworfen werden kann (vgl. Kant, KrV B 172), sondern es geht um den Einsatz der Regeln gegenüber Anderen, der ebenfalls nur um den Preis eines unendlichen Regresses der vorherigen Zustimmung der Anderen unterworfen werden kann.

Will man unliebsame Wirkungen ausschalten, so bietet sich zunächst der Königsweg der *Moralisierung* an. Das Aufmerken und Auf-

---

7  Für Kant bedeutet die »Rednerkunst« eine »Kunst, sich der Schwächen der Menschen zu seinen Absichten zu bedienen« (KU B 218). Dies läßt sich verallgemeinern zum Typus des strategischen Handelns: Als strategisch gilt eine »erfolgsorientierte Handlung, wenn wir sie unter dem Aspekt der Befolgung von Regeln rationaler Wahl betrachten und den Wirkungsgrad der Einflußnahme auf die Entscheidungen eines rationalen Gegenspielers bewerten«, so Jürgen Habermas in seiner *Theorie des kommunikativen Handelns*, 1981, Bd. I, S. 385.

8  Vgl. dazu Valéry, *Cahiers*, Bd. II, S. 1557, dt. Bd. 5, S. 607: »Die Kunst des Erziehenden besteht darin, Aufmerksamkeit *freiwillig* werden zu lassen, ihren Aufbau zu ermöglichen [...] Man muß ihr schonend eine *entsprechende* Nahrung geben – nie zu viel, nie zu wenig, ihr das Ziel stecken und sicherstellen, daß es angestrebt wird.«

merkenlassen wird mit einem attentionalen Über-Ich ausgestattet, so daß die sozialen Wirkungen eingedämmt und kanalisiert werden. Es lassen sich Maximen aufstellen wie folgende: »Bewege den Anderen zu keinem anderen Verhalten als zu einem solchen, das allgemein zu rechtfertigen ist und das der Andere in eigener Verantwortung übernehmen kann!« oder: »Bewege den Anderen zu keinem anderen Verhalten als einem solchen, das für ihn selbst und für alle Beteiligten nicht unzuträglich und somit zumutbar ist!« oder: »Bewege den Anderen in der Weise, daß du seine Weigerung respektierst!« Auf diese Weise halten sich soziale Einwirkungen in den Grenzen der praktischen Vernunft. Ausgeschieden werden zwei Gegenmächte: die *Täuschung*, die bewirkt, daß der Andere etwas tut, was er nicht wirklich durchschaut, und die *Gewalt*, die zur Folge hat, daß der Andere etwas tut, was er nicht wirklich bejaht. Sofern Täuschung und Gewalt nicht bloß etwas bewirken, sondern auf jemanden einwirken, der seiner selbst mächtig ist, und sei es in der Ohnmacht des Schmerzes, den ich nicht haben und dem Anderen auch nicht nehmen kann,[9] sind sie den sozialen Wirkungen zuzuzählen. Eben deshalb rechnet Aristoteles das, was jemand in Unkenntnis der näheren Umstände und unter Zwang tut, den willentlich-wissentlich vollzogenen Handlungen zu, wenngleich als »gemischte Handlungen«, da niemand sie unter normalen Umständen ausführen würde (*Nik. Ethik*, III, 1). Die moralische oder ethische Beurteilung erlaubt es, zwischen akzeptablen Wegen und inakzeptablen Abwegen zu unterscheiden. Die wahre Rhetorik, die der Wahrheit dient und eben damit die fremde Freiheit achtet, sondert eine »hinterlistige Kunst« von sich ab, die sich der »Maschinen der Überredung« bedient (Kant, KU B 217). Im Bereich der Künste, die der Einflußnahme Tür und Tor öffnen, sorgt das interesselose Wohlgefallen dafür, daß sie die theoretische Belehrung, die direkte praktische Einflußnahme und das schiere sinnliche Vergnügen hinter sich lassen. Die moralisch-praktische Einzäunung und die ästhetische Ausschaltung der Einflußnahme hat zur Folge, daß alles, was uns auffällt, einer Disziplin gehorcht; bestimmte Auffälligkeiten werden approbiert, und das Aufmerken wird normiert, so daß nur noch Bemerkenswertes und buchstäblich Merkwürdiges zum Zuge kommt.

9 Was nicht heißt, daß ich ihn nicht (mit-)spüren kann. Vgl. dazu Wittgensteins wiederholte Erörterungen des vertrackten Verhältnisses von Schmerzverhalten und Schmerzausdruck bei uns selbst und bei Anderen.

Von der moralischen Disziplinierung unterscheidet sich die *Sublimierung*, die dem Ästhetischen näher steht. Zwar hat Platon mit der pädagogischen Reinigung der Künste nicht gespart, indem er eine wahre von einer scheinhaften Bilderzeugung, ethisch förderliche von verderblichen Tonarten unterschied und als erster die Kunst der Überzeugung der Pseudokunst der Überredung gegenüberstellte.[10] Gleichwohl war er überzeugt, daß die Verzauberung der Sinne nicht durch eine bloße argumentative Entzauberung, sondern nur durch einen vernunftgerechten Gegenzauber zu besiegen ist. Die Vernunft hat ihre eigene Weise der Zugkraft, indem sie die menschliche Drahtpuppe wie an einem »goldenen und heiligen Leitfaden« bewegt.[11] Deshalb läßt er auch Raum für den Enthusiasmus, die göttliche Begeisterung, die unsere Schaulust weckt. Wegen seines Anspruchs auf eine höhere Erfahrung und eine höhere Lehre gilt Platon für Kant als der »Vater aller Schwärmerei mit der Philosophie« (Ausg. Weischedel, III, S. 387). In der Tat bringt Platon sich selbst auf eine schiefe Bahn, indem er den Regierenden einen »edlen Betrug« gestattet (*Politeia* 414 b-c), der in religiösem Gewande als frommer Betrug Schule gemacht hat. Der gute Zweck verschafft den Herrschenden ein gutes Gewissen. Nietzsche verstärkt die Zweideutigkeiten, indem er seine üblichen platonisch-antiplatonischen Umdichtungen vornimmt und die Wahrheit selbst zum Weib erklärt, das seine Verstellungs- und Verführungskünste entfaltet. Nichts schwieriger, als Zauber und Faszination zu disziplinieren und zu reglementieren.

Damit stehen wir schon auf der Schwelle zu einer *Kontamination* von guten Zielen und üblen Mitteln. Wir kennen dies in der Form alltäglicher und öffentlicher Kompromisse, die von der einen Seite als Kunst des Möglichen, als Realpolitik oder diplomatische Gepflogenheit verteidigt, von der anderen Seite als schmutzige Politik oder Ränkespiel abgestempelt werden. Kant betrachtet solche Vermengun-

10 Dabei hatte er mit der Schwierigkeit zu kämpfen, daß das griechische πειθώ bzw. πείθειν keinen Unterschied macht zwischen ›Überzeugung‹ und ›Überredung‹.

11 Vgl. *Nomoi* 645 a. Die gesamte Passage (644 d-645 b), die den Menschen als ein Spielzeug in der Hand des Gottes darstellt, zeugt von einer frühen Verbindung zwischen Theologie und Technologie. Gleichzeitig liefert sie ein frühes Beispiel für die »Technisierung der Attraktion« (vgl. Crary 2002, S. 297, Anm. 34). Kant steuert dagegen, indem er die Zugkraft in eine einseitige Wirkkraft verwandelt. Der Mensch als Marionette oder als Automat, »gezimmert und aufgezogen von dem obersten Meister aller Kunstwerke«, würde den Ruin der menschlichen Freiheit bedeuten (KpV A 182).

gen als »Schlangenwendungen einer unmoralischen Klugheitslehre«
(Ausg. Weischedel, VI, S. 237) und als einen »ekelhaften Misch-
masch« (IV, S. 37), der einer Entmischung bedarf. Allerdings beruft
er sich selbst auf eine löbliche »Absicht der Natur«, die sich in »welt-
bürgerlicher Absicht« unlauterer Mittel wie des Mittels des Krieges bedient. Gute Wege sind Umwege, die üble Abwege hinter sich lassen.
Doch was liegt hinter uns?

Einen anderen Ausweg verspricht die entschlossene *Entkoppelung*
der verschiedenen Rationalitätssphären, so daß die jeweilige Wirkungsweise sich spezifiziert und professionalisiert. Wer von einem
Politiker »die Wahrheit«, von einem Ökonomen »Wohlwollen« erwartet, verwechselt die Ressorts. Eine Moral, die auf soziale Akzep-
tanz geeicht ist, hat sich mit anderweitigen Erfordernissen zu arran-
gieren.

Einen Schritt weiter geht die *Amoralisierung*, mit der die soziale
Wechselwirkung sich in ein Kampffeld verwandelt. Hier stößt Macht
auf Gegenmacht, Moral und Recht werden ihrerseits als Waffe eingesetzt – bis hin zu rhetorisch klingenden Eskapaden wie der Erklärung, Politik sei Krieg mit anderen Mitteln.[12] Damit wäre das soziale
Handeln strategisch durch und durch.

Es ist nicht zu übersehen, daß die skizzierten Wege und Abwege
sich vielfach kreuzen. Diese Verwicklungen zu entwirren kann nicht
unsere Aufgabe sein. Wir beschränken uns auf die Frage, wie es mit
dem Aufmerksammachen als einer spezifischen Form sozialer Einwirkung bestellt ist.

## 4. Der fremde Weckruf

Das Auffälligwerden, das darin besteht, daß etwas aus der Unauffälligkeit heraustritt und ein Andershören, ein Andersehen bewirkt, gewinnt einen sozialen Aspekt aus dem Umstand, daß ich auf etwas
aufmerksam werde, indem ich darauf aufmerksam gemacht werde.
In diesem eingeschränkten Sinn verstehe ich die Behauptung, die Levinas in *Totalité et Infini* (S. 73, dt. S. 141) aufstellt: »Aufmerksamkeit
ist Aufmerksamkeit auf etwas, weil sie Aufmerksamkeit auf jeman-

12 So Foucault in seiner bellizistischen Phase, die einem einseitigen Nietzscheanismus
huldigt und nicht seine stärkste ist. Vgl. die 1976 gehaltenen Vorlesungen *In Verteidigung der Gesellschaft* (dt. 1999).

den ist.«[13] Zum Ausgangspunkt nehmen wir die passivische Form des Aufmerksamgemachtwerdens. Nur so ergibt sich die Möglichkeit, den Einfluß des Anderen bis in den Bereich der primären Aufmerksamkeit zurückzuverfolgen. Würden wir vom Aufmerksammachen ausgehen, so würden wir geradewegs ein Subjekt voraussetzen, das seinen Einfluß ausübt, ohne seinen eigenen Status einem fremden Einfluß zu verdanken. Auf der Ebene der sekundären Aufmerksamkeit ist das Aufmerksammachen etwas Selbstverständliches, so etwa beim Austausch von Informationen oder anläßlich einer Handreichung. Dasselbe gilt nicht für die Ebene der primären Aufmerksamkeit, wo das Selbst noch keine feste Position innehat, von der aus es agieren kann, sondern transitorisch ist wie die Erfahrung insgesamt. Zudem betreten wir hier, anders als in der vorausgeschickten Debatte, einen pränormativen Bereich. Die soziale Einwirkung findet statt, noch bevor wir uns zustimmend oder ablehnend auf ihre Effekte beziehen. Das Aufmerksamgemachtwerden ist sowenig als richtig oder unrichtig einzustufen wie das Aufmerken selbst. Es hat teil an dem, was wir als Pathos bezeichnen. Doch was geht überhaupt vor sich, wenn wir auf etwas aufmerksam gemacht werden?

Nehmen wir einige alltägliche Beispiele, zunächst aus dem Bereich direkter Kommunikation. Jemand sagt zu mir: »Paß auf, tritt nicht in die Pfütze!« – »Schau die Wolken, es könnte bald regnen.« – »Du hast etwas verloren.« – »Sehen Sie sich vor, beim nächsten Mal gibt es eine Geldbuße.« – »Bleibt auf dem Weg, es könnten Granaten im Gelände versteckt sein.« Man könnte solche Alltagsäußerungen kommunikationstheoretisch aus der Perspektive des Hörers analysieren. Ausgangspunkt wäre das Sprechereignis, das darin besteht, *daß* ich aufmerksam gemacht werde. Das Sagen verbindet sich mit dem Gesagten als der Botschaft, die das enthält, *worauf* ich aufmerksam gemacht werde. Die Botschaft vereint in sich darstellende, appellierende und expressive Anteile von wechselndem Gewicht. Dazu gehört die Mitteilung,

---

13 Dies besagt also weder, daß der Andere das primäre Worauf der Aufmerksamkeit ist, als gäbe es vorher nur die »anarchische Hexerei der Tatsachen« (ebd., S. 72, dt. S. 141), noch besagt es, daß das Aufmerksammachen sich in einer gänzlich personalen Form vollzieht. Der Unterschied zwischen Aufmerksamkeit auf etwas und Aufmerksamkeit für jemanden ist aus dem Aufmerksamkeitsgeschehen selbst zu gewinnen und nicht schlicht als gegeben vorauszusetzen. Ich verweise diesbezüglich auf meine Unterscheidung zwischen unadressierter und adressierter Aufforderung bzw. zwischen Affektion und Appell: BE 108-122.

daß da eine Pfütze auf dem Weg ist oder daß mir etwas aus der Tasche fiel, und die Aufforderung, einen Schirm mitzunehmen, das Entfallene aufzuheben oder auf gefährliche Kriegsspuren zu achten. Hinzu kommt auf seiten des Adressanten die Kundgabe, daß er oder sie etwas bemerkt hat und dies für bemerkenswert hält. Schließlich bleibt die Frage nach dem Medium, worin die Botschaft vermittelt wird, in den genannten Fällen ist es die Sprache, genauer: eine bestimmte Sprache. Doch sprachliche Äußerungen dieser Art können durch Ausrufe und Zeigegesten, durch Warnschilder oder durch Funkmeldungen ersetzt werden. Fragen wir uns, was solche Botschaften von gewöhnlichen Äußerungen der Mitteilung, der Warnung oder der Aufforderung unterscheidet, so sehen wir, wie alles daran hängt, *daß gerade dies hier und jetzt* bemerkbar wird. Der Neuigkeitswert gehört dazu, aber er allein reicht nicht aus; auch Neues kann ich uninteressiert an mir vorbeirauschen lassen. Die Okkasionalität des Hier und Jetzt genügt auch nicht, denn sie findet man auch bei wiederkehrenden Datierungen und Lokalisierungen, die keine besondere Aufmerksamkeit auf sich ziehen. Erforderlich ist dagegen, daß mir dieses oder jenes auffällt bzw. daß ich von jemandem auf dieses oder jenes aufmerksam gemacht werde. Ebendieses Ereignis, das einschließt, daß ich einer sozialen Einwirkung unterliege, entzieht sich der Bewertung, es sei denn, wir befinden uns bereits auf dem Boden einer normierten oder institutionalisierten Ordnung. Unter dieser Voraussetzung kann die Unterlassung einer Warnung oder die mangelnde Wachsamkeit in der Tat als Verletzung einer Dienstpflicht geahndet werden, so etwa die bis 1945 in Deutschland übliche Verhängung der Todesstrafe bei militärischen Wachvergehen. Der pränormative Charakter, der das Ereignis des Aufmerksamgemachtwerdens der Bewertung entzieht, beweist sich auch darin, daß dieses Ereignis *asymmetrisch* angelegt ist. Die soziale Einwirkung läßt sich nicht in einen Konsens überführen, da es nichts gibt, worüber wir uns uneins wären. Der Konsens oder Dissens betrifft nur das, *worauf* ich aufmerksam gemacht werde, so etwa die Wichtigkeit des Verlorenen oder die Risikobereitschaft angesichts einer Warnung, er betrifft nicht das Aufmerksamwerden selbst.

Sollten diese Überlegungen zutreffen, so folgt daraus, daß die soziale Einwirkung, die ich erleide, wenn ich auf etwas aufmerksam gemacht werde, keinen *intentionalen* oder *symbolischen Akt* darstellt, der an mich *adressiert* wäre; denn einen solchen könnte ich übernehmen und gegebenenfalls auf den Anderen zurückwenden, wie wenn ich eine Rechnung begleiche oder eine Vermutung bestätige. Diese unsere Annahme erscheint auf den ersten Blick als ungereimt. Gemeinhin pflegt man nicht von einer sozialen Handlung zu sprechen, wenn ich aus der Ferne beobachte, wie jemand einen Einbruch verübt, oder wenn ich ein fremdes Gespräch mithöre. Eine Wirkung, die vom Anderen ausgeht, ohne daß dessen Tun auf mich abzielt oder ohne daß überhaupt ein willentliches Tun vorliegt, wird üblicherweise nicht mit einer sozialen Handlung in Verbindung gebracht. Es genügt in diesem Zusammenhang, an die einschlägigen Theorien von Georg Simmel, Max Weber oder Alfred Schütz zu erinnern. Andererseits stoßen wir auf das Problem von *Fehlhandlungen*, die durchaus einen sozialen Effekt haben, auch wenn sie im juristischen Sinne niemandem zuzurechnen sind. Aber selbst wenn wir die Frage nach dem bewußten oder unbewußten Charakter solcher Einwirkungen zurückstellen, müssen wir die Möglichkeit in Betracht ziehen, daß bei sozialen Einwirkungen wie dem Aufmerksamgemachtwerden zwar intentionale und adressierende Akte *mit im Spiel* sind, doch ohne daß dieses Ereignis *insgesamt* auf adressierende Intentionen zurückgeführt werden kann.

Diese Möglichkeit rückt deutlich in unser Blickfeld, wenn wir uns fragen, in welcher Form sich das Aufmerksamgemachtwerden vollzieht und an welchen Stellen es ansetzt. Einen ersten Ansatzpunkt liefert die *Weckung* der Aufmerksamkeit und das entsprechende Aufgewecktwerden. Zum Aufwachen, das sich nicht nur alltäglich, sondern in wechselnden Lebensphasen und Lebenslagen wiederholt, gehört nicht nur, daß etwas auftaucht, sondern daß ich selbst auftauche. Die substantivische Redeweise, die für den Schlafenden und den Wachenden ein und dasselbe Subjekt unterstellt, müßte nuanciert werden. Wenn *ich* aufwache, so wache ich strenggenommen *zu mir* auf, so wie wir zu sagen pflegen: »Komm zu dir!« Es handelt sich um eine γένεσις εἰς ἑαυτόν und um keine bloße γένεσις ἑαυτοῦ. Waren jene, die von Sokrates aus der Ruhe gebracht wurden, nachher dieselben wie vorher? War Kant, nachdem er von Hume aus dem dogmatischen Schlummer geweckt wurde, derselbe Denker wie zuvor? Würde ich im Aufwachen zu dem werden, der ich schon bin, an wen sollte sich das Aufwecken dann wenden? Wenn Levinas sokratische Maieutik und Unterweisung durch den Meister schroff gegeneinanderrückt (1961, S. 73, 146, dt. S. 141, 247 f.), so unterschätzt er die verändernde Kraft der Weckung, die nicht an Weisungen gebunden ist. Religiöse

Unterweisung bedeutet auch in dem weiten Sinn, den Levinas dem Religiösen gibt, etwas anderes als Weckung, da sie kraft eines anderen wirkt, auf das sie sich beruft, und nicht nur in eigener Kraft wirkt, doch dieses Mehr kann ebensowenig gegen die Weckung ausgespielt werden wie die Zeugenaussage gegen den Zeigeakt. Die Einbruchstelle des Fremden liegt näher bei den ›Wurzeln der Dinge‹. Das Aufwecken bestimmt sich selbst als eine Art von Provokation, als das Hervor-rufen eines Adressaten, den es so noch nicht gab. Das Aufwachen, das über das bloße Abrufen hinausgeht, enthält gleich der Flaschenpost eine Sendung, die auf der Suche ist nach ihrem Empfänger. Deutlich zeigt sich dies in den »Übungen des Ansprechens«, die der japanische Regisseur Toshiharu Takeuchi ausgesonnen hat. Diese gehen nicht von einer bereits bestehenden dialogischen Partnerschaft aus, vielmehr geht es darum, den Anderen so anzusprechen, daß er sich angesprochen fühlt. Um die Sicherungen des normalen Vorverständnisses auszuschalten, geschieht die Ansprache zunächst im Rücken des Angesprochenen; dieser dreht sich um, sobald er sich angesprochen fühlt. Die Beziehung besteht nicht, sie kommt zustande. Man sollte die Risiken nicht übersehen, die sich in dieser Situation andeuten. Die Rückseite ist stets auch die weniger geschützte Seite, so daß wir Rückendeckung suchen, um zu vermeiden, daß Andere uns in den Rücken fallen. Angreifen und Ansprechen wohnen enger beieinander, als ein reiner Dialogismus es wahrhaben will. Aufmerksamkeit hat durchaus etwas von einem Auf-der-Hut-Sein. Das Ansprechen, das in diesem Experiment mit den Schauspielern geprobt wird, geschieht durch eine Einwirkung der Stimme, die sich wie mit Tentakeln vortastet. Die Titel der Bücher, in denen Takeuchi den Hintergrund dieser Experimente entfaltet, lauten in deutscher Übersetzung *Die Zeit der Eröffnung der Sprache* (1975) und *Die Sprache, die der Körper spricht* (1979); sie lassen erkennen, worum es bei diesen Ansprechübungen geht.[14]

Die intentionale Ausrichtung, die der Weckung innewohnt, beruht auf einem Akt des *Aufzeigens,* der etwas thematisiert und fokussiert und eben dadurch bewirkt, daß dieses auffällig wird und nicht anderes. Dieses Zeigen, das erst ein Bezugsfeld schafft, ist durch keine Kennzeichnung zu ersetzen. In der Kennzeichnung wird die ostensive Selektion gleichsam quittiert.

14 Ich entnehme diese Angaben dem Buch von Ichiro Yamaguchi: *Ki als leibliche Vernunft,* 1997, S. 109-126.

Das Aufzeigen, das die Richtung festlegt und eine Bedeutungs-dimension eröffnet, ruft eine Bewegung der *Zuwendung* oder der *Abwendung* hervor, die auf das Angebot antwortet. Dem entspricht das Erfordernis einer Redeweise, die nicht nur lehrreich ist, sondern zugleich bewegend. Auch eine sachliche Redeweise ist nicht rein sachlich, sie läßt die Sache auf verschiedene Weise zur Sprache kommen. Man sollte beim Vortrag Langeweile nicht mit Sachlichkeit verwechseln.

Das Aufzeigen bliebe ein machtloser Appell, wenn es nicht an ein Begehren appellieren könnte, das einer *Attraktion* und *Repulsion* unterliegt und auf Verlockendes oder Abschreckendes anspricht. Wenn das Begehren ohne Bedeuten blind ist, so ist das Bedeuten ohne Begehren leblos. Ein Aufmerksammachen, das an kein Begehren anknüpfen könnte, müßte sich damit begnügen, Aufmerksamkeitsmaschinen in Gang zu setzen.

Die verschiedenen Aufmerksamkeitsfunktionen, deren Beschreibung sich verfeinern ließe, finden ihre Entsprechung in Sprechereignissen, die nach ihrer wechselnden *perlokutionären Wirkung* zu bemessen sind. Es ist zu bedauern, daß diese Partie der Austinschen Sprechakttheorie derart im Hintergrund blieb. So wurde daraus der Tummelplatz für einen Sprach- und Sozialbehaviourismus, demzufolge Wirkungen produziert und nicht provoziert werden. Nach dem Abflauen des Regelfetischismus sieht einiges anders aus. Die folgenden Hinweise sind nicht so zu verstehen, als ginge es darum, ein separates Aufmerksamkeitsregister anzulegen, die Aufmerksamkeit ist vielmehr in den Sprechereignissen aufzusuchen. Wenn die Ausübung der illokutionären Kraft vielfach in *impliziter* Form auftritt und eine entsprechenden *Mehrdeutigkeit* aufweist (vgl. Austin 1962, S. 32-34), so gilt dies nicht minder für die Entfaltung der perlokutionären Wirkung. Die Hebung der Stimme oder die Wahl der Satzstellung genügt oftmals, um die Aufmerksamkeit auf einen bestimmten Punkt zu lenken. Das, worauf es dem Sprecher oder dem Redner ankommt, findet seinen Platz am Anfang, am Ende oder am Gipfelpunkt einer Klimax. Die Anpreisung der Sache kann aber gänzlich hinter der Beschreibung zurücktreten, gleich wie das Für und Wider der Gewichtung sich hinter dem Für und Wider sogenannter zwangloser Argumente verbergen kann. Es gibt eine implizite und diskrete Rhetorik, die oftmals nachhaltiger wirkt als eine lautstarke oder ausgeklügelte Rhetorik. Dies ist zu beachten, wenn im folgenden einige typi-

sche Züge sprachlicher Aufmerksamkeitslenkung hervorgehoben werden. Wir lehnen uns dabei an die vorausgehenden Analysen einer generellen Erzeugung von Aufmerksamkeit an.

Die anfängliche Weckung nimmt sprachliche Gestalt an in *Auf-
forderungssätzen* wie »Schau!« oder »Hör zu!«, die in konventionellen Kommunikationstheorien als bloße Füllsel behandelt werden, als
handle es sich um bloße Aufmerksamkeitsfloskeln, die es natürlich
in allen Sprachen auch gibt.[15] Selbst solche Floskeln sind als erstarrte
Aufforderungen zu betrachten, die durchaus neu belebt werden können, wie es etwa Levinas mit dem *me voici* versucht hat.[16] Beachtet
man dies nicht, so überläßt man sämtliche Formen von Befehl den
Legitimationsprüfern und Autoritätskritikern. Verloren geht auf diese
Weise genau jene soziale Einwirkung, die sich nicht der Alternative
von Vernunft oder Macht unterwirft. – Die Funktion des Aufzeigens findet ihre weitere Ausprägung in Formen der *Beschreibung*, der
*Veranschaulichung*, der *demonstratio ad oculos*, die nicht nur Tatsachen
festhalten, sondern den Blick schärfen und das Ohr schulen.[17] Die
niedrige Einstufung der Aufmerksamkeit als bloßer, gleichsam pro-
pädeutischer Vorstufe hängt wiederum zusammen mit der Verkennung solcher eigentümlicher Aufmerksamkeitsleistungen. – Die Her-
beiführung von Zu- und Abwendung findet ihr sprachliches Pendant
in Äußerungen des *Zuredens* und *Abratens*, der *Aufmunterung* und
der *Warnung*, also in der Einwirkung auf Entscheidungen, die sich
im Medium des Zuhörens und Weghörens vorbereiten. Alle jene, die
einzig auf Argumentationen versessen sind, vergessen, daß das Zu-
hören und Zusehen sich nicht argumentativ erzwingen lassen. – Attraktion und Repulsion finden ihren Niederschlag in positiven und
negativen *Empfehlungen*, in einem vielfältigen Schmackhaftmachen
oder Schwarzmalen, das etwas als verlockend oder abschreckend erscheinen läßt, durchsetzt mit jeder Sorte von Lust und Unlust. Hierbei geht es nicht darum, daß etwas an sich gut oder schlecht ist, sondern für den, dessen Aufmerksamkeit geweckt wird.

---

15 Vgl. Ausdrücke wie »Da schaut's her!«, »Hört, hört!« oder das französische *voici*, das
lateinische *ecce* und das griechische ἰδού.
16 Vgl. E. Levinas, *Autrement qu'être* (1978, S. 145, 186, dt. S. 253, 320). Für Levinas
bedeutet dies eine Rückübersetzung in die biblisch-jüdische Sprache.
17 Zur Beschreibung als einem Aufmerksammachen, als einer stetigen Verfeinerung
und Verschärfung der Aufmerksamkeit vgl. Blumenberg 2002, S. 182-184.

## 5. Leibliche Verführungskraft

Die letzten Bemerkungen zielen bereits über die Ausdrucksmittel der Sprache hinaus. Das Aufmerksammachen vollzieht sich ebensosehr im Medium der Bilder und Töne. Spuren davon haben wir bereits in früheren Kapiteln aufgewiesen, als von der Verführungskraft der Bilder und Stimmen die Rede war. Hinzu kommt die *Sprache des Leibes*. Dieser tritt nicht nur als Urmedium auf, sondern auch als sein eigenes Medium. Die Rolle des Leibes beschränkt sich nicht darauf, als lebendiges Zeichengerät zu dienen, so wenn der Zeigefinger in eine Richtung weist, wenn die Geste der Hand herbeilockt, abwehrt oder droht. Zum Selbstausdruck des Leibes gehört, daß er zugleich auf sich selbst aufmerksam macht, so wie auch die Sprache im eigentümlichen Leib der Sprache die Aufmerksamkeit auf sich zieht. Die Ornamentik, die vom Schmuck der Kleider, von der Kosmetik über das Rankenwerk von Glasfenstern und Teppichen bis zu den Arabesken der Rede reicht, bedeutet mehr als eine bloße Zutat, die – wie oft bemängelt – bei üppiger Anwendung Bildgehalte oder Funktionsträger zu überwuchern droht.[18] Die Ornamentik ist nicht nur, aber auch zu begreifen als eine vielfältige, kunstvoll gesteigerte Form der Auffälligkeit. Zum leiblichen Selbstausdruck, der sich im Reich der Bilder, Töne und Dinge wiederholt, gehört es, daß die Bühlerschen Zeichenfunktionen, nämlich Darstellung von etwas, Appell an Andere und Ausdruck seiner selbst, miteinander verschmelzen, und dies auf eine Weise, die über die Diskursivität der Sprache, die Diskretheit von Sprachzeichen und ihre lineare Anordnung weit hinausgeht. Der appellative Charakter, der sich auf die verschiedenen Anspruch- und Antwortregister verteilt, weist auch einen attentionalen Aspekt auf. Das Auf-sich-selbst-aufmerksam-Machen gleicht dem Sichsagen, das alle Aussagen, und dem Sichzeigen, das alle Aufweise überschreitet (vgl. AR, Kap. II, S. 2 u. III, S. 10).

Hierbei stoßen wir auf die Selbstdarstellung des libidinösen Leibes, der darin seine Verführungskraft entfaltet. Die Skala reicht vom Liebreiz des Lächelns über Gesten der Zuneigung bis zu Berührungen und erotisch-sexuellen Annäherungen, die nicht nur be-

---

18 Vgl. den Einführungstext von Markus Brüderlein zu dem Katalog *Ornament* und *Abstraktion* (2001) sowie die dortigen Ausführungen von Annemarie Schimmel zum Thema »Die Arabeske und das islamische Weltgefühl«. Der letztgenannte Text zeigt, wie sehr die Problematik der Auffälligkeit interkulturelle Ausmaße annimmt.

stimmte Züge des Selbst, sondern das leibliche Selbst in toto ins Spiel bringen. Die Zerstückelung des Körpers macht zwar vor dem gelebten Leib nicht halt, doch zunächst sind die sogenannten Geschlechtsorgane ebensowenig separate Werkzeuge wie der Mund, der Laute ausstößt, oder die Hand, deren Finger sich mit denen der fremden Hand verschlingen. Die Emblematik des Leibes, die in der Selbstdarstellung eine solche Rolle spielt, läßt sich nicht auf separate Organe eines Organismus aufteilen. Die erotische Verführung spielt mit dem Wechsel von Sichzeigen und Sichverbergen, von Sichentkleiden und Sichbekleiden, und dies auch im Falle der Nacktheit, die mit einer bloßen Kleiderlosigkeit nicht zu verwechseln ist. Sie lebt von dem Kontrast leiblicher An- und Abwesenheit. Dabei wird die Schwelle, die das Unauffällige vom Auffälligen scheidet, nie endgültig überschritten, als wäre der Leib lediglich ein vorhandener Körper, der sich als Sexualobjekt durch besondere Qualitäten auszeichnet. Ein bloßer Körper würde uns nicht derart auffallen, daß er uns entgegenkommt und zuvorkommt, als bloßer Körper würde der Leib selbst für Sadisten und Masochisten seine Attraktion einbüßen. Doch solche Schwundstufen, mit denen wir jederzeit zu rechnen haben, sollten uns nicht dazu verleiten, die Verführungskraft generell als soziale Verfallserscheinung zu bewerten und sie den Ab- und Irrwegen sozialer Einwirkung zuzurechnen. Die Vorsilbe Ver-, die in der deutschen Sprache vielfach einen pejorativen Sinn annimmt, legt es nahe, der Verführung durch Andere eine autonome Selbstführung entgegenzusetzen. Das lateinische Wort *seducere*, wörtlich: ›beiseite führen‹, und ähnlich das griechische παράγειν, wörtlich: ›daneben führen‹, lassen mehr Nuancen zu. Sie deuten hin auf eine Fremdheitszone oder ein Abseits, das nicht eindeutig negativ besetzt ist. Wir sollten uns also hüten, Verführung mit Irreführung gleichzusetzen. Verführerisch ist der, die oder auch das Andere als solches, die Verführungskraft des Leibes strahlt auf die Dinge aus. Damit nähere ich mich dem Sprachgebrauch von Jean Laplanche an, der in seiner allgemeinen Verführungstheorie die Verführung als Implantation des Fremden in mir bestimmt.[19] Von den vielen Fragen, die sich in diesem

19 Vgl. Jean Laplanche, *Die unvollendete kopernikanische Revolution in der Psychoanalyse*, 1996, sowie dazu den von Lothar Bayer und Ilka Qindeau herausgegebenen Aufsatzband *Die unbewußte Botschaft der Verführung*, 2004; in meinem dortigen Beitrag »Der verführerische Andere« wird das Grundmotiv der Verführung ausführlich entwickelt.

Zusammenhang stellen, greife ich eine einzige heraus, die das Problem der Aufmerksamkeit unmittelbar berührt. Wir haben bezweifelt, daß das Aufmerksammachen als intentionaler und adressierter Akt verstanden werden kann. Dieser Zweifel verstärkt sich, wenn wir die Selbstpräsentation des Anderen in Betracht ziehen. Wir konnten feststellen, daß ein Selbst, dessen Aufmerksamkeit geweckt wird, allererst als solches hervortritt, ohne schon jemand zu sein, der zum Zielpunkt einer Intention werden kann. Die Provokation, die uns aufmerken läßt, reicht tiefer als jede Produktion, tiefer aber auch als jede Intention. Das gleiche trifft aber auch auf den Anderen oder die Andere zu, die ihrerseits die Spuren einer fremden Herkunft an sich tragen. Sie sind ebenso wie ich *zu sich* gekommen und haben nicht schlechthin *bei sich* begonnen. Das Aufmerksammachen, das von Anderen ausgeht, beruht seinerseits auf einem Aufmerksamgemachtwerden durch Andere, und dies bis hin zur libidinösen Frühgeschichte, die in der Geschichte des Selbst fortlebt.

Dies wiederholt sich im Bereich kultureller Traditionen. Sokratisch sind nicht solche, die auf vage Weise von Sokrates beeinflußt wurden, sokratisch sind aufgeweckte Erwecker, die ihrer Weckkraft nie völlig mächtig sind. Übrigens gilt dies auch schon für Sokrates selbst, der von sich versichert, daß er selbst erstarrt sei, wenn er andere gleich einem Zitterrochen erstarren mache (*Menon* 80 c). In der Grenzsprache des Mythos, zu der Platon bei unerklärlichen Voranfängen immer wieder seine Zuflucht nimmt, besagt dies, daß Sokrates durch den delphischen Orakelspruch auf seinen Weg gebracht wurde und daß das Hören auf die warnende Stimme des Daimonion für ihn zum Lebenselement wurde. Auch die Verführungsszene im *Symposion* verliert ihre Aussagekraft, wenn sie lediglich als Vermeidung einer moralischen Entgleisung gedeutet wird. Wenn Platon Sokrates an dieser Stelle als Atopos apostrophiert, so deutet dies hin auf eine Ferne, die durch keine erotisch-sexuelle Annäherung zu überwinden ist.

Wenn aber Verführer oder Verführerin in diesem Sinne selbst Verführte sind, so verliert die Selbstdarstellung, mit der sie die Aufmerksamkeit auf sich ziehen, ihren reflexiven Rückhalt. Der Gedanke, daß jemand sich zugleich als Subjekt und als Objekt präsentiert und daß er seine Reize einsetzt wie Spielmarken, erweist sich als reichlich abwegig, solange wir das primäre Geschehen des Aufmerksamwerdens im Auge behalten. Sinn hat eine solche Möglichkeit nur bei einer sekundären Form der Verführung, die der sekundären Form der Aufmerksamkeit entspricht; indem sie ihre Vorgeschichte verdrängt, erzeugt sie das Trugbild einer erotischen Autonomie. Das Auf-sich-aufmerksam-Machen, das in der Verführung geschieht, ist deshalb als *unbewußt* zu bezeichnen, und dies nicht bloß in dem naheliegenden Sinne, daß jemand nicht weiß und will, was er tut – darüber könnte ihn die Selbstreflexion oder die Fremdanalyse aufklären –, sondern in dem radikalen Sinne eines Wissens- und Willensentzugs, der einen Selbstentzug einschließt. In diesem tieferen Sinne weiß Sokrates, daß er *nichts* weiß und nicht bloß etwas *noch nicht* weiß, als hielte ihn lediglich ein dogmatischer Schlummer gefangen. Der dogmatische Schlummer besteht gerade in der Verkennung jenes Un-bewußten und Un-willentlichen, das kein Ausdruck einer schlichten oder auch dialektischen Negation ist, sondern Ausdruck einer unwiderruflichen Ferne. Er besteht in der Verkennung der Verführung, die keine schlichte oder dialektisch verwinkelte Fehlleitung besagt, sondern eine Fremdeinführung im doppelten Sinne: als Einführung des Fremden in mich und als fremde Hinführung zu mir selbst.

Der unbewußte Charakter des Aufmerksammachens und Aufmerksamgemachtwerdens macht auch verständlich, daß ich *mich selbst* auf etwas und auch auf mich selbst aufmerksam machen kann. In diesem umwegigen Selbstbezug, der den vertrauteren Fällen der Selbsterkenntnis, der Selbststeuerung, des Selbstgesprächs und der Selbstliebe entspricht, entdecke ich eine Andersheit meiner selbst, die mich von mir selbst abspaltet. Dem doppelten Ich des Aussagens und der Aussage, das uns von diversen Sprachtheorien her vertraut ist, entspricht auch hier ein doppeltes Ich, das Ich eines *Sichauffallens*, das mir widerfährt, und das Ich eines *Sichbemerkens*, das ich vollziehe. Das »Ich falle mir auf« ist eine Spielart des »Es fällt mir auf«, das bekannten Wendungen wie »Es denkt« oder »Es spricht« zugrunde liegt. Nur diese Verdoppelung des Aufmerksamkeitsgeschehens erklärt, wie es möglich ist, daß ich mir selbst Weckzeichen gebe und Merkzeichen setze, daß ich mich selbst mustere, mir selbst Mut mache. Doch darin liegt zugleich eine eigentümliche Hilflosigkeit. Je mehr es lediglich darum geht, die Aufmerksamkeit in eine bestimmte Richtung zu lenken und mich diesem oder jenem zuzuwenden, gelingt es mir, mich selbst aufmerksam zu *machen*. Doch das Aufmerksam*werden* geschieht mir, je mehr ich in den Wirkungskreis des Weckrufs und der Anziehungskraft gerate. Das Merkzeichen verliert seine

Weckkraft, sobald wir vergessen, woran das Merkzeichen uns erinnern und worauf es uns aufmerksam machen soll. Selbst eigene Notizen, die anfangs als eine Art retentionaler Schrift fungieren, können zu unleserlichen Schriftspuren werden, wenn eine Zeit zurückliegt. Auf ähnliche Weise schwindet die Zugkraft von Dingen und Personen, ohne daß wir sie durch einen Willensentschluß zurückholen oder durch einen Vertrag festhalten können. So macht sich in der Aufmerksamkeit eine Passivität bemerkbar, die keine bloße Vorstufe oder Schwundstufe einer aktiven Aufmerksamkeit darstellt. Auch bei Descartes deutet sich dieser Spalt an, aber er zieht es vor zu basteln, indem er sich einmal auf die eine, das andere Mal auf die andere Seite schlägt. So heißt es in *Les passions de l'âme* in dem Abschnitt, der sich mit der Rolle der *admiratio* befaßt (Art. 75, dt. 1984, S. 117): »Aber wir behalten eine Sache, obgleich sie uns unbekannt war und sich als neu unserem Verstande und unseren Sinnen darbietet, deswegen noch nicht in unserem Gedächtnis, außer wenn die Idee, die wir davon haben, in unserem Gehirn durch eine Leidenschaft verstärkt wird – oder auch durch Inanspruchnahme unseres Verstandes zur Aufmerksamkeit und zu einer besonderen Reflexion bestimmt.« Doch der Spalt zieht sich durch die Aufmerksamkeit selbst hindurch. Er ist nicht zu überbrücken, da das Woher und das Woraufhin unseres Aufmerkens, traditionell gesprochen: ihre Arché und ihr Telos, sich unserem Zugriff entziehen. Was uns auffällt, bleibt auf radikale Weise unbemerkt und unbewirkt, es bleibt uns fremd und eben dadurch verführerisch.

## 6. Anonyme Mechanismen

Die Mediatisierung der Erfahrung macht auch vor der sozialen Erfahrung nicht halt. Die soziale Einwirkung beschränkt sich nicht darauf, daß jemand von jemandem auf etwas aufmerksam gemacht wird. Sozialität besagt mehr, als daß Subjekt mit Subjekt in Form einer Intersubjektivität verkehrt. Das Zwischen, daß durch mediale und technische Zwischeninstanzen besetzt ist und das darüber entscheidet, wie wir aufeinander und auf die Dinge einwirken, ist auch ein soziales Zwischen. Von Mechanismen der Aufmerksamkeit sprechen wir nicht leichthin, als hätten wir es mit einer Sozialmaschine oder mit Sozialvorrichtungen zu tun, die von einer unsichtbaren Hand gelenkt werden. Man hat einst mit gutem Grund den »Jargon der Eigentlichkeit« aufs Korn genommen, heute wäre der »Jargon der Äußerlichkeit« eine gute Zielscheibe. Exteriorität besagt nur dann etwas Neues, das über die alte Äußerlichkeit hinausgeht, wenn sie einen Entzugsbereich bezeichnet; andernfalls würde die gescholtene Innerlichkeit nur ins Gegenteil gekehrt. Das Mechanische oder Maschinelle, das uns hier begegnet, gilt es zurückzubeziehen auf ein menschliches Verhalten und Erleben, also auch auf ein Bemerken und Bemerkbarmachen, das maschinelle Formen *annimmt*. Andernfalls würde man in die Perspektive einer bloßen Aufmerksamkeitsbeobachtung überwechseln, die mehr voraussetzt als das, was sie im Rahmen ihrer Einstellung erfassen kann. Oder man würde umgekehrt Techniken einer anthropomorphen Sichtweise unterwerfen mit dem Effekt, daß Blinklichter uns warnen, Monitoren uns überwachen oder Reklamespots uns überreden. Die nicht zu bezweifelnde wechselseitige Spiegelung von Mensch und Maschine würde ihren Spiegelcharakter einbüßen, wenn die Differenz von Mensch und Maschine in einem technologischen oder mediologischen Spuk unterginge.[20] Wir werden also mit gebührender Vorsicht von *Aufmerksamkeitsmechanismen* sprechen, um damit ein Zwischengeschehen zu kennzeichnen, das gegenüber den Dingen, uns selbst und den Anderen eine *relative Eigengesetzlichkeit* und *Eigendynamik* behauptet, ohne daß dieses mediale Wie mit einem kompakten Was gleichgesetzt oder einem unsichtbaren Wer zugerechnet werden kann. Hypostasierungen der Techniken und Medien sind technisch und medial veranlaßt, aber sie sind nicht selbst von technischer oder medialer Art. Verwandt mit den Mechanismen sind Aufmerksamkeitspraktiken, die – wenn man sie beim Wort nimmt, wie Claude Lévi-Strauss es in *La pensée sauvage* (1962, S. 173, dt. S. 154) tut – auf eine Praxis verweisen. Da das Aufmerksamkeitsgeschehen nur teilweise auf Handlungen zurückgeht, bleibt die Bezugnahme auf Handlungsweisen allerdings beschränkt. Ähnliches gilt für Semantiken und Optiken, also für Deutungs- und Sichtweisen.

Die Nahtstelle, die Aufmerksamkeitsmechanismen und Aufmerksamkeitserfahrung miteinander verbindet und zugleich voneinander trennt, fällt in einen Bereich der Anonymität. Anonymität bedeutet

---

20 Ich verweise diesbezüglich auf die Überlegungen von Käte Meyer-Drawe, die der Technik ganz und gar nahe sind, doch ohne sich einer neuen Ideologie der Technik auszuliefern. Vgl. *Menschen im Spiegel ihrer Maschinen*, 1996.

Namenlosigkeit, dies jedoch nicht in dem rein negativen Sinne, daß etwas nicht mit einem Eigennamen versehen wurde. Dies würde auf jede Kirsche, die wir essen, auf jede Mücke, die uns sticht, und auf jeden Stromstoß zutreffen, den die Neuronen in unserem Gehirn abfeuern. Eine solche Namenlosigkeit würde außerdem Namengeber voraussetzen, die ihrerseits bereits einen Namen tragen. Namenlos in einem positiven Sinne ist nur, was oder wer sich der Benennung entzieht, aber eben deshalb der Namenssphäre angehört, so wie Odysseus, der sich paradoxerweise ›Niemand‹, also wörtlich ›Nicht-jemand‹ (οὔτις) nennt. Diese Anonymität tritt in verschiedenen Formen auf, als hintergründige Namenlosigkeit dessen, der durchaus einen Namen empfangen hat und auf ihn hört, oder eben als Namenlosigkeit der Art und Weise, wie wir uns normalerweise verhalten. Die Assoziierung des anonymen Man mit einer besonderen Gesichts-, Geist- und Herzlosigkeit krankt daran, daß sie etwas dort erwartet, wo es nicht zu finden ist.[21] Die Fäden zwischen namentlichen Erfahrungen und namenlosen Mechanismen, um die es uns zu tun ist, knüpfen sich dort, wo Persönliches in Anonymes übergeht oder in Anonymität zurücksinkt.

Bei der Erörterung der sozialen Einwirkung sind wir von einem einfachen Schema ausgegangen: Jemand macht jemanden in einer bestimmten Art und Weise auf etwas aufmerksam. Das doppelte *Jemand*, das den Adressaten und den Adressanten bezeichnet, unterliegt einer *Bestimmtheitsskala*, die ein Mehr oder Weniger an Namhaftigkeit oder Namenlosigkeit zuläßt, und dieser Bestimmtheitsgrad hängt eben ab von der Art der Mediatisierung. Unsere früheren Beispiele lassen sich dementsprechend abwandeln. Das »Paß auf!«, das im Blinklicht eines Autos seinen maschinellen Ausdruck findet, hat einen anonymen Adressaten; es richtet sich an jeden entgegenkommenden oder nachfolgenden Autofahrer. Aber auch der Adressant verhält sich als ein Verkehrsteilnehmer unter anderen. Für die Fahrkünste eines Ralf Schumacher ist im öffentlichen Verkehr kein Raum (auch wenn manche Autofahrer sich so gebärden). Von der Sturmwarnung hören wir aus dem Wetterbericht, bei dem Sprecher oder Sprecherin nicht als namentliche Verfasser von Meldungen auftreten – wenngleich Hör- und Sehmedien durchaus die leibliche Ausstrahlungskraft ihres Perso-

21 Hier stehen Merleau-Pontys und Schütz' Analysen der Anonymität gegen Heideggers Abwertung des Man oder Ortega y Gassets Beschwörung der rebellierenden Massen.

nals mit einsetzen; die zu erwartenden Sturmböen fallen nicht weniger heftig aus, wenn der Sprecher oder die Sprecherin die Nachrichten mit einem beruhigenden Gesichtsausdruck serviert. Zuhörer und Zuschauer sind ebensowenig persönlich angesprochen, der Bericht nimmt auf persönliche Wetterempfindlichkeiten keine Rücksicht. Ein letztes Beispiel: Der nächtliche Feueralarm geht von einem Gerät aus, das immer nur die Botschaft »Alarm!« aussendet; das Gerät wird lediglich angestellt, und seine Botschaft wird durch keinen alarmierenden leiblichen Ausdruck unterstützt. Adressaten sind die Anwohner einer Brandstätte und die ausrückende Feuerwehr. Beim Fliegeralarm, an den die Feuersirene erinnert, erweitert sich das Gefahrenarsenal, und der Gefährdungsgrad erhöht sich. Dies sind einfache Beispiele eines Einsatzes von Aufmerksamkeitstechniken und Aufmerksamkeitsmedien; sie zeigen, daß solche Mechanismen den intentionalen und adressierenden Charakter des Aufmerksamkeitsmachens und Aufmerksamgemachtwerdens keineswegs aufheben.

Man kann die Aufmerksamkeitsskala bis an das obere Ende einer vollendeten Namhaftigkeit verfolgen oder bis an das untere Ende einer vollständigen Namenlosigkeit. Das erste Extrem würde einen direkten Kontakt voraussetzen, der durch kein Medium gebrochen wäre, so daß einer dem anderen ganz und gar *als er* oder *sie selbst* entgegenträte. Doch darin liegt ein Paradox; denn das Als schließt gerade ein reines Selbst aus. Denkbar ist eine solche Erfahrung nur als Übererfahrung, in der die Namenlosigkeit sich in einem Überschuß an Fremdheit bekundet, wovon im nächsten Kapitel die Rede sein wird, oder aber als sozialer Kurzschluß, der das Gegenüber zu einem Etwas degradiert und es schutzlos dem Zugriff seines Kontrahenten ausliefert. Jeder direkte Kontakt droht in Terror oder zumindest in Indiskretion auszuarten. Insofern haben die technischen und medialen Zwischeninstanzen eine indirekte Bedeutung für die Praxis, auch eine rechtliche und ethische Bedeutung, die von keiner Zweckrationalität erfaßt wird. Das zweite Extrem, das jemanden völlig anonymisieren und in *irgend jemanden* verwandeln würde, entpuppt sich als ebenso zweideutig wie das erste. Es kann besagen, daß die eigene oder die fremde Person nur eine funktionale Leerstelle ausfüllt. Doch völlig leer sind auch formale Leerstellen nicht. In diesem Falle ist irgend *jemand* oder irgend *etwas* verlangt; das Skript, das die Leerstelle enthält, stattet diese mit wenn auch minimalen Erwartungshorizonten aus. Zum Beispiel bedeutet X in der Arithmetik eine beliebige Zahl, aber keine Linie, und die offene Zeile in einem Formular trägt einen Vermerk, wie sie auszufüllen ist, durch Angabe des Namens oder des Geburtsdatums. Die Bedeutungslosigkeit versinkt dagegen ins Chaotische, wenn die bestimmte Unbestimmtheit sich einer absoluten Unbestimmtheit annähert, in der »alle Katzen grau sind«. Diese Entleerung kann Lust oder Erschrecken auslösen oder aber eine Mischung von beidem. Ein Satz wie »n'importe qui parle« ist überdeterminiert wie ein Traumfetzen, aber eben deshalb ist er auch deutungsbedürftig.

Die Anonymität, die Aufmerksamkeitserfahrungen und Aufmerksamkeitsmechanismen miteinander verbindet, findet ihren Rückhalt in dem schon wiederholt herangezogenen Zwischenstatus unseres Leibes, der sich als *Leibkörper* darstellt. Das leibliche Selbst entzieht sich selbst, eben deshalb geht das Aufmerken nicht auf in einem bewußt gezielten Aufmerksammachen. Sowohl das adressierende wie das adressierte Selbst »ist ein anderes«, und das Aufmerksamkeitsgeschehen, das sich zwischen uns abspielt, läßt sich nicht als bloße Abfolge oder als bloße Wechselseitigkeit von Aufmerksamkeitsakten begreifen. Die Anonymität des leiblichen Selbst findet ihren paradoxen Ausdruck in schlichten Kennzeichnungen wie ›mein Gehirn‹. Die Sache wäre einfach, wenn ich mein Gehirn einsetzen könnte wie ein Werkzeug. Sie wäre ebenfalls einfach, wenn die ›Jemeinigkeit‹ des Gehirns selbst noch als neuronale Eigenschaft zu bestimmen wäre. Wenn dagegen zutrifft, daß das leibliche Selbst in seiner Leibkörperlichkeit Selbstbezug mit Selbstentzug vereint, so ist nicht nur bei Mechanismen, sondern auch bei der vielfach üblichen Rede von Körperlichkeit Vorsicht geboten; ohne den leiblichen Bezug würden bloße Körpermechanismen und Körperfunktionen zurückbleiben. Gleichzeitig würde sich auch der Bezug zu einer sozialen Körperschaft lockern, die wörtlicher zu nehmen ist, als es vielfach geschieht. Institutionen sind selbst Formen der Verkörperung, die jede Art von Semantik, Praktik, Technik und Symbolik einschließen (vgl. O'Neill 1990).

## 7. Umworbene Aufmerksamkeit

Aus der Fülle von Detail- und Spezialuntersuchungen, die der Aufmerksamkeit eine sozio-kulturelle Färbung geben und die mancherlei Aufmerksamkeitsstile zutage fördern, sei als Probefall die Werbung herausgegriffen. Dabei geht es uns nach wie vor um die soziale Einwirkung im Felde der Aufmerksamkeit, also um eine spezifische Realisierung der Interattention. Die Werbung stellt eine weiche Variante dar, ein *suaviter in modo*, bei dem die Animation sich durch die Lükken der Disziplinierung einschleicht. Sie gehört in den Bereich des Spektakels, wo die Aufmerksamkeit zum »Schlüssel für die Ausübung zwangloser Formen der Macht« wird (Crary 2002, S. 66). Auch hier fehlt es nicht an Zweideutigkeiten, mit denen die ethische Neutralität ihre Grenzen erreicht. Die Werbung, die ein ganzes Arsenal medialer Praktiken und Techniken einsetzt, vereinigt in sich wie in einem Brennpunkt den hypermodernen Kampf um die Aufmerksamkeit und setzt dabei eigene Akzente. Wir sollten uns jedoch vor Übertreibungen hüten. Ebensowenig wie die Aufmerksamkeit ist die Werbung eine Erfindung des 19. und 20. Jahrhunderts, selbst wenn bestimmte Züge erst jetzt mit aller Deutlichkeit hervortreten.

Werbung besteht darin, daß jemand *bei jemandem für etwas* wirbt. Das, wofür geworben wird, kann alles mögliche sein, ein Staubsauger, eine Aktie, eine Mallorcareise, ein Parteiprogramm, eine Konzertveranstaltung oder ein Platz im Himmel. Ähnlich wie im Falle eines Versprechens oder einer Schenkung wird unterstellt, daß das Angebot der Werbung dem Umworbenen zuträglich und willkommen ist, wenigstens momentan. Dies gilt selbst für die Zigarettenwerbung; sie wäre witzlos, wenn die gesetzlich vorgeschriebene Warnung vor den Schäden des Nikotingenusses die angepriesenen Genüsse auslöschen würde. Insofern berührt sich die Werbung mit der Empfehlung. Gleichzeitig wirbt der Werbende auch für sich selbst, indem er seine eigenen Interessen vertritt. In erster Linie geht es nicht um die Qualität der Sache oder um den Nutzen für den Kunden, sondern darum, *Abnehmer* oder *Anhänger* zu finden. Der Produzent wirbt implizit für sich selbst, wenn er eine Ware anpreist, die im eigenen Haus hergestellt wurde, der Politiker wirbt eo ipso für sich selbst, wenn er ein Parteiprogramm empfiehlt, das er selbst zu realisieren verspricht, und der Sektenprediger wirbt implizit für seine religiöse Gemeinschaft, wenn er das Heil der Welt verkündet. Die Selbstempfehlung kommt der *Be-*

*werbung* nahe, in der sich jemand als Kandidat vorstellt. In Zeiten, in denen bei uns die Ehe noch zwischen Familien geschlossen wurde, und in Gesellschaften, in denen dies auch heute noch geschieht, finden wir außerdem die Werbung *um jemanden*, etwa die Brautwerbung, die im »Buhlen um die fremde Gunst« ihre Spuren hinterlassen hat. Schließlich gibt es die *Anwerbung von jemandem*, die in der »Rekrutierung« von Arbeitskräften und im Rühren der »Werbetrommel« ihre militärischen Ursprünge verrät. Die Werbung wird vielfach durch *Vertreter* einer Werbebranche ausgeübt, die im Namen einer Firma, einer Partei oder einer Mitgliedsgesellschaft tätig werden. Auch wer für sich selbst wirbt, tut dies, indem er als Produzent, als Parteimitglied, als Artist oder als Sektenführer auftritt und also in eigener Sache wirbt. Selbst Vertreter, die zugunsten Anderer werben, werben zugleich für sich selbst. Jedes erklärte Interesse am Wohl der Umworbenen schlägt unmittelbar zu Buche.

Doch nicht jede Empfehlung gilt als Werbung. Diese zeichnet sich dadurch aus, daß auf das Werbungsangebot aufmerksam gemacht wird, und zwar mit den verschiedensten Mitteln. Die soziale Einwirkung besteht zuallererst in diesem Aufmerkenlassen. Dabei kommt es zu einer metonymischen Verschiebung. Die Werbung für etwas geht unmittelbar über in eine Werbung um die Aufmerksamkeit selbst. Umworben werden der Blick und das Gehör mitsamt dem Seh- und Hörbegehren, das auf Anziehendes und Abstoßendes antwortet und Bemerkbares in Bemerkenswertes verwandelt. Zwar ist es so, daß jeder Redner und jeder Schreiber darauf angewiesen ist, die Aufmerksamkeit seiner Hörer und Leser wachzurufen. Doch die Werbung geht darüber hinaus, indem sie sich in *Werbeagenturen* institutionalisiert und mit dem Einsatz von *Werbemethoden* professionelle Formen annimmt.

Es bleibt die Frage, unter welchen Bedingungen es so etwas geben kann wie den »Werber als Beruf«, der wie eine Parodie auf die großen Berufungen klingt. Generell läßt sich sagen, daß die Werbung mit ihren ausgeklügelten Aufmerksamkeitstechniken erst dann einen geeigneten Boden findet, wenn ein gewisser Überfluß und ein entsprechendes Überangebot an Möglichkeiten herrscht. Die Werbung muß sich gegen zwei Gegenmächte behaupten, gegen das Einerlei der Unaufmerksamkeit und gegen konkurrierende Erreger von Aufmerksamkeit. Aufgrund dieser doppelten Frontenbildung bedeutet die Werbung eine besondere Art der Machtausübung und kein bloßes

Kräftespiel. Solange der Machtkampf grosso modo entschieden ist, führt die Werbung ein Schattendasein. Wahre Meinungen und wahre Güter preisen sich selbst an; sie brauchen nicht mehr als eine pädagogische und didaktische Schützenhilfe, wie sie eine ziel- und normgerechte Redekunst bereitstellt. Der Rest ist Sophisterei. Der Machtkampf ist auch entschieden, wenn Autoritäten darüber entscheiden, was wichtig ist und was nicht, oder wenn eine diktatorische Macht den Ton angibt. Unter solchen Verhältnissen gedeihen Witze und Satiren, aber es gedeiht keine Reklame. Ein Diktator braucht sie nicht, gegen Diktatoren hilft sie nicht. Hier bedarf es schärferer Mittel wie dem des Witzes und härterer Mittel wie dem der Gegeninformation oder der Gegengewalt.

Das Reich der Werbung ist kein bloßes Kräftespiel, aber doch ein offenes Spiel der Macht, bei dem Macht und Gegenmacht aufeinander einwirken, ohne daß eine Seite über zureichende Gründe verfügt, um die Konkurrenz mundtot zu machen, und ohne daß es einer Seite gelingt, die andere mit Gewalt auszuschalten. Das Paradigma solcher Aufmerksamkeitspraktiken ist der Markt, auf dem – ideell betrachtet – jedermann auf sich und seine Präferenzen aufmerksam machen kann. Demgemäß hat die Werbung ihren Ursprung in der Ökonomie. Doch dies schließt nicht aus, daß die spezielle Form der ökonomischen Werbung sich verallgemeinert. Neben die ökonomische *Reklame* tritt die politische *Propaganda*, die in der Propaganda fidei ihre kirchlich-missionarische Vorläuferin hat. Entscheidend ist hierbei, daß die herangezogenen Wertungen auf Präferenzen beruhen, die ein Besseres, aber kein Bestes zulassen. Der Optimierung sind Grenzen gesetzt. Der Preis der Dinge verbindet sich zwangsläufig mit einer *Anpreisung*, die in ihrem Doppelsinn, ähnlich wie der Wertbegriff, seine ökonomischen Herkünfte verrät. Alles, was heilig und gut schien, gerät in einen Werbesog. Doch ein solcher Ökonomismus ergibt sich nicht automatisch, er entspringt einer bestimmten Ordnungs- und Lebensform, die auch anders sein könnte. In Abwandlung eines bekannten Satzes können wir feststellen: Das Wesen (oder besser: die Rolle) der Ökonomie ist nicht selbst ökonomisch. Der Satz aus der *Genealogie der Moral*: »Jedes Ding hat seinen Preis; Alles kann abgezahlt werden« ist und bleibt eine »große Verallgemeinerung«, wie Nietzsche selbst bemerkt (KSA 5, S. 306).

Doch die Ökonomie ist auch in sich selbst keine reine Ökonomie. Sie ist nicht frei von politischen Elementen; die politische Ökonomie läßt sich nicht einfach ad acta legen. Die Tatsache, daß Werber und Bewerber sich gegen andere *durchsetzen*, enthält ein Moment der Macht, das durch kein Tauschgesetz eliminiert werden kann. Ferner erweist sich der *Zugang zum Markt*, das heißt auch der Eintritt in die Sphäre der Auffälligkeit, als beschränkt und umstritten. Die Phantasmagorien des freien Marktes beginnen dort, wo die Zugangsbedingungen und Zugangsbeschränkungen unterschlagen oder selbst ökonomisch gefaßt werden.

## 8. Die Zweideutigkeit der Macht

Doch letzten Endes enthält die ökonomisch verfaßte Werbung eine Zweideutigkeit, hinter der die Zweideutigkeit der Macht hervorschaut. Wir sind davon ausgegangen, daß das in der Werbung angepriesene Gut dem Umworbenen zuträglich sein muß. Darin liegt ein normatives Moment. Diesen Umstand macht Platon sich im *Gorgias* zunutze, indem er den Arzt gegen den Koch antreten – und verlieren läßt; denn die Menschen neigen gemeinhin dazu, die schmackhafte Speise der bitteren Arznei vorzuziehen und also das zu wählen, was ihnen gerade nicht guttut. Man könnte diese Verlegenheit vermeiden, indem man die marktgerechte Werbung allein nach dem Ertrag mißt, den sie selbst abwirft. Gelungen wäre eine Werbung nach allen Regeln der Kunst, wenn die Ware gekauft, die Reise gebucht oder der Politiker gewählt ist. Für jene Fälle, in denen die Anpreisung sich unlauterer Mittel bedient, nämlich mit fehlenden Angaben oder falschen Etikettierungen operiert, wären die Gerichte zuständig, indem sie etwa eine Produkthaftung geltend machen oder die arglistige Täuschung bei Vertragsschlüssen ahnden. Die Rechtsprechung hält sich ihrerseits von jeder Werbung fern. Die Richterrobe hat etwas betont Abweisendes; der Richter wirbt nicht für sich, selbst wenn die Verhandlungsführung der rhetorischen Mittel nicht entraten kann und die Selbstdarstellung darin eine unvermeidliche Rolle spielt. Doch es gibt nicht nur ein Wirtschaftsrecht, sondern auch eine, allerdings recht zwitterhafte Wirtschaftsmoral. Der Anbieter darf damit rechnen, daß seine Erträge sich steigern, wenn er sich als vertrauenswürdig erweist und in der Sach- und Selbstwerbung nicht schön und gut redet, was den Erwartungen der Kunden nicht gerecht wird. Zusätzlich gibt es Verbraucherorganisationen, die einer Vertrauensseligkeit auf seiten der Verbraucher entgegenwirken. Im öffentlichen Bereich der Politik und der Kultur nimmt die Presse Kontrollaufgaben wahr, soweit sie sich nicht selbst zum Sprachrohr ökonomischer und politischer Sonderinteressen macht. Dies bedeutet, daß der Satz »Alles, was die Aufmerksamkeit auf sich zieht, ist gut oder preiswürdig« nicht ohne weiteres gilt. Man könnte also behaupten, daß in der Ökonomie Bewegkräfte am Werk sind, die nicht der ökonomischen Leitdifferenz profitabel/unprofitabel oder rentabel/unrentabel gehorchen. Die anfangs erwähnte Zweideutigkeit liegt aber darin, daß Rechtsfolgen im Falle von Betrug sowie Rufschädigungen im Falle von Fehlangeboten ihrerseits in Kauf genommen werden können. Auch Betrug kann sich bezahlt machen, auch Verjährungsfristen können hilfreich sein. Doch bevor wir uns im Dschungel der Wirtschaftskriminalität verlieren, sei an entschlossene Amoralisten wie Kallikles erinnert. Es genügt der Verdacht, daß jemand, der sich an Recht und Sitte hält, dies möglicherweise nur aus Schwäche oder Angst tut; weniger eigensüchtig als der Verbrecher ist er deswegen nicht. Für die Schranken, die sich dem Wirtschaftsleben auferlegen, gilt ähnliches. Die White-Collar-Kriminalität kennt Risikogrenzen, aber keine Gebotsgrenzen.

Die Zweideutigkeit nimmt zu, wenn wir den juristisch und moralisch faßbaren Betrug ersetzen durch *Schein* und *List*. Die List, die als »List der Natur«, als »List der Vernunft« und neuerdings auch als »List der Kultur« ihre Fürsprecher findet und im listenreichen Odysseus ihr Urbild hat, besteht darin, daß man etwas oder sich selbst anders und besser darstellt, als es der Fall ist. Auf diese Weise bringt man jemanden dazu, daß er etwas tut, ohne zu wissen, was er wirklich tut. Man führt den Anderen hinters Licht. Die List wird rechtlich geduldet, wenn sie sich nicht zur Hinterlist und Tücke steigert. Allerdings verweist das sprichwörtliche *vulgus vult decipi* auf unbewußte Täuschungswünsche, durch die der Getäuschte sich zum Mittäter macht. Die List spielt damit, daß nichts völlig ist, als was es erscheint, und daß niemand völlig ist, als wer er oder sie erscheint – daß also in uns allen etwas von einem Felix Krull steckt. Hinzu kommt, daß man das Augenfällige und Ohrenkundige isoliert und einen Augen- und Ohrenkitzel erzeugt, der von allen weiter ausgreifenden Kontexten, Voraussetzungen und Folgen abgeschnitten ist. Insofern lügt der Koch nicht, wenn er einen Gaumenkitzel erzeugt und seine Speise als schmackhaft anpreist, es sei denn, er spielt sich als Arzt auf. Werbespots arbeiten ständig mit einer passenden Schnitt-technik, indem sie Ausschnitte herstellen, Fransen wegschneiden und ungefällige Details wegretuschieren. Oder nehmen wir den Trick eines Vertreters, der sich rechts von seinem Kunden plaziert, um den Kugelschreiber bei der ersehnten Unterschrift leichter in die Hand des Kunden gleiten zu lassen, oder der mit der Fangfrage »Soll ich Mittwoch abend oder Donnerstag vormittag wiederkommen?« den zweiten Besuch erschleicht. Die Imagepflege ist darauf bedacht, Eindruck zu machen, also auffällige Züge zu filtern, zu verstärken oder sie so abzuschwächen, daß der Blick nicht an Falten oder Un-ebenheiten hängenbleibt. Die Glätte gehört seit alters her zu den Li-sten und Tücken der Selbstabschirmung. Die List lebt aber nicht nur davon, daß sie etwas verstellt, sondern davon, daß sie sich selbst ver-stellt und in Unauffälligkeit hüllt. Schon für Platon gipfelt die Schein-erzeugung darin, daß sie sich selbst verbirgt, so daß beispielsweise ein Bild nicht als Bild erkenntlich ist. Die normative Einbindung er-weist sich dann als ebenso wirkungslos wie die gewaltsame Unterbin-dung. Die Werbung zieht ihre Kräfte daraus, daß die Schere zwischen spontanem Auffallen und gezieltem Bemerken sich nicht schließt. Allerdings stellt sie es ebensosehr darauf ab, den Spalt, der das, was auf uns zukommt, von unserem Entgegenkommen trennt, werbewirk-sam zu nutzen. So entsteht eine Auffälligkeitskunst, die mit Hilfe von Schocks und Events der Aufmerksamkeit auf die Sprünge hilft.

Die entscheidende Barriere, gegen die eine Werbung um Auf-merksamkeit vergeblich anrennt, bilden jene Zwischenereignisse, von denen die Rede war. Ihre Ferne und Fremdheit verweigert sich einem Aufmerksammachen, das alles in seinen Möglichkeitsraum einschließt. Damit erklärt sich die beharrliche Tendenz, das Auffal-len in Auffälliges zu verwandeln, das man vorstellt und herstellt, und das Aufmerksamwerden und Aufmerksammachen nur noch stra-tegisch zu nutzen. Den Zwischeninstanzen droht auf diese Weise eine Hypostasierung und Hyperdynamisierung, die alles in eine große Auf-merksamkeitsmaschine einspeist, so daß etwas, das uns begegnet, *nicht mehr* ist als etwas, und jeder, der uns begegnet, *nicht mehr* ist als jemand. Es fragt sich, ob es etwas gibt, das sich den Praktiken und Techniken des Aufmerksammachens entzieht. Gäbe es dies nicht, so wäre nicht auszuschließen, daß der weiche Weg der List bei Bedarf oder auch aus Überdruß den harten Mitteln der Gewalt weicht. Venus und Mars waren immer schon ein Gespann, wenn auch ein ungleiches.

# X. Von der Beachtung zur Achtung

Der Weg vom Auffallen und Aufmerken hat über modalisierende Zwischeninstanzen bis hin zur Macht sozialer Interventionen geführt. Würde der Weg hier enden, so wäre die Aufmerksamkeit letzten Endes doch etwas, das ermöglicht, fabriziert und herbeigeführt wird. Der Anfang der Aufmerksamkeitserfahrung wäre wieder ein bloßer Anfang. Dieses fragwürdige Ergebnis, das – gemessen an den Erwartungen – keines ist, verführt dazu, das traditionelle Geschütz der Unterscheidung von Sein und Sollen aufzufahren. Dies könnte heißen, daß man die Aufmerksamkeit neutralisiert; all das, was in der Aufmerksamkeit geschieht, würde ganz und gar offenlassen, was wir zu tun haben. Dies könnte aber auch besagen, daß man die Aufmerksamkeit moralisiert, sie einem freien Willen zuordnet, so daß – überspitzt gesagt – jeder Augenaufschlag zu verantworten wäre. Der Aufmerksamkeit ginge es ähnlich, wie es lange Zeit unseren Träumen ergangen ist; man würde sie entweder in ein moralfreies Souterrain verbannen oder sie bei einem verantwortlichen Ich antichambrieren lassen.

Doch es gibt genug Anzeichen dafür, daß es so nicht geht. Die Aufmerksamkeit hatte so, wie sie in unseren Beschreibungen zutage getreten ist, von Anfang an einen ethischen Unterton, nicht mehr, aber auch nicht weniger. Was uns auffällt, läßt uns nicht gleichgültig, als wären wir eine bloße menschliche Spielart von Registriergeräten und Steuerungsinstanzen. Was auf diese Weise untergründig mitschwingt, soll in einem letzten Anlauf ausdrücklich erörtert werden. Dies setzt voraus, daß wir die pathischen Voranfänge nicht hinter uns lassen, sondern immer wieder von ihnen in Anspruch genommen werden, und zwar nicht nur im Sichzeigen und Sichregen der Aufmerksamkeit selbst, sondern auch im Aufzeigen dieses Sichzeigens. Im Zentrum steht die Frage, ob und wie die Aufmerksamkeit über sich selbst als bloße Aufmerksamkeit hinausweist. Des näheren bleibt zu fragen, ob sich nicht in bestimmten Momenten, so in der Entgegennahme dessen, was auf uns zukommt, im fremden Weckruf und in der Zweideutigkeit der sozialen Einwirkungen, ethische Impulse regen. Es bleibt zu bedenken, ob sich nicht in den Einstellungen, die wir einnehmen, über die bloße dispositionelle Aufmerksamkeitsbereitschaft hinaus, eine Haltung verkörpert, die sich auf etwas bezieht, was von uns Achtung erheischt. Die Beachtung, die etwas oder jemand findet,

ginge damit über in eine Achtung, die geschuldet ist und die wir schenken oder verweigern. Daß die Achtung in der kantischen Tradition als
Gefühl gefaßt wird, weist in die Richtung pathischer Ursprünge, die
sich keiner Willenssetzung verdanken. Im Wollen des Wollens würden
die alten Aporien eines Wissens des Wissens wiederkehren. Doch hinter dieser Verdoppelung verbirgt sich etwas anderes, nämlich eine zeitliche Verschiebung, ohne die es keine intensive und starke Form der
Erfahrung gäbe. Wenn die Aufmerksamkeit letzten Endes ein Geschehen ist, das wir nicht willentlich und wissentlich in Gang setzen, so
stellt sich gleichwohl die Frage, ob es nicht einer Suspension der Aufmerksamkeit bedarf, um das Aufmerksamkeitsgeschehen als solches
zu erfassen. Andernfalls gäbe es lediglich wechselnde attentionale Be-
setzungen und Verschiebungen, deren Dynamik ungeklärt bliebe. Das
Aufmerken auf das Aufmerksamkeitsgeschehen stellt uns vor Rätsel,
die der Philosophie von ihren Anfängen her nicht unvertraut sind.
Eine philosophische Frage zeichnet sich nämlich dadurch aus, daß ihre
Behandlung auf den Status des Fragenden zurückschlägt. Dieses *tua
res agitur* ist niemals Sache bloßer Mechanismen, die sich um nichts
kümmern.

## 1. Aura der Aufmerksamkeit

Man kann der Aufmerksamkeit eine eigene Aura zusprechen, sofern
das, was uns auffällt, der Verwandlung in reproduzierbare Auffälligkeiten einen Widerstand entgegensetzt. Doch müssen wir nicht mit
Walter Benjamin für die Moderne von einem Verfall oder einer Zer-
trümmerung der Aura ausgehen? Wir kennen die vielzitierte Formulierung aus dem *Passagen-Werk* (*Gesammelte Schriften*, V, S. 560):
»Die Spur ist Erscheinung einer Nähe, so fern das sein mag, was sie
hinterließ. Die Aura ist Erscheinung einer Ferne, so nah das sein
mag, was sie hervorruft. In der Spur werden wir der Sache habhaft;
in der Aura bemächtigt sie sich unser.« Obwohl auch diese Formel
in ihrer Entgegensetzung von Eigenmacht und Fremdmacht etwas
Fragwürdiges hat, ist sie offener als die Definition der Aura aus
dem Kunstwerk-Aufsatz. Die Aura als »einmalige Erscheinung einer
Ferne, so nah sie sein mag« (*Gesammelte Schriften*, I-2, S. 479) beruht
ganz und gar auf der kulturellen Einbindung und traditionellen Einbettung des Kunstwerks und analoger Erfahrungsbilder, so daß Ori-

ginal und Reproduktion, Tradition und Technik, Theologie und Politik einander schroff gegenübertreten. Die auch heute noch bestechende Analyse der Technisierung und Historisierung unserer Erfahrung, die den damals noch neuen Medien von Photo und Film ihren gebührenden Platz einräumt, beansprucht eine Totalsicht und Eindeutigkeit, die der Offenheit einer von Widerfahrnissen geprägten Erfahrung widerspricht. Äußerungen wie diese: »In der Photographie beginnt der Ausstellungswert den Kultwert auf der ganzen Linie zurückzudrängen. Dieser weicht aber nicht widerstandslos. Er bezieht eine letzte Verschanzung, und die ist das Menschenantlitz« (ebd., S. 485) suggerieren, daß die Widerstandskraft des menschlichen Angesichts (und analoger Erfahrungsmächte) allein auf einer traditionellen Sakralität beruht und damit unweigerlich der technischen und politischen Profanierung zum Opfer fällt. Die Singularität, die den allgemeinen Bezugsrahmen sprengt, wird vermengt mit einer Einmaligkeit, die sich vergebens gegen Zwei- und Mehrmaligkeit zur Wehr setzt. Was die Widerstandskraft des menschlichen Gesichts angeht, so sei auf einen nicht so fernen Autor wie Emmanuel Levinas verwiesen. In *Totalité et Infini* (1961, S. 234, dt. S. 374) heißt es: »Die Gleichsetzung des Geheimen und des Entdeckten ist die genaue Definition der Profanierung. Das Geheimnis erscheint in der Zweideutigkeit.« Die Profanierung wäre dann kein bloßes historisches Geschick. Eine Aura, die stets im Zuge von Wiederholungen und nicht jenseits möglicher Wiederholungen anzutreffen ist, weist eine bestimmte Form der Überbestimmtheit auf. Elemente davon lassen sich auch im Traditionsgeschehen auffinden, solange es sich gegen das Absinken in einen Traditionalismus behauptet. Um diese Erfahrungsüberschüsse aufzusuchen, bedarf es einer »gleichschwebenden Aufmerksamkeit«, die für Untertöne und Zwischentöne empfänglich ist.

Diese Untertöne und Zwischentöne bringen sich zuallererst in der Sprache zu Gehör. Wir haben wiederholt darauf hingewiesen, daß die Aufmerksamkeit über ein kognitiv und voluntativ verengtes Aufmerken weit hinausgeht. Dazu paßt die Tatsache, daß das deutsche Wort *Aufmerksamkeit* von vornherein eine soziale Konnotation aufweist. Wer Anderen gegenüber aufmerksam ist, bringt ihnen etwas entgegen und nimmt nicht nur zur Kenntnis, was der Fall ist. Verwandt damit ist die *Beachtung*. Sie erschöpft sich nicht in der selektiven Kenntnisnahme eines Vorkommnisses oder eines Zustandes.

Die Beachtung, die wir schenken, spielt hinüber zur *Achtsamkeit*, die wir nicht nur Personen, sondern auch Dingen, Pflanzen und Tieren gegenüber an den Tag legen.[1] Die Übung der Sorgfalt nimmt in der *Achtung* ausdrücklich ethische Züge an. Zur Zeit Goethes spricht man von »zarten Attentionen«. Wer die nötige Achtung vermissen läßt, übersieht und überhört nicht nur etwas, so daß ihm manches entgeht, vielmehr handelt es sich um ein ›aktives‹ Übersehen und Überhören, ähnlich wie wir laut Nietzsche ein aktives Vergessen üben. Die Achtung beginnt im Alltag, mit dem schlichten Gruß, der als Grußereignis sowenig reproduzierbar ist, wie das Angesicht als beredtes Angesicht registrierbar ist. Dieses Unalltägliche im Alltäglichen strahlt etwas aus, das jederzeit durch Formeln und Attitüden verdunkelt zu werden droht. Wechseln wir in andere Sprachen über, so begegnet uns dort das Wort *regard*, das den Blick, aber auch den Achtungsblick bezeichnet. Zugleich erinnert es daran, daß jeder Blick auf der Hut (*garde*) ist, und auch dies im doppelten Sinne des *Hütens* und *Sichhütens*. Heideggers »Hirte des Seins« steht nur für die eine

---

1 Vgl. bei Husserl die Achtsamkeit der Vorstellung (Hua III, S. 83), bei Heidegger die des Denkens (GA 9, S. 364). In der buddhistischen Tradition finden sich ebenfalls Unterscheidungen wie die zwischen der *Aufmerksamkeit* als einem gewöhnlichen Bewußtseinsmodus und der *Achtsamkeit* als einer spezifisch ethischen Bewußtseinsform, die uns auch auf fremdes Leiden achten läßt. Im Hintergrund steht ein ›Urbewußtsein‹; ihm nähert sich der Geübte in der intensiven Form der *Versenkung*, die ihn vom ›Anhaften‹ an die Dinge und an das eigene Selbst befreit. Ich beziehe mich auf die Ausführungen zur Yogâcâra-Schule in: Yamaguchi 1997, S. 177-184. Beim Zen-Buddhismus kommt noch die »Zuspitzung der Aufmerksamkeit« in verschiedenen Kampfsportarten und Körperübungen hinzu, darunter als die bekannteste das Bogenschießen (ebd., S. 87). Weitere Literatur zur Aufmerksamkeit in der buddhistischen Tradition findet sich in Crary 2002, S. 305, Anm. 117. In dem von F. J. Varela zusammen mit E. Thompson und E. Rosch anvisierten *Mittleren Weg der Erkenntnis*, 1992 (engl.: *The Embodied Mind*, 1991) bilden »Achtsamkeit/Gewahrens-Übungen« den östlichen Gegenpart zur kognitivistischen Forschung und einer leiblich orientierten Phänomenologie im Westen. Techniken, die sich auf punktuelle Achtsamkeit (*mindfulness*) und ein sich ausweitendes Gewahren (*awareness*) stützen, sollen »den Geist aus seinen Theorien und äußerlichen Gedanken, aus seiner abstrakten Einstellung zurückholen, zurück in den Moment der eigenen Erfahrung« (S. 42), »ihr Ziel besteht darin, aufmerksam zu werden, die Tätigkeit des Geistes unmittelbar zu erfahren, im eigenen Geist präsent zu sein« (S. 44). Die Schlichtheit dieser philosophischen Formulierungen steht in auffälligem Gegensatz zu scholastisch anmutenden Begriffsmustern aus den Traditionen des Buddhismus und zum Raffinement bei der Präsentation der kognitivistischen Forschung. Die Aufmerksamkeit bleibt ein großes Wort.

Seite. Es bleibt noch der *Respekt*, die *Rücksicht*. Rücksicht besagt nicht nur, daß man gleichsam in einen Rückspiegel blickt, sondern daß man Rücksicht *nimmt*, Respekt *erweist*. Daß sich an dieser Stelle der Gesichtssinn wieder einmal vordrängt, mahnt zur Vorsicht. Abgesehen davon können diese sprachlichen Fingerzeige insgesamt die sachliche Beschreibung und Befragung nicht ersetzen. Was steht hinter dem wiederholten *Re-*? Welcher Art ist die Bestimmtheit, die durch eine Überbestimmtheit überboten wird?

Die sprachlichen Indizien finden ihre Resonanz in einem ethisch-religiösen, auch kunstreligiösen Überschuß, der zumeist nur hintergründig spürbar ist. Um nochmals ein sprachliches Beispiel zu wählen, das niederländische Wort *aandacht* entspricht dem deutschen Wort *Aufmerksamkeit*, während das entsprechende Wort *Andacht* im Deutschen religiösen Übungen vorbehalten bleibt. Das Niederländische hat hier wie so oft eine Bedeutungsbreite bewahrt, wie sie im Mittelhochdeutschen gang und gäbe war. Doch Spuren davon finden sich auch im Hochdeutschen. Jemand *lauscht andächtig* auf eine Stimme, und das muß keine göttliche Stimme sein. Das verwandte Wort *Andenken* hat seinen weiten Sinn ohnehin gewahrt. Das Andenken gilt dem, was aus der Vergangenheit oder aus der Ferne fortwirkt. Im Andenken, das traditionell von Pietät besetzt ist, erhält das Vergangene eine Aura, die über Gedächtnisleistungen und Erinnerungsbemühungen hinausgeht. Im Andenken gewinnt Abwesendes eine eigene Schwerkraft. Diese wird zur Last und zur Fessel, wenn »ich immerzu an etwas denken muß«, wie der Mörder, den es unaufhörlich an seinen Tatort treibt.

Diese Binde- und Anziehungskraft macht sich zumeist nur beiläufig bemerkbar, wie eine Art Wegzehrung, die uns auf unseren üblichen Gängen begleitet. Die »Umkehrung der Seele«, für Platon der Inbegriff der Paideia, in der das leibliche wie das seelische Auge die rechte Einstellung gewinnt, wird keinem »Augentechniker« aufgetragen, der gleichsam einem Blinden »Augen einsetzt«. Die »Kehre« dreht sich um die »Sache«, sie geht aus von einem leuchtend strahlenden Seienden (φανόν), das sich in der Gestalt des Guten zum strahlendsten unter allem Seienden (φανότατον) steigert (*Politeia* 518 c). Der Lichtglanz (λαμπρόν) der Schönheit, der von den Ideen der Gerechtigkeit oder der Besonnenheit ausgeht und über eine Leuchtkraft (φέγγος) verfügt, die sich in den Niederungen der Gewöhnung abschwächt (*Phaidros* 250 b), erschöpft sich nicht in Beleuchtungseffekten, sie gehört zur unsichtbaren Aura des Sichtbaren; denn wir sehen nicht das Licht, sondern wir sehen im Licht, wenn wir sehen. Eben deshalb besagt Theoria für die Griechen mehr als eine epistemische Theorie, die einen Beschreibungs- und Erklärungsrahmen entwirft. In der Strahlkraft entfaltet sich ein weltlicher Zauber, der – wenn er mehr bedeutet als einen faulen Zauber – einer unvermeidlichen Entzauberung standhalten müßte. Das Gewicht der Aufmerksamkeit hängt davon ab, ob dies eine Möglichkeit ist und bleibt oder ob diese unwiderruflich mit dem antiken Kosmos und mit anderen traditionellen Weltbildern dahingeschwunden ist, so daß höchstens Surrogate zurückbleiben.

Wechseln wir vom griechischen in den jüdischen Kulturbereich hinüber, so stoßen wir auf einen adressierten Grundappell wie »Höre Israel!«, dem ein »Rede Herr, dein Diener hört!« respondiert, eine Antwort, die Levinas in das schlichte *me voici* zurücküberstetzt (s. o. S. 245). Das »Hör!« oder »Schau!«, das schon in anderem Zusammenhang erwähnt wurde, fällt unter jene primären Aufforderungen, denen man folgt, bevor man das Gesagte versteht oder beurteilt. Entscheidend ist die Sprachgebärde, in der die Aufforderung mit dem Aufmerkenlassen, das Antworten mit dem Aufmerken verschmilzt. Grundappelle wie »Hör!« oder »Sieh!« gehen aus von einem An-spruch und An-blick, der einer fremden Stimme und einem fremden Blick etwas Auratisches, etwas Unnahbares verleiht. Schließlich ist an die Rolle des Gebetes in der jüdisch-christlichen Tradition zu erinnern, das als eine eigentümliche Sprechhaltung über alle Geltungsfragen hinaus Beachtung verdient. Malebranche verbindet ausdrücklich Gebet und Aufmerksamkeit, indem er diese als *prière naturelle* begreift. Der cartesischen Form der Aufmerksamkeit, die in der Selbstvergewisserung des *intuitus mentis* ihren Halt findet, setzt dieser platonisch-augustinisch inspirierte Autor eine Aufmerksamkeit entgegen, die ihr Licht empfängt und die Erleuchtung erbittet. So schreibt er in *Entretien I* der *Conversations chrétiennes*: »Die Aufmerksamkeit des Geistes ist ein natürliches Gebet, das wir an die innere Wahrheit richten, damit sie sich uns enthüllt. Doch diese höhere Wahrheit geht nicht immer auf unsere Wünsche ein, weil wir nicht recht wissen, wie man sie bitten soll.« (Pléiade, *Œuvres I*, 1132). Im Hintergrund steht das paulinische, von Bach vertonte Wort: »Denn wir wissen nicht, was wir bitten sollen.« (*Röm.* 8,26)[2] Käme beim Beten nichts auf uns zu, so

2 Zu der mehrfach bei Malebranche wiederkehrenden Formel von der Aufmerksamkeit als einem natürlichen Gebet, auf die auch Walter Benjamin am Ende seines

wäre es purer Ausdruck eines Wünschens, das auf dem Weg ersehnter Wunscherfüllung zu sich selbst zurückkehrt. Oder es stünde mit ihm wie bei Kant, der einen Zipfel seiner Religionsschrift für gottesdienstliche Übungen und also auch für das Beten aufspart (Ausg. Weischedel, IV, S. 870-874). Für ihn bedeutet das Gebet nichts weiter als den Ausdruck und die Belebung einer moralischen Gesinnung, die sich der »Erhörlichkeit« des Erbetenen bereits versichert weiß, und in der öffentlichen Anrede Gottes, die sich von der eingebildeten Gottnähe des geflüsterten oder stillen Privatgebets – einer »kleine(n) Anwandlung von Wahnsinn« – vorteilhaft unterschiede, erhöbe das Gebet sich zu einer Art religiösem Staatsakt, in dem die Gemeinde, vertreten durch ihren geistlichen Sprecher, dem Oberhaupt des unsichtbaren Reiches Gottes Reverenz erweist. Die Verbindung von Aufmerksamkeit und Gebet impliziert dagegen, daß die Aufmerksamkeit nicht nur ein Ziel oder einen Gegenstand hat, sondern einen Adressaten, der unserer Hinwendung zuvorkommt. Ähnliche Gedanken finden sich bei Simone Weil, bei der griechische, jüdische und christliche Tradition eine seltene Verbindung eingehen. In ihren zu Beginn der vierziger Jahre entstandenen Aufzeichnungen zum Thema *La pesanteur et la grâce* (1948, S. 120 f.) erwächst die Aufmerksamkeit aus dem Begehren, nicht aus dem Willen; dem »passiven Ich« bleibt nur die Zustimmung. Das Gute ist nicht dem Bösen abgerungen, es »obsiegt automatisch«, allerdings im Gefolge einer göttlichen Inspiration. Das Gebet bestimmt sich dann auf paradoxe Weise als »nicht handelnde Handlung«.

Von einer Aura der Aufmerksamkeit sprechen wir also insofern, als jeder An-ruf und jeder An-blick aus einer Ferne kommt, die der Nähe nicht widerspricht, sondern ihr im doppelten Sinne des Wortes ent-springt, als Ruf und Blick, der von *anderswoher* kommt, als

Kafka-Aufsatzes und Paul Celan in seiner Büchnerpreis-Rede »Der Meridian« eingehen, finden sich außerordentlich eindringliche Erläuterungen bei Werner Hamacher: »Bogengebete« (1998). In diesen Ausführungen, die unter einem Celanschen Titel stehen, wird das Gebet und mit ihm die Aufmerksamkeit bis zum Paradox gesteigert: »Das Gebet wäre keines, wenn es das des Betenden wäre.« (S. 38 f.) Hier zeichnet sich eine negative Rhetorik ab, die dem anticartesischen Impuls wohl doch zu sehr nachgibt. Ein »Warten ohne Erwartetes«, eine »Intention ohne intentionales Objekt«, eine »Klage ohne Nominativ, Dativ oder Akkusativ« (S. 31) wäre ein unfaßliches Etwas, das aufhören würde, den kommunikativen Austausch zu beunruhigen. Paradoxe verwandeln sich gleichsam in Hyperdoxe, wenn sie sich von der Normalität der Doxa gänzlich ablösen.

ein »Trauma des Staunens« in der hyperbolischen Sprache von Levinas (1961, S. 46, dt. 100). Die Frage, ob und wieweit die Ferne einer Wort-, Blick- und Selbstlosigkeit entstammt, die höchstens protreptisch mit einer Wort- und Blickführung verbunden ist, stellt sich auch innerhalb der westlichen Tradition, sofern diese Spuren einer Mystik und einer negativen Theologie an sich trägt, sie stellt sich ganz zentral für östliche Traditionen, sofern der Gegensatz von Etwas und Jemand, das Gegenüber von Ich und Anderem und die zeitliche Nähe und Ferne in einem Ur- oder Ungrund, einem Nichts versinkt. Die Annahme, daß ein Urgrund uns widerfährt, uns zuvorkommt und daß wir auf ihn antworten, scheint abwegig. Wollten wir von einer »Aura der Tiefe« sprechen, so wäre diese nicht mehr aus einem Kontrast von Nähe und Ferne zu verstehen. Dennoch gibt es die Stimmen, die einer schlichten Entgegensetzung von personalem Gegenüber und apersonalem Grund, von Anrede und schweigender Versenkung widersprechen. Doch dies sind Fragen, die wir nur streifen können.[3]

Verwandt mit dem Motiv der Ferne ist das der *Weckung*. In der *Erweckung* gewinnt auch sie einen religiösen Nebensinn, der in der profanen Form einer »Weckung aus dem dogmatischen Schlummer« nachklingt. Dieser Nachklang verfliegt, wenn das Wachwerden, anders als bei Platon, nicht als Umkehr, sondern einzig als tätiger Anfang gedacht wird, wie gleich zu Beginn der Einleitung der *Kritik der reinen Vernunft*, wo es heißt, daß das Erkenntnisvermögen »zur Ausübung geweckt« wird durch Gegenstände, »die unsere Sinne rühren«. Wie Manfred Sommer (1985, S. 111) resümiert: »Das Wachsein nicht als das Vorher oder Nachher des Schlafs, sondern als das Anstatt des Schlafs.« Begreift man die Weckung dagegen als ein Ereignis, das im Aufwachen ein Schwellenereignis auslöst, so gewinnt das Aufmerken

---

3 Ich verweise zum wiederholten Male, ersatzweise für vieles andere, auf die Schrift von I. Yamaguchi (1997, Kap. VII), wo einige Grundzüge dieser Debatte erörtert werden, darunter Martin Bubers Wende gegen die Du-losigkeit der Mystik und auch des Buddhismus. Der Autor weist hin auf eine innerbuddhistische Polarität zwischen meditativer Versenkung im Zen-Buddhismus und Anrufen des Buddha-Namens im Amida-Buddhismus (S. 165, 204), und er zitiert auf S. 202 aus D. T. Susuki, *Zen und die Kultur Japans*: »Schweigen ist nicht das Letzte, ›Lerne zu schweigen, damit du zu reden weißt‹, sagt ein Zaddik, und einer der Zen-Lehrer sagt: ›Rede ist Schmähung, aber Schweigen ist Betrug. Jenseits von Rede und Schweigen führt ein steiler Weg.‹« Damit sind tiefgehende interkulturelle Differenzen nicht ausgeräumt, aber sie lassen sich nicht auf schlichte Gegensätze reduzieren, mittels derer Kontrahenten sich nur zu gut voreinander abschirmen.

eine zeitliche Dichte, die sich niemals völlig aufhellt – es sei denn, man verfällt auf die haltlose Annahme einer Selbstzweckung. Es geht nicht etwa darum, fremde Anstöße und Ansprüche moralisch abzugelten, wie es uns von Kant nahegelegt wird. Erfahrungen werden verstellt und unterdrückt, wenn sich eine vorbehaltlose Moral ihrer bemächtigt. Die Interiorisierung und Autonomisierung von Ansprüchen läßt die ethische Überbestimmtheit in eine Außen- und Fremdbestimmung abgleiten, also in bloße Residuen, die nur um den Preis einer Selbst- und Vernunftaufgabe zu verteidigen wären. Anders steht es, wenn die Überschüsse des Fremden innerhalb der Erfahrung, also in uns und in unserer Vernunft, wirksam sind. Solche Überschüsse wären auch moralisch nicht einzuholen, und sie wären ebensowenig einzuholen durch eine Theologisierung, die der Erfahrung ins Wort fällt, bevor sie sich auswirken und aussprechen kann. Wer schon weiß, auf wen er hört, hört nicht auf den Anderen.

Doch jede Bemühung um eine Aufklärung dessen, was unseren Entwürfen und Initiativen vorausgeht, eine Bemühung, die zu den ältesten Aufgaben der Philosophie zählen, wäre müßig, wenn nicht das, was uns aus einer Aura der Ferne entgegenschlägt, mit einer fundamentalen Zweideutigkeit behaftet wäre. Aufmerksamkeit kann zwiefach auftreten. Einerseits bewegen wir uns im Bannkreis einer Aufmerksamkeit, die uns fesselt, verzaubert, verhext, andererseits kommt es zu einer Weckung der Aufmerksamkeit, die uns auf uns selbst zurückwirft und uns eine Erwiderung abverlangt. Die Zweideutigkeit liegt darin, daß zwischen beidem keine strikte Trennungslinie verläuft. Bliebe beides ungeschieden, so wären wir einem unaufhörlichen Gegeneinander von Aufklärung und Gegenaufklärung ausgeliefert, das ein Gegeneinander bleibt, auch wenn die »Dialektik der Aufklärung« ihren Widersacher in sich selbst entdeckt. Es fruchtet nicht, wenn man der Zauberkraft der Bilder eine Entzauberungskraft der Rede entgegensetzt; denn so wie es auf der einen Seite Zaubersprüche gibt, so gibt es auf der anderen Seite Antibilder. Alles, was sich bisher gezeigt hat, weist in eine andere Richtung; es deutet hin auf ein Spannungsgeschehen, das mit der gegenläufigen Bewegung von Auffallen und Aufmerken einsetzt und den Gang der Erfahrung in all ihren Formen begleitet.

## 2. Müssen vor dem Sollen

Die Aura der Aufmerksamkeit ist keineswegs eine leichte Hülle, die sich um das legt, was uns auffällt. Was aus der Ferne wirkt, trifft uns um so unerbittlicher, je ferner es rückt. Als etwas, dessen wir uns nicht erwehren können, trifft es uns mit einer Unausweichlichkeit, die wir modallogisch als *Müssen*, das heißt als Nichtanderskönnen bezeichnen.

Diese Beschreibung der Ausgangslage scheint jedem moralischen und rechtlichen *Sollen* diametral entgegenzustehen. Daß jedes Tunsollen ein entsprechendes Tunkönnen einschließt, gehört zu den elementaren Annahmen der üblichen Handlungslogik. Damit sondert sich das Unabänderliche vom Veränderbaren, und zum Unabänderlichen gehört eben, daß uns etwas auffällt, ohne daß wir etwas dafür können. Das Auffallen sinkt herab zu einem faktischen Geschehen, während das davon abzusondernde Aufmerken unter die *Aufmerksamkeitsnormen* fällt, etwa unter die Grußpflicht, das Wachsamkeitsgebot oder die auch rechtlich zu ahnende Fahrlässigkeit. Wo Aufmerksamkeitsnormen herrschen, gerät der Blickeinbruch auf die Bahnen eines Blickwechsels, der gleich dem Wortwechsel auf wechselseitige Anerkennung angelegt ist. So sondert sich der Weizen einer aktiven vom Spreu einer passiven Aufmerksamkeit, genauer gesagt: der eigene Zugang sondert sich von der fremden Ankunft. Doch diese einfache Zweiteilung läßt sich nicht durchhalten. Die Befolgung der Norm setzt ihrerseits voraus, daß man der Stimme des Gesetzes Gehör schenkt. Nur um den Preis eines unendlichen Regresses, der im Bodenlosen endet, kann das Sollen selbst wieder befohlen, das Wollen selbst wieder gewollt werden. Das Auffallen unterliegt der gleichen Unausweichlichkeit; jedes Merkgebot und jedes Merkverbot kommt zu spät, wenn einmal die Würfel der Erfahrung gefallen sind.

Damit ist nicht ausgeschlossen, daß auch das Müssen von der erwähnten Zweideutigkeit befallen ist. Müssen kann bedeuten, daß die Aufmerksamkeit in einen Bann geschlagen ist, daß alles, was wir zu tun glauben, durch einen Schicksalszwang über uns verhängt ist. Die antike Tragödie kann im Sinne eines solchen *Verhängnisses* verstanden werden, sie kann aber auch verstanden werden als eine Poesie, die aus dem Pathos kommt und ihm das Ohr leiht. Paulinisch gesprochen besteht das Müssen darin, daß *nicht ich* handle, *sondern* ein anderes Gesetz in meinen Gliedern (*Röm.* 7,23). Doch wer so spricht, für den haben die Fesseln sich schon gelockert. Die *Un-aus-weichlichkeit* einer Situation setzt voraus, daß jemand auf dem Weg ist, so wie die *Un-erbittlichkeit* des Gesetzes einen Bittsteller voraussetzt. Das Un-, das in solchen Wortprägungen auftritt, bedeutet keineswegs das Nichtvorhandensein einer Möglichkeit, sondern das Erleiden einer Un-möglichkeit, die den Radius der eigenen Möglichkeiten sprengt. Es gibt ein Müssen, das unser Denken und Wollen nicht annulliert, sondern gerade provoziert. Ein Denken und Wollen, das einem solchen Müssen unterliegt, bezeichnen wir als Antworten. In diesem Sinne ist jedes Aufmerken eine Weise des Antwortens, auch wenn es einer Disziplinierung oder einem pathologischen Zwang unterliegt. Selbst eine zwanghafte Antwort ist kein bloß kausal zu erklärender Reflex.

### 3. Geschuldete und geschenkte Aufmerksamkeit

Doch die Gewichtung von Auffallen und Aufmerken, von Müssen und Wollen stellt uns vor weitere Probleme. Es sieht so aus, als gerieten wir zwischen Skylla und Charybdis. Auf der einen Seite würde das Auffallen so sehr geschwächt, daß es keinen Anspruch an uns stellt, es sei denn, es fällt unter eine normative Regelung. Das willentliche Aufmerken würde dem Auffallen den Rang ablaufen. Auf der anderen Seite würde das Auffallen so sehr verstärkt, daß unser antwortendes Hinhören und Hinsehen zu einer bloßen Folgeerscheinung herabsänke. Dem Aktivismus des *faire* stünde der Quietismus eines *laissez faire* gegenüber. Während ersterer sich vielfach mit einem Normativismus verbündet, bringt letzterer die Gefahr mit sich, daß die Differenz zwischen Unausweichlichkeit und auferlegtem Zwang bzw. zwischen Unausweichlichkeit und verübter Gewalt sich verwischt. Ein Weg, der beide Klippen vermeidet, kann kein Mittelweg sein; denn dieser widerspräche der Gegenläufigkeit einer Doppelbewegung, deren doppelte Ausrichtung sich nicht an einem gemeinsamen Richtwert messen läßt.

Das Ineinander und Auseinander von fremdem Anspruch und eigener Antwort, von Pathos und Response, das im Hintergrund unserer Überlegungen steht, nötigt uns zur Unterscheidung zwischen dem *Daß* des Anspruchs, das in seiner Unausweichlichkeit nicht zur Wahl steht, und dem *Wie* des Antwortens, das unserer Erfindung ent-

271

stammt. Dementsprechend wäre das Daß des Auffallens von dem Wie des Aufmerkens zu unterscheiden. Daraus folgt nicht, daß alle Antworten als gleich zu behandeln sind. Wir haben immer wieder darauf hingewiesen, daß die Zwischeninstanzen dahin tendieren, das Ereignis des Auffallens und Ansprechens auf reproduzierbare Auffälligkeiten und geregelte Ansprüche zu reduzieren. Dem Doppelereignis des Auffallens und Aufmerkens wohnt eine subversive Kraft inne, die sich dieser Tendenz entgegenstemmt. Doch reicht dies aus? Geraten wir nicht in ein Dilemma? Überspitzt formuliert würde dieses Dilemma wie folgt aussehen: Auf der einen Seite stünden *gesetzesfreie Antworten*, diesseits von Wahr und Falsch, von Gut und Böse, bei denen es gleichgültig wäre, was wir zur Antwort geben, da jede Antwort, auch die Nicht-Antwort des Übersehens und Überhörens, eine Antwort auf fremde Ansprüche wäre. Auf der anderen Seite hätten wir *gesetzmäßige Antworten*, die als gute oder schlechte, richtige oder unrichtige Antworten unter dem binären Gegensatz von Wahr und Falsch stünden, doch dabei bliebe die Quelle der Verbindlichkeit verschüttet. Die Antwort auf die kritische Frage, ob ich dieser oder jener Maxime folgen soll, enthält nie und nimmer eine Antwort auf die Frage, warum ich überhaupt etwas anderes tun soll als das, was ich will. Es genügt auch nicht darauf hinzuweisen, daß es einen Überanspruch der Erfahrung gibt, dem keine Norm gerecht wird. Auf seiten dessen, der aufmerkt und antwortet, bedarf es ebenfalls eines Mehr, das über das ohnehin geschehende Antworten hinausgeht. Sonst gliche das Antworten dem Logos, den das menschliche Lebewesen ›hat‹, auch wenn es ihm zuwider handelt. An dieser Stelle gewinnen Anerkennungstheorien eine gewisse Plausibilität. Folgt man ihnen jedoch, so gewinnt die Fremderfahrung, und die Erfahrung überhaupt, erst dann einen ethischen Charakter, wenn der oder die Fremde als mein Anderer anerkannt wird, und zwar in Form einer Anerkennung, die eo ipso auf Wechselseitigkeit angelegt ist. Auf diese Weise würde die Normativität durch die Hintertür zurückkehren, so daß jedes Entgegenkommen im Hin und Her der Reziprozität befangen bliebe.

Wollte man diesen Weg beschreiten, so würde man einen Rückweg einschlagen. Demgegenüber ist zu fragen, ob es nicht neben dem Daß der Unausweichlichkeit und dem Wie der Erfindungskraft noch etwas anderes gibt, nämlich ein *Ja/Nein, das keinen binären Entscheidungscharakter hat*. Antworten wären nicht nur *zu erfinden*, sondern in einem emphatischen Sinne *zu geben*. Ein Ja vor dem Ja und Nein ist nicht etwas gar so Seltenes (vgl. BE 41-47). Das Gute, nach dem alles strebt, steht für Platon und Aristoteles ebensowenig zur Wahl wie für Kant das moralische Gesetz, dem jedes Vernunftwesen unterworfen ist. Ein solcher Ort, wo »jede Willkür still schweigt«, gehört zur großen Tradition, doch er ist gemeinhin erkauft mit der Anleihe bei einer Ordnung, die nur für uns, aber nicht in sich selbst auf dem Spiel steht. Nietzsche versucht es noch einmal mit einem großen, uneingeschränkten Ja – aber ist dieses Ja nicht lebensphilosophisch erschlichen? Warum nicht statt dessen das große Nein Schopenhauers? Das Phänomen der Aufmerksamkeit zwingt uns, diese Fragen zu überdenken. Die traditionelle Philosophie der Aufmerksamkeit bleibt fixiert auf die Zweiheit von Zu- und Abwendung. Wird diese als Willensleistung, als positive oder negative Setzung und Wertung begriffen, so kehren die binären Ordnungen zurück. Das gilt auch, wenn diese Alternative den Such- und Fluchtbewegungen eines Lebewesens angeglichen wird, das in der Schule des Überlebens nicht nur zwischen Angenehmem und Unangenehmem, sondern auch zwischen Zuträglichem und Schädlichem zu unterscheiden gelernt hat. Im Gegensatz dazu ist zu erwägen, ob es nicht ein Ja/Nein gibt, das nicht als Stellungnahme und Einstellung zu bestimmen und nicht auf der Ebene des willentlich-wissentlichen Aufmerkens anzusetzen ist, sondern dem bipolaren Aufmerksamkeitsgeschehen entspringt. Das Aufmerken läßt sich spezifizieren als *Hinsehen* und *Hinhören*. Das Aufmerken wäre nur ein Ausfluß des Auffallens, wenn im Hinsehen und Hinhören nichts auf dem Spiel stünde und wenn dieses so alternativlos wäre wie ein Windstoß oder ein Blitzschlag.

Die Alternative hängt an dem, was wir als *Wegsehen* und *Weghören* qualifizieren. Doch selbst darin liegt eine Zweideutigkeit. Das Wegsehen und Weghören kann als partielles Sehen und Hören verstanden werden, so daß es nur ein anderer Ausdruck wäre für das selektive Wirken der Aufmerksamkeit. Auf eines achten hieße dann eo ipso, anderes außer acht lassen. Dieses konstitutive *so und nicht anders* berücksichtigt Husserl, indem er zwischen aktueller und potentieller Aufmerksamkeit unterscheidet. Wird dieses Möglichkeitsfeld, das Husserl auch als »Feld der Freiheit« bezeichnet (Hua III, S. 195), von der Bewußtseinsebene in die Seins- oder Diskursgeschichte verlagert, wie wir es von Heidegger oder Foucault her kennen, so wird daraus ein Wechselspiel von Entbergung und Verbergung, von Erschlossenheit und Verschlossenheit oder von Wahrheit und Irre. Das

Ja/Nein heftet sich nicht mehr an das Gesehene, Gehörte oder Gesagte, sondern es geht ein in das Bedingungsgefüge des Sichtbaren, Hörbaren oder Sagbaren. Das Nein, das dem Ja inhäriert, wäre ein Signet unserer *Endlichkeit*, die ein Alles-zugleich ausschließt. Das Wegsehen und Weghören wäre lediglich die Kehrseite des Hinsehens und Hinhörens, und zwar *in actu* wie *in habitu*, ähnlich wie das Vergessen als Kehrseite des Erinnerns gefaßt werden kann. Doch es gibt ein radikales Wegsehen und Weghören inmitten des Sehens und Hörens, das einer *Blick-* und *Hörverweigerung* gleichkommt und eine besondere Form der Antwortverweigerung darstellt. Die Alternative, die sich hier auftut, läßt sich auf verschiedene Weise kennzeichnen: als ein aktuelles Sichöffnen und Sichverschließen, das sich zu einer Offenheit und Verschlossenheit verfestigen kann, als Annahme oder Ablehnung, wie man sie einem Geschenk entgegenbringt, als Erhellung und Verdunkelung, die etwas zum Vorschein kommen, anderes im Dunklen versinken läßt, oder eben auch als Zuwendung und Abwendung, wenn man das Moment der Wende betont als etwas, das keinen subjektiven Akt darstellt. Dies wären altgediente Begriffsbildungen, die im Lichte der Aufmerksamkeit neu zu sichten sind.

Nach allem, was vorausgegangen ist, kann es sich bei diesem Ja/Nein um keine binäre Unterscheidung handeln, die an das, was sich zeigt, *herangetragen* wird und die bei entsprechender Operationalisierung in ein Schaltsystem eingebaut werden kann. Dem Ja entspräche dann der hergestellte, dem Nein der unterbundene Stromkontakt; die Bevorzugung, ohne die es keine Aufmerksamkeit gibt, würde einem programmierten Sollzustand angeglichen. Doch das Wegsehen und Weghören besteht ja nicht darin, daß etwas nicht gesehen oder gehört wird, im Gegenteil, es schließt ein, daß uns etwas auffällt und gerade in seiner Auffälligkeit entgegenkommt. Das Ja/Nein wird also nicht an das Gegebene herangetragen, es *ergibt sich* aus dem, was zwischen Auffallen und Aufmerken geschieht. Dies läßt sich nur so verstehen, daß das Auffallen als Aufmerken*müssen* und Antworten*müssen* zugleich ein *Aufmerken*müssen und *Antworten*müssen besagt. In der Sprache der Antwortlogik hieße dies: Es gibt nicht nur das unausweichliche *Daß* des Anspruchs und das zu erfindende *Wie* des Antwortens, sondern hinzu kommt das *Ja oder Nein*, das sich im Eingehen oder Nichteingehen auf das Fremde, im Entgegenkommen oder Nichtentgegenkommen äußert. Das Nein läßt sich nur in einem Paradox fassen als *Ausweichen vor dem Unausweich-*

*lichen.*[4] Etwas, das sich bemerkbar macht, wird nicht wirkungslos und unwirklich dadurch, daß wir unsere Augen verschließen und unsere Ohren verstopfen, so wie unbewußte Abwehrmechanismen den abzuwehrenden Triebkonflikt nicht auslöschen. Das Ja und Nein, das hier in Kraft tritt, läßt sich weder einseitig einem auffälligen Etwas noch einseitig einem aufmerkenden Jemand zuschreiben. Das Ja und Nein ist nichts anderes als die Art und Weise, wie etwas in und für uns zur Wirkung kommt, ohne daß es sich einer der beiden Seiten zurechnen oder gegen die andere verrechnen ließe. Der Hiatus zwischen Auffallen und Aufmerken bewirkt, daß das Auffallen als Aufmerkenlassen einen Spielraum läßt und daß umgekehrt das Aufmerken als Aufmerksamwerden einer Art innerem Zwang unterliegt, einer Ananke, die der Freiheit erst ihr Gewicht verleiht. Wir haben es zu tun mit einem Zwang ohne Zwangsläufigkeit. Die Enge des Bewußtseins, die immer wieder mit der Aufmerksamkeit verknüpft wird, ist höchst bedeutsam, aber als bloßes Indiz bestehender Kapazitätsgrenzen ist sie noch zu harmlos gedacht. Wir sind nicht nur beengt, sondern was uns widerfährt, treibt uns in die Enge, so daß jeder Weg, den wir beschreiten, etwas von einem Ausweg hat.[5] Freiheit ist nicht begriffene, wohl aber bearbeitete Notwendigkeit.

Das Ethos der Aufmerksamkeit, das in diesen Überlegungen Gestalt annimmt, steht der alltäglichen Sprache der Aufmerksamkeit keineswegs fern. Wir sprechen von einer geschuldeten Aufmerksamkeit. Nietzsche lehrt uns in seiner *Genealogie der Moral*, daß *Schulden* eine ökonomische und materielle Bedeutung besitzen, bevor sie sich zu einer moralisch-rechtlichen *Schuld* verinnerlichen. Floskeln wie *to pay attention* sollten wörtlicher genommen werden, als man es zu tun pflegt. Sprichwörter wie *Time is money* lassen sich umkehren in ein *Money is time*. Derrida hat dieses Motiv in seiner Schrift *Don-*

---

4 Kant nähert sich diesem Paradox in seiner Lehre vom radikalen Bösen, indem er für die »Verstimmung der Willkür« einen Vernunftgrund postuliert, diesen aber für »unerforschlich« erklärt. Würde man nämlich einen Bestimmungsgrund für die Annahme guter oder böser Maximen finden, so würde dieser eine weitere Maxime erfordern und so bis ins unendliche. Paradox formuliert handelt es sich um einen unergründlichen Grund, der gedacht werden muß, aber nicht gefunden werden kann. Vgl. *Die Religion innerhalb der Grenzen der bloßen Vernunft*, Ausg. Weischedel, IV, S. 667 f., 693. Das Paradox sähe anders aus, wenn die Annahme eigener Maximen mit einer Ablehnung fremder Ansprüche verquickt wäre.

5 Vgl. die Verknüpfung von Poros, Euporie und Aporie in Platons Darstellung des sokratischen Fragens.

*ner le temps* virtuos durchgespielt. Daß wir Anderen Aufmerksamkeit
schulden, bezieht sich in der Tat darauf, daß das, was uns auffällt, unseren Eigenleistungen zuvorkommt. Wir leben immer schon auf Kredit, und zwar, bevor wir Verträge schließen, die uns Aufmerksamkeits-
pflichten auferlegen. Heidegger tut gut daran, einer Ökonomisierung
und Moralisierung des Lebens zu widerstehen. Doch Schuldigsein
bedeutet nicht nur, daß das Dasein »hinter seinen Möglichkeiten«
zurückbleibt (*Sein und Zeit*, S. 284) und daß darin die »existenziale
Bedingung der Möglichkeit für das ›moralisch‹ Gut und Böse, das
heißt für die Moralität überhaupt und deren faktisch mögliche Ausfor-
mungen« verankert ist (ebd., S. 286). Diese Form des Schuldigseins
gehört zur Endlichkeit und Zeitlichkeit der »Geworfenheit« unseres
Daseins und seiner Entwürfe. Schuldigsein bedeutet mehr als das,
nämlich die Unmöglichkeit, Fremdes, das unseren eigenen Entwürfen
zuvorkommt, restlos in eigene Möglichkeiten umzusetzen. Was wir
sind, bleiben wir anderen schuldig. Schuld im Sinne eines originären
Nein geht folglich nicht darauf zurück, daß wir Gegebenes nicht voll
und ganz zurückzahlen können, sondern darauf, daß wir uns fremden
Ansprüchen verweigern. Normativ faßbar wird die Schuld erst dadurch, daß Schulden in Schuldpflichten verwandelt werden. Die ge-
schuldete Aufmerksamkeit hat ihren Ort also diesseits der Ebene normativer, juridischer und ökonomischer Regelungen.

Ähnlich steht es mit dem *Geschenk* der Aufmerksamkeit. Das Geschenk überschreitet von Anfang an die Schwelle des normativ Ge-
sollten. In der ethisch-religiösen Tradition steht dafür die Gnade
(χάρις, *gratia*), die in ihrer Nähe zur Grazie, zur Anmut, die Mühsal
hinter sich läßt, und auch Kant versäumt es nicht, »der Tugend die
Grazien beizugesellen« (Ausg. Weischedel, IV, S. 613). Aber als Begna-
digung, die »Gnade vor Recht« ergehen läßt, greift sie auch in Rechts-
verhältnisse ein: »The quality of mercy is not strain'd; it droppeth
as the gentle rain from heaven upon the place beneath . . .«, so Portia
im *Kaufmann von Venedig*. Verwandt damit sind die Tugenden der
Großmütigkeit und Großzügigkeit, denen Aristoteles einen wichtigen Platz zuweist und denen auch Descartes unter dem Titel der
*générosité* seinen Tribut zollt. Das Geschenk der Aufmerksamkeit
schafft ein Gegengewicht zum Ressentiment einer Aufmerksamkeit,
die sich primär auf die Abwehr von Störung und Zerstreuung verlegt
und den Sinnen ihre Ausschweifungen mißgönnt. Wir sollten uns hüten, das Aufmerksamkeitsgeschehen alten Autarkie- und Autonomie-

idealen zu unterwerfen. Schenken bedeutet mehr geben, als den Anderen zusteht. Doch bedeutet Schenken nicht auch, daß ich gebe, was ich bereits habe? Dies gehört doch zu den Erfolgsbedingungen von Sprechakten, die mit Wendungen wie »Ich überreiche dir...« oder »Ich vermache dir...« eingeleitet werden. Man könnte einen Schritt weiter gehen und konstatieren: Abgeben kann ich nur etwas als Gabe, nicht mich selbst als Geber. Die Selbsthingabe würde mit dem Geber auch den Akt des Gebens hinfällig machen. Doch bevor die Sprachpragmatik endgültig ihren Lauf nimmt, sollten wir uns auf das Aufmerksamkeitsgeschehen zurückbesinnen. Wenn ein aufmerkendes Hinsehen und Hinhören bereits Anderem und Anderen geschuldet ist, so schenke ich in der Aufmerksamkeit, was mir nicht völlig zu eigen ist. Jede Gabe nimmt damit die Züge einer *Rückgabe* an, so daß sie sich nicht nur jenseits, sondern zugleich diesseits der Normierungsgrenze befindet.

Setzt das Schulden und Schenken nicht schon *jemanden* voraus, dem oder der wir etwas schulden und schenken? Bedeutet dies nicht, daß sich personale und sachliche Ausrichtung der Aufmerksamkeit endgültig voneinander absondern? Mir scheint, daß eine genetische Phänomenologie der Aufmerksamkeit sich auch hier vor einer Subreption hüten sollte. Am Anfang gibt es nicht jemanden (eine Person, ein Subjekt), dem oder der wir etwas schulden, sondern *jemand wird für mich zu jemandem*, dem ich etwas schulde und dem ich etwas schenke oder verweigere, darunter die Aufmerksamkeit. Darin stecken mehr Probleme, als sie im Zusammenhang unserer protoethischen Überlegungen zu behandeln sind.[6] Entscheidend ist für uns die Annahme eines Schuldens und Schenkens, das sich nicht vorweg zwischen vorgegebenen Bezugsgrößen abspielt.

Motive wie Schulden und Schenken tragen nicht nur zum Verständnis der Aufmerksamkeit bei, sie erhalten von daher auch eine besondere Färbung. Beides weist zurück auf das bereits erwähnte Entgegenkommen und Zuvorkommen dessen, was uns auffällt, was uns affiziert

---

6 Unter anderem wäre zu fragen, nach welchen Kriterien die Aufmerksamkeitswürdigkeit bemessen wird und Aufmerksamkeitsanteile zugemessen werden. Wie steht es mit Embryos, Terroristen, Tieren oder mit Dingen, die laut Kant zwar keine Würde, aber doch einen »Affektionspreis« haben können (*Grundlegung zur Metaphysik der Sitten*, BA 77)? Sind Morandis Flaschen und Krüge nichts als Dinge? Ist Baudelaires Katze (»Retiens les griffes de ta patte / Et laisse-moi plonger dans tes beaux yeux / Mêlés de métal et d'agate«) nichts als ein Tier?

und an uns appelliert. Entscheidend ist dabei die Bewegungsrichtung, die sich nicht umkehren läßt, ohne das Phänomen zerstören. Das »Komm!«, das in jedem »Schau!« oder »Hör!« mit anklingt und das in jeder verbalen oder nichtverbalen Aufforderung enthalten ist, hat viele Gesichter, es kann gebieterisch oder einladend, drohend oder verlockend klingen wie das wiederholte *veni* des Don Giovanni.[7] In jedem Falle geht das vernommene »Komm!« dem ausgesandten »Komm!« uneinholbar voraus, und nicht nur das, letzteres wird von ersterem hervorgerufen. Ich kann das »Komm!« nicht hören, ohne ihm einen Schritt weit zu folgen. Dieses Sich-schon-eingelassen-Haben ist der wahre Kern jener weidlich abgenutzten Parole vom Engagement. »Vous êtes embarqué«, heißt es in Pascals *Pensées* (Lafuma 418/ Brunschvicg 233). Somit gilt: Das eigene Gehen ist ein Zurückkommen auf . . ., das Nehmen eine Aufnahme, eine Re-zeption, die Sicht eine Rücksicht, ein Re-spekt, die Zuwendung eine Rückwendung. Dieses Zurück ist nicht zirkulär angelegt als eine Form des bloßen Wiedersehens oder Wiederhörens, doch ebenso schließt es aus, daß unser Sehen und Hören an einem Nullpunkt beginnt. Das Zurück markiert einen Umschlag, eine μεταβολή besonderer Art, die sich in einem ortlosen (ἄτοπον) Nu vollzieht (vgl. *Parmenides* 156 d). Fremdes, mit dem wir in unserer Erfahrung konfrontiert sind, entzieht sich nicht nur unserem Zugriff, es führt einen Umschwung herbei, an dem wir durch ein wenn auch noch so minimales Entgegenkommen beteiligt sind.

## 4. Verweigerte, erzwungene und gebotene Aufmerksamkeit

Die Tatsache, daß die Aufmerksamkeit kein bloßer Tummelplatz ist für Vorlieben, Interessen und Einfälle und auch keine bloße Vorschule für ein Erkennen und Planen, das seinen eigenen Gesetzen folgt, daß

---

7 Wenn Derrida wiederholt betont, daß das ›Komm‹ allen logischen und grammatischen Kategorien vorausgeht und keinen Imperativ im Sinne der Linguistik darstellt (vgl. *Auslassungspunkte*, 1998, S. 160 und öfter), so führt er Barrieren in das Sprachgeschehen ein, die einer sprachlichen Esoterik Vorschub leisten. Sinnvoller wäre es, die fungierende Aufforderung von ihrer vielfältigen Thematisierung und Kategorialisierung zu unterscheiden. Ich verweise auf meine Überlegungen zur Differenz von Response und Responsivität: AR 323-327.

sie vielmehr einen Kampfplatz bildet, in dem vielerlei Kräfte aufeinanderstoßen, hat uns schon ausführlich beschäftigt. Die folgenden Überlegungen werden sich auf zwei spezielle Motive beschränken, auf das Nein der Verweigerung und die Zweideutigkeit der Macht. Wir bewegen uns dabei im Grenzbereich einer Achtung, die zugleich inspirierend wie limitierend wirkt.

Mißachtung bedeutet mehr als Unaufmerksamkeit, die man analog der Willensschwäche als *Aufmerksamkeitsschwäche* verstehen kann. Mißachtung bedeutet, daß man dem Anderen die schuldige Achtung vorenthält. Es handelt sich um eine *Aufmerksamkeitsverkehrung*, vergleichbar der »Verkehrung des Herzens«, von der Kant in der Religionsschrift (B 36) ausgeht. Wie läßt sich eine solche Verkehrung beschreiben? Wenn von einer Mißachtung des Anderen die Rede ist, so bewegt man sich zumeist schon auf einem moralisch-rechtlichen Boden. Mißachtet werden die Rechte einer Person oder die Personalität selber, die erst eine Rechtsfähigkeit konstituiert. Man führt Rechtsverletzungen ins Feld, wie wenn einer die Miete schuldig bleibt oder einen trügerischen Vertrag schließt, oder man beschwört gravierende Verbrechen wie Mord und Totschlag, Folter, Vergewaltigung, Verleumdung, Freiheitsberaubung und Diebstahl. Die Aufmerksamkeit kommt nur beiläufig vor, etwa als Indiz für eine fahrlässige Tötung oder als Voraussetzung für eine Vorsatzhandlung. Sie gehört zu den Umständen einer Handlung, nicht zum Kern der Sache. Worin unterscheidet sich die Aufmerksamkeitsverletzung also von der gängigen Verkehrung des Willens? Halten wir uns an das, was unsere früheren Analysen zutage gefördert haben, so ist die Verkehrung wörtlich zu nehmen, nicht als bloßer Wechsel hin zu einer gegensätzlichen Handlungsmaxime, sondern als Wechsel in eine gegensätzliche Erfahrungsrichtung. Gehen wir davon aus, daß die Aufmerksamkeit, die wir einer Sache oder einer Person *entgegenbringen*, förmlich zurückgeht auf das, was uns auffällt, was uns affiziert, an uns appelliert und uns auf diese Weise *entgegenkommt*, so kann die Abkehrung zwei extreme Formen annehmen. Einerseits nähert sich das Aufmerken einem *Aufmerken, ohne daß etwas auffällt*, anderseits nähert sich das Auffallen einem *Auffallen, ohne daß jemand aufmerkt*. Traditionell gesprochen würde die Aufmerksamkeit sich einer rein passiven oder einer rein aktiven Spielart annähern. Diese Polarisierung ist uns wiederholt begegnet, so etwa in dem Gegensatz von Konzentration und Distraktion, von Domination und Faszination. Während sich bei der passiven Variante die Aufmerksamkeitsschwäche ins Extrem steigert, ist es bei der aktiven Variante die zunehmende Aufmerksamkeitsstärke, die gewaltsame Züge annimmt. Doch hinter der gewaltsamen Bemächtigung steht eine Verweigerung, ein Nein zu dem, was uns entgegenkommt. Wir stoßen hier abermals auf das Paradox einer Ausweichens vor dem Unausweichlichen; denn das Verweigern der Aufmerksamkeit setzt etwas oder jemanden voraus, dem die Aufmerksamkeit verweigert wird.

Unter den Auspizien der Aufmerksamkeit beginnt die Schuld nicht mit einer gesetzwidrigen Tat, sondern mit der Nichtannahme einer Gabe, mit der Nichtaufnahme eines Fremden, mit der *Verweigerung* einer Antwort auf fremde Ansprüche, die aus den Widerfahrnissen der Erfahrung erwachsen. Die Aufmerksamkeitsverkehrung liegt in dem Nein, das dem Hinsehen und Hinhören, dem Anreden und Antun zugehört und nicht dem Gesehenen, Gehörten, Gesagten und Getanen. Einer geläufigen Unterscheidung entsprechend handelt es sich um ein Nein des Sagens, nicht des Gesagten. Die Beurteilung von behaupteten Tatsachen und begangenen Taten rührt nicht an den Ursprung der Verkehrung. Es ist keineswegs so, als hinge alles an der inneren Intention, an der Gesinnung, vielmehr hängt alles an der Attention, die vom Anderen und Fremden angestachelt wird. Die Verkehrung beginnt anderweitig: was und wer uns entgegenkommt, wird als bloßes Etwas angesehen und betrachtet, so daß das Auffallen sich auf Auffälligkeiten reduziert. Das Sichabschließen gegen Fremdes hat nicht zur Folge, daß da *nichts* ist, sondern daß da *nur etwas* ist, das zur Disposition steht, und dieses Etwas kann auch ein Jemand sein. Es liegt auf der Hand, daß kein Gerichtsurteil ergehen kann, bevor die Parteien oder der Beschuldigte gehört wurden. Das gehört einer bloßen Vorstufe an, so könnte man einwenden. Doch kann ein Gespräch, in dem der Andere zu Wort kommt, je eine bloße Vorstufe abgeben? Wie will man jemanden verurteilen, ohne anzunehmen, er habe bemerkt, »wen er vor sich hatte«? Konformismus und Konventionalismus beginnen dort, wo das Reden und Tun um seine Vorgeschichte verkürzt und seiner Fremdheit beraubt wird.

Dies scheint nicht mehr zu sein als eine Beschreibungsskizze, doch wie steht es mit der Erklärung? Wie kommt es zu dieser Verkehrung der Erfahrungsrichtung, zu dieser Verweigerung, zu diesem Nein? Man kann sich auf pathologische Erklärungen stützen und annehmen, daß jemand fixen Ideen nachhängt, einer Ideenflucht ausgesetzt ist oder unter Konzentrationsschwächen leidet. Doch die pathologische Betrachtung, die wie alle sozialen Eingriffe und Einsprüche ihre Sicht- und Hörblenden hat, reicht nur bis zu dem Punkt, wo jemand hilflos seinen Gefühlen und Bestrebungen ausgeliefert ist. Sie ist mit Sicherheit aufschlußreich für die Erfassung dessen, was als normal gilt, doch die gewünschte Erklärung liefert sie nicht. Das Unerzählbare, das in einem früheren Kapitel erörtert wurde, hat auch etwas Unerklärliches. Das Nein der Verweigerung, das sich zu einer Verweigerungsgeschichte und zu Verweigerungsverhältnissen auswachsen kann, gehört zu jenen Ereignissen, von denen wir wohl oder übel ausgehen, ohne daß sie sich in Deutungs- und Erklärungsnetzen einfangen lassen. Im übrigen gilt: Wer das Nein völlig erklären wollte, müßte auch das Ja erklären.

Im Gegensatz zur verweigerten Aufmerksamkeit bezieht sich die *erzwungene* Aufmerksamkeit direkt auf das Aufmerksammachen und auf die Zwischeninstanzen, die sich darin einschalten. Sowohl die drohende Hypostasierung oder Hyperdynamisierung der Techniken, Praktiken und Medien wie die Zweideutigkeit einer Macht, die sich auf Kräftespiele zwischen Macht und Gegenmacht beschränkt, nötigen zu der Frage nach den Widerstandskräften, die aus Geltungskriterien und Orientierungswerten allein nicht zu gewinnen sind. Die Machtausübung, die sich im *Aufmerksammachen* entfaltet, läßt sich nicht vermeiden, da keine postulierte Harmonie und kein praktizierter Konsens eigenes und fremdes Wirken fugenlos aufeinander abstimmt. Die Aufmerksamkeitswirkung verfestigt sich zu einem Aufmerksamkeitszwang, wenn die Aufmerksamkeit nicht nur provoziert, sondern produziert wird und wenn innerhalb des Aufmerksammachens das Machen die Oberhand gewinnt. Dazu kommt es, wenn Horizonte der Ermöglichung den Letzthorizont bilden, so daß die Un-möglichkeit des Fremden und in eins damit alles Auffällige bestenfalls als *andere Möglichkeit* zum Zuge kommt. Es gibt eine Sprache der Systeme und Diskurse, die alles, was geschieht, in Effekte verwandelt. Doch selbst dann, wenn die Ursache den Wirkungen immanent ist und es sich nicht um bloße lineare Kausaleffekte handelt, bleibt es dabei, daß alles vorweg mit einem Ermöglichungskoeffizienten versehen ist. Auch Verwunderung und Angst, auch Freud und Leid wären dann letzten Endes Effekte, die von einer Maschinerie produziert werden. Dies gilt auch für Machteffekte. Die bellizistische Sprache, die sich im Gefolge von Nietzsche breitgemacht hat, findet eine mögliche Erklärung darin, daß bei einem ausschließlichen Verhältnis von Macht und Gegenmacht der glückliche oder unglückliche Zufall darüber entscheidet, ob aus dem Gegner, den man bekämpft, ein Feind wird, den man zu unterwerfen und notfalls auszulöschen trachtet. Die Grenzen zwischen List und Betrug sind ebenso fließend wie die zwischen einer Macht, die den Gegner als Gegner achtet, und einer Gewalt, die den Gegner nicht einmal mißachtet. Doch auch hier meldet sich das Paradox eines Ausweichens vor dem Unausweichlichen. Selbst das Gewaltopfer ist nicht das zu vernichtende Etwas, zu dem es gemacht wird. Es klingt recht pathetisch, aber es gehört zu den Grundvoraussetzungen der Fremderfahrung, daß selbst der Henker dem Blick seines Opfers ausgesetzt bleibt (vgl. Sartre 1943, S. 47, dt. S. 70).

Doch was kann die Aufmerksamkeit gegen die diversen Formen der Mißachtung ausrichten? Genügt es, die Aufmerksamkeit durch das hochtönende Wort ›Achtung‹ zu ersetzen, um die technisch, medial und diskursiv ausgerüsteten Mächte in die Schranken zu weisen? Das Gebot der Achtung und das Verbot der Mißachtung setzen bereits voraus, daß wir auf etwas hören, daß wir aufmerken und aufhorchen. Wie auch Kant in seiner *Metaphysik der Sitten* feststellt, besteht die Gewissenspflicht einzig darin, »die Aufmerksamkeit auf die Stimme des inneren Richters zu schärfen und alle Mittel anzuwenden (mithin nur indirekte Pflicht), um ihm Gehör zu verschaffen« (Ausg. Weischedel, IV, S. 532). Das Aufmerksammachen bezieht sich also auf etwas, das zu uns spricht und nicht etwa zu uns sprechen soll. Man kann durchaus darauf bestehen, daß das ausdrückliche Ja einem drohenden Nein abgerungen ist, doch dieses Ja unterstreicht nur ein vorgängiges Ja (vgl. Hua III, § 106). Ohne dieses vorgängige Ja wäre alle Berufung auf die Vernunft und das Gewissen ein bloßes Wortgeklingel oder eine Begriffsklügelei. Wenn etwas nicht zu erzwingen ist, so ebendieses Ja, das nicht behauptet, sondern entgegennimmt. Die Unbedingtheit der Achtung fände somit in der Unausweichlichkeit des Aufmerken- und Antwortenmüssens ihren harten Erfahrungskern, und wie alle Erfahrungen zeichnet sich auch diese dadurch aus, daß sie sich weder gebieten noch verbieten läßt.

## 5. Suspension der Aufmerksamkeit

Am Ende stellt sich die Frage nach der Art und Weise, wie Aufmerksamkeit sich überhaupt als ein Aufmerksamkeitsgeschehen fassen läßt. Braucht Auffälliges, um aufzufallen, nicht den Kontrast eines Unauffälligen, das unbemerkt bleibt? Liegt im Unauffälligen und Unscheinbaren nicht eine Form der Zurückhaltung, die auf ihre lautlose und heimliche Weise aufmerken läßt? Und wie steht es mit der potenzierten Aufmerksamkeit des Phänomenologen, handelt es sich dabei um eine reflexive Verdoppelung oder nicht vielmehr um eine Steigerung und Verfremdung? Bedarf es einer speziell attentionalen Epoché, um dem Wirken der Aufmerksamkeit auf die Spur zu kommen?

Wir haben wiederholt unterschieden zwischen einer *primären* Aufmerksamkeit, in der etwas auf unvorhergesehene und neuartige Weise zum Vorschein kommt, und einer *sekundären* Aufmerksamkeit, in der Bekanntes wiederkehrt, in der die Weckung und Erwartung sich zur Wachsamkeit festigt und die Aufmerksamkeit in der Aufmerksamkeitsbereitschaft ihren Rückhalt, aber auch ihren Vorbehalt findet. Die Techniken, Praktiken und Medien, die sich als Zwischeninstanzen zwischen Auffallen und Aufmerken schieben, tragen auf je spezifische Weise zur Sedimentierung von Auffälligkeiten und zur Habitualisierung des Aufmerksamkeitsverhaltens bei. So entsteht eine Welt der Aufmerksamkeit, die sich gegenüber der tierischen Merkwelt dadurch auszeichnet, daß sie als Aufmerksamkeitskultur Teil einer historisch tradierten Kulturwelt ist. In ihrer Selbstverständlichkeit hat sie selbst etwas Natürliches. Der ›natürlichen‹ Einstellung und der ›natürlichen‹ Sprache entspricht eine ›natürliche‹ Aufmerksamkeit; die Anführungszeichen deuten darauf hin, daß diese Natürlichkeit wie alles Natürliche künstlich zurechtgemacht ist und ihre kontingenten Herkünfte hat. Was wie Natur ist, gehört nicht schlichtweg zur Natur.

Doch schon der natürliche Gang der Erfahrung ist voller Bruchstellen, an denen die Aufmerksamkeit umschwenkt, sich abschwächt oder vollends aussetzt. Das Aufmerken hebt damit an, daß etwas auffällt und sich ereignet; eben dies markiert den wunden Punkt der Aufmerksamkeit, der verhindert, daß das Aufmerken sich in Aufmerksamkeitsmechanismen stabilisiert und der Aufmerkende sich hinter einen Aufmerksamkeitspanzer zurückzieht. Das Auffallen hat etwas Anarchisches und Atechnisches, das sich der definitiven Bemächtigung und uneingeschränkten Machbarkeit entzieht. Die Bruchstellen und Einbrüche sind von verschiedener Art. Dazu gehören Störungen und Ablenkungen, wo die Aufmerksamkeit *umzuschwenken* droht. Dies kann bedeuten, daß *anderes* auffällt und die Thematik sich ändert, es kann aber auch besagen, daß alles *auf andere Weise* auffällt, daß alles in ein neues Licht rückt und Unerhörtes sich Gehör verschafft. Während die erste Möglichkeit den Boden des Vertrauten nicht verläßt, wird im zweiten Fall die Aufmerksamkeitswelt verändert. Es kommt zu einer *Umgewichtung*, die dem entspricht, was in der Gestalttheorie Umgestaltung heißt. Die Aufmerksamkeitswelt gerät in Bewegung, sie nimmt die Form einer Aufmerksamkeitsgeschichte an, die ihre eigenen Haltestellen und Wendepunkte hat.

*Umbrüche* in der Aufmerksamkeitsordnung können durch Grenzerfahrungen eingeleitet werden, wie sie schon vielfach zur Sprache kamen. Es gibt solche, die überraschend oder gar schockartig auftreten, so daß die Auffälligkeit übermächtig wird und die etablierte Aufmerksamkeitsordnung zerplatzt, augenblicklich oder auf die Dauer. Dabei pflegen Aufmerksamkeitssplitter zurückzubleiben, die sich schwer zuordnen lassen. Doch solche *Einbrüche* sind nicht die einzigen Formen der Änderung. Es gibt auch *Unterbrechungen*, in denen die Aufmerksamkeitsspannung sich lockert, so daß Unvorhergesehenes, Ungeplantes und Unerwartetes einsickert. Dies geschieht allnächtlich in unseren Schlafträumen, es geschieht aber auch in Tagträumen jeglicher Art, in leichten Absenzen, Zerstreutheiten und Unachtsamkeiten, die sich in Fehlhandlungen Luft machen. Begleitende Körpergesten, die auf ein Nachdenken hindeuten, wie sich an der Nase ziehen, das Kinn, den Kopf auf die Hand stützen, an den Fingern oder an den Lippen kauen, können die Aufmerksamkeit fördern, »indem sie durch *Nachahmung* den Willen wachrufen – indem sie Abfälle der allgemeinen Energie verbrennen – indem sie die Ungeduld des Suchens repräsentieren – indem sie Verbissenheit mimen – die Unbewegtheit – die absichtliche Verzögerung, damit der gesuchte Gedanke um so schneller einfalle usw.« (Valéry, *Cahiers*, Bd. I, S. 883 f., dt. Bd. 3, S. 33) Gefördert werden Unterbrechungen der gewohnten Aufmerksamkeit durch Bewegungsarten wie den zögernden Schritt, das Herumschlendern, das Herumwandern oder Spazierengehen, die – anders als Walking oder Jogging – ungezielt ablaufen, doch getragen von einem Rhythmus, der eine untergründige Ordnung erzeugt. Daß unsere Gedanken und Gefühle umherschweifen, ist mehr als eine gewöhnliche

Metapher. Es gibt nicht nur *intermittences du cœur*, in denen das »Herz durch die Pause« geht (Paul Celan), sondern auch *intermittences de l'esprit*, in denen der Geist sich gehen und treiben läßt.

Dieses spontane *Aussetzen* der Aufmerksamkeit erfolgt aber ebensowenig völlig spontan wie die Spontanheilung. Aufmerksamkeit, die sich verkörpert und entkörpert, steht unter dem dauernden Druck intervenierender Kräfte, die unsere Aufmerksamkeit prägen. Solche Interventionen begegnen uns auch in den künstlichen Formen eines *Anhaltens* der Aufmerksamkeit. Dazu gehören meditative Praktiken westlicher und östlicher Provenienz, in denen die *attention à la vie* sich intensiviert, in Abkehr oder Ablösung von den Zielen und Regeln der Alltagspraxis. Dazu gehören die Psychotechniken der Psychoanalyse, die der normalen Parteilichkeit des Aufmerkens die Neutralität einer »gleichschwebenden Aufmerksamkeit« entgegensetzen. Dazu gehören ferner die verschiedenen Künste, die durch Verformung, Verdichtung, Beschleunigung oder Verlangsamung Gegeneffekte erzeugen und dazu beitragen, daß der gewohnte Blick und das eingeübte Ohr nicht nur finden, was sie kennen oder suchen. In diesem Sinne sind Künstler als Aufmerksamkeitsstörer zu betrachten, die für Unauffälliges empfänglich machen.

Schließlich wird auch die phänomenologische Beschreibung von ihrem eigenen Thema eingeholt. Bestünde das Beschreiben in einem bloßen Mitmachen, das die natürliche Erfahrung verstärkt wie eine Gebrauchsempfehlung oder sie unterstützt wie eine Gebrauchsanweisung, so würde sie sich in ihrem Thema verfangen wie die Spinne in ihrem Netz. Philosophie wäre Normalität mit anderen Mitteln. Phänomenologen wie Husserl und Heidegger sind von einer solche Pragmatisierung der Philosophie weit entfernt. Entscheidend ist für Husserl eine Epoché, die bestehende Vorurteile außer Kraft setzt und Vorannahmen in die Schwebe bringt, sie *suspendiert* und gleichzeitig damit unsere natürliche Blickbewegung *inhibiert*. Mit der bloßen Urteilsenthaltung ist es allerdings nicht getan, wenn unsere Erfahrung sich auf einer vorprädikativen und pränormativen Ebene formiert. Es genügt nicht, daß wir uns bewußter Stellungnahmen enthalten, sondern es geht darum, eine Bewegung anzuhalten, die auf den Bahnen der Normalität verläuft und auf dem Boden der vorgegebenen Welt verbleibt. Es geht gleichzeitig um ein »Training ungekonnter Akte«, die in dem Repertoire alltäglicher und professioneller Fertigkeiten nicht anzutreffen sind; mit dieser treffenden Charakterisierung bezieht Blumenberg (2002, S. 206) sich auf die auch noch von Husserl geübte cartesische Meditation. Heidegger hat ähnliches im Sinn, wenn er die Phänomenologie darauf abstellt, sehen zu lassen, »was sich zunächst und zumeist nicht zeigt« (*Sein und Zeit*, S. 35). Doch ob Enthaltung von einer Stellungnahme, Einübung ins Unübliche oder Anhalten einer Erfahrungsbewegung, in allen Fällen bleibt zu fragen, wohin die Abkehr von ... führt und woran sie sich orientiert. Die Epoché verbindet sich bei Husserl mit der Reduktion als einem *Rückführen auf*..., doch einer Rückführung worauf? Die offizielle Antwort lautet: auf die Erlebnisse des Bewußtseins, in denen alles, was ist und sein kann, sich zeigt, seinen Sinn empfängt, sich als solches konstituiert. Die Blickwende führt also vom Konstituierten zum Konstituierenden. Für eine Phänomenologie der Aufmerksamkeit könnte dies nur dann ausreichen, wenn sie zentriert wäre in einem Aufmerken, das in der Passivität und Affektivität lediglich *an seine eigenen Grenzen* stieße. Selbst das »Ichfremde«, sei es die Urimpression, sei es das »Fremdich«, ließe sich dann fassen als Unterseite oder Kehrseite des Ich und seiner Eigenheit. Das Ich würde lediglich an die Wände seines eigenen Hauses stoßen.

Die Voraussetzungen ändern sich, wenn wir von einer in sich gegenläufigen Doppelbewegung ausgehen, einem Auffallen, das auf mich zukommt derart, daß mein Aufmerken ganz und gar von Fremdem durchwirkt ist. Eine Epoché, die dieser Ausgangslage gerecht werden wollte, müßte die Form einer *responsiven Epoché* annehmen, die ihrerseits Momente einer *attentionalen Epoché* in sich trüge, und dies nicht nur im Sinne eines expliziten Aufmerksamwerdens, sondern auch eines expliziten Aufmerksammachens, das sich selbst einem Aufmerksamgemachtwerden verdankt.[8] Die attentionale Epoché würde von dem ausgehen, was mir auffällt, wovon ich getroffen bin und worauf ich unausweichlich zu antworten habe. Das Anhalten der natürlichen Erfahrungsbewegung würde mehr bedeuten als ein Rückfüh-

8  Das »Siehe!«, das Manfred Sommer als »phänomenologischen Imperativ« ans Ende seiner Husserl-Deutung stellt (1985, S. 309 f.), geht nicht weit genug. Der Autor bezieht sich hierbei auf appellative Äußerungen wie jene, mit der Husserl den Wandel der Urempfindung avisiert: »Man kann da nichts weiter sagen als: Siehe!« (Hua X, 374) Er hätte sich selbst noch auf den »ostensiven« Charakter transzendentaler Beweise berufen können, wie Kant ihn im Methodenkapitel der *Kritik der reinen Vernunft* (B 817) einfordert. Doch wenn dies das letzte Wort wäre, so würde das Sehen, ganz zu schweigen vom Hören, von seiner pathischen Vorgeschichte abgeschnitten.

ren auf . . ., bei dem sich die Aufmerksamkeit auf das Erfahrungsgeschehen selbst richtet, es bestünde zugleich in einem *Zurücktreten
vor* . . ., einem Zurücktreten vor dem, was uns entgegenkommt und
immer schon zuvorgekommen ist. Die Schwebehaltung, die der Phä-
nomenologe einnimmt, würde zulassen, daß sich die Gewichte der
Dinge ändern und nicht nur ihre Gestalten.

# Literaturverzeichnis

Andrić, I., *Die Brücke über die Drina*, übersetzt von E. E. Jonas, München 1997.

Austin, J. L., *How to Do Things with Words*, Oxford 1982; dt. *Zur Theorie der Sprechakte*, Stuttgart 1972.

Avenarius, R., *Kritik der reinen Erfahrung*, Bd. 1 und 2, Leipzig [3]1921/1928.

Bachelard, G., *La poétique de la rêverie*, Paris 1960.

Baudrillard, J., *Der symbolische Austausch und der Tod*, übersetzt von G. Bergfleth u. a., München 1982.

Bayer, L. und I. Quindeau (Hg.), *Die unbewußte Botschaft der Verführung. Interdisziplinäre Studien zur Verführungstheorie Jean Laplanches*, Gießen 2004.

Benjamin, W., »Das Kunstwerk im Zeitalter seiner technischen Reproduzierbarkeit«; »Charles Baudelaire« (Gesammelte Schriften, Bd. I-2), Frankfurt am Main 1974.

–, »Franz Kafka« (Gesammelte Schriften, Bd. II, 2), Frankfurt am Main 1977.

–, *Das Passagen-Werk*, (Gesammelte Schriften, Bd. V), Frankfurt am Main 1982.

Benveniste, É., *Probleme der allgemeinen Sprachwissenschaft*, übersetzt von W. Bolle, München 1974.

Bergson, H., *Matière et mémoire*, Paris 1959; dt. in: *Materie und Gedächtnis und andere Schriften*, Frankfurt am Main 1964.

–, *Les deux sources de la morale et de la religion*, Paris 1961; dt. in: *Materie und Gedächtnis und andere Schriften*, Frankfurt am Main 1964.

–, *Materie und Gedächtnis und andere Schriften*, Frankfurt am Main 1964.

Blanchot, M., *L'entretien infini*, Paris 1969.

Blumenberg, H., *Paradigmen zu einer Metaphorologie*, Frankfurt am Main 1998.

–, *Zu den Sachen und zurück*, aus dem Nachlaß hrsg. von M. Sommer, Frankfurt am Main 2002.

Boehm, G. (Hg.), *Homo Pictor*, München/Leipzig 2001.

Bosshardt, H. G., *Subjektive Realität und konzeptuelles Wissen. Sprachpsychologische Untersuchungen zum Begriff der Belästigung durch Lärm*, München 1988.

Brüderlein, M., *Ornament und Abstraktion* (Katalog der Foundation Beyseler), Köln 2001.

Bühler, K., *Sprachtheorie*, Stuttgart/New York 1982.

Crary, J., *Techniken des Betrachters. Sehen und Moderne im 19. Jahrhundert*, übersetzt von A. v. Vonderstein, Dresden/Basel 1996.

–, *Aufmerksamkeit. Wahrnehmung und moderne Kultur*, übersetzt von H. Jatho, Frankfurt am Main 2002.

Cristaller, Th., »Über die Grenzen künstlicher Intelligenz«, in: *Das Magazin*, hrsg. vom Wissenschaftszentrum Nordrhein-Westfalen, 12. Jg. (2001), S. 16 f.

Darwin, Ch., *Die Abstammung des Menschen*, übersetzt von H. Schmidt, Stuttgart 1966.

Därmann, I., *Tod und Bild. Eine phänomenologische Mediengeschichte*, München 1995.

–, »Wenn Gedächtnis Erinnerungsbild wird: Husserl und Freud«, in: G. Boehm (Hg.), *Homo Pictor*, München/Leipzig 2001.

Derrida, J., *Auslassungspunkte*, übersetzt von K. Schreiner und D. Weissmann, Wien 1998.

Descartes, R., *Die Leidenschaften der Seele*, übersetzt von W. Hamacher, Hamburg 1984.

Dostojewski, F., »Der Traum eines lächerlichen Menschen«, übersetzt von O. Freiherr von Taube, in: *Russische Erzähler*, Hamburg 1957.

Eschenburg, B. (Hg.), *Pygmalions Werkstatt. Die Erschaffung des Menschen im Atelier von der Renaissance bis zum Surrealismus*. Katalog des Lenbachhauses München, Köln 2001.

Fischer, M., »Die Stimme der Musik und die Schrift der Apparate«, in: M. Fischer, D. Holland, B. Rzehulka (Hg.), *Gehörgänge. Zur Ästhetik der musikalischen Aufführung und ihrer technischen Reproduktion*, München 1986.

Flasch, K., *Was ist Zeit? Augustinus von Hippo. Das XI. Buch der Confessiones*, Frankfurt am Main 1993.

Florey, E., »Gehirn und Zeit«, in: S. J. Schmidt (Hg.), *Gedächtnis*, Frankfurt am Main 1991.

Foucault, M., *Überwachen und Strafen*, übersetzt von W. Seitter, Frankfurt am Main 1976.

–, *In Verteidigung der Gesellschaft*, übersetzt von M. Ott, Frankfurt am Main 1999.

Freud, S., *Gesammelte Werke* (Imago), London/Frankfurt am Main 1940 ff.

Goldstein, K., *Der Aufbau des Organismus*, Den Haag 1934.

Graumann, C.-F., »Bewußtsein und Bewußtheit. Probleme und Befunde der psychologischen Bewußtseinsforschung«, in: H. Thomae (Hg.), *Handbuch der Psychologie*, Bd. I/1, Göttingen 1966.

Gumbrecht, H. U., *1926. Ein Jahr am Rand der Zeit*, Frankfurt am Main 2001.

Gurwitsch, A., »Phänomenologie der Thematik und des reinen Ich«, in: *Psychologische Forschung* (1929) 12, S. 279-381; engl. in: *Studies in Phenomenology and Psychology*, Evanston 1966.

–, *Studies in Phenomenology and Psychology*, Evanston 1966.

–, *Leibniz. Philosophie des Panlogismus*, Berlin 1974.

–, *Das Bewußtseinsfeld*, übersetzt von W. D. Fröhlich, Berlin/New York 1975.

–, *Die mitmenschlichen Begegnungen in der Milieuwelt*, hrsg. von A. Métraux, Berlin/New York 1977.


Habermas, J., *Theorie des kommunikativen Handelns*, 2 Bde., Frankfurt am Main 1981.

Hadot, P., *Qu'est-ce que la philosophie antique?*, Paris 1995.

Hamacher, W., »Bogengebete«, in: *Aufmerksamkeit* (Lichtensteiner Exkurse III), Eggingen 1998.

Hegel, G. W. F., *Vorlesungen über die Philosophie der Geschichte*, Werke, Bd. 12, Frankfurt am Main 1970.

Heidegger, M., *Sein und Zeit*, Tübingen [7]1953.

–, *Holzwege*, Frankfurt am Main [6]1980.

–, *Wegmarken*, GA 9, Frankfurt am Main 1976.

Husserl, E., *Husserliana* (= Hua), Den Haag/Dordrecht, 1950 ff.

–, *Erfahrung und Urteil*, Hamburg 1972.


Jakobson, R., *Kindersprache, Aphasie und allgemeine Lautgesetze*, Frankfurt am Main 1969.

James, W., *Principles of Psychology*, 2 Bde., New York 1950.

Jankélévitch, V., *Das Verzeihen*, übersetzt von C. Brede-Konersmann, Frankfurt am Main 2003.

Jean Paul, *Vorschule der Ästhetik* (Werke, Bd. 5), München 1963.


Kaiser, U., *Das Motiv der Hemmung in Husserls Phänomenologie*, München 1997.

Kaltenborn, O., *Das Künstliche Leben*, München 2001.

Keel, O., »Warum im Jerusalemer Tempel kein anthropologisches Kultbild gestanden haben dürfte«, in: G. Boehm (Hg.), *Homo Pictor*, München/Leipzig 2001.

Köhler, W., *Intelligenzversuche an Menschenaffen* ([2]1921), Neudruck Göttingen 1963.

Krämer, S., »Das Medium als Spur und Apparat«, in: dies. (Hg.), *Medien Computer Realität. Wirklichkeitsvorstellungen und Neue Medien*, Frankfurt am Main 1998.

Laplanche, J., *Die unvollendete kopernikanische Revolution in der Psychoanalyse*, übersetzt von U. Hock, Frankfurt am Main 1996.

Laucken, U., »Über die semantische Blindheit einer neurowissenschaftlichen Psychologie Oder: Was hätte uns eine so gewendete Psychologie zum ›Dialog der Kulturen‹ zu sagen?«, in: *Journal für Psychologie* 2/2003, S. 149-175.

Leibniz, G. W., *Neue Abhandlungen über den menschlichen Verstand*, übersetzt von E. Cassirer, Hamburg 1996.

Leroi-Gourhan, A., *Hand und Wort*, übersetzt von M. Bischoff, Frankfurt am Main [2]1984.

Levinas, E., *Totalité et infini*, Den Haag 1961; dt. *Totalität und Unendlichkeit*, übersetzt von W. N. Krewani, Freiburg/München 1987.

–, *Autrement qu'être ou au-delà de l'essence*, Den Haag 1974; dt. *Jenseits des Seins oder anders als Sein geschieht*, übersetzt von Th. Wiemer, Freiburg/München 1992.

Lévi-Strauss, C., *La pensée sauvage*, Paris 1962; dt. *Das wilde Denken*, übersetzt von H. Naumann, Frankfurt am Main 1968.

Lurija, A. R., *Das Gehirn in Aktion*, übersetzt von A. Métraux und P. Schwab, Reinbek 1992.


Mach, E., *Die Analyse der Empfindungen*, Jena [6]1911.

Mauss, M., »Techniken des Körpers«, in: *Soziologie und Anthropologie*, Bd. II, München 1974.

Mead, G. H., *Geist, Identität und Gesellschaft*, übersetzt von U. Pacher, Frankfurt am Main 1973.

Merleau-Ponty, M., *La structure du comportement*, Paris 1942, [2]1949; dt. *Die Struktur des Verhaltens*, übersetzt von B. Waldenfels, Berlin 1976.

–, *Phénoménologie de la perception*, Paris 1945; dt. *Phänomenologie der Wahrnehmung*, übersetzt von R. Boehm, Berlin 1966.

–, *Le visible et l'invisible*, Paris 1964; dt. *Das Sichtbare und das Unsichtbare*, übersetzt von R. Giuliani und B. Waldenfels, München 1986.

Mersch, D., *Was sich zeigt. Materialität, Präsenz, Ereignis*, München 2002.

Meyer-Drawe, K., *Menschen im Spiegel ihrer Maschinen*, München 1996.

–, »Das Auto – ein gepanzertes Selbst«, in: J. Bilstein und M. Winzen (Hg.), *Ich bin mein Auto. Die maschinalen Ebenbilder des Menschen*, Köln 2001.

Montavont, A., *De la passivité dans la phénoménologie de Husserl*, Paris 1999.

Musil, R., *Der Mann ohne Eigenschaften*, Reinbek 1978.


Nabokov, V., *Einladung zur Enthauptung*, Reinbek 1999.

Nietzsche, F., *Kritische Studienausgabe* (KSA), hrsg. von G. Colli und M. Montinari, Berlin 1980.

O'Neill, J., *Die fünf Körper. Medikalisierte Gesellschaft und Vergesellschaftung des Leibes*, München 1990.

Philipp, H., »Zur Genese des ›Bildes‹ in geometrischer und archaischer Zeit«, in: G. Boehm (Hg.), *Homo Pictor*, München/Leipzig 2001.

Pfänder, A., *Einführung in die Psychologie*, Leipzig [2]1920.

Poe, E. A., *Detektivgeschichten*, übersetzt von H. Wollschläger, München 1979.

Polanyi, M., *The Tacit Dimension*, London 1967.

Pöppel, E., *Grenzen des Bewußtseins*, Frankfurt am Main/Leipzig 1997.

Port, K., *Die Enge des Bewußtseins* (Phil. Schr., Bd. VI), Esslingen 1995.

Proust, M., *À la recherche du temps perdu* (Pléiade), Paris 1954; dt. *Auf der Suche nach der verlorenen Zeit*, übersetzt von E. Reichel-Mertens, Frankfurt am Main 1953-57.

Ricœur, P., *Le volontaire et l'involontaire*, Paris 1950.

–, *Temps et récit*, 3 Bde., Paris 1983-85; dt. *Zeit und Erzählung*, 3 Bde., übersetzt von R. Rochlitz bzw. A. Knop, München 1988-91.

Roth, G., *Das Gehirn und seine Wirklichkeit. Kognitive Neurobiologie und ihre philosophischen Konsequenzen*, Frankfurt am Main [5]1996.

–, *Fühlen, Denken, Handeln. Wie das Gehirn unser Verhalten steuert*, Frankfurt am Main 2001.

Röttgers, K., *Lineatur der Geschichte*, Amsterdam/Atlanta GA 1998.

Ryle, G., *Der Begriff des Geistes*, übersetzt von K. Baier, Stuttgart 1969.

Sacks, O., *Der Mann, der seine Frau mit einem Hut verwechselte*, übersetzt von D. van Gunsteren, Reinbek 1990.

Sartre, J.-P., *L'être et le néant*, Paris 1943; dt. *Das Sein und das Nichts*, übersetzt von H. Schöneberg und T. König, Reinbek 1991.

Scheler, M., *Der Formalismus in der Ethik und die materiale Wertethik*, Gesammelte Werke, Bd. 2, Bern/München 1966.

Scherer, K. R., »Zur Rationalität der Emotionen«, in: H. Roessner (Hg.), *Der ganze Mensch*, München 1986.

Schmicking, D., *Hören und Klang. Empirisch phänomenologische Untersuchungen*, Würzburg 2003.

Schmidt, S. J. (Hg.), *Gedächtnis*, Frankfurt am Main 1991.

Schneede, U. M. (Hg.), *Chagall, Kandinsky, Malewitsch und die russische Avantgarde*. Katalog Hamburger Kunsthalle, Kunsthaus Zürich, Ostfildern-Ruit 1998.

Singer, W., »Die Entwicklung kognitiver Strukturen – ein selbstreferentieller Lernprozeß«, in: S. J. Schmidt (Hg.), *Gedächtnis*, Frankfurt am Main 1991.

–, *Der Beobachter im Gehirn*, Frankfurt am Main 2002.

Sommer, M., *Husserl und der frühe Positivismus*, Frankfurt am Main 1985.
–, *Suchen und Finden*, Frankfurt am Main 2002.
Steinbock, A. J., »Affektion und Aufmerksamkeit«, in: H. Hüni und P. Trawny (Hg.), *Erscheinende Welt*, Berlin 2002.

Tolstoi, L., *Krieg und Frieden*, übersetzt von W. Bergengruen, München 1953.

Uexküll, J. v., *Theoretische Biologie*, Frankfurt am Main 1973.

Valéry, P., *Cahiers*, 2 Bde., Paris 1973-74; dt. *Cahiers/Hefte*, 6 Bde., Frankfurt am Main 1987-93.
Varela, J. V. und E. Thompson mit E. Rosch, *Der Mittlere Weg der Erkenntnis*, übersetzt von H. G. Holl, Bern/München/Wien 1992.
Vrhunc, M., *Bild und Wirklichkeit. Zur Philosophie Henri Bergsons*, München 2002.

Waldenfels, B., *Ordnung im Zwielicht*, Frankfurt am Main 1987.
–, *Antwortregister*, Frankfurt am Main 1994.
–, *Deutsch-Französische Gedankengänge*, Frankfurt am Main 1995.
–, *Sinnesschwellen*, Frankfurt am Main 1999.
–, *Vielstimmigkeit der Rede*, Frankfurt am Main 1999.
–, *Das leibliche Selbst*, Frankfurt am Main 2000.
–, *Bruchlinien der Erfahrung*, Frankfurt am Main 2002.
–, »Der Aufruhr des Leibes in der Malerei von Maria Lassnig«, in: *Maria Lassnig, Körperporträts*, Rubenspreis der Stadt Siegen, Siegen 2002.
–, »Der verführerische Andere«, in: L. Bayer und I. Quindeau (Hg.), *Die unbewußte Botschaft der Verführung. Interdisziplinäre Studien zur Verführungstheorie Jean Laplanches*, Gießen 2004.
Weil, S., *La pesanteur et la grâce*, Paris 1948.
Weizenbaum, J., *Die Macht der Computer und die Ohnmacht der Vernunft*, übersetzt von U. Rennert, Frankfurt am Main [2]1987.
Wertheimer, M., *Produktives Denken*, Frankfurt am Main [2]1964.
Westphal, K., *Wirklichkeiten von Stimmen. Grundlegung einer Theorie der medialen Erfahrung*, Frankfurt am Main 2002.
Wiesing, L., *Die Sichtbarkeit des Bildes*, Reinbek 1997.
Wittgenstein, L., *Philosophische Untersuchungen* (in: Schriften, Bd. 1), Frankfurt am Main 1960.
Wundt, W., *Grundriß der Psychologie*, Leipzig [11]1913.

Yamaguchi, I., *Ki als leibhaftige Vernunft. Beitrag zur interkulturellen Phänomenologie der Leiblichkeit*, München 1997.

# Namenregister

Alloa, E. 128
Andrić, I. 35, 109
Aristoteles 16 f., 45 f., 54, 101, 121,
 128, 130, 140, 166, 176, 196, 198,
 202, 206, 209, 220, 228-230, 237,
 273
Augustinus 17-20, 45 f., 82, 103,
 107 f., 137, 214
Austin, J. L. 137, 244
Avenarius, R. 96, 11

Bach, J. S. 266
Bachelard, G. 98
Bachtin, M. M. 59
Bacon, F. 162
Barthes, R. 218
Baudelaire, Ch. 79, 277
Baudrillard, J. 164, 179 f.
Bayley, C. 18
Beckett, S. 36, 60, 192
Beierwaltes, W. 77
Benjamin W. 28, 58, 73, 77, 105,
 262 f., 266
Bentham, G. 124
Benveniste, É. 74
Bergson, H. 27 f., 45, 118-20, 139,
 154, 212
Bernet, R. 92
Blanchot, M. 44, 60, 116
Blumenberg, H. 67 f., 76, 217, 226,
 245, 286
Boehm, G. 213, 226
Bosshardt, H. G. 97
Brüderlein, M. 246
Buber, M. 268
Bühler, K. 40 f., 129 f., 211, 216,
 218, 246
Burckhardt, J. 56
Buytendijk, F. J. J. 169

Calvino, I. 39, 187
Čapek, K. 180
Castoriadis, C. 214
Celan, P. 44, 267, 285
Chesterton, G. K. 170
Crary, J. 23, 28, 116, 211, 238, 255,
 264
Cristaller, Th. 184

D'Alembert, J. 178
Därmann, I. 213, 217
Darwin, Ch. 24
Davidson, D. 39
Demokrit 220
Derrida, J. 116, 120, 192, 275, 278
Descartes, R. 10, 46, 71, 79, 139,
 168, 250
Diogenes 108
Döblin, A. 56
Dostojewski, F. 109 f.

Eschenburg, B. 205

Fend, M. 205
Feyerabend, P. 165
Fichte, J. G. 58
Fischer, M. 201
Flasch, K. 18, 82
Flaubert, G. 51, 61, 63
Florey, E. 153 f.
Fontane, Th. 63
Foucault, M. 59, 116, 124, 192, 234,
 239, 273
Freud, S. 39, 71 f., 87, 94, 98, 102,
 154-61, 183, 203, 213, 221
Frisch, M. 58

Gassendi, P. 79
Gaßner, H. 224

# Sachregister